JN446917

복지국가 재정전략

윤 영 진

도서출판 대영문화사

머리말

지금의 시대정신은 무엇일까? 시대정신은 우리가 해결해야 할 시대적 과제를 알려준다. 우리나라는 '산업화'와 '민주화'를 성공적으로 이룬 국가로 평가받는다. 그렇다면 '산업화'와 '민주화' 다음 단계는 어느 방향으로 나아가야 할까?

한국 경제는 짧은 시간에 고도 성장을 이루었다. 일제 식민지와 한국전쟁을 겪고 난 후의 자본, 산업구조, 시장 등의 심한 빈곤 상태 하의 초기 조건을 극복하고 괄목할 만한 양적 성장을 이뤘다. 특히 1960년대 이후의 경제 성장은 고도 성장으로서 1962~1981년 동안 연평균 8.4%의 높은 성장률을 기록하여 실질 GNP를 4.9배 증가시켰다. 이러한 한국의 압축 성장에 대해 세계는 '한국 패러다임', '한국 모델', '서울형 성장' 등으로 불렀다. 정부 주도 성장과 수출 주도 성장 모형으로 이룬 결과다. 그러나 거기에는 민주주의와 인권이 말살되고 노동자들이 희생을 치르는 대가가 숨어 있다. 민주주의와 노동자들의 권리는 결코 포기할 수 없는 기본 가치다.

민주주의에 대한 투쟁은 4 · 19 의거, 5 · 18 민주항쟁, 6 · 10 시민혁명으로 이어지며 결실을 맺었다. 과연 민주주의가 정착되었는가에 대해서는 아직도 미완성이라는 견해가 많지만 큰 틀의 정치 민주화는 이루었다. 경제 민주화와 사회 민주화의 과제는 아직도 진행 중임이 분명하다. 내가 공동대표를 맡았던 시민단체인 '함께하는 시민행동'에는 버마인 마웅저가 반(半) 상근으로 활동을 해오고 있다. 마웅저는 미얀마(그는 버마를 미얀마라고 부르는 것을 지독히 싫어한다) 독재정권으로부터 탈출하여 우리나라에 온 사실상 망명자인 셈이다. 그는 한국의 민주화 모델을 모국의 민주화 모델로 삼고자 한다. 한국의 민주화를 부러워한다.

성공적 '산업화'와 '민주화' 다음 단계는 무엇일까? 나는 그것을 '복지국가화'라고 단정짓는다. 복지국가 건설이야말로 우리나라의 시대적 과제다. '복지국가화'마저 완성한다면 우리나라는 그야말로 모범적 국가가 될 수 있다고 믿는다. 이미 정치인들도 복지국가에 대한 논의를 활발하게 하고 있다. 2010년 지방선거에서 무상급식 구호가 승리한 '김상곤 효과'는 그러한 시대정신을 보여준 것이다.

세계 최저 수준의 국민 행복 수준과 OECD 국가 중 자살률 1위라는 사실은 지금까지 달려온 경제 성장 일변도의 정책을 다시 돌아보게 만든다. 우리가 추구하는 목적이 경제 성장을 통한 돈벌이를 많이 하는 것인지 아니면 성장을 통해 행복을 증진시키는 것인지 이제 선택을 해야 할 시점이다. 지금까지는 전자에 역점을 두었다면 이제는 후자의 방향으로 나아가야 한다. 성장 이데올로기에서 벗어나야 한다.

2011년 미국 뉴욕에서 '월가를 점령하라'로 시작된 99대 1의 싸움은 전 세계적인 불평등 구조를 단적으로 보여주었다. 우리나라도 불평등 구조의 수렁에 빠져 있는 사실을 부정할 수 없다. 중산층은 시간이 갈수록 붕괴하고 있다. 대기업 독식구조는 많은 경제사회적 문제를 야기하며 복지국가 건설에 최대 걸림돌이 되고 있다. 경제 민주화가 필요한 이유다. 경제 민주화를 실현해야 복지재정의 부담을 줄일 수 있다.

우리나라 재정구조를 보면 '저부담－저복지－매우 작은 정부'의 틀을 갖추고 있다. 일부에서는 우리나라가 이미 복지국가가 되었다고 주장할 수 있다. 실제로 이명박 대통령은 그런 표현을 쓰고 있다. 그러나 복지국가 문턱에는 들어섰을지언정 복지국가라고 부를 수 없다. 이제 복지국가를 한국형 모델로 설계해야 할 시점이다.

개발연대 재정 패러다임으로는 새로운 복지국가를 맞이할 수 없다. '저부담-저복지-매우 작은 정부'의 틀에서 벗어나야 한다. 새로운 복지국가 모델을 만들기 위해서는 선진 복지국가를 들여다볼 필요가 있다. 오늘날 복지국가의 모델로 불리는 스웨덴의 복지모델은 어떻게 형성되었을지 궁금했다. 무상의료로 특징지어지는 영국의 복지모델은 어떻게 형성되었을까 역시 궁금했다. 그 나라들을 간단하게 정리해 보면서 내린 결론은 "역시 문제는 정치야!"다.

오늘날의 스웨덴 복지모델이 구축 및 정착된 데에는 1932~1976년까지 사민당이 44년간 연속 집권한 것이 결정적으로 기여했다는 것을 알았다. 영국이 비버리지 보고서에 입각한 영국형 복지모델을 만든 계기도 1945년 7월 선거에서 처칠의 보수당을 누르고 클레멘트 애틀리의 노동당이 집권한 사실이란 점을 알게 되었다. 모두 국민들이 복지국가 모델을 선택한 셈이다. 문제는 역시 정치였던 것이다. 한국의 복지국가 설계도 결국 정치가 결정할 것으로 본다. 그만큼 차기 정부에 대해 국민이 어떻게 선택하느냐가 중요하다. 다행히 국민들은 새로운 정치 세력을 갈망하고 있는 것으로 보인다. 2010년 마이클 샌델의 『정의론』 열풍 현상과 2011년 안철수 현상이 그것을 보여준다.

또 하나 복지국가 건설을 하는 데에 '거대한 폭풍'이 소리 없이 몰려오고 있다. 얼른 눈에 띄지 않는 '인구 지진'이다. 저출산 · 고령화 현상은 심각한 사회경제적 문제로 다가오고 있다. 2016년이 되면 생산 가능 인구가 정점을 기록하며, 이후 계속 감소한다. 2016년에 유소년 인구와 노년 인구 비중이 같아진다. 경제의 중추 인력인 핵심 생산 가능 인구(25~49세)는 이미 2007년을 정점으로 감소하기 시작했다. 2012년 우리나라의 인구 보너스 기간은 끝났다. 2018년이면 고령화사회에서 고령사회로 진입한다. 평균수명은 80세를 넘어섰으며 계속 길어질 전망이다. 2020~2028년경에는 베이비 붐 세대가 대거 고령인구로 진입한다. 2026년이면 노년 인구 비중이 유소년 인구의 2배가 되며, 초고령사회로 진입한다. 2030년이면 우리나라의 절대 인구 규모가 감소하기 시작한다.

우리나라 '인구 지진' 현상을 보면 차기 정부 집권 시기(2013~2017년)가 매우 중요함을 알 수 있다. 전환기적 시기를 맞아 중장기 대응책을 마련하지 않으면 복지국가의 지속가능성을 담보할 수 없다.

이러한 문제 의식 하에 이 책은 몇 가지 주제를 다루고 있다. 먼저 경제 성장에 대한 비판론이다. 경제 성장이 이제 더 이상 국민의 행복을 보장하지 않는다는 것이다. 이제 성장 망상 체계에서 벗어나야 한다. 그리고 우리나라는 이미 저성장 국면에 접어들었다. 인정하고 싶지 않지만 저성장 패러다임에 대한 대응책을 마련해야 한다.

둘째, 행복이 정책목표의 최우선 순위가 되어야 한다. 행복학은 그동안 정책결정에 주요 논거로 이용되었던 경제이론을 상당한 정도 수정 보완하고 있다. 행복학이 보완된 사회과학적 지식이 정책에 적극 활용되어야 한다.

셋째, 복지국가 건설에 불평등 구조는 해결해야 할 핵심 사안이다. 우리나라는 불평등에 그치지 않고 중산층이 붕괴되면서 양극화가 진행되고 있다. 사회적 우위에 있는 사람은 누적 우위를 누리고 열위자는 더욱 열위에 빠지는 마태 효과가 진행되고 있다. 대기업 독식 등 사회적 우위자와 열위자 간 격차를 줄이지 않으면 복지재정 부담은 그만큼 커지는 결과를 가져온다.

넷째, 저출산으로 인한 인구 감소와 고령화의 급진적 진행은 한국 경제와 사회에 중대한 영향을 미친다. 복지국가 건설에 유념해야 할 중요 변수다.

다섯째, 조세 및 재정을 통해 OECD 국가들을 진보국가와 보수국가로 구분해 보았으며, 이를 토대로 우리나라가 어느 방향으로 가야 할 것인가에 대한 시사를 도출했다.

여섯째, 조세 및 재정지출 전략을 중심으로 복지국가 건설에 필요한 재정전략을 검토했다. 기본 시각은 진보주의 전략에 입각해 있다.

마지막으로 재정전략을 논할 때 반드시 지방재정을 다뤄야 한다. 그런데 지방재정 분야는 또 한 권의 책을 만들어야 할 주제다. 지방재정을 이 책에 담기에는 너무 큰 주제다. 지방분권이 시대적 과제임은 분명하다. '분권형 복지공동체'를 건설하는 데에 지방재정은 핵심적 주제다. 이 과제는 다음 책을 만들 계획에 있음을 밝히고자 한다.

이 책이 재정을 바라보는 데에 조금이나마 도움이 된다면 큰 영광이라고 생각한다. 그리고 한국 사회의 발전에 미력이나마 기여할 수 있기를 희망한다. 이 책이 신속하게 출간될 수 있게 열심히 도와주신 대영문화사의 임춘환 사장님과 임직원 여러분께 감사의 말씀을 드린다.

2012년 10월

궁산을 바라보며 연구실에서

저자

차례

제 1 장

복지 그리고 재정

1 시대언어와 시대정신

2010년의 키워드: 정의론 열풍과 무상급식

시대언어를 보면 시대정신을 알 수 있다. 물론 시대언어는 보는 사람에 따라 다양하게 표출될 수 있다. 그러나 어떤 시대언어이든 밑바탕에 시대정신을 깔고 있다. 한 시대가 지나고 나면 시대정신을 통해 그 시대를 규정할 수 있다. 시대가 시대정신을 규정하는 것이 아니라, 시대정신이 시대를 규정한다.

2010년 한국 사회에 두 가지 현상이 일어났다. 하나는 마이클 샌델의 『정의란 무엇인가』라는 책이 베스트 셀러가 되면서 정의 열풍이 인 것이다. 다른 하나는 소위 '김상곤 효과'라고 부르는 무상급식이 6·2 지방선거의 최대 이슈가 되면서 복지 논쟁을 불러일으킨 점이다. 이 두 가지 현상은 서로 별개인 것 같지만 사실 서로 연계되어 있다. 한국 사회의 새로운 흐름을 보여준 사례다.

샌델의 정의론 열풍

샌델의 『정의란 무엇인가』는 불황 출판계에 베스트 셀러가 되면서 정의 열풍을 몰고왔다. 인문서적으로는 8년 만에 처음으로 종합 베스트

셀러 1위에 올랐다고 한다. TV에서는 샌델의 하버드대 강의를 방영하기도 했다. 학생들은 어려운 샌델의 책을 들고 이해하느라 애를 썼다. 그가 제시한 정의가 무엇인지 탐구하고자 했다.

정의 열풍이 분 것은 한국 사회가 정의롭지 못하기 때문일까? 샌델은 자기 저서에 대한 대중적 열기에 대해 "한국 사회가 정의에 대해 갈구하기 때문"이라고 진단을 내렸다. 실제로 우리는 정의롭지 못한 현상들을 자주 목격했다. 재벌 총수들이 비자금 조성, 횡령 등의 혐의로 징역형을 선고받았으나 집행유예로 풀려나거나 특별사면을 받는 모습을 보았다. 1990년 이후 징역형을 선고받은 10대 재벌 총수 가운데 7명이 총 22년 6개월의 징역형 판결을 받았지만 모두 집행유예로 풀려났다(한겨레, 2012. 2. 14). 반면에 일반인들 형사사건 집행유예 선고 비율은 25%(2011년)에 불과하다. 대부분 징역형을 살았다는 얘기다. 또한 재벌총수들의 형 확정 뒤 사면이 내려지기까지 걸린 기간은 평균 9개월 남짓에 불과했다. '유전무죄 무전유죄' 현상을 보면서 한국 사회가 정의롭지 못하다고 생각하는 것은 당연하다. 고위 공직자 임용을 위한 청문회에서도 위장 전입, 부동산 투기 등 정의롭지 못한 지도층의 모습을 식상할 정도로 보았다. 먹고사니즘에 충실한 서민들 눈에 한국 사회가 정의롭지 못하게 보이는 것은 분명해 보인다.

그러나 한국 사회가 정의롭지 못한 것과 정의 열풍이 분 것은 별개로 보인다. 이택광 외(2011)는 『무엇이 정의인가?: 한국 사회, 정의란 무엇인가에 답하다』에서 정의 열풍을 달리 해석한다. 한국 사회에서 샌델의 정의론 열풍 현상은 비정치적으로 보이지만 사실은 정치적 이유에서 발생한 것으로 해석한다. 이택광(2011: 23)은 '한국 사회의 정의 갈구 현상'이라는 샌델의 진단을 비판한다. 샌델의 발언은 "한국을 잘 모르는 정치철학자가 내놓을 수 있는 가장 정치적인 모범 답안"이라는 것이다. 오히려 정의로운 사회를 제대로 만들어내지 못하는 정치인에 대한 반감이 이를 통해 표출되었다는 것이 그의 진단이다. 한국 사회에 만연한 정치 일반에 대한 혐오를 치유하기 위한 특효약으로 호출되기에 이르렸다는 것이다. '정치에 대한 혐오를 치유하려는 현상'이라는 해석은 너무 정곡을 찌른 것으로 보인다. 이 현상은 결국 2011년 후반 안철수 현상으로 이어졌기 때문이다. 박원순 서울시장의 당선도 같은 맥락이다.

장정일은 한술 더 떠서 정의 열풍에 은닉된 중요한 의미를 들춰내고 있다. 샌델의 책이 "100일 동안 연인원 100만 명을 동원했던 2008년 촛불시위에서 얻은 정의의 경험을 망각하고, 무력증에 빠져버린 시민들의 자기 위안물로 부상했다"는 것이다(장정일, 2011: 37). 정치인 탓이 아닌 내 탓이라는 자조 섞인 위안물이 정의 열풍이라는 해석이다.

어쨌든 국민들은 한국 사회에 대한 실망과 정치인에 대한 실망을 역으로 정의론으로 풀려고 한 것으로 보인다. 국민들은 먹고사니즘에서 탈출하고 삶의 질이 담보된 피곤하지 않은 삶을 살고 싶은 갈망을 표현한 것이다. 그리고 국민들은 이를 실현할 대안 정치 세력을 갈구하고 있는 것이 분명하다.

무상급식과 김상곤 효과

2009년 5월 경기도 교육감 보궐선거에 김상곤 한신대 교수가 당선되었다. 교육감이라는 자리는 모든 교원 인사권을 갖는 등 '교육 소통령'으로 불릴 만큼 권한과 영향력이 막강한 자리인 반면, 교육감 선거는 별로 관심을 끌지 못했다. 그러나 2010년 6·2 지방선거에서의 경기도 교육감 선거는 한국 사회에서 의미를 갖는 선거가 되었다. 이 선거는 교육감이라는 자리가 단순히 행정의 영역이 아닌 교육의 가치와 이해가 경합하는 정치의 영역으로 이끌어내었다.

여기서 제기된 교육 가치의 핵심 의제가 초·중학생 무상급식이다.[1] 무상급식은 부잣집 아이든 가난한 집 아이든 예외 없이 학교에서 점심을 제공하자는 정책이다. 당시에는 파격적인 주장이었다. 소위 '보편적

1 '무상급식'이란 용어는 적절한 용어가 아니다. 국민들이 낸 세금으로 급식에 대해 투자하는 것이지 무상이란 말은 맞지 않다. 무상급식이라는 논리로 말하면 4대강 사업도 무상 4대강 사업이다.

복지'의 본격적인 출발점이라고 볼 수 있다. 무상급식을 기점으로 정치권에서 복지 논쟁이 점화된 것이 역사적으로 갖는 의미다. '김상곤 효과'라고 부르고 있다. 당시 6 · 2 지방선거의 많은 당선자가 여야를 가리지 않고 취임 첫날 무료급식 봉사활동으로 시작하는 모습을 보여주었다. 시대정신을 몸으로 보여주고 싶었던 것일 게다.

김상곤 경기도 교육감은 서울상대 학생회장과 민교협 의장을 지낸 대표적인 진보 학자다. 김상곤 교육감은 개인적으로 나에겐 대학과 고등학교 선배다. 대학에 들어갔을 때 그는 교련 반대 시위를 주도한 학생회장이었다. 평소 존경했던 선배다. 그가 무상급식과 학생인권조례 제정 등 진보적 가치를 반영한 정책을 내걸었을 때 보수 진영은 깜짝 놀랐다. 그러한 정책공약을 내걸고 그는 재선에 성공했고 이후 정치권에 복지 논쟁을 촉발시켰기 때문이다. "한 명의 진보 교육감이 어떤 파워와 상징을 보여줄 수 있는지 뼈저리게 각인시켜 줬다"며 보수 진영은 허탈해했다.

김상곤 교육감은 보수 진영에게만 충격을 던진 게 아니다. 진보 진영도 충격으로 받아들였다. 진보 진영은 그동안 보수적 교육관을 비판하면서도 실질적 대안을 만들어내지 못했다. 그런데 그가 다양한 교육 의제를 국가적 의제로 만들어낸 것이다. 그는 기존 교육에 대해 다른 생각을 할 수 있는 기회를 부여했다. 교육이 복지이고, 인권이며, 혁신이라는 시각을 제시해 주었다. 그리고 국민들의 삶의 질을 높일 수 있는 정책의제 발굴을 하는 정치인을 국민들은 지지하고 있음을 보여주었다. 실제로 2009년 11월 경기도 교육청이 학부모와 교직원 및 학생들을 대상으로 한 설문조사 결과를 보면 무상급식에 대해 응답자의 77.9%가 찬성 의사를 밝혔다. 초등학생 무상급식에 대해서는 90% 이상이 찬성했다. 무상급식은 이미 시대 흐름을 반영한 정책이었던 것이다.

2011년의 키워드: 카이스트 학생들 자살과 '월가를 점령하라!'

카이스트 학생들 잇단 자살

2011년 1월부터 4월까지 카이스트 학생 4명이 연이어 자살을 했다. 그들 중에는 로봇 영재도 있고 과학고 등 명문고등학교와 과학영재학교 출신도 있다. 장래 한국 사회를 위해 크게 기여할 인재들이다. "우리에겐 천연자원이 없고 오직 인적 자원이 있을 뿐이다"고 줄곧 외쳐온 우리로서 그들의 자살은 충격이다. 어떤 바보가 이들을 죽였는가?

카이스트 학생들의 자살 도미노 뒤에는 신자유주의의 그림자가 어른거리고 있다. 효율과 성과주의로 대표되는 무한경쟁이 자리잡고 있다. 서남표 카이스트 총장은 2006년 취임한 뒤 '카이스트 발전 5개년계획(2007~2011)'을 통해 카이스트를 세계 10위 대학으로 만들겠다는 야심찬 목표를 제시했다. 그리고 구체적 수단으로 차등 등록금제(징벌적 등록금제), 100% 영어 수업, 교수 정년 심사 강화 등을 도입했다.

카이스트는 원래 전 학부생에게 전액 장학금을 지급하는 파격적인 장학 혜택 제공으로 수업료 부담이 없는 학교로 유명했다. 그런데 학기당 평균 평점이 3.0 미만이면 0.01점당 6만 3,000원씩 부과하는 징벌적 등록금제도를 도입했다. 징벌적 등록금? 참 희한한 제도를 생각해 낸 것이다. 징벌적 등록금을 낸 학생들은 심한 모욕감을 느끼고 '실패자'로 스스로를 생각한다고 한다. 자살 도미노의 밑바탕이 된 셈이다. 전과목 영어 수업도 학생들에게는 큰 심적 고통이라고 한다. 우리말로 하면 훨씬 쉽게 설명하고 이해할 수 있는데 왜 굳이 전 과목을 영어로 해야 할까? 카이스트 재학생은 말한다. "학점 경쟁에서 밀려나면 패배자 소리를 들어야 하고, 힘든 일이 있어도 서로 고민을 나눌 여유조차 없다. 이 학교에서 우리는 행복하지 않다."

그런데 자살은 카이스트만의 문제가 아니다. 우리나라는 2011년 자살로 하루 평균 43.6명이 사망했다. 통계청 자료에 의하면 2011년 자살로 인한 사망은 1만 5,906명이다. 인구 10만 명당 자살자 수는 31.7명으로

OECD 국가 중 최고다. 그것도 8년째 불명예 1위를 기록하고 있다. OECD 평균(12.9명)의 2.5배나 된다. 자살 공화국이라는 오명을 듣지 않을 수 없다. 문제는 OECD 회원국의 자살률은 감소 추세인 반면 우리나라는 증가 추세란 점이다.

자살자를 성별로 보면 남성이 10만 명당 43.3명으로 여성 20.1명보다 많다. 남성들이 생활전선에서 더 많은 고통을 받은 결과일 것이다. 연령별로 보면 자살은 10~30대 사망 원인 1위다. 10대 자살은 10만 명당 5.5명, 20대는 24.3명, 30대는 30.5명 등으로 교통사고와 암보다 많다. 특히 20대 자살은 전체 사망의 47.2%다. 왜 이렇게 미래가 창창한 젊은 이들이 스스로 목숨을 끊어야 하나? 우리는 해마다 수많은 미래의 에디슨을 잃고, 베토벤을 잃으며, 나이팅게일을 잃고 있는 셈이다. 40대 이후에도 자살로 인한 사망은 심각하다. 10만 명당 자살자 수는 40대 34명, 50대 41.2명이다. 점점 비중이 커진다.

더욱 심각한 것은 65세 이상 노인 자살률이 10만 명당 81.9명으로 전체 평균의 2.4배이며, OECD 국가 중 1위다. 노인 자살률은 경제적 빈곤과 사회적 소외에서 비롯된 것이다. 노인 빈곤율이 45.1%로 OECD 국가 평균보다 3.3배로서 1위인 것과 관련이 있다. 2012년 봄 서울 강북지역 한 영구임대아파트 주민들의 잇단 자살도 빈곤문제의 심각성을 알려준다. 이 아파트에서는 100여일 사이에 7명의 주민이 스스로 목숨을 끊었다. 1,780여 가구 4,250명이 사는 곳이다. 자살률로 환산하면 10만 명당 518명이다. 전국 평균 31.7명의 16배가 넘는다. 성장의 그늘 속에 있는 빈곤과 취약한 사회안전망 탓이다.

그동안 비약적 경제 성장을 이루어 1인당 GDP가 2만 달러를 넘어섰는데 왜 국민들은 더 행복해지지 않고 수많은 아까운 사람이 자살을 할까? 더 잘살게 되었으면 국민들도 더 행복해져야 하지 않을까? OECD가 2012년 2월 발표한 우리나라 국민 행복지수는 회원국 32개국 가운데 31위로 최하위다. 성장을 통한 소득 증대가 행복을 더 이상 보장해 주지 않는다는 화두를 던지게 된다. 또한 성장의 그늘 속에 빈곤과 불평등이 내재해 있음을 일깨워준다.

'월가를 점령하라!'

2011년 9월 타락한 금융자본주의와 경제적 불평등에 항의하는 시위대들이 미국 뉴욕시 월가에 집결했다. 그들은 "1%에 맞선 99%의 힘으로 세상을 바꾸자"라는 캐치프레이즈를 내걸고 뉴욕시 주코티 공원에 모여 분노를 표출했다. 점거 시위 첫날 수백 명에 불과했던 시위대는 수천 명으로 급격히 불어났다. 이후 미국의 많은 도시로 확산되고 나아가 범지구적 운동으로 발전했다. '국제행동의 날'로 선포한 2011년 10월 15일에는 82개국 951개 도시에서 동시다발적으로 시위가 이뤄졌다. 뉴욕 시위 현장에는 〈자본주의: 러브 스토리〉 다큐 영화를 만든 마이클 무어 감독과 할리우드 여배우 수전 서랜던, 경제학자 제프리 삭스도 다녀갔다.

그들이 주장한 구호들을 보면 시대정신을 읽을 수 있다.

> "기업의 탐욕을 멈춰라."
> "우리는 99%다. 더 이상 1%의 탐욕과 부패를 용납하지 않는다."
> "부자에게 세금을 거두어라."
> "이 나라에는 수백만 명의 실업자가 있다."
> "자본주의는 악이다."

처음 시위는 약탈적 금융구조에 항의하면서 촉발되었으나 점차 불평등 구조와 자본주의 시스템 전반에 대한 문제점을 지적하는 데까지 이르고 있다. 월가의 시위는 캐나다 활동가들이 운영하는 온라인 잡지 『애드버스터(*Adbusters*)』의 성명서에서 비롯되었다고 한다. 성명서의 제목이 '월가를 점령하라'였으며 이것이 시위운동의 구호가 되었다. 마이클 무어 감독이 만든 다큐 영화 〈자본주의: 러브 스토리〉 마지막 장면에 무어 감독이 직접 월가 건물을 노란색의 '접근 금지' 테이프로 동여매는 모습이 재현된 셈이다. 주코티 공원에서의 시위는 이집트 민주화 시위의 중심지였던 수도 카이로의 '타흐리르 광장'을 모델로 삼았다고 한다.

이러한 시위 모델은 2008년 서울 한복판에서의 촛불시위를 통해 우리는 이미 경험한 바 있다. 촛불시위는 주동자가 없는 탈중심적 성격과 SNS를 이용한 새로운 시위문화를 창출했다. 이러한 새로운 시위 형태는 주코티 시위에도 전수되었다. 촛불 시위자들이 전수해 준 것도 아닐텐데 유사한 시위문화의 시대 흐름을 보여준 것이다. SNS를 통해 짧은 시간에 시민들이 공통된 의식과 공감대를 대중적으로 확산하는 새로운 시위문화다.

그런데 "우리는 99%다"라고 주장한 사람들은 과연 누구인가? 사회를 향해 분노를 분출한 그들은 과연 어떤 사람들인가? 시위 주체를 보면 나아질 것이란 희망이 보이지 않는 고학력 젊은 층이 중심이다. 2011년 8월 LA타임스는 고학력에도 불구하고 장기간에 걸친 경기 침체로 자신의 미래조차 계획할 수 없는 신세대들을 '짜증난 세대(Generation Vexed)'라는 뜻에서 'V세대'라고 불렀다. V세대, 시대적 아픔을 제일 많이 겪고 있는 세대다. 그들은 청년실업자 및 청년 비정규직들이다. 미국의 24세 이하 대졸자의 실업률은 12.1%(2011년)로 전체 평균인 9.1%보다 높다. 스페인 청년실업률은 2011년 기준 46.2%나 된다. 우리나라의 15세부터 29세 사이 청년층 실업률은 2012년 기준 8.3%(35만 명)로서 전체 실업률 3%의 거의 3배에 이른다. 안정된 일자리를 얻지 못해 사회 출발을 하지 못한 젊은이들은 희망을 잃고 분노를 표출하고 있는 것이다. 이것은 우리의 문제이면서 전 지구적 문제이기도 하다.

지금까지 얘기한 2010년과 2011년의 키워드를 통해 시대정신을 꿰뚫어볼 수 있다. 정의론 열풍이 분 것은 정의 구현에 실패한 정치권에 대한 실망을 표출하고 대안 정치 세력을 소망한 것으로 판단된다. 클린턴이 선거구호로 "바보야, 문제는 경제야!"를 외쳤는데 우리는 이제 "바보야, 문제는 정치야!"를 외친 것이다. 이것은 안철수 현상으로 현실화되었다.

무상급식은 보편적 복지를 통해 복지국가 초석을 놓아야 한다는 국민의식을 보여준 것이다. 소위 '김상곤 효과'는 산업화와 민주화에 이어 복지화라는 시대적 과제를 확인시켜 주었다. 복지국가를 건설하지 않고서는 전환기적 고비를 넘기 쉽지 않음을 보여준다.

2011년 카이스트 학생들의 자살은 신자유주의적 효율과 성과, 그리고 경제 성장이 더 이상 국민의 행복을 보장해 주지 않는다는 사실을 입증해 보였다. 효율만 추구하는 무한경쟁사회는 우울증과 자살이라는 사회적 스트레스만 키우고 결국 사회적 희생을 초래함을 확인시켜 주었다. 그리고 OECD 국가 중 자살률 8년 연속 1위라는 불명예는 한국 사회의 문제가 무엇이며, 무엇을 지향해야 하는가를 시사해 준다.

'월가를 점령하라!'는 비록 미국에서 시작되었지만 우리에게도 그대로 적용되는 시대적 요구다. 그것은 99대 1로 대변되는 불평등 구조의 탈피다. 독식구조를 청산하고 99%와 1%가 함께 공생하는 공동체를 구축하는 것이 시급한 시대적 요구다. 가혹한 시대적 아픔을 강요받고 있는 청년 세대에게 희망을 심어주는 것 또한 국가적이고 전지구적인 과제다.

이러한 시대정신은 재정과 밀접한 관련이 있다. 재정은 시대정신을 구현하는 수단이며 목표다. 재정은 공공자원의 제약 조건을 가진 상태에서 시대정신 구현이라는 목표를 추구해야 한다. 복지국가 건설과 재정 역할의 정립이 시대정신 구현에 핵심 의제임을 확인한다.

2 복지국가와 재정

복지국가는 어떻게 맞이할 것인가?

앞에서 시대적 키워드를 통해 시대정신을 읽어보았다. 2010년 무상급식 논쟁이 보편적 복지에 대한 국민 선호를 보여주었다. 정의 열풍은 정의를 구현할 대안 정치 세력을 대망하고 있는 것으로 해석되었다. 분명히 시대는 산업화와 민주화를 거쳐 복지국가 시대로 가고 있다. '산업

국가'와 '민주국가'를 거쳐 '복지국가'를 완성한다면 우리나라는 또 한번 세계의 주목을 받을 것이다. 일부에서는 복지제도의 구축이 어느 정도 이뤄졌고 복지재정도 국가재정에서 가장 큰 부분을 차지하고 있기 때문에 우리나라는 이미 복지국가에 진입했다고 주장한다. 물론 틀린 말은 아닐 수 있다. 그러나 복지국가에 진입했다면 이제 겨우 문턱을 넘어가고 있다. 성숙한 복지국가로 가는 길이 우리의 책무다.

다행인 것은 최근 정치인들이 여야를 막론하고 복지 논의를 하고 있는 점이다. 2012년 12월 대통령 선거를 앞두고 대통령 후보들도 모두 복지 공약을 내세우고 있다. 다만 전략과 구체적 정책대안이 다르다. 학계에서도 복지국가에 대한 논의가 지속적이고 활발하게 논의되고 있다. 생산적 복지, 참여복지, 사회투자국가, 사회적 기업, 사회 서비스, 능동적 복지, 휴먼 뉴딜, 역동적 복지국가, 정의로운 복지국가, 보편적 복지 등에 대한 쟁점을 두고 활발한 논의가 이뤄져 왔다. 학계의 복지국가 성격 논쟁이나 대안국가론 논쟁도 논의의 한 축을 이루고 있다.

문제는 복지국가 논의에 머물러서는 안 되고 한국형 복지국가 모델을 정립해야 한다는 것이다. 복지국가 그림을 어떻게 그리느냐는 국가 운영의 틀을 결정하는 것이며 국민들의 삶의 질을 규정하는 일이다. 복지국가의 틀을 설계하는 데에는 정치인의 역할이 매우 중요하다. 오늘날 복지국가라고 칭하는 선진국의 경우 복지국가가 정착되는 시기에 정치가 매우 큰 역할을 했다.

우리의 정치는 어떠한가? 이명박 정부는 시대정신을 잘못 읽고 복지국가를 설계하기는커녕 무분별한 정치권의 선심성 복지공약에 대비한다며 방어적 대응만 했다. 이명박 정부는 한국형 복지모형을 설계하여 적실성 있는 정책 수단을 우선순위에 따라 차근차근 수행하는 역사적 과제를 안고 있었다. 그런데 재정 당국은 정치권 선심성 복지공약의 재정 투입만 계산하고 앉아 있는 한심함을 보였다. 복지 지출은 퍼주기 지출이라고 생각하고 포퓰리즘으로 매도했다. 그 결과 최근 0~2세 무상보육정책 시행을 두고 말이 많더니 시행 7개월 만에 백지화하는 갈팡

지팡 모습을 보였다.

2012년 5월 한국을 방문한 오얀타 우말라 페루 대통령이 한 말은 우리에게 매우 시사적이다. "대통령은 하고 싶은 걸 하는 게 아니라 해야 할 일을 하는 자리라고 생각해요." 이명박 대통령은 '해야 할 일'을 한 것이 아니라 '하고 싶은 걸' 하고 말았다. 많은 국민의 비판에도 불구하고 대통령이 하고 싶은 22조 원이 넘는 4대강 사업을 밀어붙였다. 그것도 임기 내 완공이라는 가시적 성과주의에 집착하는 모습을 보였다. 시대 흐름을 비껴 간 것이다.

복지국가의 틀은 정치가 만든다. 많은 사람이 복지제도의 틀이 보수주의 정치인들에 의해 만들어졌다고 주장한다. 대표적인 사람으로 독일의 복지제도를 처음 도입한 비스마르크를 든다. 그들의 주장은 복지가 진보주의자의 전유물이 아님을 강조하고 싶은 마음을 담고 있다.

그러나 보수주의자들의 복지제도 설계는 도입 취지가 순수하지 못하다. 비스마르크는 시민적 권리와 삶의 질을 높이기 위해서가 아니라, 사회 질서를 유지하는 차원에서 보수적 군주와 관료들을 위해 복지정책을 도입했다(신광영, 2011: 34). 당시 독일은 사회주의운동이 대단히 활발했던 데다 많은 노동자가 참여할 예정이었다. 그것이 바로 독일에서 복지제도가 등장한 배경이었다. 비스마르크는 말한다. "우리는 50년 내에 혹은 경우에 따라서는 10년 내에 닥칠지도 모르는 혁명을 사전에 예방할 수 있다." 혁명을 사전에 예방하는 차원에서 복지제도를 도입한 것이다. 이념을 떠나서 실용주의적 시각에서 복지제도의 도입을 주장한 보수주의자들의 정책을 폄하할 생각은 없다. 그러나 보주주의자들의 복지정책에 진정성이 미흡한 것은 사실이다. "보수에게도 복지는 있지만 철학은 없다"는 말도 같은 맥락이다.

시민적 권리와 삶의 질을 높이기 위한 진정한 복지제도를 도입한 예로 모범적 복지국가인 스웨덴을 들지 않을 수 없다. 스웨덴 복지국가의 역사는 사회민주당의 역사와 함께 한다. 스웨덴 사민당은 1889년 스톡홀름의 사회민주주의협회의 주도로 사회민주주의 정치조직과 노동조합의 두 축을 중심으로 설립되었다. 이후 복지국가 건설의 역사는 크게 4단계로 구분된다(신필균, 2011: 42).

- 투쟁기(1870~1920년대 초기): 격렬한 노사 대립기로 동등한 권리의 실현을 위한 투쟁과 보통선거권의 쟁취
- 성장기(1920~40년대 중반): 사민당이 빈곤으로부터 해방되기 위한 '국민의 집' 건설 주창과 노사관계 합의주의 실현 등을 내걸고 집권하면서 스웨덴 최대 정당으로 성장
- 완성기(1945~80년경): 보편복지 이념의 확립과 주요 사회보장제도 개혁의 수행으로 스웨덴식 사회민주주의 복지국가 모델 형성
- 변화기(1980년대~현재): 탈산업사회와 세계화 과정에서의 변화와 적응

스웨덴 복지국가 모델은 스웨덴 사민당의 이념과 정책의 결과물이라고 볼 수 있다. 스웨덴 사민당의 이념과 정책을 만드는 데 핵심적 역할을 한 사람은 3회(1920, 1921, 1924년)에 걸쳐 수상을 역임한 칼 얄마르 브란팅이다. 브란팅은 스웨덴 사민주의 황금기의 초석을 놓은 정치지도자다. 그 뒤를 이은 페르 알빈 한손(1932~46년 수상 재임)은 오늘날의 스웨덴 복지국가 모델을 만든 주인공이다. 이후 타게 에르란데르(1946~69년 수상 재임), 올로프 팔메(1969~76년, 1982~86년 수상 재임) 정부가 집권하면서 오늘날 스웨덴 모델이 구축 및 발전되어 왔다. 특히 1932~1976년까지 사민당이 44년간 연속 집권한 것이 스웨덴 복지모델의 정착에 결정적으로 기여했다.

이후 중도우파 연합이 2번(1976-1981; 1991-1994) 집권했으며 2006년에도 중도우파 연합이 사민당을 누르고 집권했다. 그러나 중도우파연합, 특히 보수당이 사민주의 복지국가 모델 자체에 도전하지는 않았다. 오히려 유권자들에게 자신들이 복지국가에 위협이 되지 않으며, 이를 개선하려 한다는 점을 홍보하여 선거에 승리할 수 있었다. 2006년 중도우파연합의 승리를 역설적으로 스웨덴 사민주의의 위대한 승리라고 주장하는 사람도 있다. 사민당의 반대파인 중도우파마저도 신자유주의를

강조하지 않고 오히려 사민당의 전통적인 '사회모델'의 비전에 맞춰 선거 캠페인을 벌였기 때문이라는 것이다(안재흥, 2006).

그렇다면 스웨덴 복지국가 모델의 핵심은 무엇일까? 그동안 에스핑 안데르센 등 많은 학자가 스웨덴 모델에 대해 분석을 했다. 하지만 나는 무엇보다도 1928년 사회민주당 당수 한손이 수상이 되기 전 의회에서 행한 연설에서 찾고 싶다. 페르 알빈 한손은 의회 연설에서 사회민주주의가 지향하는 이념을 '국민의 집' 건설로 선포했다.[2] 가족 개념을 확대하여 국민이 가족 구성원으로 생각되는 공동체적 사회를 대안으로 제시한 것이다. 국가를 집으로 보고 국민을 가족으로 생각하다니 대단한 휴머니스트적 발상이다. 감명 깊은 그의 연설은 오늘날 우리에게 너무 절실하게 다가온다. 여기 잠깐 인용한다(신필균, 2011: 64).

> 집(가정)의 기본은 공동체와 동고동락에 있다. 훌륭한 집에서는 누구든 특권 의식을 느끼지 않으며 누구도 소외되지 않는다. 독식하는 사람도 없고 천대받는 아이도 없다. 다른 형제를 얕보지 않으며 그를 밟고 이득을 취하지 않는다. 약한 형제를 무시하거나 억압하지 않는다. 이런 좋은 집에서는 모든 구성원이 동등하고, 서로 배려하며, 협력 속에서 함께 일한다.

'국민의 집'은 구성원 모두가 행복한 공정한 사회를 지칭하며, 스웨덴 복지국가 모델의 토대가 되었다. 보편적 복지, 사회적 연대, 합의 문화로 특징지어지는 스웨덴 모델은 '국민의 집'이 모태가 되고 있다. 복지모델의 내재된 기본 정신이 다른 어느 것보다 중요함을 깨우쳐 준다. '국민의 집'에는 '우리'라는 공동체 의식이 자리잡고 있다. 우리말 중에 참 매력적인 말이 '우리'라는 말이다. '우리집', '우리 엄마', '우리나라', 얼마나 정겨운 말인가? 스웨덴 아동정책의 구호는 그들의 '우리' 의식을 적나라하게 보여준다.

---

2 Folkhemmet를 '인민의 집' 또는 '인민의 가정', '대중의 집' 등으로 번역하고 있으나, 이 개념이 사회 구성원 전체의 공동체적 통합을 지향한다는 의미에서 신필균(2011)의 번역어를 택하고자 한다.

"모든 아이들은 모두의 아이들이다."

가족 이기주의가 팽배한 우리로서 모든 아이가 모두의 아이들이라는 생각을 갖기는 쉽지 않다. '모두의 아이들'. 보편적 복지 아래 휴머니즘이 깔려 있다. 브라질 룰라 정부의 슬로건 "브라질, 모든 이를 위한 나라(Brazil, a country for everyone)"가 연상된다. 나는 이들 구호에 하나를 더 추가하고 우리 식으로 표현하고 싶다.

> "모든 아이들은 우리 모두의 아이들이다."
> "모든 어르신은 우리 모두의 어르신이다."
> "대한민국, 우리 모두를 위한 나라."

스웨덴 못지않게 모범적인 복지국가 모델이 있다. 영국이다. 보는 시각에 따라 영국의 복지모델을 저평가할 수 있으나 '빈곤 없는 사회' 모델은 영미권 국가 중에서 가장 앞서 있다. 영국의 복지국가 모델이 정립된 것도 정치의 역할이 컸다. 영국의 복지국가 모델은 비버리지 보고서에 토대를 두고 있다. 1942년에 「비버리지 보고서」로 통칭되는 「사회보험 및 관련 서비스」를 발표했는데 여기에는 사회보험을 주요 수단으로, 국가 부조를 보조 수단으로 한 사회보장계획이 담겨 있다. 이 내용은 1948년까지 거의 제도화되어 제2차 세계대전 후의 영국 사회보장제도 확립의 기초가 되었다.

그런데 비버리지 보고서가 영국 복지모델의 토대가 된 데에는 역시 정치의 역할이 컸다. 비버리지는 제2차 세계대전 중에는 처칠 수상 밑에서 노동 차관을 역임했으며, 비버리지 보고서를 만들 때에는 사회보험 및 연합국 전시 노동위원회 의장으로 있었다. 비버리지는 경제적 자유주의자였기에 보고서에 일부러 사회서비스국가라는 용어를 사용하고 복지국가라는 용어 사용을 기피했다고 한다. 진보주의자라고 오해받는 것을 피하려 했다는 것이다. 더욱 흥미 있는 일은 처칠 수상이 비버리지를 그다지 좋아하지 않았으며, 그를 싫어한 나머지 보고서조차 읽지 않았다고 전해진다(신광영, 2011: 39). 그렇다면 비버리지를 싫어하고 그의 보고서조차 읽지 않은 보수당의 처칠이 전쟁이 끝난 후 재집권했다면 오늘날 영국의 복지국가 모델이 만들어졌을지 의심스럽다.

영국의 운명은 제2차 세계대전이 끝난 후 치러진 1945년의 선거에 의해 결정되었다. 전쟁의 영웅 윈스턴 처칠은 전국 어느 곳을 가든 국민들로부터 엄청난 환영을 받았다. 선거는 처칠이 이끄는 보수당의 승리로 끝날 것으로 예측되었다. 그러나 클레멘트 애틀리가 이끈 노동당의 승리로 끝났다. 노동당은 393석을 얻어 보수당을 80석 이상 앞섰다.

수상에 취임한 애틀리는 의회에서 "여러분은 어떤 사회를 원하십니까?"라고 연설을 시작한다. 당시 하이에크의 영향을 받아 정부 역할을 부정적으로 보았던 처칠은 결국 무대의 뒤편으로 사라지고 말았다. 대신 전쟁 중에 정부가 공정한 분배정책을 시행했다고 믿은 영국민은 노동당을 선택했다. 전쟁을 겪은 사람들은 국가의 자원을 나눠 갖는 것이 정의라고 생각했던 것이다.[3] 1930년대 대공황을 경험했던 사람들 대부분이 노동당을 지지했다. 영국의 복지모델이 정립된 계기가 된 것이다. '요람에서 무덤까지'의 복지제도가 비로소 정립되었다. 그리고 완전 무료의 포괄적 의료 혜택을 주는 의료제도가 정착되었다. 작가인 앨런 실리토는 말한다. "공공의료법은 거대한 구원의 한숨이었고 영국 노동자 계층의 새로운 자부심이 되었다."

다시 한 번 클린턴이 말한 선거구호를 패러디하고 싶다. "바보야, 문제는 정치야!" 우리에게 대통령 선거가 왜 중요한지를 깨우쳐 준다. 어떤 정치집단이 집권하느냐에 따라 복지국가의 그림이 달라지며, 조세 및 재정정책이 달라질 것이다. 복지국가의 그림은 차기 정부가 어떻게 구성되느냐에 달려 있다.

---

3 KBS 다큐멘터리 '커맨딩 하이츠' 프로그램에서의 전 노동당 하원의원 바바라 캐슬의 인터뷰 내용.

복지국가의 트릴레마

노무현 정부 시절 내가 연구책임자가 되어 정책기획위원회의 용역을 수행한 적이 있다. 이때 오랜 토론을 거쳐 한국형 복지모형을 제시했다. 우리는 그것을 사람·지식 중심의 복지모형으로서 '3 fare' 모형이라고 불렀다. '3 fare' 복지모형의 구도는 노동력의 재생산 토대를 구축하고(사회복지 Welfare), 노동의 질적 제고(학습복지 Learnfare)와 노동력 수요 공급의 균형(일자리복지 Jobfare)을 통해 지속 가능한 복지 체제를 구축하는 것이다. 이를 위한 거시적 정책 방향은 다음과 같다(윤영진 외, 2006: 82).

1) 일자리(job), 학습(learn), 사회복지(welfare)의 3각 구도 하에 복지모형의 완결성을 추구한다.

2) 사회복지는 기본적인 사회안전망이 구축된 바탕 위에서 근로연계복지(workfare)와 건강복지(healthfare)를 통해 사회적 연대와 생산성을 담보하도록 한다.

3) 인간 중심의 사회 투자적인 접근을 함으로써 미래의 지속 가능한 발전을 담보한다.

4) 한국형 복지모형의 작동은 정부가 일방적으로 하지 않고 정부-민간 파트너십 형성을 통해 혹은 정부-민간 역할 분담으로 추진한다.

5) 한국형 복지모형은 지식·정보 중심의 인프라를 구축하여 경제적 효율성을 담보하도록 한다. 사회 투자의 효과성을 제고하기 위한 사회적 경쟁 시스템을 도입한다.[4]

---

4 시장적 경쟁 시스템과 기본 원리는 동일하되, 이윤 추구가 아닌 사회적 후생(social benefit)을 극대화하는 경쟁 시스템을 의미한다.

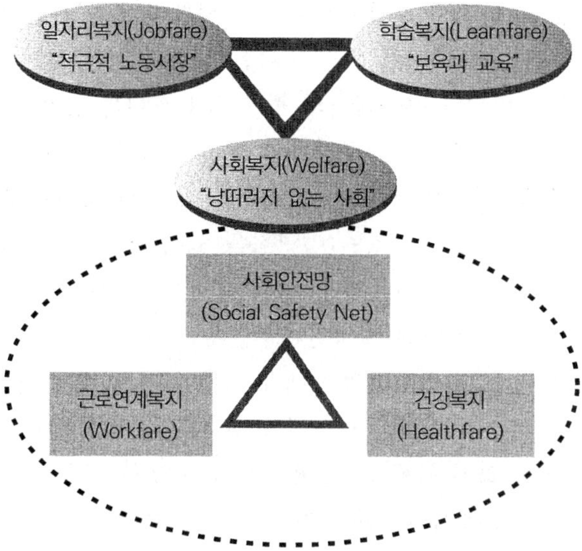

[그림 1-1] 한국형 복지모형(3 fare 모형): '사람 · 지식 중심의 복지모형'

자료: 윤영진 외(2006: 84).

한국형 복지모형(3 fare 모형)은 노동력의 재생산 토대를 구축하고, 노동의 질적 제고와 노동력 양적 균형을 도모하는 '사람 · 지식 중심 모형'이란 점에서 오늘날에도 유효성을 갖는다. 고용, 교육, 복지의 삼박자를 갖춘 지속 가능한 복지 체계가 필요한 것이다.

그러나 이 모형에는 하나의 축이 빠져 있다. 바로 재정이다. 복지모형의 구축에는 재정 건전성 유지라는 제약 조건이 반드시 고려되어야 한다. 복지는 재정이 추구하는 목표이면서 재정은 복지의 제약 조건이 된다.

복지모형에 재정을 고려할 때 아이버슨과 렌(Iversen & Wren, 1998)의 트릴레마(trilemma) 모형은 매우 시사적이다. 그들은 서구 국가의 복지제도 분석을 통해 성장률이 낮아진 서비스 경제 시대에 재정 안정, 소득 형평, 고용 증가를 모두 만족시킬 수는 없는 트릴레마 상황에 놓여 있다고 주장한다.

세 가지 목표 중 둘을 선택해야 하는 삼자택이적 상황을 에스핑 안데르센 모형과 연계시켜 [그림 1-2]와 같은 삼자택이적 삼각형 모형을 제시하고 있다. 스칸디나비아 국가의 사민주의 모형은 일자리 창출과 소득불평등 완화라는 목적을 추구하지만 재정 건전성에는 관심이 덜하다. 반면에 유럽 대륙국가의 기민주의 모형은 소득불평등 완화와 재정 건전성을 강조하지만 일자리 창출은 역점을 덜 두고 있다. 영미권의 자유주의 모형은 일자리 창출과 재정 건전성을 강조하지만 소득불평등 완화는 정책목표로서 약하게 설정된다.

성장률이 낮아진 서비스 경제 시대에 소득 형평, 고용 증가, 재정 안정을 모두 만족시킬 수는 없는 트릴레마 상황에서 서구 복지국가들은 세 가지 목표 중 두 가지 목표에 더 역점을 두고 있다. 우리나라를 트릴레마 상황에 굳이 연계시킨다면 일자리 창출과 재정 건전성을 강조하는 자유주의 모형에 가깝다고 생각된다. 그러나 지금까지 재정 건전성에는 역점을 두어 왔지만 소득불평등 완화와 일자리 창출은 극히 등한시해 온 목표였다. 우리나라는 트릴레마 상황이라기보다 세 가지 목표를 모

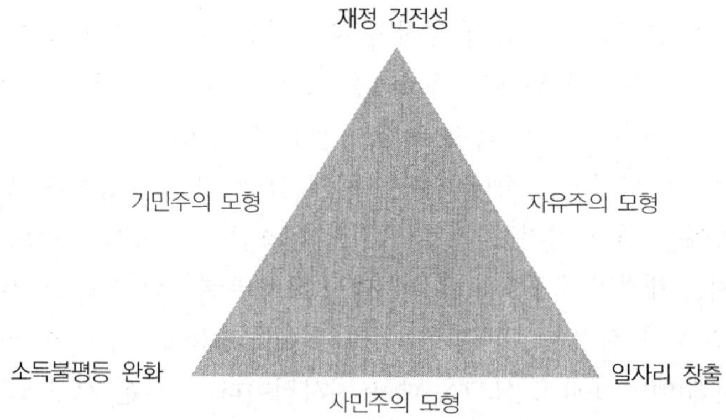

[그림 1-2] 복지국가의 트릴레마(trilemma) 상황

자료: Iversen & Wren(1998).

두 추구해야 하는 입장에 있다. 세 가지 목표는 실현 가능하다고 믿는다. 조세와 복지 지출을 통한 소득불평등 완화와 일자리 창출은 정부와 재정이 추구해야 할 기본 목표다. 제약 조건으로서의 재정 건전성 달성도 지속적으로 추진해야 할 목표다. 소득 형평, 고용 증가, 재정 안정은 우리에겐 트릴레마 상황이 아니고 모두 추구해야 할 목표인 것이다.

매일경제는 지속 가능한 한국형 복지 체제를 만들기 위해서는 반드시 '복지 트릴레마'를 동시에 점검하는 것에서 출발해야 한다고 주장한다(매경, 2011. 1. 26). 여기서의 트릴레마는 △복지 지출 △재정 건전성 △국민 부담을 지칭한다. '복지 트릴레마'라기보다 '복지재정 트릴레마'가 더 적합한 용어로 보인다.

재정 건전성을 달성하기 위해서는 복지 지출은 줄이고 국민 부담을 높여야 한다. 세 가지 변수 중 두 가지 변수를 추구하다보면 하나의 변수는 희생해야 한다는 점에서 트릴레마로 얘기하고 있다. 우리나라는 복지국가 건설이라는 시대적 과제를 안고 있다. 복지국가를 건설하기 위해서는 현재의 복지 지출 수준은 더 확대되어야 한다. 그렇다면 재정 건전성을 유지하면서 복지 지출을 늘려야 하기 때문에 국민 부담 부분을 희생하지 않으면 안 된다. 증세를 하지 않고서는 복지 지출도 재정 건전성도 모두 희생될 수밖에 없다. 문제 해결의 고리를 어디서 풀어야 할지는 명백하다. 증세가 답이다.

기본적 복지재정전략

노무현 전 대통령은 국정 경험을 마친 후 재정의 중요성을 다음과 같이 말한 바 있다. "모든 길은 로마로 통하듯이 모든 정책은 재정으로 통한다"(노무현, 2009: 48). 재정을 전공하는 내가 강조해 왔던 내용을 정확하게 지적하고 있다. 본래 재정의 본질적 모습은 돈(금액)이 아니며, 그것으로 추진하고자 하는 정책과 사업이다. 재정을 숫자로 생각하는 경향이 있지만 숫자가 품고 있는 정책과 사업이 진짜 재정의 모습이다. 이러한 정책과 사업에는 국정 철학과 의지가 담겨 있다. 예산서를 들여다보면 집권 세력의 국정 철학과 비전을 가늠해 볼 수 있는 것이다. 따라서 재정을 투입해 무엇을 달성하려고 하는가를 보는 것이 재정을 바라보는 중요한 관점이다.

복지와 재정의 관계도 마찬가지다. 복지와 재정은 바늘에 실을 꿰듯 뗄 수 없는 관계에 있다. 복지 관련 재정을 들여다보면 복지의 그림을 엿볼 수 있다. 그런데 복지는 재정이 추구하는 목표이면서 재정은 복지의 제약 조건이다. 재정이 추구하는 목표는 궁극적으로 국민들의 꿈을 실현하는 것이다. 국민들의 꿈은 곧 행복이다. 국민 행복은 재정이 실현해야 할 목표이며, 재정은 또한 그것을 달성할 수단이다. 재정이 뒷받침되지 않으면 실현되기 어렵다.

재정은 한정되어 있다. 재정은 희소한 자원을 배분하는 제약 조건이다. 재정이 한정되어 있기 때문에 정책의 우선순위를 정해야 한다. "공공자원은 한정되어 있고 공공 욕구는 무한하다"는 '희소성의 법칙'이 적용되는 것이다. 결국 재정은 희소성의 피조물이다. 재정은 희소성의 조건 아래 국민들이 선호하는 우선순위에 따라 배분할 수밖에 없다. 무상급식 논란이 일어나는 것도 결국 제약 조건으로서의 재정의 한계 때문이다.

최근에는 공공 부문에서의 희소성을 절대적이고 객관적인 개념으로 보지 않고 상대적이고 주관적인 개념으로 받아들이고 있다. 희소성은 기본적으로 양면성을 갖고 있다. "정부가 얼마나 원하는가"에 대해 "정부가 얼마나 보유하고 있는가"의 양면적 조건으로 이뤄져 있다. 다시 말해 정부의 수요와 공급이라는 조건이 희소성을 구성하고 있다. 두 조건 모두 본질적으로 주관적이다. 주관적이라는 것은 희소성을 태도와 상황의 문제로 본다는 의미다. 희소성은 수요와 공급의 '인지된 관계'에 의해 결정된다(Schick, 1980). 복지재정도 결국 태도와 상황의 문제다. 복지재정을 바라보는 우리 국민들의 태도와 상황이 중요하다는 것이다.

복지 지출을 얼마나 할 것이며, 추가적 재원을 어떻게 마련할 것인가에 대한 국민들의 생각이 중요하다는 것이다. 이것은 결국 정치적 합의 문제로 귀결된다.

이 책에서 제시하고자 하는 기본 논지는 다음과 같다.

첫째, 경제 성장을 통해 소득이 증가해도 이제 더 이상 국민의 행복을 증진시키지 못한다. 소득 증가가 행복을 증진시키지 못한다는 '이스털린의 역설'은 사회과학의 정설이 되었으며, 각국의 통계로 실증되었다.

둘째, 우리나라는 저성장 국면에 접어들었으며, 저성장 패러다임에 대비할 때가 되었다. GDP 지표를 대체할 지표를 개발하고, 경제 성장에 대한 인식을 바꿔야 하며, 성장전략을 새롭게 세워야 한다.

셋째, 경제정책과 복지정책의 목표가 행복이 되어야 한다. 행복은 모든 정책의 최우선 순위를 갖는다. 행복학을 사회과학에 원용한다면 기존 이론에서 논의된 명제들이 수정 보완되어야 할 경우가 많다. 행복학에 근거한 새로운 논의에 따라 정책 방향을 새롭게 정립해야 한다.

넷째, 불평등 구조와 빈곤 문제는 한국 사회의 심각한 사회적 질병이다. 특히 사회적 우위는 더욱 우위에 서고 열위자는 더욱 열위로 전락하는 마태 효과가 큰 문제다. 사회적 우위와 열위의 격차가 더욱 확대되고 있는 것이다. 구체적으로 (청년)실업과 비정규직 문제는 복지재정 수요를 줄이기 위해서도 꼭 해결해야 할 과제다. 재정정책 이전에 해결해야 할 과제라는 점에서 나는 이를 '일차적 재분배정책'이라고 칭하고자 한다. 그리고 한국 사회의 불평등 구조를 완화하는 데에 조세와 재정이 거의 기여하지 못하고 있다는 것이 이 책의 기본 논리다.

다섯째, 눈에 보이지 않는 거대한 폭풍, 저출산·고령화라는 인구학적 대변동이 진행되고 있다. 저출산·고령화로 인한 인구구조의 변화는 재정에 매우 큰 영향을 미친다. 세입 기반이 약화되며 복지재정 수요는 급증하게 된다. 세계에서 가장 빠른 속도의 인구 감소와 고령화 추세는 중장기적 재정정책 대응을 필요로 한다.

여섯째, 복지국가 재정전략에 대해서 이념적으로는 진보주의 재정전략을 지향한다. 조세 및 재정은 '이념상의 최전선'에 위치하고 있다. 진보와 보수 어느 편에 서느냐에 따라 재정구조는 달라질 수밖에 없다. 복지국가 건설이라는 시대적 소명을 염두에 둔다면 진보주의 전략만이 해법이 될 수 있다.

일곱째, OECD 국가의 재정 규모, 복지 지출, 총조세 부담 규모를 각각 4그룹으로 유형화하면 우리나라는 현재 모두 최하위 그룹인 '저부담-저복지-매우 작은 정부'의 틀을 유지하고 있다. 복지국가의 완성을 위해서는 중장기적으로 '중부담-중복지-작은 정부'의 단계를 거쳐 '고부담-고복지-큰 정부'의 단계로 나아가야 한다. 이를 위해서는 재정 패러다임과 정부 역할이 변화해야 한다.

여덟째, 복지국가 건설과 이를 위한 재정전략을 수립하는 데에는 정치의 역할이 매우 크다. 결국 정치가 복지국가의 그림을 그리게 되며, 재정전략의 방향과 구체적 정책대안을 결정하게 된다. 우리가 누구에게 정치를 맡기느냐의 선택의 문제다.

일차적 재분배정책과 이차적 재분배정책

복지재정 수요는 근본적으로 불평등 구조에서 유발된다. 따라서 복지국가 재정 소요를 줄이는 방법은 평등을 추구하는 '일차적 재분배정책'을 시행하는 것이다. '일차적 재분배정책'이란 재정 수단을 사용하기 전 단계의 불평등 구조에서 나오는 복지재정 수요를 줄이기 위한 정책을 의미한다. 물론 재정사업이 포함되긴 하지만 원칙적으로 비재정적 정책을 통해 복지재정 수요를 줄이는 것이다. 예를 들면 불평등 구조의 핵심 원인이 되고 있는 비정규직과 실업 등에 대한 정책이 여기에 속한다.

국민들이 중산층에서 빈곤층으로 전락하고 생활고와 질병을 겪고 있는 것은 비정규직, 실업 등이 주요 원인으로 작용한다. 비정규직에 대한 차별적 대우는 경제적 낙오뿐만 아니라 심리적 낙오까지 경험하게 하여 행복 수준과 건강 수준을 심히 저해한다. 비정규직 문제는 현실적 또는 잠재적 복지재정 수요를 유발하는 주요 요인이다. 또한 실업, 특히 청년실업의 경우 앞으로 한국 사회의 복지재정 수요를 심하게 유발할 동인으로 작용하게 될 것이다. 많은 자원과 시간을 투입하여 대학까지 나왔는데도 취직을 못하는 젊은이들은 사회에 첫발을 제대로 디디지 못함으로써 사회적 낙오자로 전락하고 있다. 희망을 잃어가고 있는 우리 88만 원 세대를 더 이상 방치할 수 없다. 능력이나 가치관 등이 나무랄 수 없는 젊은이들이 사회에 진입을 못하고 결혼도 제때에 하지 못함으로써 엄청난 사회적 손실을 초래하고 있다. 이것은 곧 복지재정에 직접적으로 영향을 미치게 된다.

복지국가 재정 소요를 줄이는 또 하나의 방법은 평등을 추구하는 '이차적 재분배정책'을 시행하는 것이다. '이차적 재분배정책'이란 재정을 통한 소득 재분배 정책을 의미한다. 우선적으로 조세의 소득 재분배 기능을 강화해야 한다. 우리나라는 조세의 소득 재분배 기능이 극히 미흡하다. 조세를 논의할 때에는 항상 효율성에 집착하는 경향이 있다. 국제 흐름이 이렇게 가기 때문에 국가 경쟁력 강화를 위해 우리도 그러한 방향으로 가야 한다는 식의 논리다. 물론 조세정책이 기업의 경제활동에 도움이 되게 시행되어야 한다는 점을 부인할 수 없다. 그러나 소득 재분배 기능도 조세의 주요 기능이다. 공평 과세를 통한 조세의 소득 재분배 기능이 강화될 때 복지재정에 대한 부담을 줄일 수 있다.

재정지출 측면에서도 빈곤층이 중산층으로 편입되게 하고 중산층이 빈곤층으로 전락하지 않도록 재정설계가 이뤄져야 한다. 빈곤층을 중산층으로 편입시키는 것은 현재적·잠재적 복지재정 수요를 줄일 뿐만 아니라 내수를 확대함으로써 경제에도 도움이 된다.

제 2 장

경제 성장은 정답인가?

1 경제 성장에 대한 비판론

성장 이데올로기 비판 의식의 확산

2010년 1인당 국민소득이 3년 만에 2만 달러를 회복한 사실을 놓고 파이낸셜뉴스는 「국민소득 2만 달러, 어쩌라구?」라는 타이틀을 뽑았다(2011. 4. 1). "어쩌라구?" 국민들의 마음을 대변한 듯한 타이틀이다. 물론 이 신문이 말하고자 하는 것은 2만 달러 소득 달성이 실질적 소득 증가라기보다 환율 인하 덕분임을 알리고 싶은 것이다. 그러나 밑바탕에는 GDP가 상승해도 국민생활이 향상되지도 않고 복지도 증진되지 않는다는 사실을 깔고 있다.

최근 성장 이데올로기에 대한 비판적 인식이 확산되고 있다. 이러한 비판적 인식은 진보적 학자들이 주로 주장하고 있지만 사실상 사회과학의 중심이론으로 자리잡아가는 것같다. 클라이브 해밀턴의 『성장 숭배(*Growth Fetish*)』(2003), 마인하르트 미겔의 『성장의 광기』(2010), 조지프 스티글리츠 등의 『GDP는 틀렸다』(2010) 등의 성장에 대한 비판적 글이 대표적인 책들이다.

호주의 진보적 경제학자 클라이브 해밀턴은 『성장 숭배』에서 "경제 성장이 인간에게 행복을 가져다 준다는 주장은 근거 없는 믿음에 불과하다"고 주장한다. 그리고 경제 성장 이데올로기화 현상을 논증을 통해 통박하고 있다. 성장 이데올로기는 경제가 성장하면 거의 모든 문제를 해결할 수 있다고 주장하지만 그런 믿음은 단지 '망상'에 불과할 뿐이라는 것이다. 오히려 경제 성장에 뿌리를 둔 소비자본주의가 인간의 공동체와 환경을 파괴하고 인간의 정체성마저 왜곡하고 있다고 말한다. 그는 소득의 낙수 효과(trickle down)는 일어나지 않았지만 이데올로기의 낙수 효과는 확실하게 작용했다고 주장한다. 세계 도처의 사람들은 경제 성장이 곧 행복에 이르는 길이며 구속 없는 시장이 그런 성장을 극대화해 줄 거라는 소비자본주의의 이데올로기에 세뇌당했다는 것이다(해밀턴, 2011: 186).

해밀턴은 성장 망상 체계를 비판하면서 fetish라는 용어를 책 제목에 쓰고 있다. 이 용어는 사전을 찾아보면 '물신(物神), 맹목적 숭배의 대상, 미신의 대상, 페티시즘의 대상'이라는 뜻이다. 페티시즘은 심리학 용어로 이성의 몸의 일부(모발 따위)나 옷 따위로 성적 만족을 얻는 변태심리를 지칭한다. 성장을 fetish라고 표현한 것은 외눈박이 눈으로 바라보는 성장에 대한 관념을 잘 지적한 것으로 보인다. '성장' 그 자체가 문제라기보다 '성장 망상 체계'가 문제임을 강조한 것이다. 그러나 그는 인류가 추구해 온 경제 성장이 치른 많은 비용과 성장의 한계에 대해서도 역시 지적하고 있다. 해밀턴은 결론적으로 성장 이데올로기에서 벗어날 것을 주장한다. 팽창이 아닌 '축소 이행'을 통한 탈성장의 행복주의(유디머니즘)로 나갈 것을 주장한다.

독일의 경제사회학자인 마인하르트 미겔이 쓴 『성장의 광기』도 해밀턴의 견해와 궤를 같이한다. 그는 "왜 경제가 성장할수록 삶은 피폐해지는가"라는 의문을 제기하면서 경제 성장은 이미 하나의 이데올로기가 되었으며, 우리 시대의 종교로 발전했고, 합리적인 정당성이 더 이상 필요 없어졌다고 주장한다(미겔, 2011: 66). 성장의 이면에는 파괴된 자연과 환경, 사회적 안전망에서 배제된 가난한 사람들, 불안한 공동체가 있다. 보이지 않는 성장의 이면을 들여다보아야 함을 강조한다.

그는 광기에 가까운 성장 지상주의는 곧 종말을 고할 것이라고 주장한다. 진정한 의미의 복지는 성장이 끝나는 곳에서 비로소 시작되며, 자연, 예술, 아름다움, 배우는 것에서 얻는 기쁨이 곧 복지라고 말한다. 그는 에필로그에서 다음과 같이 결론짓고 있다(미겔, 2011: 298).

> 사람은 빵으로만 살 수 없다는 것을 오래전부터 알고 있다. 하지만 빵을 비롯, 삶에 어느 정도 필요한 재화의 폭발적인 증가로 인해 선진국은 그와 같은 사실을 잊어버렸다. 이를 다시 인식하는 것이 이 세기에 바뀌어야 할 위대한 패러다임일 것이다.

1995년 머크패밀리 펀드의 의뢰로 작성된 보고서 『평형을 위한 갈망』은 미국에 만연해 있는 성장의 망상 체계를 통렬하게 공박하고 있다. 이 보고서는 성장의 망상 체계가 정립된 나라에서는 성장 프로젝트가 사람들의 삶을 향상시키는 데 대부분 실패했다고 주장한다. 그 이유가 단지 소득 증가와 더불어 발생하는 사회적 희생이 소득이 주는 혜택을 상쇄하기 때문은 아니다. 경제 성장 과정 자체가 중병으로 신음하는 사회를 만들어낸다는 것이다(해밀턴, 2011: 51).

경제 성장이 행복을 증진시키는 대신 오히려 경제 성장으로 말미암아 행복을 주던 많은 요소가 파괴되는 경우가 많다. 마이어스(D. G. Meyers)가 『미국의 역설』에서 요약한 1960년부터 1990년대 중반 사이에 벌어진 미국 사회의 변화가 이런 모습을 보여준다. 이혼율이 두 배 늘었고, 십대 자살률이 세 배 늘었으며, 공식 기록된 폭력범죄는 네 배, 감옥에 수감되어 있는 죄수 수가 다섯 배, 미혼모가 낳은 신생아 비율이 여섯 배 늘었고, 우울증은 제2차 세계대전 전에 비해 열 배나 늘었다는 것이다.

경제 성장에 대한 환상이 무너지고 있는 것은 학자들만이 아니다. 이제는 국민들도 성장이 행복을 보장해 주지 않는다는 생각을 갖기 시작했다. 높은 경제성장률이 결코 국민들의 삶을 향상시켜 주지 않음을 인식하기 시작했다. 이러한 인식은 성장의 과실이 골고루 서민들에게 돌아가는 낙수 효과가 없다는 사실과 소득 수준 향상 그 자체가 결코 행복을 보장하지 않는다는 사실이 복합적으로 작용한다. 앞의 얘기는 불평등 구조를, 뒷 얘기는 소득의 행복 증진 효과가 없음을 말한 것이다.

2010년 5월 한겨레신문의 창간 특집 대국민 복지 의식 조사를 보면 국민들의 복지 의식이 크게 강화되었음을 알 수 있다. "경제 성장과 복지 강화(소득분배) 중 무엇을 우선시해야 하느냐"는 질문에 대해 응답자의 48.3%가 성장을, 47.5%가 복지를 꼽았다. 성장과 복지가 비슷한 수준을 보여주지만 6년 전인 2004년 설문 결과인 '성장 우선' 68.9%, '복지(분배) 우선' 29%와 비교할 때 괄목할 만한 변화다. 불과 6년 만에 국민들의 복지 의식이 크게 변화한 것이다.

2011년 9월에 조사한 매일경제신문의 설문조사 결과는 국민들의 복지 의식이 완전히 변화했음을 보여준다. "최우선 국가 목표를 무엇이라고 생각하느냐"는 질문에 응답자 중 56%가 '삶의 질 개선'을 꼽았다. '경제 강국 진입'은 22%에 불과하다. 14년 전인 1997년 4월에 실시한 동일한 질문에 대해 응답자 중 45.7%가 '경제 강국 진입'을 최우선 국가 목표로 지목하고, '삶의 질 개선'은 13%에 불과했던 것과 비교한다면 완전히 역전된 의식의 변화다. 이제 국민들은 더 이상 경제 성장이 개인적인 성공이나 행복으로 연결된다고 믿지 않는 것으로 해석된다.

대만의 경우에도 경제는 2010년 우리나라보다 높은 10.8% 성장률을 기록했지만 대만 국민들은 불만이 많다고 한다. 중국과의 경제 협력으로

〈표 2-1〉 한국의 최우선 국가 목표에 대한 응답 결과의 비교

(단위: %)

	삶의 질 개선		경제 강국 진입		민주화 성숙		통일한국 기반 등	
2011년 9월	56	⇧	22	⇩	17	⇩	5	⇩
1997년 4월	13		46		25		16	

자료: 매일경제, 2011. 9. 21일자 인용.

성장률은 높아졌지만 내게 돌아온 게 뭐냐는 불만이다(2011.5.29. 동아일보 김순덕 칼럼). 선진국의 경우 오래전부터 소득 수준의 향상이 행복을 증진시켜 주지 않는다는 데에서 오는 실망감을 맛보고 있다.

소득 증대는 과연 행복을 가져다 주는가?

과연 소득이 증가하면 그에 상응하여 사람들의 행복도 커질까? 이에 대해 해밀턴(2011: 62)은 소득 증대가 행복을 향상시킨다면 마땅히 다음 세 가지 상관관계도 성립되어야 할 것이라고 주장한다.

- 부유한 나라 국민들은 가난한 나라 국민들보다 더 행복할 것이다.
- 같은 나라 안에서도 부유한 사람들이 가난한 사람들보다 더 행복할 것이다.
- 사람들이 부유해질수록 그만큼 더 행복해질 것이다.

해밀턴에 의하면, 국가 차원에서는 1인당 소득 수준과 자가진단에 따른 생활만족도 사이에 미약하지만 양의 상관관계가 있는 것으로 나타났다. 소득 수준이 높은 나라의 국민이 낮은 나라 국민보다 생활만족도가 높다. 그러나 소득 수준과 행복이 음의 상관관계를 보이는 경우도 많다. 예를 들어 아시아에서 일본이나 대만 같은 부자 나라에 불행한 사람의 비율이 가장 높은 반면, 소득 수준이 낮은 필리핀에 행복한 사람의 비율이 가장 높게 나타나는 현상이 생활만족도 조사에서 반복적으로 관찰된다는 것이다. 그가 제시한 1994년 연구 결과의 자료를 보면 평균 생활만족도의 순위가 48개국 중에서 일본 25위, 중국 31위, 한국 33위인 반면 필리핀은 18위다. 당시 1인당 GDP(구매력 평가 기준)를 보면 필리핀은 2,681달러로서 일본의 8분의 1, 한국의 4분의 1 수준에 불과했다. 그럼에도 생활만족도는 훨씬 높으며, 이러한 패턴은 이후에도 변함이 없었다.

또한 해밀턴(2011: 73)은 캐슬스의 1992년 일본과 호주의 비교 연구를 인용하고 있다. 1인당 소득의 성장 속도에서 일본은 호주를 수십 년간 앞질러 왔다. 하지만 "중요한 지출 항목들을 거의 모두 고려한 1인당 실질소비를 기준으로 판단해 보면, 호주인들은 일본인들보다 항상 더 높은 생활 수준을 유지해 왔다. 호주인들은 높은 생활 수준을 누리면서도 주당 노동시간은 일본인보다 더 짧았고, 휴가 일수는 오히려 더 많았으며, 총 근로 연수도 더 짧았다"고 주장한다.

한 나라 안에서의 소득계층에 따른 행복 수준도 크게 차이가 나지 않는 것으로 분석되고 있다. 미국의 경우 연간 소득이 2만 달러인 사람들과 8만 달러인 사람들의 생활만족도에 사실상 아무 차이가 없는 것으로 나타났다. 스위스의 경우에도 최고 소득층의 행복 수준이 그 바로 밑의 소득층보다 오히려 약간 낮게 나타났다. 중간 소득층과는 달리, 빈곤층은 행복 수준이 고소득층에 비해 상당히 낮게 나타났지만 그 차이는 크지 않았다.

소득 증가와 행복 수준의 관계도 일정한 패턴을 보여준다. 가령 일본의 경우 1951년에서 1991년까지 1인당 실질 GDP는 여섯 배 증가했지만 생활만족도는 전혀 변하지 않았다. 미국의 경우에도 1946년부터 일관된 방식으로 조사가 진행되었는데 실질소득이 400% 증가했음에도 불구하고 행복 수준은 전혀 올라가지 않았다. 독일의 경우에도 1인당 국내총생산이 40년 전과 비교하면 거의 두 배로 늘었고, 가처분 소득은 75퍼센트 높아졌는데도 삶에 만족한다는 사람의 비율은 당시와 마찬가지로 60퍼센트 정도에 머물고 있다(미겔, 2011: 37).

이스털린의 역설

성장 이데올로기에 대한 비판적 인식은 '이스털린의 역설(Easterlin Paradox)'에 근거를 두고 있다. 소득 수준과 행복의 관계를 보면 일정한 소득 수준을 달성할 때까지는 소득이 증가함에 따라 행복이 증가한다. 그러나 일정한 수준을 넘어서고 나면 행복 수준이 결코 상승되지 않는다는 연구 결과가 많이 등장하고 있다. 소득이 높아짐에 따라 소득과 경제적 요인은 행복에서 차지하는 중요성이 점차 떨어지게 되는 것이다. 물질적 수준이 어느 정도에 이르면 대부분의 사람은 다른 것들로 우선순위를 바꾸게 된다. “일정 소득 수준을 달성한 다음부터는 소득이 늘어도 행복은 나아지지 않는다”는 명제가 사실상 정설화되고 있다.

이러한 명제를 제기한 대표적인 사람이 미국의 경제학자 이스털린(Richard Easterlin)이다. 그는 1974년 논문에서 평균 이상 고소득자가 저소득자들보다 높은 행복감을 느낀다고 밝혔다. 하지만 한 나라의 소득이 주택, 식량, 물, 에너지에 대한 수요를 충족시킬 수 있는 기본 수준을 일단 넘어서면, 경제가 성장한다 해도 국민의 평균적인 행복감이 더 이상 증가하지 않는다는 점을 발견했다. 다시 말해, 일정 수준을 지나면 돈이 더 많다고 더 행복지지는 않는다는 것이다(Easterlin, 1974). 이러한 명제를 이스털린 역설이라고 부른다.

벳시 스티븐슨 교수팀 등 일부 학자들이 이스털린의 이론을 반박했지만 이스털린은 조사 범위를 더 넓혀 자신의 논리를 거듭 주장했다. 특히 주목되는 점은 이스털린이 자기 논리를 입증하는 예로 한국 등을 들고 있다는 점이다. 그는 조사 기간 중 한국의 1인당 소득이 2배나 늘었지만 한국인의 행복지수는 높아지지 않았다고 주장했다.

그런데 이스털린의 역설에서 ‘일정 수준의 소득’은 어느 정도를 이야기하는 것일까? 이에 대해 대체로 의견의 일치가 이뤄지고 있다. 1인당 GDP 1만 달러 부근을 경계선으로 그 이상부터는 소득 수준과 생활만족도 간의 상관관계가 전혀 없다는 연구 결과가 있다(Frey & Stutzer, 2002: 74-76). 레이어드(2011: 63)는 1인당 국민소득이 2만 달러가 넘는 국가에서는 소득이 증가해도 행복감에는 별 차이가 없다는 ‘국민소득 2만 달러의 함정’을 말한다. 1인당 국민소득이 2만 달러를 넘어서면 그 이상의 재화는 대부분의 사람에게 그다지 큰 의미가 없고 삶에 대한 만족감과 행복감을 증진시키는 데 전혀 도움이 되지 않는다고 주장하기도 한다(미겔, 2011: 39).

일정 수준의 소득을 1만 달러 내지 2만 달러 수준으로 보는 것에 대체로 의견이 일치되고 있다. 결국 1인당 국민소득이 1만~2만 달러에 이르면 행복지수가 더 올라가지 않는다는 결론을 내릴 수 있다. 따라서 이 소득 수준을 넘어선 국가의 경우 국민의 행복을 증진시키기 위해 경제가 더 성장해야 한다는 주장은 설득력을 잃은 셈이다. 소득을 통해 행복을 말하려 한다면 소득이 '창출되는 조건'과 소득이 '지출되는 제반 여건'도 함께 고려되어야 한다. 소득의 창출과 지출이 얼마나 행복에 기여하는가의 조건을 함께 살펴야 할 것이다.

그렇다면 우리나라는 어떠한가? 우리나라의 1인당 국민소득이 1만 달러를 돌파한 해가 1995년이다. 1997년 외환위기를 맞아 1만 달러 아래로 내려갔다가 다시 2000년에야 1만 달러를 넘어섰다. 5년여를 1만 달러 수준에 머문 것이다. 2만 달러 달성은 2007년이다. 세계 금융위기를 맞아 다시 그 아래로 내려갔다가 2만 달러를 회복한 해가 2010년이다. 3년을 2만 달러 수준에 머문 것이다.

어쨌든 1인당 국민소득 2만 달러를 넘어선 지금 우리의 삶의 질과 행복 수준은 높아졌다고 볼 수 있나? 우리나라 국민들의 삶의 질과 행복 수준은 결코 나아졌다고 볼 수 없다. 오히려 악화되는 모습을 보여준다. 세계에서 한국인의 행복도는 최하위권이며, 자살률은 인구 10만 명당 31.7명으로 OECD 국가 중 최고다. 출산율은 1.24명(2011년)으로 가장 낮으며, 노동 시간은 2,111시간(2010년)으로 OECD 국가 중에서 가장 긴 것으로 나타났다. 또한 환경 면에서도 온실가스 배출량의 증가 속도 역시 OECD 최고 수준이다. 한국개발연구원(KDI)이 2011년 8월 발간한 「우리나라의 국가경쟁력 분석체계 개발」 보고서는 "우리나라 삶의 질은 2000년, 2008년 모두 27위로 하위권을 기록했다"고 밝혔다. 기획재정부가 발간한 「2011년 국가경쟁력 보고서」도 한국의 모습을 성장률, 경상수지, 외채 등 거시지표는 우수하나 소득분배, 양성평등 등 형평성 지표와 청년층 고용률, 임시직 근로자 비율 등 국민들의 삶의 질을 보여주는 지표는 하위권이라고 진단하고 있다.

지난 20년 동안 한국은 1인당 국민소득이 급격히 증가했음에도 삶의 질에 대한 만족도는 정체하고 있어 '이스털린의 역설'이 적용된다. 즉, "일정 소득 수준을 달성한 다음부터는 소득이 늘어도 행복은 나아지지 않는다"는 명제가 성립된다고 볼 수 있다. 그렇다면 정책결정자들은 소득의 창출과 지출이 행복에 기여하는 조건을 면밀히 검토해야 할 것이다.

지위재화와 쾌락의 회전 발판

이스털린은 또한 '쾌락의 회전 발판(hedonic treadmill)'이라는 재미있는 용어를 인용하여 상대소득과 행복의 관계를 설명하고 있다. 설령 어떤 사람이 소득이 증가하여 더 잘살게 되었다 하더라도 타인의 소비 수준이 더 높다면 행복감은 더 커지지 않는다. 제자리에서 회전하는 발판 위에서 남들에게 뒤지지 않으려고 계속 달려야 하지만 결코 앞으로 나아가지 못하는 것의 비유다. 원래 '쾌락의 회전 발판'이란 소득이 증가하더라도 동시에 기대와 욕구가 커지기 때문에 행복의 증진은 결국 이뤄지지 않는다는 것을 지칭한다. 어떤 사람의 소득이 증가하더라도 타인의 소득 수준이 여전히 높다면 행복 수준은 쳇바퀴 돌듯이 제자리 걸음을 하는 격이다. 행복에 영향을 미치는 것은 일정 소득이 넘어설 경우 절대소득보다는 상대소득이 더 중요함을 지적한 것이다.

상대소득은 비교로부터 존재한다. 남과 비교한 소득이다. 결국 불행은 남과 비교하는 데에서 비롯된다. 제3자가 볼 때에는 충분히 행복할 만한 조건을 갖추고 있음에도 불구하고 남과 비교하여 열위에 있다고 느껴지면 불만을 갖는 것이 인간 심리인지도 모른다. 스포츠 경기 결과 금, 은, 동메달리스트들의 만족도를 보면 금메달리스트가 가장 높고, 다음 동메달리스트이며, 은메달리스트가 가장 낮다고 한다. 은메달리스트는 금메달리스트와 비교하고, 동메달리스트는 4위 이하 선수와 비교하기 때문에 오히려 동메달리스트의 만족도가 은메달리스트보다 높은 것이다. 제3자인 우리가 볼 때에는 은메달리스트는 세계 2위의 선수인데.

파텔은 사회적 지위를 드러내는 재화인 '지위재화'를 가지고 상대소득과 행복의 관계를 설명한다. 그에 의하면 '지위재화'가 늘어나면서 불평등은 심화되고, 이는 대다수 사람의 행복감을 떨어뜨린다. 그리고 그는 한때 세계에서 가장 행복한 나라였던 부탄에서 최근 범죄가 증가한 사실을 예로 들고 있다(파텔, 2011: 75).[1]

> 옥스퍼드대학에서 교육받은 새 부탄 왕이 위성 TV를 수입하면서 부탄의 국민총행복이 급락했다. 실현 불가능한 라이프 스타일과 몸매, 옷, 액세서리를 비춰주는 TV영상은 사람들에게 깊은 적대감을 불러일으켰을 뿐 아니라 범죄가 급증하는 결과를 초래했다. 젊은이들이 루퍼트 머독의 스타네트워크에서 판매하는 자질구레한 장신구를 살 돈을 마련하기 위해 도둑질을 하기 시작했기 때문이다.

우리나라에서 '지위재화'의 대표적인 예로 명품가방을 들 수 있다.[2] 명품가방은 여성의 로망이며 패션의 완성으로 간주된다. 옷은 '자라'나 '갭'을 입어도 가방만큼은 명품을 드는 것이 서울 강남의 불문율이라고 한다. 내 눈에는 명품이 얼른 들어오지 않지만 여성들은 척 보면 알아차린다고 한다. 명품가방의 브랜드와 더불어 그녀의 경제적 지위를 알아차리는 것이다. 명품가방을 갖지 못한 사람은 한편으로 부러워하면서 다른 한편 상대적 박탈감을 느끼게 된다.

이렇게 명품가방을 가진 여성과 갖지 않은 여성으로 구분되지만 '지

---

1 부탄은 1972년 지그미 싱위 왕추크 국왕에 의해 세계 최초로 GNP 대신 '국민총행복(GNH)'을 국가발전지표로 설정했다. 이후 빈곤율, 문맹률, 기대수명 등에서 괄목한 만한 성과를 거둔 바 있다.

2 세계 시장 조사기관인 유로모니터에 따르면 한국의 가계소득에서 명품 소비가 차지하는 비중은 5%로 이미 일본의 4%를 넘어섰고 샤넬, 루이비통 등의 한국 시장 성장세는 30%대를 보이고 있다고 한다(매일신문, 2011. 11. 2).

위재화'는 브랜드에 따라 다시 구분된다. 동아일보(2011. 7. 6)는 '지위재화' 명품가방의 소비 행태에 대한 재미있는 분석 기사를 싣고 있다. 동아일보에 따르면 서울 강남지역은 테헤란로를 기점으로 소비 지형도가 남과 북으로 나뉜다. 유통업계에서는 테헤란로 북쪽으로 주거단지가 집중적으로 형성된 압구정동, 청담동, 삼성동을 '테북', 1980년대 중반 이후 대규모 아파트촌이 들어선 테헤란로 남쪽의 대치동, 도곡동, 개포동을 '테남'으로 일컫는다. 테북, 테남이라는 표현은 사교육 시장에서 나온 말이라고 한다. 그런데 테북과 테남의 소비지역 간 조사에서 가장 눈에 띄는 차이는 가방이다. 테북 지역에 거주하는 여성 소비자가 가장 많이 구입한 명품 잡화는 '에르메스'다. 에르메스는 켈리백 가격이 1,000만 원이 넘는 초고가 브랜드다. 그에 반해 테남의 '잇 백(it bag: 갖고 싶어 하는 백)'은 '루이뷔통'이다. 두 브랜드의 가방 가격 차이는 종류에 따라 다르지만 최고가를 기준으로 할 때 에르메스가 최대 2배 이상 비싸다고 한다. 서울 강남의 부유층 내에서도 '지위재화' 명품가방의 소비 행태가 다름을 보여준다. '쾌락의 회전 발판'은 거기에도 돌고 있는 것이다.

2 성장지표로서 GDP의 한계

GDP 지표의 한계

이데올로기가 된 경제 성장의 대표적인 측정지표는 GDP(국내총생산)다. GDP 증가율이 높다는 것은 경제성장률이 높다는 의미다. 그런데 GDP가 지속적으로 상승하고 있지만, 사람들은 삶이 점점 팍팍해진다고 느낀다. 그렇게 느끼는 이유 중 하나는 실제로 그들의 삶이 더 어려워지고 있기 때문이다. GDP 증가율은 높은데 어느 정치인이 묻던 "살림살이 좀 나아지셨습니까?"라는 질문에 제대로 답변할 수 없다. 그렇다면 GDP라는 지표는 사람들의 삶의 수준을 제대로 반영하지 못하고 있다는 것을 입증한다.

일반적으로 사회경제적 통계치와 국민들의 체감지수가 서로 다른 것은 몇 가지 사실로써 설명할 수 있다. 그러한 설명 방식은 다음과 같다.

첫째, 통계적 개념에 대한 논란이 있는 경우

둘째, 통계적 개념 자체는 올바르지만 측정 방법이 불완전한 경우

셋째, 불평등도가 심할 때 총량지표가 구성원들의 상황을 제대로 평가하지 못한 경우

넷째, 통계지표가 사람들의 행복에 영향을 미치는 많은 요인을 포함하지 못한 경우

다섯째, 통계적 수치의 사용 방식에 문제가 있는 경우

그렇다면 GDP 지표는 어떠한 특성과 문제점을 지니고 있는가? 성장주의자들이 금과옥조처럼 생각하고 있는 GDP 지표는 많은 결함을 갖고 있다. 상기 설명 방식을 GDP 지표에 적용해 보기로 한다. 세계화가 진행되면서 핵심적 경제활동 지표는 국민총생산(GNP)에서 국내총생산(GDP)으로 변경되었다.[3] 하지만 GDP는 GNP와 마찬가지로 시장의 생산을 측정하는 지표일 뿐이다. 생산의 측정은 경제행위를 판단하는 데에 필수적인 요소이긴 하지만 국민들의 생활 수준과 행복을 측정하는 지표가 될 수는 없다. GDP가 갖는 통계 수치와 국민체감지수 간 괴리 현상이 발생할 수밖에 없다.

먼저 첫 번째 설명 방식인 GDP 개념상의 논란에 대해 살펴보자. GDP는 개념적 기초와 통계적 기반이 매우 튼튼할 뿐만 아니라 국제적 표준을 갖고 있다. 그러나 개념적 논란에 대해서는 오래전부터 GDP가 경제적 복지(economic welfare)를 측정해 주지 못한다는 학자들의 주장

---

3 GNP는 자국민이 외국에서 생산한 것을 포함한 국민총생산이며, GDP는 외국 기업이 국내에 들어와 생산한 것을 포함한 국내총생산 개념이다. 세계화가 진전되면서 노동이나 자본의 국가 간 이동이 확대됨에 따라 소득지표에 가까운 GNP 기준 성장률이 국내 경기 및 고용 사정 등을 제대로 반영하지 못함에 따라 경제성장의 중심 지표를 GDP로 바꾸기 시작했다. 우리나라도 이런 국제 추세에 발맞춰 1995년부터 중심 지표를 GDP로 변경하여 발표하게 되었다.

이 끊임없이 제기되었다. 최근 들어 GDP의 개념적 한계에 대해 학자들과 선진국의 양식 있는 정치인들에 의해 집중 거론되고 있다. GDP 개념은 1930년대 사이먼 쿠즈네츠(1971년 노벨 경제학상을 수상했다)가 고안해냈다. 이 개념은 1930년대 대공황의 절정기에 미국 상무부가 만들어 처음에는 미국의 경제 회복을 측정하는 잣대로 사용되었다. 그 다음은 제2차 세계대전 동안 전시물자 생산 능력 측정에 사용되었다.

그런데 고안자인 쿠즈네츠도 1934년 미국 연방의회에 낸 보고서에서 "한 나라의 복지 상태는 국가 소득 합계에서 추정될 수 있는 경우가 거의 없다"고 언급하고 있다. 이후 정치인과 경제 전문가들이 GDP를 남용하는 것을 본 쿠즈네츠는 1960년대에 다시 한 번 경고성 언급을 한다. "성장의 양과 질, 비용과 이익, 단기와 장기 이익을 확실히 구분해야 한다. '더 높은' 성장을 목표로 설정한다면 무엇을 어떻게 성장시키겠다는 것인지 확실히 명시해야 한다"(리프킨, 2009: 101).

결국 GDP의 개념적 한계는 크게 세 가지로 나누어 볼 수 있다. ① GDP는 시장가치로 평가할 수 있는 것만 측정한다. ② '삶의 질'과 성장비용을 제대로 측정하지 못한다. ③ '지속가능성'의 측정에 한계가 있다.

GDP 지표는 시장가치로 평가할 수 있는 것만 측정하고 시장 외적 영역은 고려 대상에서 제외한다. GDP는 가격 시스템 내에서 측정되기 때문에 화폐 거래되는 부분만 GDP에 포함되고, 모든 비시장적 활동은 포함되지 않는다. 시장 외부에 있는 영역은 GDP의 측정에서 제외되는 것이다. 일요일에 집에서 라면을 끓여 먹으면 추가적 GDP 증가가 없지만 짜장면을 시켜 먹으면 GDP가 증가된다. 시장 외적 영역의 대표적인 예로 전업주부의 가사노동을 들 수 있다. 주부의 육아와 가족을 위한 봉사활동은 전혀 GDP에 반영되지 않는다. 여가활동이나 자원봉사활동도 GDP 측정에서 배제된다. 따라서 그들의 활동이 정책적으로 과소평가될 가능성이 있다. 빈곤을 측정하는 빈곤선이 생계비를 계측할 때 화폐 지출만을 고려하는 것도 빈곤의 본질을 제대로 파악하지 못하는 한계가 있다.

가사노동이나 돌봄 노동의 가치가 시장에서 제대로 평가받지 못하기 때문에 왜곡된 정보를 제공한다고 여성주의자들은 주장한다. 가령 전업맘이 있는 가구와 직장맘이 있는 미취학 자녀를 둔 양부모 가구의 경우 월 소득이 동일하다면 어느 집이 더 잘산다고 볼 수 있을까? 당연히 전업맘이 자녀를 돌보고 있는 집일 것이다. 여성주의자들은 이러한 GDP에 기반한 성장이 '돌봄의 위기'를 초래하고 있다고 주장한다(윤자영, 2012). 돌봄을 위한 자원의 확보와 평등한 공급을 가로막고 있다는 것이다.

GDP 지표는 '삶의 질' 측정과 관련하여 성장의 질과 성장의 비용을 제대로 고려하지 않는다. 다시 말해 좋은 생산(goods)과 나쁜 생산(bads)을 구분하지 않는다. 나쁜 생산은 삶의 질을 훼손하기 때문에 GDP 계산에서 제외해야 마땅하지만 포함된다. 예컨대 실업과 빈곤으로 범죄가 증가해 경찰력 비용, 법원 및 교도소 비용이 증가한다면 그로 인해 발생하는 경제활동은 GDP에 포함된다. 즉, GDP는 증가하지만 범죄 증가로 인해 삶의 질은 훼손되는 것이다. 비만, 흡연, 음주, 마약 등으로 건강이 나빠져서 의료비가 증가한 경우에도 GDP는 증가한다. 리프킨(2009: 110)은 미국의 비만율이 높아질수록 GDP도 증가한다고 말한다. 미국의 비만율은 유럽의 두 배 이상인데 미국인들의 허리 치수와 함께 미국의 GDP는 계속 증가한다는 것이다. 미국인의 음식 소비에서 가공 식품 비중이 점점 커지는데 가공 식품의 마진이 비가공 식품보다 훨씬 높기 때문이다. 이렇게 범죄, 오염, 사고 등에 사용된 '방어적 지출'이 GDP에 포함되는 개념상의 한계를 지니고 있다.

'지속가능성'의 측정과 관련해서는 성장의 장기적 이익을 고려하지 않는 문제점을 갖고 있다. 예컨대 화석 연료 사용이 늘어나 재생 불가능한 에너지가 고갈되는 경우에도 GDP는 증가한다. 후손들이 사용할 자원의 고갈이 장기적으로 성장에 마이너스 역할을 함에도 불구하고 GDP는 증가한 것으로 측정되는 것이다. 환경을 훼손하는 개발의 경우에도 마찬가지다. 4대강 사업이 GDP를 증가시킬 수 있지만 그로 인해 상실되는 모래톱, 습지, 수생생물과 수변생물 등은 우리 후손들의 삶에 부정적 영향을 미친다. 오히려 훼손된 환경을 복구하는 데 엄청난 부담을 초래할 것이다. '지속가능성'은 후손들의 욕구를 배려하는 의미가 있다. 그런데 GDP는 후손들을 배려하는 지속가능성을 전혀 고려하지 않고 있다.

이렇게 GDP 개념은 성장의 비용과 장기적 이익을 고려하지 않는 문제점이 있다. 경제 성장이 공짜가 아님을 상기시켜 준다. 이러한 현상을 두고 클리퍼드 코브 등은 "GDP는 더하기는 하지만 빼기는 못하는 계산기"라고 신랄하게 비판하고 있다(리프킨, 2009: 99에서 재인용). GDP의 회계 처리 방식은 차변과 대변이 있는 대차대조표적 사고가 아니라 단식부기 형태의 사고다. 자산의 증가(GDP 증가)에 수반되는 자산의 감소(자원의 고갈) 또는 비용의 발생(환경 오염)을 함께 기록해야 하는데 GDP는 기록하지 않는다. 차변과 대변에 동시에 기록되는 개념이야말로 진정한 경제 성과를 보여주게 될 것이다.

둘째, GDP의 개념적 논란에도 불구하고 측정 방식은 꾸준히 개선되어 왔으며 일관성을 잃은 적은 없다. 그러나 앞에서 보듯이 시장 바깥에 있는 부분은 측정에서 제외하고 삶의 질을 훼손하는 성장 비용은 측정에 포함하는 불완전한 측정 방식을 유지하고 있다.

셋째 설명인 불평등도는 통계치와 국민들의 체감지수의 괴리를 가장 잘 보여준다. 즉, 불평등도가 커질수록 GDP 성장률이 높아졌다 하더라도 결코 국민들의 생활 수준이 나아졌다고 볼 수 없다. 불평등도가 증가한다면 평균 소득이 증가하더라도 대부분의 사람은 생활이 더 나아졌다고 느끼지 못하거나 악화되었다고 생각할 것이다. 이것은 평균 개념이 갖는 함정이다. 1인당 국민소득 2만 달러라고 할 때 모든 국민이 2만 달러인 것은 아니다. 평균 소득 개념은 국민들을 착각하게 하거나 현혹할 가능성이 있다. 평균 개념의 한계에 대해서는 다음 절에서 논의한다.

넷째 설명인 GDP와 행복의 관계에 대해서는 많은 학자의 연구 결과가 있다. GDP 지표는 물질적 풍요의 정도를 보여주는 행복의 매우 제한적 지표일 뿐이다. 행복은 인간관계와 같은 비화폐적 요소들이 매우 중요한 영향을 미친다. 그런데 GDP는 가격 시스템과 밀접한 관계가 있기 때문에 화폐 거래되는 부분만 행복에 기여하는 것으로 평가된다. 시장 외부에 있는 영역은 행복의 측정에서 제외된다. 가장 대표적인 것이 두 가지 영역이다. 하나는 가족과 공동체가 행복에 기여하는 영역이고, 다른 하나는 자연환경이 베풀어 주는 행복의 영역이다. 두 영역은 우리의 행복에 매우 중요한 것이지만 화폐로 계측되지 않는다는 이유로 제외되어 있다(해밀턴, 2011: 100).

더욱이 앞에서 논의했듯이 GDP 수치에는 행복을 훼손하는 경제활동도 상당한 수준으로 포함되어 있다. 예컨대 교통 체증은 휘발유의 소비를 증가시켜 GDP를 높이는 효과가 있지만 삶의 질을 높이지는 못한다. 행복을 훼손하는 교통 체증이 극심할수록 GDP가 증가한다면 지표 자체에 문제가 있다고 볼 수밖에 없다.

다섯째 설명인 통계적 수치의 사용 방식과 관련해서는 GDP 의존주의적 시각을 가질 경우 경제 현상에 대한 왜곡된 판단을 할 수 있다. GDP 그 자체가 잘못되었다기보다는 잘못 사용되는 데에서 오는 문제점이 크다는 것이다. 가령 정보기술(IT) 자산의 비중이 매우 커졌는데 이들의 수명(life cycle)은 매우 짧아졌다. 컴퓨터, 휴대전화 및 거기에 사용되는 소프트웨어 등의 수명을 살펴보면 실감할 수 있다. 특히 우리나라는 휴대전화 등의 기기를 교체하는 주기가 매우 빠른 편이다. 이때 이들의 감가상각을 고려하지 않는 GDP 지표를 사용할 경우 왜곡된 판단을 할 수 있다. 이 경우 GDP 개념 대신 감가상각을 뺀 국내순생산(NNP) 개념을 사용하는 것이 적절하다.

평균 개념의 함정

GDP와 같은 통계지표가 갖는 또 다른 문제점은 평균 개념의 함정이다. 2010년도 우리나라 1인당 실질 국민총소득(GNI)이 2만 달러로 발표되었다.[4] 이를 4인 가족 기준으로 보면 8만 달러가 된다. 2011년 8월 환율인 달러당 1,072원을 적용하면 연간 소득 8,576만 원이다. 과연 국민 중에 이 정도 소득에 해당한다고 생각하는 가계가 얼마나 될까? 국내 대기업들의 직원 평균 1인 급여는 연간 6,200만 원 정도인 것으로 조사됐다.[5] 대기업 직원이면 우리나라에서 선망의 대상이 되는 직업군에 속한다. 그런데 이들도 맞벌이 부부가 아니라면 평균소득에 못 미친다. 이들이 평균소득을 넘지 못한다면 평균을 넘는 가계는 도대체 얼마나 될까? 평균값이 갖는 함정이다. 1인당 소득의 평균값은 사람들이나 가계들 사이에서 소득이 어떻게 배분되는지에 대해 어떤 것도 알려주지 않는다.

어떤 집단의 특징을 보여주는 대푯값에는 평균값 외에 중위수(중앙값 median), 최빈수(mode) 등이 있다. 평균값은 각 자료의 총계를 자료의 개수로 나눈 값이며, 일반적으로 대푯값으로 많이 사용된다. 중위수는 자료를 크기 순으로 나열했을 때 중앙에 오는 자료의 값을 말한다. 최빈수는 가장 도수가 많은 자료의 값이나 명칭을 가리키는 것이다.

집단의 대푯값으로 평균값과 중위수가 많이 사용된다. 특히 불평등도와 관련하여 평균값보다 중위수가 대푯값으로 더 적절하다고 볼 수 있다. 크루그먼(2008: 160)은 평균소득과 중위소득 개념을 얘기하기 위해 재미있는 예를 들고 있다. 만약 빌 게이츠가 어떤 술집에 들어가면 그 술집 고객의 평균소득이나 평균재산은 급상승할 것이다. 그렇다고 그 술집에 이미 앉아 있던 고객들이 실제로 더 부자가 된 것은 아니다. 다시 말해 빌 게이츠가 들어와 그 술집의 평균소득은 급상승하지만 중위소득은 평균소득과는 달리 상승하지 않는다. 중위수가 평균값보다 대푯

4 국민총소득(GNI)은 한나라의 국민이 생산활동에 참가한 대가로 받은 소득의 합계다. 이 지표에는 자국민이 국외로부터 받은 소득은 포함되는 반면 국내총생산 중에서 외국인에게 지급한 소득은 제외된다.

5 이는 취업포털 잡코리아(www.jobkorea.co.kr)가 최근 국내 매출액 상위 100대 기업 중 85개 기업을 대상으로 분석한 결과다(경향신문, 2011. 8. 8).

값으로 더 적절함을 보여준 적절한 예다. 이때 소득의 중위수란 모집단의 반은 그 값보다 소득이 많고, 나머지 반은 그 값보다 소득이 적은 값을 말한다. 중위의 개인이 '전형적인(typical)' 개인이다.

분배적 측면을 파악하려고 할 때 개념적으로 평균소득보다 중위소득을 측정하는 것이 적절하다. 중위소득에 의하면 이것을 기준으로 인구의 반은 이것보다 많은 소득을, 또 다른 반은 이것보다 적은 소득을 가진다. 중위소비, 중위재산의 경우에도 마찬가지다. 상대적 빈곤의 정도를 측정할 때 중위소득보다 평균소득을 기준으로 할 때 규모가 더 커진다. 우리나라의 경우 중위소득의 50%로 빈곤율을 설정하면 대략 10% 내외 수준, 평균소득의 50%의 경우에는 20% 내외 수준의 가계가 상대적 빈곤가계라고 할 수 있다. 일반적으로 상대적 빈곤의 측정은 중위소득을 기준으로 측정한다.

불평등도가 증가하면 소득의 중위소득과 평균소득 간의 차이도 커진다. 이럴 경우 평균소득에 초점을 맞춘다면 '전형적인' 사회 성원의 경제적 행복에 대한 올바른 그림을 얻을 수 없다(스티글리츠 등, 2011: 101). 3년 만에 소득 2만 달러를 다시 달성했다는 것이 일반국민들의 소득 증대를 그대로 반영하는 것은 아니다.

2011년 초 대기업 오너들이 개인적으로 받은 배당금을 보면 정몽준(현대중공업) 574억 원, 이건희(삼성전자) 510억 원, 정몽구(현대·기아자동차) 399억 원이다(조선일보, 2011. 8. 2). 서민들로서는 상상하기 어려울 정도의 큰 금액이다. 이들의 소득 덕분에 우리나라 1인당 국민총소득은 증가했을 것이다. 그러나 서민들 입장에서는 이들 세 분이 갑자기 술집에 들어온 기분이다(실제 서민들 술집에 그 분들이 들어올 리 없겠지만). 술집에 있는 우리들 소득은 그대로인데 평균소득은 급상승했으니 말이다.

불평등도가 증가하는 경우 평균소득 개념에 현혹되어서는 안 된다. 지난 20년간 OECD 국가들에서 나타난 지배적 양상 중 하나는 소득 불평등도가 전반적으로 증가한 점이다. 우리나라의 경우도 예외는 아니다. 불평등도가 증가하면서 평균소득과 중위소득 사이의 격차는 벌어진다. 평균소득이 증가하더라도 중위소득은 그보다 낮은 수준으로 증가하거나 줄어드는 것이다.

평균소득과 중위소득의 차이는 불평등도를 보여준다. 즉, 평균소득 대비 중위소득의 비율은 소득의 불평등도를 표시하며, 그 비율이 낮을수록 불평등도가 크다. 우리나라 2003~2009년 실질가처분소득 기준 평균소득은 7.4% 상승했으나 중위소득은 3.2% 상승에 그쳤다. 평균소득 대비 중위소득의 비율은 0.91에서 0.87로 하락했다(김용기 외, 2010: 19). 그만큼 불평등도가 커진 것이다. 스티글리츠 등(2011: 103)이 1984년-2005년 동안 프랑스와 미국의 소비 단위인 가계당 소득의 추이를 비교분석한 결과도 이러한 사실을 잘 보여준다.[6] 프랑스의 경우 평균소득과 중위소득이 나란히 움직이고 있다는 점에서 소득분배의 격차가 커지고 있다는 징후는 없다고 해석한다. 반면에 미국의 경우 평균소득과 중위소득 간의 차이가 벌어지고 있다는 점에서 소득이 좀 더 불평등하게 분배되고 있다고 본다.

그런데 평균소득 대비 중위소득의 비율은 특히 소득분포가 특정 계층(상위 계층)에 편중되어 있는 정도를 판정해 주는 기준이다. 우리나라는 그 비율이 스칸디나비아 국가들보다는 낮지만 미국이나 영국 및 캐나다보다는 높다. 소득이 최상위 계층에 편중되어 있는 분포가 미국, 영국, 캐나다보다는 적다는 의미다. 최상위 1%의 소득 점유율이 한국은 4.79%인데 반해 중산층 비중이 우리보다 높은 캐나다는 4.92%다. 미국은 우리보다 중산층 비중도 더 작고 최상위 소득 점유율이 7.15%에 이른다(김용기 외, 2010: 30).

GDP에 매달리는 성장 지상주의가 경제 및 사회정책을 왜곡할 수 있

---

6 분석 단위를 개인(1인당)으로 하느냐 소비 단위인 가계로 하느냐에 따라 함의가 달라진다. 가계의 크기에는 거주비용과 기타 비용이 포함되기 때문이다. 가령 1인당 평균소득과 가계당 평균소득의 차이가 벌어진다면 가계의 규모가 축소되는 경향을 반영한다. 미국과 달리 프랑스는 이러한 현상을 보여주고 있다.

듯이 소득의 평균값에 근거한 정책 역시 왜곡된 판단을 하게 될 것이다. 평균값을 중심으로 생각한다면 현실과 동떨어진 데이터를 바탕으로 우리의 믿음이 형성되고 의사결정이 이루어지게 되는 것이다.

'평균적인 개인'이라는 것은 존재하지 않는다. 불평등이 증대될수록 평균값과 현실 사이의 간극은 점점 더 커진다. 프랑스 사르코지 대통령은 "평균에 대해 이야기하는 것은 불평등에 대한 이야기를 회피하는 방법의 하나다"라고 날카롭게 지적한다(스티글리츠 등, 2011: 15).

GDP의 대안적 지표

성장 이데올로기에 빠진 성장론자들은 정책의 나침반으로서 GDP 지표에 매달린다. 그러나 앞에서 보았듯이 GDP 개념은 많은 한계를 지니고 있다. GDP의 한계에 대한 인식은 'GDP는 증가하는데 그만큼 사람들은 더 행복해지지 않는다'는 생각에서 비롯되었다. 이러한 인식은 일찍이 학자들로부터 시작되었지만 최근에는 정치인 및 일반인들에게까지 확산되고 있다. GDP 지표를 보완 또는 대체할 새로운 지표를 만들어내려는 노력이 수년간 계속되었다.

GDP를 대체하려는 노력을 보면 두 가지 특징을 갖는다. 하나는 '생산'과 '소득'의 측정에서 '삶의 질'과 '행복'의 측정으로 전환하자는 것이다. 다른 하나는 '지속가능성'을 측정하자는 것이다. 2009년 사르코지 대통령에 의해 위촉된 위원회의 임무도 '국민총행복'을 높이는 새로운 지수를 찾아나가자는 것이었다. 스티글리츠 등의 보고서에서 새로운 지표와 관련하여 권고하고 있는 내용은 다음의 두 가지다. 하나는 현재의 행복을 평가하는 일과 앞으로 이어질 행복의 지속가능성을 평가하는 일이다(스티글리츠 등, 2011: 55).

현재의 행복은 소득 등의 경제적 자원뿐만 아니라 비경제적 삶의 요소들과도 밀접한 연관이 있다. 거기에는 사람들이 무엇을 하고, 무엇을 할 수 있는지, 무엇을 느끼고, 어떤 자연환경 속에서 살고 있는지 등의 수없이 많은 측면이 포함된다. 특정한 수준의 행복이 지속될 수 있는가의 여부는 얼마만큼의 자연적, 물질적, 인간적, 사회적 자본 보유량을 후세에 물려줄 수 있느냐에 달려 있다.

이 보고서의 주요 메시지는 경제적 생산에서 사람들의 행복으로 계량 시스템의 중심을 이동해야 할 시점에 이르렀다는 것이다. 즉, 생산의 측정에서 행복의 측정으로 중심 이동을 할 시기가 도래했다고 주장한다. 또한 행복의 측정은 지속가능성이라는 맥락에서 이뤄져야 한다고 주장한다. 다만 무게 중심을 옮긴다는 것이 GDP와 생산에 관한 측정을 완전히 일축하는 것을 의미하지는 않는다. 시장의 경제행위에 관한 한 여전히 이 지표들은 유효성을 갖는다.

지금까지 개발된 대표적인 지표들은 '지속 가능한 경제복지지수(Index of Sustainable Economic Welfare: ISEW)', '참진보지표(Genuine Progress Indicator: GPI)', '인간개발지수(Human Development Index: HDI)' 등이다. 그 외 삶의 만족도를 중시한 '포드햄 사회건강지수(Fordham Index of Social Health: FISH)', '경제복지지수(Index of Economic Well-Being: IEWB)' 등이 있다(리프킨, 2009 참조).

GDP의 대안지표로 가장 먼저 개발된 지표는 '지속 가능한 경제복지지수(ISEW)'다. 세계은행 경제전문가 허먼 댈리와 신학자 존 코브가 1989년 창안한 개념이다. 이 지수는 개인 소비 지출을 기준으로 자녀 양육 등의 가사노동을 포함하고, 범죄, 오염, 사고 등에 사용된 지출 등의 방어적 지출을 공제하는 측정 방식이다. 소득분배의 불평등과 천연자원 고갈도 포함하여 측정한다. GDP 개념의 한계로 지적된 비시장적 행위의 배제, 삶의 질에 부정적인 방어적 지출의 포함, 지속가능성 불포함 등을 보완하는 지표다. ISEW는 독일, 영국, 네덜란드, 덴마크 등의 유럽 국가에서 사용되었으며, 최근에 많은 국가에서 적용하고 있다.

'참진보지표(GPI)'는 ISEW와 거의 같은 기준을 사용하지만 지역사회에 대한 봉사활동의 가치를 더하고 여가 시간의 손실을 공제하는 것이

다르다. 하지만 '참진보지표(GPI)'를 '지속 가능한 경제복지지수(ISEW)'와 동일하게 보기도 한다. GPI에는 GDP 집계에서 무시되거나 부정확하게 취급된 경제적 행복과 직결된 20여 가지 요인이 새로 포함된다.

UNDP가 개발한 인간개발지수(HDI)는 사람들의 행복과 자유에 관련된 정보를 체계적으로 표현하기 위해 소득 외에 보건, 교육 등의 지표를 포함하여 측정한 지수다. 즉, 기대수명, 교육, 생활 수준 지표로 1인당 순국민소득 등의 지표들로 구성된 종합지수다. 아마르티아 센의 개념적 토대 위에서 마부브 울 하크 등의 개발 경제학자들이 만든 것이다. 1990년부터 UNDP가 연간 인간개발 보고서를 통해 전 세계 각국의 지수를 발표하고 있다.

포드햄 사회건강지수(FISH)는 삶의 질과 관련된 지표를 중심으로 측정하는 지수다. 즉, 유아 사망률, 아동 학대, 아동 빈곤, 10대 자살, 약물 남용, 고교 중퇴율, 평균 주급, 실업률, 건강보험, 고령자 빈곤 수준, 살인, 주택, 소득 불균형 등 16가지 사회경제 지표를 측정한다. 경제복지지수(IEWB)는 미래 안전 의식을 측정하는 가족 저축률과 주택 같은 유형 자본 축적 등을 감안한다.

현재 많이 이용되고 있는 지표는 '지속 가능한 경제복지지수(ISEW)'다. 그런데 GDP와 ISEW의 측정 결과는 다른 결과를 보여주고 있다. 영국은 1950년부터 1996년까지 GDP가 꾸준히 증가했지만 ISEW는 1975년부터 하락하기 시작한 것으로 나타났다. 미국 역시 ISEW가 1976년부터 눈에 띄게 하락하는 추세다. 독일이나 오스트리아 등도 1970년대를 전후하여 GDP와 ISEW의 격차가 크게 벌어지고 있다.

우리나라도 한국보건사회연구원에서 ISEW를 '복지 GDP'라는 개념으로 측정하여 발표한 바 있다. 측정 결과 1996년부터 2007년까지 국민 1인당 '복지 GDP'가 경제 성장의 속도를 따라가지 못하고 있어 상대적인 삶의 질이 악화되고 있음이 확인됐다. 1996년에는 1인당 '복지 GDP'가 8,101달러로, 1인당 GDP 1만 2,249달러의 66.1%를 차지했지만 2007년엔 1인당 '복지 GDP'(1만 1,569달러)가 1인당 GDP(2만 15달러)의 57.8%

에 머물렀다. 1996~2007년 동안 1인당 GDP의 성장률이 연평균 4.5%인데 비해 1인당 '복지 GDP'의 연평균 성장률은 3.2%에 그친 것이다.

국가마다 여건이 다름에도 불구하고 이러한 유형은 놀랄 만큼 일관되게 나타나고 있다(해밀턴, 2011: 105). 이러한 현상은 선진국의 경우 그 무렵부터 경제 성장이 초래하는 비용이 혜택을 능가하기 시작했음을 의미한다. 달리 말하면 사실상 성장이 멈춘 것이라고 말할 수 있다. 또한 GDP가 더 이상 국가적 행복의 척도로 평가받을 수 없음을 시사한다. 저성장 시대를 맞아 GDP 지표와 함께 국민의 행복(삶의 질) 수준을 표시하는 대안적 지표가 동시에 발표되어 정책의 등대로서 역할을 할 수 있게 해야 할 것이다.

3 성장 이데올로기의 망상

747 공약에의 집착

이명박 대통령은 2007년 대통령 후보 시절 '747 공약'을 내걸었다. 점보여객기를 연상시키는 747 공약은 7% 경제성장률, 10년 내 1인당 국민소득 4만 달러, 세계 7위 경제 대국을 달성한다는 공약이다. 건설사 CEO 출신 이명박 후보는 이러한 공약으로 경제 대통령이라는 이미지를 구축하면서 당시 여당 후보를 500만 표 이상의 압도적 표차로 누르고 승리했다.

집권 후 성적은 어떠한가? 경제성장률(GDP 증가율)을 보면 2008년 2.3%, 2009년 0.3%, 2010년 6.2%, 2011년 3.6%를 기록했다. 집권 기간 4년 동안 연평균 3.1% 성장에 그쳤다. 2012년에는 2.5%의 성장에 머물 것으로 예측된다. 이것은 노무현 정부 집권 기간 평균 성장률인 4.3%에도 미치지 못한 수준이다. 결국 747 여객기는 이륙조차 못한 셈이다.

1인당 실질 국민총소득(GNI, 달러 기준)은 노무현 정부 시기인 2007년 2만(21,695) 달러 수준을 2010년(20,759 달러)에야 다시 회복했다. 앞으로 남은 6년 내에 4만 달러 달성이 가능할까? 지금의 추세로 보면 불가능할 것이다. 국회예산정책처(2010)에 의하면 고용률이 현 추세를 유지하고 고령 생산성의 변화가 없는 경우 1인당 소득이 4만 달러에 도달하는 시기는 2028년으로 예측하고 있다. 20년 후에 달성 가능한 목표인 것이다. 세계 7대 경제 강국의 실현은 어떠한가? 절대빈곤 국가였던 한국이 한때 세계 11위의 경제 강국이 된 적이 있다. 그러나 중국, 인도, 브라질 등 브릭스 국가들의 눈부신 성장으로 경제 규모는 현재 13위로 밀려 있다. 이 순위는 쉽게 바뀌지 않을 것으로 보인다. 더욱이 앞으로 6년 내에는 더욱 불가능해 보인다.

결과적으로 보면 747 공약은 달성 불가능한 공약이었다. 과연 이명박 후보와 그의 캠프는 이 공약을 달성 가능하다고 믿었을까? 아마 달성 불가능한 공약임을 알고 있었을 것이다. 달성 불가능한 공약이었음에도 불구하고 그 공약은 경제를 살리고 잘살게 해줄 것이라고 국민을 현혹했다. 국민들은 경제가 4% 성장하는 경우보다 7% 성장하는 경우에 훨씬 살기 좋을 것이라고 믿고 있다. 일자리도 늘고 생활 수준도 훨씬 좋아질 것이라고 믿는다.

현실은 어떠한가? 미국의 금융위기에서 비롯된 경제불황이 어느 정도 회복되었고, 더욱이 2010년에는 6.2%라는 높은 성장을 했음에도 국민들은 힘들어하고 한숨만 쉬고 있다. 청년 세대들은 일자리를 찾지 못해 알바를 전전하거나 미취업 상태에서 결혼을 미루고 있다. 중소기업이나 자영업을 하는 사람들은 근근히 사업을 유지하거나 속속 폐업을 하는 실정이다. 사회보장 혜택을 충분히 누리지 못하는 노인들은 춥고 배고프게 살거나 자살하는 경우가 많아지고 있다. 이렇게 경제 성장과 국민들의 체감 생활이 단절되는 것은 경제 성장의 특성 때문이다. 즉, '고용 없는 성장', '대기업(재벌) 중심의 성장', '불평등 지향 성장' 등이 그것이다. 덧붙여 불충분한 복지제도가 중산층과 저소득층 국민들의 생활 수준을 충분히 담보해 주지 못하고 있다.

그럼에도 우리는 경제성장률에 집착하고 있다. 높은 경제성장률을 달성하면 우리의 생활이 한결 나아질 것처럼. 어느 정치인이 또다시 747 공약을 내걸고 대통령에 출마한다면 당선 가능성이 높을지도 모른다. 최근에 국민들의 생각이 많이 바뀌었다고 하지만 경제 성장에 대한 집착은 여전하기 때문이다. 2011년 6월 민주당에서 실시한 대통령의 리더십에 대한 설문조사 결과는 이를 입증해 주고 있다. 이에 따르면 차기 대통령이 가장 집중해야 할 분야로 경제 성장이라는 응답이 46.8%로 가장 많았고, 복지 확대(21.8%), 교육 분야(10.6%), 정치행정(8.2%), 남북관계(7.3%), 외교안보(4.7%)가 뒤를 이었다(중앙일보, 2011.6.22.).

국민들의 이러한 생각은 정치인들과 관료들이 여전히 성장 망상에 집착하도록 만들고 있다. MB노믹스의 선봉장인 박재완 장관은 '747 공약'이 유효하냐는 질문에 "다음 정권에서도 계속 추구해야 할 목표"라며 "의욕적으로 목표를 제시한 것이 왜 비난받을 일인지 이해할 수 없다"고 주장했다. 정도의 차이는 있지만 여당뿐만 아니라 야당도 성장론에 동참하고 있는 것은 다르지 않다. 정당마다 사회정책의 차이는 있더라도 '정부의 최우선 목표는 경제 성장이어야 한다'는 입장만큼은 변함이 없다.

경제 성장에 집착하는 우리의 성장 이데올로기는 그 뿌리가 1960년대 개발연대로부터 비롯된다. "기아 선상에서 헤매는 백성"들을 절대빈곤으로부터 해방시켜준 박정희 성장 모델을 국민들은 피부로 느껴왔기 때문이다. 해방과 한국전쟁을 겪은 직후의 절대빈곤에서 2만 달러 시대의 풍요를 가져오게 한 것은 성장 지상주의 경제개발전략 덕분임을 국민들은 잘 알고 있다. 인권 및 민주주의의 희생과 노동자들의 착취가 뒷받침되긴 했지만 성장은 국민들을 50년 전에 비해 엄청난 풍요를 누리게 해주었다. 세계에서 유례를 찾기 힘든 압축 성장의 경험은 국민들의 성장에 대한 기대를 지고의 선으로까지 끌어올리고 있다.

이 과정에서 경제 성장은 우리 시대의 굳건한 이데올로기가 되었으며, 종교의 차원까지 발전하게 되었다. 모든 문제의 해결은 성장으로 귀결된다. 경제 성장만이 고용을 창출하여 실업을 해결할 수 있다. 성장이 예산을 늘려 교육과 복지와 환경비용을 감당하게 해줄 것이다. 성장이 빈곤층을 구제해 줄 것이며, 일단 성장을 하면 파이가 커져 골고루 형편이 나아질 것이다. 그러므로 오로지 성장을 해야 한다. 이러한 성장 이데올로기는 바위처럼 굳건하게 우리의 의식을 지배하고 있다. 성장에 반하는 어떠한 정책도 수용되기 쉽지 않다.

이렇듯 성장은 견고한 이데올로기가 되어 우리 가슴 속에 자리잡고 있다. 파이가 커져야 나눠줄 몫이 많다는 생각, 소득 수준이 높아야 행복해진다는 생각이 이러한 망상을 뒷받침하고 있다. 성장 이데올로기로 정치적 이득을 보는 사람들은 더욱 성장에 집착한다. '나는 성장이다'고 주장하는 '나성장' 족들은 토건족과 연계되어 개발과 성장만이 살 길이라고 줄기차게 주장한다. 이들은 성장 이외의 다른 모든 가치를 보지 못하는 일종의 자폐적 행동 유형을 갖고 있다. 성장 망상이 특히 문제가 되는 것은 경제 성장이 눈먼 안내자로 전락하여 정책을 잘못 인도할 수 있다는 것이다. "저주로다. 광인이 맹인을 이끄는구나!"라는 셰익스피어의 〈리어왕〉의 대사를 연상하게 된다.

이러한 성장 이데올로기 현상은 우리만이 겪는 것은 아니다. 선진국의 경우에도 찾아볼 수 있다. 미국의 전 재무장관이자 현 백악관 경제자문회의 의장인 로렌스 서머스는 이렇게 말한다. "미국의 경제 성장에 속도 위반이라는 것은 있을 수도 없고 또 받아들여지지도 않을 것이다. 가능한 빨리, 지속적으로, 모든 분야에 걸쳐 경제를 성장시키는 것이 경제정책의 임무다"(보크, 2011: 126). 영국의 토니 블레어 수상은 노동당이 전통적인 좌파 노선에서 벗어나야 한다고 역설하며 1997년 선거에서 승리했다. 그는 노동당이 고수하던 국유화 정책을 포기하고 분배뿐만 아니라 성장도 추구해야 한다는 소위 제3의 길을 이념으로 고수했다. 집권 초기 유럽 최고의 경제성장률을 기록하며, 3기 연속 집권에 성공한다. 선진국 정치인뿐만 아니라 국민들의 생각도 별 차이가 없다. 2007년 금융위기 발생 직전까지 독일 국민의 81%는 "우리는 지속적인 경제성장이 필요하다"고 생각했으며, 61%는 "성장이 전부는 아니지만 성장이 없으면 모든 것이 무의미하다"고 생각했다(미겔, 2011: 35).

학계의 논의를 보아도 보수 진영이든 진보 진영이든 성장에 토대를 둔 논의가 기본 전제로 깔려 있다. 보수 진영은 물론 성장 가치에 최우선 순위를 둔다. 진보 진영의 제3의 길도 성장론에 기반을 둔 진보의 새로운 방향을 모색한 이론이라고 볼 수 있다. 앤서니 기든스의 제3의 길은 신자유주의의 두 가지 근본 입장을 수용한다. 즉, 정부의 주된 목표는 경제성장률을 높이는 것이라는 생각이 그 하나요, 다른 하나는 이 목표를 달성하기 위한 최선책은 사적 시장의 자유로운 운영이라는 생각이다. 어느 진보 진영 학자는 '진보개혁 버전의 성장담론이 필요하다'고 주장하며, 적극적 논의를 제안한다. 또한 복지와 성장의 선순환 관계를 모색하고 새로운 틀을 정립하고자 노력하기도 한다. 진보 진영 학자들도 성장의 틀에서 벗어나지 못하고 있는 것이다. 성장을 부정해서는 안 되지만 성장 망상 체계에서 벗어나야 한다.

안톤의 실명과 노란 코끼리 효과

2011년 6월 '글로벌 녹색성장 서밋 2011'에 참석하기 위해 서울을 방문한 앙헬 구리아 OECD 사무총장은 "성장을 복구하는 것이 급선무이지만 성장만으로는 우리의 모든 문제가 해결되지 않을 것이다"라고 강조한 바 있다. 경제 성장을 바라보는 관점을 잘 제시해 준 말이라고 생각한다. 성장 이데올로기를 비판하는 것이 자칫 경제 성장을 하지 말자는 것으로 오해되어서는 안 된다. 앞에서 살펴보았듯이 경제 성장이 더 이상 국민들의 행복을 증진시키지 못하고 있다. 더욱이 불평등 구조와 복지제도의 미흡으로 경제 성장이 국민들의 '먹고사니즘'마저도 충족시켜 주지 못한 실정이다. 이제는 경제 성장을 하더라도 누구를 위한 성장이며, 어떻게 성장할지를 살피는 노력이 필요하다.

여기서 지적하고자 하는 것은 성장 그 자체를 문제시하는 것이 아니라 '성장이 모든 문제를 해결해 줄 것', '성장을 해야(파이를 키워야) 복지가 가능', '복지쇼핑 앞서 경제 성장 먼저'라는 식의 성장 이데올로기에 빠져 있는 우리의 의식이 문제라는 것이다. 지금까지 학자들의 비판에서 보았듯이 성장이 모든 문제를 해결해 주지도 못하며, 성장을 해야만 복지가 가능한 것도 아니다. 더욱이 성장은 우리의 행복을 증진시켜 주지도 못한다.

성장 망상 체계가 왜 위험한지는 그것이 우리 사회의 의식을 지배하고 정책결정 및 여론 주도 그룹에 확산될 때 우리 사회의 좌표와 정책 등대의 불빛을 잘못 설정할 수 있기 때문이다. 1인당 국민소득 2만 달러 시대를 맞이한 한국을 성장 이데올로기의 외눈박이 눈으로 이끌고 가서는 안 된다. 성장 이데올로기에 매몰되어 빠져나오지 못한다면 그것은 안톤의 실명(Anton's blindness)에 해당한다. 안톤의 실명은 시력을 잃고서도 자신이 볼 수 있다고 믿는 질환이다. 오스트리아의 신경학자 가브리엘 안톤의 이름을 딴 이 질병은 뇌졸중이나 외상에 의한 두뇌 손상 이후 일어날 수 있는 희귀한 의학적 증상이다. 안톤-바빈스키 증후군이라고도 알려진 이 병에 걸린 환자는 환각에 따른 여러 증상을 경험하면서도 자신에게는 아무런 문제가 없다고 우긴다고 한다(파텔, 2011: 51).

성장 지상주의에 빠진 사람은 시력을 잃고도 자신이 볼 수 있고 자신에게는 아무런 문제가 없다고 믿는 안톤의 실명 질환자인 셈이다. 그들은 경제 성장이 이뤄져야 복지도 가능하고 행복 수준도 높아진다는 믿음을 갖거나 갖고 싶어하는 사람이다. 경제 성장 과정에서 치른 많은 비용과 성장의 한계에 대해 눈감거나 외면하고 싶은 외눈박이인 셈이다. 학자들이 성장 이데올로기에 대해 아무리 비판적으로 얘기하더라도 '나는 성장이다'는 주장을 접지 않는 질병 인식 불능증(anosognosia)에 걸린 환자에 비유된다.

더 나아가 성장 지상주의자들은 성장 이데올로기를 자기자신의 생각에 그치지 않고 사회적 이념으로 확산시키고자 하는 열망을 표출한다.

이것은 소위 '노란 코끼리 효과'를 노리는 것이다. 존슨(2006: 101)은 우리의 잠재 의식에는 필터가 존재하지 않기 때문에 실제로 존재하지 않는 것이라도 모든 이미지를 그대로 받아들여 버리는 것을 '노란 코끼리 효과'라고 부른다. 노란 코끼리를 본 적이 있는가? 노란 코끼리는 현실에 존재하지 않는다. 그에 의하면 노란 코끼리보다 더 비현실적인 믿음도 우리의 마음속에서 활개를 치고 다닐 수 있다. 다른 사람에게서 들은 말도 우리 마음속에서 구체적인 이미지를 만들어 자리를 잡게 되며, 자주 보는 것이나 듣는 것이라면 더 쉽게 믿게 될 수도 있다고 말한다. 성장 망상 체계는 우리의 잠재 의식을 지배하여 허구적 이미지를 결코 놓지 않으며 이를 확산하고자 하는 것이다.

해밀턴은 성장 망상 체계의 근저에 신자유주의가 자리 잡고 있다고 말한다. 그는 신자유주의를 '성장 망상 체계의 시녀'라고 부른다. 더 나아가 해밀턴(2011: 47)은 신자유주의 경제학자들에 대해 다음과 같이 심한 독설을 내뱉고 있다.

> 신자유주의 경제학자들은 대부분 수학과 경제이론 분야만을 공부했지, 철학이나 심리학, 역사에 대해서는 무지하다. 그들의 무지는 신고전학파 경제학이 '공리주의'라는 일개 철학적 입장에 기반을 두고 있다는 사실조차 모를 만큼 악명이 높다. 그들은 기업이 생산 요소를 투입해 시장에 내보낼 재화와 서비스를 생산하는 것처럼, '인간'이라는 용기 속에 재화와 서비스를 처넣으면 행복이 생산되는 것으로 이해할 뿐이다.

성장 망상 체계가 문제가 되는 것은 정책의 왜곡을 가져오고 사회에 부정적 영향을 미칠 수 있다는 점이다. 보통 사람들이 더 부자가 되고 싶다는 욕망을 갖고, 소득이 많아지면 행복해질 거라는 망상에 빠지게 되면 자본의 권력이 강화된다. 성장 망상 체계는 막대한 정치적 권력을 이미 기업의 경제활동에 넘겨주었다. 기업 권력이 강화되면 정책결정의 균형추는 기업 쪽에 기울 수밖에 없다. 기업 이익을 정책에 반영하기 위해 엄청난 로비와 사회적 영향력을 발휘한다. 우리나라의 부자 감세

정책과 대기업에 대한 여러 가지 혜택은 결국 성장 망상 체계가 빚어낸 결과다. 그 결과 경제 성장의 과실이 대기업에 집중되고 중소기업과 일반 서민들에게 돌아가는 몫은 줄어들 수밖에 없다. 경제 성장이 모든 문제를 해결해 주지 않는 현상을 잘 보여주는 메커니즘이다.

또한 성장 망상 체계는 물질적 성장에 집착함으로써 정신적 측면의 희생을 초래하는 경향이 있다. 사회는 물질적으로 풍요롭지만 정신적으로 가난해지는 것이다. 물질적 풍요에도 불구하고 높은 자살율, 높은 범죄율, 우울증 환자의 증가, 삶의 질의 저하 등이 초래되는 것이다. 경제 성장이 되어도 행복 수준은 더 올라가지 않는다는 사실이 성장 망상 체계를 버려야 할 가장 중요한 논거로 작용한 셈이다.

결국 성장 망상 체계에서는 '경제 성장이 행복을 만드는 것이 아니라, 불행이 경제 성장을 지탱해 준다'는 역설이 통하게 된다. 성장 망상 체계를 버리자는 주장은 경제적 기반을 소홀히 하자는 주장이 결코 아니다. 물질적 측면 외에 수많은 비물질적 측면을 아우르고 그것이 개인의 행복과 사회의 안정 및 통합을 이루는 문화를 구축하자는 것이다.

GDP에 대한 지도자의 철학과 국민의 삶

이명박 후보가 747 공약을 내건 비슷한 시기인 2008년 2월에 프랑스의 사르코지 대통령은 세 명의 세계적 석학에게 새로운 시각의 작업을 요청한다. 그것은 현행 경제 성과의 측정 방식을 새로운 시각으로 바꾸는 작업을 해달라는 것이다. 그는 우리가 당면한 현실을 치유하기 위해서는 과거의 사고방식과 단절해야만 하며, 이제 논쟁이 시작되어야 한다고 주장한다. 이 작업을 위해 '경제 성과와 사회 진보의 계측을 위한 위원회'가 구성되었다. 컬럼비아대학의 조지프 스티글리츠 교수가 위원장을 맡고, 하버드대학의 아마르티아 센 교수는 위원장 자문을, 파리정치대학 교수이자 프랑스 경제연구소 소장인 장 폴 피투시가 사무총장을 맡았다.

이들에게 부여된 임무는 현재의 경제 성과 측정 방식이 지니는 문제점, 특히 GDP와 관련된 수치들의 문제점, 사회복지의 측정 수단이 야기하는 문제점, 경제·환경·사회적 지속가능성의 측정과 관련된 문제점 등에 대한 해결책을 마련하는 것이다. 위원회의 최종 보고서는 2009년 9월에 사르코지 대통령이 주재한 토론회에서 공개적으로 발표되었다. 내용은 사회 진보를 위한 '국민총행복'을 높이는 새로운 지수를 찾아나가자는 것이다.

사르코지 대통령은 위원회 구성을 하면서 현실을 위기로 인식하고 후손들을 위한 새로운 변화를 시작해야 한다고 강조한다. 그는 '우리가 경제 성과의 측정 방식을 바꾸지 않는 한 우리의 행동은 바뀌지 않는다'는 믿음을 바탕으로 마음속의 혁명이 필요하다고 주장한다. 통계와 회계 처리 방식은 사물에 부여하는 가치를 반영하며, 우리의 세계관, 경제관, 사회관, 인간관 및 상호관계와 불가분의 관계가 있기 때문이다. 그는 위원회 보고서 서문에서 다음과 같이 선언하고 있다(스티글리츠 등, 2011: 15).

> 우리가 자신을 구원할 수 있는 유일한 길은 마음속의 굴레를 벗어던지는 것이다. 그럼으로써 우리 자신을 순응주의와 보수주의 그리고 근시안적 이익에서 벗어날 수 있도록 해야 한다.

EU 집행위원회는 '진정한' 경제 진보 수준을 측정할 수 있는 정확한 도구를 만들기 위해 '유럽 사회조사 및 복지 측정 시스템' 개발에 착수한 바 있다. 이들의 작업은 삶의 질 개념을 바탕으로 연구를 진행했다. 그들은 삶의 질을 '건강, 사회적 관계, 자연환경의 질 같은 비물질적 생활 상황'으로 규정한다. 또 삶의 질에는 '실질적인 생활 조건'뿐만 아니라 '개인의 주관적 복지'도 포함되어야 한다고 강조한다.

제레미 리프킨은 아메리칸 드림과 유러피언 드림을 비교하면서 개인의 기회를 중시하는 아메리칸 드림보다 사회의 집단적 복지를 강조하는 유러피언 드림이 세계화 시대를 이끌어주는 꿈이라고 역설한다. 그에 의하면 미국은 경제 성장이 삶의 질을 보장해준다고 굳게 믿는 반면에 유럽 사람들은 경제 성장 그 자체는 더 나은 삶을 보장해 주지 않는다고 믿는다(리프킨, 2009: 112). 미국에서는 경제 성과의 지표에 대해 민주당 상원의원의 1995년 연설을 제외하면 연방 차원에서는 한 번도 논의된 적이 없다고 한다. 더욱이 대통령의 경제팀 가운데 누구라도 그 문제를 끄집어내면 동료들의 비웃음을 살 것이라고 꼬집고 있다. 우리나라도 정부 차원에서 이러한 논의를 제기한 사람이 전혀 없었다는 점에서 미국을 닮았거나 그보다 더한 셈이다.

그러나 유럽에서는 정부가 앞장서서 구식 기준에 이의를 제기하고 경제 발전을 측정하는 기본 요소의 일부를 재구성하는 데 앞장서고 있다. 프랑스 사르코지 대통령의 위원회와 EU집행위원회의 작업은 바로 그 예다. 리프킨은 이를 두고 미국이 구시대에 필사적으로 매달리는 반면 유럽은 신시대를 준비하느라 바쁘다고 주장한다. 유럽은 세계화 시대에 적합하도록 인간 조건을 제고하고 사회제도를 재조정하기 위한 거대한 실험실 역할을 하고 있다는 것이다.

GDP에 대한 프랑스와 우리나라 지도자의 시각이 상반됨을 볼 수 있다. 또한 미국과 유럽, 그리고 우리나라 정부의 시각이 다르다. 이러한 시각의 차이를 접하는 국민들은 우울해진다. 외국의 어느 지도자는 경제 성과의 측정 방식을 바꾸지 않는 한 우리의 행동은 바뀌지 않는다며 마음속의 혁명이 필요하다고 주장한다. 반면에 우리의 지도자는 오로지 GDP 확대만이 살 길이라고 주장한다. 이명박 정부는 '선진화'를 정치구호로 내걸고 개발연대의 사고와 정책으로 회귀하고 있다. 사고의 후진성이 안타까울 뿐이다. 이제 구시대에서 탈피하고 신시대를 맞이할 준비를 해야 할 때다.

지도자의 GDP에 대한 생각과 철학이 중요한 이유는 그것이 국민들의 삶과 직접 연결되기 때문이다. 스티글리츠 등(2011: 51)은 "현재의 계량 방식으로 우리의 경제와 사회를 이끄는 것은 조종사가 엉터리 나침반을 들고 비행하는 것과 마찬가지다"라고 주장한다. 잘못된 계량 방식으로 내려진 잘못된 판단이 그릇된 결과를 만들어낼 수 있다. 경제성장에 집착하는 가운데 국민들의 생활이 점점 팍팍해진다면 엉터리 나침반을 들고 있는 것이나 마찬가지다. 국민의 복지를 증진하는 것이 경제 본연의 임무이며, 경제 그 자체가 목적은 아니다.

영화

탐욕의 끝 〈데어 윌 비 블러드〉

자본주의의 탐욕과 광기를 잘 보여준 영화가 〈데어 윌 비 블러드(There Will Be Blood)〉(2007)다. 이 영화는 1898년부터 1927년까지의 미국 캘리포니아 사막을 배경으로 '블랙 골드러시'가 미 대륙을 휘젓던 때를 배경으로 하고 있다. '블랙 골드러시'란 일확천금을 노린 석유 발굴 러시 현상을 말한다. 영화의 배경이 되는 시기는 미국의 도금 시대다. 도금 시대는 초기 자본주의의 특징으로서 부와 권력 불평등이 만연하고 부유한 경제적 엘리트들이 정계를 장악했던 시기다.

여기서 주인공 다니엘 플레인뷰 역을 맡은 배우는 내가 좋아하는 다니엘 데이 루이스다. 다니엘 데이 루이스는 영국 배우인데도 이 영화를 포함해 미국의 아카데미 남우주연상을 두 번이나 수상했다. 그 밖에도 영국 아카데미 등 수많은 남우주연상을 받은 연기파 배우다.

그가 연기한 플레인뷰는 알코올 중독자에 부인도 없이 홀로 아들을 키우며 황무지 사막에서 금을 캐는 무일푼 광부다. 어느 날 그는 석유 유전을 발굴하면서 일확천금의 행운을 누리게 된다. 석유 개발로 하루아침에 부자가 된 플레인뷰는 인정도 용서도 없는 탐욕의 화신이 된다. 이권을 챙기는 데에 장애가 된다면 아들을 버릴 수도 있고 가짜 동생을 죽일 수도 있는 몰인정한 사람이다. 플레인뷰는 엑손, 걸프, 록펠러 등 미국 석유재벌의 탄생 과정을 묘사한 상징적 인물이라고 볼 수 있다.

이 영화의 큰 줄거리는 석유개발권을 따내기 위해 기독교를 필요로 했던 플레인뷰와 교회 권력을 확보하기 위해 자본이 필요했던 일라이라는 목사와의 관계가 큰 비중을 차지한다. 폴 토마스 앤더슨 감독은 두 사람의 관계를 통해 타락한 물질적 욕망과 신성한 종교적 가치가 어떻게 한 배를 타는지를 보여준다. 감독은 기독교에 대한 비판까지도 영화에 담고 싶어한 것으로 보인다. 송유관 매설 승낙을 받기 위해 플레인뷰가 교회 신도들 앞에서 무릎 꿇고 일라이 목사로부터 뺨을 맞아가며, "나는 죄인이다"라고 외치는 장면은 명장면으로 꼽힌다.

그리고 이 영화는 시작하고 나서 10여 분 이상 아무런 대사도 없이 주인공이 어두운 갱도 속에서 곡괭이질을 하는 장면이 나온다. 곡괭이질은 욕망의 분출행위를 의미하고 탐욕이 끝이 없음을 상징하는 장면으로 해석된다. 감독은 이 장면을 통해 욕망과 광기로 가득 찬 미국 초기 자본주의의 역사를 상징하려고 한 것이 아닐까 하는 생각이 든다.

마지막 장면에 플레인뷰는 볼링공으로 일라이 목사를 죽이고 "이제 다 끝났다"는 의미심장한 대사를 남기고 영화는 끝난다. 피를 부르는 탐욕이 끝났음을 상징하는 것으로 보이지만 피를 부르는 자본주의는 여전히 존속하고 있다. 탐욕의 자본주의로 상징되는 도금 시대가 현재에 재현된 모습을 미국 학자들은 신도금 시대라고 부른다. 월스트리트의 탐욕은 신도금 시대의 플레인뷰다.

4 정책목표로서의 성장

저성장 패러다임

앞에서 경제 성장이 한계에 이르렀으며 더 이상 국민의 행복을 보장해 주지 않는다는 점을 확인했다. 논의의 초점은 세 가지다.

첫째, 이스털린의 역설이 말해주듯 일정 소득(대체로 2만 달러 기준) 이상이 되면 소득이 증가해도 더 이상 국민의 행복 수준은 향상되지 않으며 정체되거나 오히려 감소한다. 둘째, 경제 성장이 이뤄졌지만 중산층 이하 서민들에게는 소득 증가라는 혜택이 돌아가지 않는다. 소득 양극화 내지 소득 불평등 구조를 의미한다. 셋째, 경제 성장이 저성장 국면으로 접어들었다. 더 이상 고도 성장을 기대하기 어려운 상황이다. 요약하면, 경제 성장이 더 이상 행복을 증진시키지 못하며, 특히 저소득층에게는 혜택이 돌아가지 못하고, 성장 자체도 저성장 국면으로 들어갔다.

여기서 특히 인정하고 싶지 않은 것은 저성장 국면에 접어든 사실일 것이다. 그동안 고도 성장을 경험했던 우리나라에서 저성장을 기록한 정부는 능력 없는 정부로 평가받을 가능성이 크다. 역대 대통령에 대한 평가에서 박정희 대통령의 평가가 가장 좋게 나온 것에서도 알 수 있다. 독재자 박정희에 대한 향수는 오직 높은 경제적 성취에서 비롯된 것이다. 747 공약도 박정희 증후군의 연장선일 뿐이다.

그러나 세계적 흐름은 이미 저성장 국면에 접어들었다. 선진국들은 2000년대 말부터 저성장 테마를 '새로운 표준(New Normal)'으로 인정하고 다양한 연구활동을 벌이고 있다. '저성장'이란 실질성장률이 잠재성장률을 밑도는 상태가 장기간 이어지는 것을 말한다. 예컨대 매년 5% 성장하던 나라가 3% 성장이 장기화되면 저성장이라 한다. 일찍이 19세기 중반 존 스튜어트 밀은 '경제 성장과 끊임없는 경제활동이 풍요의 실현과 더불어 끝나는 시기'를 뜻하는 '정상 상태'가 도래할 것이라고 내다보았다(보크, 2011: 125). '정상 상태'가 도래한 것이다.

저성장 국면 진입은 우리나라도 예외는 아니다. 우리나라는 그동안 높은 성장률을 기록하며 짧은 기간에 압축 성장을 이뤘다. 1953년부터 2008년까지 55년간 한국 경제는 연평균 6.7%씩 성장했으며, 1982년부터 1991년까지 평균 9.1%의 고도 성장을 했다. 1968~1970년, 1976~1978년, 1986~1988년은 평균 10% 이상의 높은 성장을 이루기도 했다. 특히 1986~1988년에는 저금리, 저달러, 저유가라는 3저 현상 덕분에 단군 이래 최대 성장이라는 평을 들은 바 있다. 그러나 1990년대 이후 상황은 달라지고 있다. 1992~2001년 동안 평균 5.6% 성장했으며, 2000년대 들어 평균 4%대 성장에 그치고 있다. 최근에는 평균 3%대를 기록하고 있다. OECD가 2011년 5월 발간한 「경제 전망(*Economic Outlook*)」에 따르면 한국의 중기(2010~2015년) 경제성장률 전망치는 4.3%로 34개 회원국 가운데 칠레와 이스라엘에 이어 세 번째로 높다. 하지만 장기(2016~2026년) 성장률 전망치는 2.4%로 매우 낮다. 잠재성장률도 중기 3.8%에서 장기 2.4%로 떨어지는 것으로 나타났다. 2011년 10월 한국을 방문한 드와이트 퍼킨스 전 미국 하버드대 동아시아센터장은 "한국의 성장률이 5%대로 돌아간다면 제2의 한강의 기적이다"라고 말한 바 있다. 대부분의 나라의 성장률은 국민소득 1만~1만 6,000달러 사이에 둔화되며 한국도 예외는 아니라는 것이다.

이미 저성장 국면에 접어든 이웃나라 일본은 우리에게 반면교사가 된다. 일본의 GDP 성장률은 1970년대 평균 4.5%, 1980년대에는 4.7%를 기록했다. 1980년대의 일본은 '일본을 배우자', 'Z이론' 등이 난무할 정도로 많은 국가의 부러움의 대상이었다. 그러나 버블경제가 붕괴한 1990년대 접어들어 1.2%로 추락했다. 이후 20년간 1%대 경제성장률에 묶여 있다. 일본의 저성장 국면을 초래한 요인으로 인구 감소, 고령화, 경제 성숙도 등을 든다.

그러나 문제는 저성장 시대를 맞이한 일본 정부의 정책대응이다. 본격적인 저성장에 들어서자 일본 정부는 1992년 8월부터 2000년까지 9차례에 걸쳐 124조 엔에 달하는 재정을 경기 부양에 투입했다. 투입된 재정지출의 대부분은 도로 건설 등 토목 위주의 공공사업에 쓰였다. 토건 본색을 드러낸 것이다. 또한 경기 진작을 명분으로 1994년부터 1999년까지 세 차례 감세정책을 단행했다. 소득세에 대한 특별감세와 각종 소득공제를 확대하고 세율도 낮춰 2002년까지 약 44조 엔을 깎아줬다. 1998년과 1999년에는 법인세의 기본 세율을 37.5%에서 30.5%로 7.0%포인트 인하했다(경향신문, 2011. 11. 21). 이로 인해 1990년대 초반 주요 선진국 중 가장 양호한 상태를 유지하던 일본의 국가재정은 20년 만에 GDP 대비 200%가 넘는 세계 최고 수준의 국가채무를 가진 국가로 전락했다. 결국 거품 붕괴 이후 일본 정부가 정책적으로 대응한 감세와 공공투자 처방은 저출산·고령화와 격차 확대, 그리고 디플레이션이라는 일본병을 치료하기는커녕 더 악화시켰다는 지적을 받고 있다.

반면교사가 앞에 있음에도 불구하고 이명박 정부는 일본의 정책오류를 답습하고 있다. 저출산, 고령화, 경제성숙도 등이 저성장 국면으로 이끄는 상황인데 토건사업과 감세정책이라는 정책오류를 범하고 있는 것이다. 시대 흐름을 잘못 읽은 탓이다. 물론 글로벌 금융위기라는 외적 환경이 변수로 작용하는 면이 있다. 그러나 '저성장 패러다임'을 인식하지 못한 탓이 더 크다. 통계청의 장기 인구 추계를 보면 15~64세 생산가능 인구는 2005년 총인구 중 71.7%에서 2016년 73.4%를 정점으로 이후 계속 감소해 2030년 64.4%, 2050년 53.0% 수준으로 낮아진다. 2018년 65세 이상 노인 인구가 14%를 넘어서는 고령사회로 진입한다. 경제성숙도 측면에서도 제조업 중심의 산업은 성숙기를 넘어섰다. 새로운 신성장 동력을 찾지 않는 한 저성장에 영향을 미칠 것이다. '저성장 패러다임'에 적합한 정책대응을 하지 않으면 안 된다.

문제는 저성장 시대의 도래를 인정하지 않으려는 세력이 많다는 점이다. 저성장 국면에의 진입은 성장 이데올로기 숭배자들에게는 악재이지만 역으로 호재일 수도 있다. 악재이지만 호재라는 미묘한 역설! 그들은 저성장이 되면 일자리, 개인 소득, 그리고 정부 세수입이 감소하며, 소비 축소, 사회복지 지출이 증가하기 때문에 더 한층 경제 성장을 이뤄야 한다고 주장할 것이다. 747 공약이 전형적인 예다. 야권의 대통령 후보들이 앞다퉈 진보적 성장론을 펴는 것도 같은 맥락이다. 고도성장이 주는 정치적 매력이 매우 크기 때문이다. 고도 성장은 영향력이 큰 집단들에게 가치 있는 무언가를 제공해 줄 수 있다. 기업가에게는 새로운 시장, 매출액 상승, 더 많은 이윤을 약속하는 의미가 있다. 노동자들에게는 보너스 같은 부가 해택이 늘고 좀 더 높은 임금을 받을 수 있는 일자리가 많아진다는 의미로 받아들여진다. 정책결정자들에게는 세금을 증액하지 않고서도 원하는 정책에 돈을 쓸 수 있음을 의미한다. 더욱이 국민들에게는 소득 증대와 재산 증식을 할 수 있게 해주어 동기부여와 도전 의식을 갖게 하는 장점이 있다. 이러한 정치적 호재거리를 두고 어찌 빌 공약일지라도 747 공약과 같은 성장 공약을 내세우지 않을 수 있을까.

그러나 현실은 저성장 국면에의 진입을 부정할 수 없다는 것이다. 저성장은 인정하고 싶지 않은 '불편한 진실'이다. 저성장 국면이라는 데 저성장의 부정적 결과를 해소하기 위해 고성장을 이뤄야 한다는 역설적 주장은 안톤의 실명에 해당된다. 시력을 잃고서도 자신이 볼 수 있다고 믿는 질환인 안톤의 실명자인 것이다. 성장은 해밀턴(2011)이 사용한 용어인 'fetish(맹목적 숭배의 대상)'가 되어 잘못된 정책결정의 나침반이 될 수 있다. 우리가 성장의 망상 체계를 경계하는 이유다.

분배적 성장전략

인정하고 싶지 않은 '불편한 진실' 저성장 국면을 맞이하여 우리는 어떻게 대응해야 할 것인가? 우선 '성장이 모든 문제를 해결해 주지 못하며, 성장은 우리의 행복을 증진시켜 주지도 못한다'는 명제를 다시 한 번 상기할 필요가 있다. 그동안 경제 성장이 정책의 최우선 순위에 있었으나 이제 국민의 행복으로 대체해야 한다. 정책목표의 최우선 순위는 국민 행복에 두어야 한다. 국민들 모두가 행복한 사회가 되어야 하기 때문이다. 경제 성장은 정책목표의 2순위로 물러나야 한다. 경제 성장은 국민 행복을 보장하는 수단일 뿐이다. 국민 행복을 저해하거나 증진시키지 못하는 성장은 그 목표와 수단을 수정해야 한다.

'저성장 패러다임'과 '국민 행복 패러다임'에 부합한 성장전략으로 여기서는 빈곤 감소적 성장과 고용 친화적 성장 전략을 제시한다. 나는 이것을 '분배적 성장'이라고 부르고자 한다. 다른 말로 표현하면 '분수 효과 성장전략'이다. 분수 효과는 낙수 효과에 대비되는 용어다. 이제 낙수 효과를 기대하는 것은 거의 불가능하다는 것이 입증되었다. 핵심은 중산층 보강 전략에 입각한 성장이다. 중산층을 보강하여 이들이 소비 및 생산의 주체로서 역할을 하게 해야 한다. 저성장 패러다임 하에서 경제 성장이 국민 모두의 행복을 증진하는 데에 초점이 모아져야 한다는 시각을 반영한 것이다. 분배적 성장은 결국 경제 성장과 불평등 문제와 관련된다.

경제 성장은 불평등과 관련하여 두 가지 모습으로 나타난다. 하나는 전 계층의 소득이 전반적으로 증가하는 성장이다. 다른 하나는 일부 계층은 소득이 크게 증가하지만 나머지 계층은 소득이 증가되지 않거나 감소하는 경우다. 전자는 평등 지향적 성장이며, 후자는 불평등 지향적 성장이다. 우리나라의 경우 1960년대 이후 개발연대 시기의 성장 국면은 평등 지향적 성장을 보여주었다. 1960년대 이후 우리나라의 절대빈곤 수준이 꾸준히 감소했다는 사실이 그것을 말해 준다. 1960년대에는 절대빈곤율이 50% 이상이었으나 1970년대 20%대, 1980년대 10%대, 1990년대에는 5% 이하로 감소했다. 절대빈곤율은 2010년 7.9%, 2011년 5.2%다.

그러나 최근 경제 성장은 불평등 지향적 성장의 성격을 띤다. 경제 성장은 이루어지는데 빈곤층은 오히려 확대되고 중산층은 그 비중이 축소되는 현상이 지속되고 있다. 성장의 과실이 국민들에게 골고루 돌아가지 않고 대기업 등 일부 계층에 집중되고 있는 것이다. 독식사회에서의 마태 효과가 심화된 결과다.

전략 1: 빈곤 감소적 성장

빈곤 감소적 성장(pro-poor growth)은 1990년대 후반 이후 빈곤 감소와 성장이라는 주제가 경제 발전 및 빈곤 분야에서 활발히 논의됨에 따라 등장한 용어다. 빈곤 감소적 성장은 성장이 실제로 절대빈곤의 감소나 불평등의 해소를 수반하고 있는지를 고려하는 개념이다. 과거의 빈곤 연구와는 달리 단순한 빈곤지수의 변화만을 측정하는 것이 아니라 성장을 통한 빈곤 감소까지 고려하는 것이다. 그러나 성장이 절대빈곤의 감소를 수반하는 경우와 불평등의 해소를 수반하는 경우가 둘 다 빈곤 감소적 성장으로 지칭되고 있어, 빈곤 감소적 성장의 정확한 의미 역시 합의된 바가 없는 상태다(강성진 외, 2009: 23). 개념의 합의가 없기는 하지만 빈곤 감소적 성장은 절대빈곤의 감소와 불평등 해소를 수반하는 경우 모두 지칭한다고 볼 수 있다.

좀 더 넓은 개념으로 절대빈곤의 감소와 불평등 해소 외에 여성 및 소외계층과 고용 촉진 정책 및 사업을 수반하는 성장 개념으로 인식하기도 한다. UN과 OECD 등 국제기구에서 강조하는 지속 가능한 성장(sustainable growth)이 여기에 해당한다. 여기서 지속 가능한 성장을 통해 달성할 목표로 빈곤, 교육, 양성 평등, 영유아 사망률, 재생산을 위한 건강, 환경 등을 설정하고 있다. 결국 빈곤 감소적 성장이란 성장과 분배를 연계하여 파악하는 개념이면서 전략이다.

강성진 외(2009: 39-55)는 『성장, 빈곤, 불평등과 사회지출의 상호관계 분석』이라는 보고서에서 빈곤 감소적 성장에 대한 분석을 하고 있다. 전문적 용어로서 약간 어려운 개념인 '성장 · 불평등 상충지수(growth-inequality tradeoff index: GITI)'를 통해 분석하고 있다. 이 개념에 의하면 만약 GITI 값이 3이라고 하면 불평등 1%의 감소를 위해 3%의 성장률이 필요함을 의미한다. 따라서 GITI 값이 높을수록 상대적으로 성장정책에 비해 빈곤 감소적 정책을 실시하는 편익이 더 크다는 것을 시사한다. 반대로 GITI 값이 낮을 때에는 빈곤 감소적 정책보다 성장정책의 편익이 크다는 것을 의미한다.

그들이 분석한 1982~2008년 동안의 분석 결과를 보면 1980년대 이후 GITI 값이 꾸준히 증가했는데 외환위기를 맞은 직후인 1998년에 크게 감소했다. GITI 값이 1998년에 크게 감소했다는 것은 일부 가구의 소득 감소로 불평등이 증가했지만 실질적인 평균소득의 감소를 수반했다는 의미다. 따라서 이 시기는 빈곤 감소적 정책보다 성장정책을 사용하는 것이 유리하게 되었다는 의미다. 이후 다시 10년 가까이 GITI 값이 점증하는 추세를 보여준다. GITI 값이 증가 추세에 있는 시기에는 빈곤 감소적 정책이 더 유용함을 의미한다. 2008년 글로벌 금융위기를 맞이하여 다시 감소했다.

강성진 외(2009: 48-52)는 성별, 산업별 분해를 시도하여 성장률 차이에 따른 불평등 추이가 부문별로 어떻게 나타나는지 분석하고 있다. 성별로 빈곤 갭의 분해를 시도한 결과 남성보다는 여성의 빈곤 증가에 의한 불평등의 증가가 더 큰 것으로 나타났다. 남성 가구주의 경우는 전체 빈곤 갭의 추이와 비슷한 움직임을 보이지만, 여성 가구주는 외환위기 이후 증가한 빈곤 갭이 감소하지 않고 계속 유지되는 추이를 보여주었다. 이는 사회 지출이 재취업을 희망하는 여성 또는 미혼모 가구를 위해 이뤄지는 것이 바람직함을 의미한다. 또한 사회 지출이 노동시장 개선이나 자녀에 대한 지원 등에 우선적으로 사용되어야 하는 것으로 해석할 수 있다.

산업별 빈곤 갭의 분해 결과를 보면 1992년 이전에는 산업별 소득 성장률에 따른 불평등이 완화되는 추이를 보이나 1992년을 기점으로 산업별 소득 성장률의 차이가 심화되어 불평등이 증가하는 추이를 보여준다. 특히 1997년 외환위기 이후에는 산업별 소득 성장률에 따른 불평등은 더욱 심화되는 추세다. 성장의 과실이 모든 산업에 고루 돌아가는 것이 아니기 때문에 특정 산업에 종사하는 가구들의 경우 상대적으로 빈곤문제가 더 심각할 수 있다. 이는 산업별로 소득 성장률이 다르므로 사회 지출을 통해 빈곤한 가구의 소득을 일정 수준으로 보전할 필요성이 있음을 의미한다.

그들의 연구 결과에서 얻을 수 있는 함의는 단순한 양적 성장에 집착해서는 안 되며, 경제 성장의 질적이고 구조적인 측면을 고려한 성장전략을 세워야 한다는 것이다.

전략 2 : 고용 친화적 성장

성장을 하면 오히려 고용이 감소한다?

또 하나의 성장전략은 고용 친화적 성장전략이다. 최근의 경제 성장은 고용 절약형 성장이라는 특징을 갖고 있다. 경제성장률을 높여도 예전만큼 일자리를 만들어내지 못한다. 경제성장률과 일자리 간의 관계는 고용탄성치를 통해 알 수 있다. 고용탄성치는 취업자 증가율을 경제성장률로 나눈 값이다. 경제성장률 1% 증가에 따른 취업자 증가율을 나타낸다.

고용탄성치가 외환위기 전 1984~1997년에는 연평균 0.350이었으나 외환위기 이후 1998~2008년 사이에는 0.311로 낮아졌고, 글로벌 금융위기 이후인 2009~2012년에는 0.290으로 더 내려갔다(장상환, 2012). 경제 성장을 해도 일자리 창출은 계속 체감하는 추세를 보여준다. 신규 일자리도 대부분 비정규직과 저임금의 좋지 않은 일자리다.

이찬영 외(2011)의 연구에서도 고용탄성치가 2000~2005년 0.35에서 2005~2010년 0.22로 떨어졌다. 산업별로 보면 제조업은 -0.04에서 -0.08로, 건설업은 0.73에서 -0.84, 서비스업은 0.74에서 0.52로 감소했다. 제조업과 건설업은 성장을 할수록 고용이 아예 감소하고 있다. 제조업은 이미 2000년 이후 성장을 하면 오히려 고용이 감소하는 국면에 들었고, 건설업도 2005년부터 1% 성장에 0.84의 취업자 감소 추세를 보여주고 있다.

성장을 하면 오히려 고용이 감소한다? 참 심각한 일이다. 이러한 추세는 계속될 것으로 보인다. 성장을 해도 일자리가 늘어나지 않는다면 경제 성장의 전략을 재검토하지 않으면 안 된다. 현재의 경제 성장은 성장을 해도 대기업 중심의 고용 절약형 성장이다. 이러한 성장 패턴은 성장을 해도 국민들의 생활을 부유하게 해주지 못한다. 성장 과실이 독식되는 반면 일반 서민과 청년은 일자리를 찾지 못해 고통을 당하고 있는 것이다. 고용 친화적 성장이 필요한 이유다.

수출 · 투자 · 소비의 3박자

경제 성장에 기여하는 세 가지 변수는 '수출', '투자', '소비'다. 수출, 투자, 소비의 3박자가 잘 맞으면 경제 성장에 크게 도움이 된다. 경제가 탄탄하게 성장하던 1990~1996년 동안 우리나라의 수출 성장기여도는 3.5%, 투자는 4.0%, 소비는 4.2%로 3개 성장축이 비교적 균형을 이루며 경제 성장을 이끌었다. 그러나 1997년 외환위기를 거치며 상황은 바뀌었다. 2005~2011년 동안 수출의 성장기여도는 5.1%로 확대된 반면, 투자와 소비의 기여도는 각각 1.0%, 2.3%로 축소되었다. 수출보다 기업 투자와 내수가 성장기여도 면에서 줄어든 것은 성장전략을 재검토할 시점임을 시사한다.

수출의 성장기여도는 높지만 일자리 창출과 내수 확대에는 크게 기여하지 못하고 있다. 한국은행에 따르면 2000~2008년 수출액은 2.5배 늘었으나 내수시장은 1.9배 성장에 머물렀고, 취업은 1.2배, 고용 인원은 1.3배에 그쳤다. 결국 수출은 늘었는데 국내 시장에서 고용과 투자로 연결이 안 된 것이다. 수출이 10억 원 늘었을 때 늘어나는 취업자 수는 9.8명(2011년)으로, 2000년 15.3명에 비교하여 40% 감소했다. 수출이 정보기술(IT)과 자동차, 선박 등 특정 품목에 지나치게 의존하기 때문이다. 전체 수출에서 이들 상위 5개 품목이 차지하는 비중이 42%에 달한다. 그만큼 대기업 의존도가 높아져 수출이 늘어나도 대기업에만 혜택이 집중되어 고용으로 이어지지 않는 것이다.

수출에서 수입 의존도가 높은 점도 낙수 효과를 줄이는 요인이 되고 있다. 현대경제연구원에 따르면 중소기업이 주로 담당하는 중간재 수입 비율은 지난 10년 동안 32.3%에서 37.4%로 높아졌다. 미국 15%, 일본 17%, 중국 20%, 독일 24%에 비해 높은 수준이다. 수출을 늘려도 40% 가까운 돈이 원자재 수입대금으로 빠져나가기 때문에 낙수 효과가 발생하지 않는 것이다. 중소기업 육성 없는 대기업 중심의 수출전략은 국민 행복을 보장하지 못함을 보여준다. 수출은 늘었으나 기업의 투자가 부족하니 고용이 안 되고, 소득이 없다보니 소비 역시 뒤처지는 악순환에 빠진 것이다. 일반 서민들 입장에선 '무역 1조 달러 달성이 무슨 의미가 있나?' 하는 의구심이 든다. 고용 없는 성장과 내수 부진은 무역 1조 달러 시대의 어두운 일면이다.

투자 부문이 2000년대 후반 성장에 기여한 정도는 수출과 소비보다 낮은 수준이다. 2011년 국정감사에서 여당의 한 의원은 2010년 국내 대기업의 잉여자금 내부유보율이 1,200%에 달해 사상 최고치를 기록했으나 이러한 기업의 이윤이 투자로 이어지지 않고 있다고 지적한 바 있다. 특히 10대 그룹 유보율은 외환위기 이후 꾸준히 상승해 2004년 말 600%를 돌파한데 이어, 2007년 700%, 2008년 900%, 2009년에는 1,000%를 넘어섰다. 대기업이 경제 성장의 과실을 독식했으나 투자로 이어지지 않은 것이다. 대통령이 기업 투자를 독려했음에도 불구하고 기업들은 꼼짝하지 않았다. 그 결과 투자의 성장기여도는 가장 낮은 수준을 기록하게 되었다. 또한 대기업과 중소기업의 격차는 점점 더 벌어졌다. 대기업과 중소기업 간 영업이익률 차이는 2001년 1.5%에서 2008년 1.8%로 늘어났다. 임금 격차 역시 2001년 65.9%에서 2009년 68.5%로 증가한다. 20대 국내 대기업의 자산 규모는 2002년과 2010년을 비교할 때 161%나 증가했다. 계열사 역시 2002년의 514개에서 2010년 859개로 67.1% 증가했다. 이러한 성장 과실의 독식자들에게 이명박 정부는 법인세 감면 등의 혜택을 부가해 주었다. 있는 자는 더욱 넉넉해지듯이 마태 효과가 발생하고 있는 것이다. 경제 민주화가 필요한 이유다.

수출, 투자와 함께 성장의 중요한 한 축을 이루고 있는 소비 역시 성장을 위한 주요 변수다. 소비 확대는 일자리 창출 등을 통해 성장에 기여한다. 한국은행에 따르면 10억 원당 취업 유발 인원을 나타내는 취업유발계수는 소비가 17.1명으로 가장 크고, 투자가 13.1명, 수출이 9.4명(2009년 기준)이다. 소비는 음식점, 동네슈퍼 등 생활 밀착형 자영업과 밀접한 관련을 갖기 때문이다. 그러나 우리나라는 민간소비 비중이 다른 나라에 비해 매우 낮은 편이다. 우리나라 민간소비가 GDP에서 차지하는 비중은 53~54% 수준이다. 반면에 미국은 70% 내외, 일본 59~60%,

독일 58~59%, 대만 60% 내외 수준이다.

내수 확대를 위해서는 중산층 보강이 필요함을 상기시키는 부분이다. 중산층 보강전략을 마련하는 것이 성장과 국민 행복을 위해 선결되어야 한다. 중산층 보강을 통해 내수 확대를 기한 사례는 이미 브라질 룰라 정부에서 보았다. 룰라 정부는 빈곤층을 대거 중산층에 편입시킴으로써 내수 확대를 이뤄 성장의 밑거름이 되게 했다.

그런데 우리나라는 내수마저도 일부 대기업들이 독식하고 있는 점이 문제다. 삼성전자나 현대자동차 등 대기업들이 수출에서는 물론 내수에서도 모두 상위 5위권을 점하고 있는 것으로 알려졌다. 대기업 독식구조 하에서는 아무리 수출이 많아도, 아무리 성장률이 높아도 서민들에겐 그림의 떡일 수밖에 없다. 결국 중소기업을 육성하고 중산층을 보강하여 수출, 투자, 소비의 3박자를 갖춘 성장전략을 수립해야 한다. 빈곤감소적 성장전략과 고용 친화적 성장전략이라는 분배적 성장전략이 필요한 논거다.

노동 시간 단축과 일자리 나누기

분배적 성장전략과 관련된 정책대안 중 하나가 노동 시간 단축이다. 이명박 정부는 2012년 1월 "휴일근무를 연장근무에 포함시켜 일자리 25만 개를 늘리겠다"며 장시간 근로 개선 대책을 발표했다. 근로 시간을 줄여 신규 일자리를 늘리겠다는 것이다. 일자리 나누기 정책이라고 볼 수 있다. 정부는 이를 위해 휴일근무를 현재 주당 12시간으로 되어 있는 연장근로 한도에 포함시켜 규제하기로 했다. 또 법정 근로 시간(연장근로 포함, 주 52시간) 규제를 받지 않는 '근로 시간 특례 업종' 수를 줄여 규정된 근로 시간을 엄격하게 관리하기로 했다. 정책 표적 집단은 성장과실을 독식하고 있는 대기업이다. 대기업이 여력이 있다면 고용을 나눠 지금까지 얻은 이익과 성장의 과실을 함께 누려야 한다는 것이다. 하지만 대기업 고용이 11%에 불과한 점을 고려하면 일자리 창출 효과에 대해서는 의심이 갈 수밖에 없다. 2011년 8월 기준 국내 임금노동자 규모별 사업체 수를 보면 300인 이상 사업장이 11.2%에 불과하며, 88.7%가 300인 미만의 중소기업이기 때문이다. 더욱이 우리나라 대기업들이 그렇게 너그러울 정도로 이타적이지도 않다.

그런데 노동 시간을 줄여 일자리 창출에 성공한 프랑스의 예가 있다. 프랑스는 1998년 법정 노동 시간을 주 35시간으로 줄였다. 노동 시간을 단축하지 않은 기업에 재정적 부담을 주고, 노동 시간을 단축해 신규 고용을 하는 기업에는 재정 지원을 해줬다. 그 결과 상당한 정도 일자리 창출 효과를 거둔 것으로 알려졌다.

프랑스와 달리 이명박 정부가 제시한 노동 시간 단축정책이 고용 창출로 이어질지에 대해 의구심을 표시하는 사람이 많은 것 같다. 노동 시간 단축에 상응한 임금 보전 대책이 마련되지 않았기 때문이다. 노동 시간 단축의 실효성을 높이기 위해서는 최저생계비나 시간당 임금을 OECD 국가 수준으로 높이는 것이 필요하다. OECD의 「고용 전망 2011」 보고서를 보면 2010년 한국 상용근로자의 실질 평균 임금은 3만 3,221달러였다. 회원국 평균인 4만 3,933달러의 75.6% 수준이다. 전체 조사대상 28개국 가운데 19위 수준이다.

더욱이 2010년 기준 우리나라의 저임금 고용 비중은 25.9%로서 OECD 회원국 중 1위였다. OECD 회원국의 평균 저임금 고용 비중은 16.3%로 우리나라보다 9.6%포인트 낮다. 벨기에(4%), 핀란드(8.1%), 포르투갈(8.9%), 스위스(9.2%), 이탈리아(9.5%) 등은 저임금 고용 비중이 10%에도 못 미친다. 저임금 고용 비중 OECD 1위라는 불명예는 최저임금 수준이 낮은 것과 관계가 있다. 저임금 노동 비중은 최저임금 수준에 많은 영향을 받기 때문이다. 2010년 우리 최저임금의 상대적 수준은 임금 평균값 대비 33%, 임금 중위값 대비 41%로 각각 OECD 평균인 37%와 48%에 비해 4~7%포인트 가량 낮다.

더욱 문제인 것은 낮은 최저임금조차 지키지 않는 사업장들이 많다는 점이다. 고용노동부가 2011년 2만 3천 760개 사업장의 최저임금법 준수 여부를 점검한 결과 10분 1에 해당하는 2천 77개 업체가 최저임금 미만을 근로자에게 지급한 것으로 밝혀지고 있다. 심지어 아파트 경비원 등 감시단속 노동자나 가사사용인 등 특수고용 노동자들은 법규상으로 최저임금법 적용 대상에서 제외되어 있다. 노동 시간 단축을 위해서는 최저임금법을 개정해 최저임금 수준을 높이고 법 적용 대상을 확대해야 할 것이다. 임금 보전이 되지 않은 노동시간 단축은 실효성을 담보할 수 없기 때문이다.

일자리 창출 효과와는 다른 차원에서 우리나라 노동 시간 단축은 긴요한 정책과제다. OECD 국가 중 최장의 노동 시간을 기록하고 있기 때문이다. 근로기준법을 보면 현재 법정 근무 시간은 주당 40시간이다. 그러나 실제 연간 노동 시간은 2008년 2,057시간, 2009년 2,074시간, 2010년 2,111시간으로 계속 늘고 있다(경향신문, 2012. 2. 6). 연장근로, 초과근무, 휴일근무 때문이다. 더욱이 '근로시간 특례 업종'제도를 두어 운수업, 물품판매 · 보관업 등 26개 업종은 주당 근무 시간 40시간 규제를 받지 않는다.

과중한 노동 시간은 노동자들의 삶의 질을 훼손할 수밖에 없다. 새벽종이 울릴 때부터 부지런하게 일하는 것이 미덕인 시대는 지났다. 일과 여가의 조화가 필요하다. 요한 호이징가(Johan Huizinga)는 인류의 호칭이 '호모 사피엔스(Homo Sapiens: 합리적인 생각을 하는 사람)'에서 '호모 파베르(Homo Faber: 물건을 만들어내는 인간)'를 거쳐 '호모 루덴스(Homo Ludens: 놀이하는 인간)'로 바뀌었음을 주장한다. 물건을 만들어내는 '호모 파베르'가 아닌 '호모 루덴스'로서 우리의 위상을 깨달을 때다.

제 3 장

정책목표로서의 행복

1 행복 패러다임과 정책

국민 행복은 정책목표의 최우선 순위다

다시 한 번 '불편한 진실'을 상기해 보자. "성장이 모든 문제를 해결해 주지 못하며, 성장은 우리의 행복을 증진시켜 주지도 못한다"라고 앞에서 성장 망상 체계를 통박했다. 그리고 정책목표의 최우선 순위는 국민 행복에 두어야 하며, 경제 성장은 정책목표의 2순위로 물러나야 한다고 주장했다. 정책목표의 1순위 '국민 행복 패러다임'을 구축해야 할 때다. 성장 망상 체계를 국민행복 패러다임으로 전환하는 것은 정책의 질이 바뀐다는 의미이며, 사람들의 의식과 사고 유형이 바뀐다는 의미다.

행복을 정책의 목표로 삼아야 함을 강조한 대표적인 학자로 런던정경대학교(LSE) 교수인 리처드 레이어드와 전 하버드대 총장인 데릭 보크 교수를 들 수 있다. 레이어드는 "행복은 유일무이한 정책의 목표다"라고 주장하며, 다음과 같이 말한다 (레이어드, 2011: 198).

> 모든 사회과학에서 행복의 원인을 알아내고자 노력하는 학계의 혁명이 필요하다. 또한 정부의 혁명도 필요하다. 행복은 정책의 목표가 돼야 하고 국민 행복의 증대는 GNP의 증가처럼 면밀하게 측정되고 분석돼야 한다.

그는 '최대 다수의 최대 행복'을 주장한 제러미 벤담(Jeremy Bentham)의 숭배자다. 벤담은 가장 좋은 사회란 시민이 가장 행복을 느끼는 사회이며, 가장 좋은 정책이란 국민에게 최고의 행복을 만들어주는 정책이라고 주장했다. 개인적 행동이라는 측면에서는 올바른 도덕적 행동이 최고의 행복을 준다고 믿었다. 이것이 최대 행복의 원리다. 이 원리는 인본주의와 평등주의를 기반으로 한다. 사람들이 느끼는 행복을 가장 중요하게 여기므로 인본주의적이며, 모든 사람의 행복은 똑같은 가치를 지닌다고 본다는 점에서 평등주의적이다.

다만 레이어드는 사람들의 행복을 평균으로 계산해 가장 큰 행복을 달성하는 것이 최선의 상황이라고 한 벤담의 생각에 반대한다. 행복의 공정한 분배가 결정적으로 중요하다는 것이다. 전체 행복의 양이 똑같다면 행복의 불평등 분배 상황보다 평등한 분배 상황이 더 바람직하다. 설령 전체 행복의 양이 A상황보다 B상황이 더 적다고 해도 B상황이 A상황보다 더 공정하게 분배되었다면 B상황이 더 바람직하다. 이 부분은 나도 동감이다.

레이어드는 그의 숭배자 벤담에 대한 다음과 같은 재미있는 묘사를 하고 있다(레이어드, 2011: 29). 벤담을 별로 좋아하지 않았던 나로서도 왠지 친근감이 느껴진다.

> 영국 런던대학에는 벤담의 유언에 따라 그의 시신이 박제로 만들어져 안치돼 있다. 머리는 밀랍으로 만든 가짜지만 골격은 실제 유골이며 옷도 생전에 입던 실물이다. 대학 이사회 회의가 열리면 그의 시신도 회의실로 옮겨져 회의에 참석하기도 한다. 부끄러움 많고 친절한 성품이었던 벤담은 평생 독신으로 살았으며 자선단체에 재산을 기부했다. 또한 처음으로 조깅을 시작했던 지식인 중 하나로 거의 세상을 떠나기 직전까지 조깅을 계속했다. 그는 기이한 습관을 지니긴 했지만 계몽주의 시대의 가장 위대한 철학자 중 한 명으로 손꼽힌다.

행복이 정책의 목표가 되어야 한다는 것은 국민 행복의 증진이 정부의 의무임을 말한다. 토머스 제퍼슨은 "국민의 행복은 문명화된 정부의 초기 목적이자 위대한 종착지다"라고 설파한 바 있다. 정부의 기본 목표는 최대의 부를 창출하는 게 아니라 국민을 위해 최대의 행복을 이루는 것이다. 행복이 정책목표로서 중요한 이유는 생존 전반에 동기부여를 하기 때문이다. 정부의 정책은 얼마나 국민의 행복을 증가시키고 고통을 감소시키는지에 따라 판단되어야 한다. 다양한 정책이 사람들의 행복에 어떤 영향을 주는지에 대한 조사 방법을 개발해서 그 중 최대의 행복을 가져올 수 있는 정책을 선택해야 한다. 정부는 행복과 고통의 분배를 잘 지켜보고 가장 고통받는 사람들에게 초점을 맞춰야 한다.

실제 정책은 행복을 증가시키는 것보다 고통을 없애는 것이 더 쉽다. 고통의 원인이 행복의 원인보다 더 명확하기 때문이다. 가령 사교육비를 경감하는 것이나 통신비 인하와 생활물가를 잡는 것 등은 국민 고통의 직접적 원인이다. 따라서 정책의 초점을 고통을 없애는 쪽에 맞추는 것이 정책의 실효성을 높일 수 있다. 또한 고통을 없애는 것이 도덕적으로도 옳은 일이다. 사회 안전망과 사회보장제도의 존립 논거이기도 하다. 행복이 정책의 최우선 목표이고 정부의 의무라는 것은 복지국가는 곧 행복국가임을 의미하는 것이다.

보크(2011: 115)에 의하면, 행복학 연구를 정책에 직접 적용하는 데에는 상당한 제한이 존재하지만 가장 유용한 부분은 정부가 정책의 우선순위를 정하는 데 도움을 줄 수 있다는 점이다. 행복학 연구 결과는 정신병과 만성질환처럼 지속적으로 불행을 가져오는 중요한 원인들에 대해 정책결정자가 더 많은 관심을 가져야 한다는 근거를 제공한다.

부탄의 행복지수와 시사점

1974년 세계의 관심을 끈 하나의 움직임이 있었다. 인구가 70만 명 정도밖에 안 되는 히말라야의 조그만 불교국가인 부탄에서 새로 왕위에 오른 지그미 싱위 왕추크 국왕이 앞으로 국민총생산(GNP)이 아닌 국민총행복(Gross National Happiness: GNH)을 국가 발전의 주요 지표로 삼을 것이라고 선언한 것이다. 국왕은 "만약 5개년 개발계획 기간이 완료되었을 때 국민들이 그 전보다 더 행복해지지 않는다면 개발계획의 실패를 인정해야 할 것이다"라고 선언했다.

지그미 싱위 왕추크 국왕은 누구인가? 1907년 부탄의 왕추크 왕조가 세워진 이후 4대째 왕이다. 그는 1972년 왕위에 즉위하여 2008년에 퇴위했는데 왕에 즉위할 당시 나이가 17세였다. 그렇다면 19세의 나이에 통치 이념을 국민총행복(GNH)에 두는 선견지명을 보여준 것이다. 그는 영국에서 교육을 받고 온 엘리트인데다 즉위한 이후에도 영국인을 스승으로 두고 있었다고 한다. 그러한 배경이 그의 통치에 어느 정도 영향을 미쳤는지는 알 수 없다.

그의 선견지명을 보여준 또 하나의 사례는 입헌군주제와 민주주의를 전격 도입한 것이다. 부탄은 다인종으로 구성되어 있고, 남부 네팔인들은 경제적으로 어려운 여건에 있었기 때문에 인종적 갈등이 있었던 것으로 알려져 있다. 1988년 인구조사를 통해 부탄인으로서의 자격이 부족한 남부 네팔인을 정치적으로 탄압하고 군인들이 만행을 저지르기도 했다. 많은 사람이 난민수용소에서 고통을 당했으며, 그 결과 여러 국가로부터 국제적 비난을 받았다. 이러한 난국을 해결하는 묘책을 강구한 것이 입헌군주제와 민주주의 도입이다. 1998년 사상과 언론의 자유 보장, 다당제 도입, 국왕 정년의 65세 제한, 내각에 왕위 해임권 부여 등을 내용으로 하는 헌법초안을 발의했다. 당시 부탄 국민들의 99.99%는 왕정 유지를 원했다고 한다. 국민들이 원하지 않은 상태에서 국왕이 입헌군주제와 민주주의 도입을 주도한 것이다. 국왕이 전국을 순회하면서 민주주의 개념을 설명하고 필요성을 역설했다. 계몽 군주라고 해야 하나? 헌법이 발효된 2005년에는 왕세자에게 양위할 것을 전격 발표하여 국민들을 깜짝 놀라게 했다. 2008년 최초로 자유선거를 실시한 후 당시 28세인 왕세자에게 왕위를 물려주었다. 국민들이 왕을 사랑할 수밖에 없는 지도자를 우리는 보게 된다.

부탄 국왕이 국정목표로 설정한 국민총행복의 구체적 목표는 네 가지로 설정되었다. 즉, 좋은 거버넌스와 민주화, 안정적이고 공정한 사회·경제 발전, 환경 보호, 문화 보전이다. 그리고 국민들의 행복 수준을 측정할 국민총행복 지수는 부탄인의 총체적인 행복의 구성 요소로 간주되는 9개의 규범적인 영역으로 구성했다. 9개 분야는 심리적 후생, 시간 활용, 공동체의 활력, 문화, 건강, 교육, 생태의 다양성, 생활 수준, 통치다. 국민총행복 지수의 작성에서 각각의 영역은 동일한 가중치를 갖는다. 이들 영역에서 국가 발전의 정도를 보여주는 72개의 지표를 만들어 평가했다. 모든 정책이 이러한 지표를 염두에 두고 수립되도록 중앙정부 조직도 개편했다. 그리고 2008년 공포된 부탄 최초의 헌법에는 GNH라는 개념이 국가 통치에서 중심 개념으로 자리잡게 되었다. 국민행복이 부탄의 국정목표가 된 것은 마음의 평화를 중시하는 불교 정신의 영향을 받은 것으로 볼 수 있다.

이러한 노력의 결과 부탄은 상당한 성과를 거둔 것으로 알려지고 있다. 1인당 국민소득은 인도를 추월했고, 평균 기대수명은 1982년 43세에서 66세로 높아졌으며, 영아사망률은 1.63명(1천 명당)에서 0.44명으로 떨어졌다. 전국적으로 새로운 학교와 병원이 세워졌고, 문자 해독률은 1982년 10%에서 66%로 급상승했다. 정치 체제의 질은 아직 선진국 수준에는 도달하지 못했지만 꾸준히 상승해 현재는 인도나 중국보다 훨씬 높은 순위를 기록하고 있다(보크, 2011: 21). 더욱이 영국에 본부를 둔 유럽 신경제재단(NEF)이 발표한 2010년 국가별 행복지수에서 부탄이 1위를 차지했다. 일인당 국내총생산이 2,000 달러에도 미치지 못하는 부탄은 응답한 국민 가운데 97%가 행복하다고 답변했기 때문이다.

그러나 앞에서 언급했듯이 지그미 싱위 왕추크 국왕은 1999년 위성 TV 도입이라는 운명적 결정을 내린다. 그때까지 부탄에는 TV는 물론 광고도 전면 금지돼 있었다. TV 도입 결정 이후 스타 TV 등 많은 TV 채널이 제공되었는데 축구, 폭력, 광고 등의 프로그램이 방영되었다. 부탄 사람들은 이들 TV 프로그램을 시청하면서 가족 해체와 범죄 등이 크게 증가했다고 한다(레이어드 2011: 117). TV 시청은 아이들의 공격성을 증가시킨다는 연구 결과들이 많이 있다. TV는 많은 장점을 가졌지만 가족과 공동체의 삶의 질을 떨어뜨리고 범죄를 증가시킨다. TV는 주로 우리의 실제 경험과 다른 극단적인 부분에 초점을 맞춰 폭력이나 불륜 등을 다루기 때문이다. 더욱이 TV는 소득과 배우자를 평가하는 기준에 영향을 미친다. 사람들은 TV를 볼수록 다른 사람들의 부를 과대평가하며, 자신의 소득을 낮게 평가한다. 사람들의 비교 기준을 올림으로써 행복을 감소시키는 것이다. 불행은 항상 비교에서 비롯된다. 부탄의 사례는 TV가 미치는 악영향을 보여준 것이지만 상대소득을 인식한 이후 국민행복도가 떨어진 결과라고 해석할 수 있다.

변화하는 부탄 사회를 지켜보면서 우리는 많은 점을 배우게 된다. 일부에서는 조그만 나라인 부탄의 사례를 우리나라에 그대로 적용할 수는 없다고 폄하할 수도 있다. 그러나 당시 19세이던 왕의 국정철학이 단순한 정치적 구호에 그치지 않고 오늘날까지도 부탄인들의 삶을 풍요롭게 하는 지속적 나침반 역할을 하고 있다. 국민총행복을 측정하고자 한 부탄 왕의 철학은 우리에게 많은 점을 시사해 준다. 물질적 풍요가 아닌 국민의 행복이 정책목표에서 우선한다는 것, 정부는 국민이 행복을 추구할 수 있는 환경을 만들 책임이 있다는 것, 정치 지도자의 철학이 국민에게 큰 영향을 미친다는 것 등이다.

부탄 정부는 1999년 부탄연구센터를 설립하여 행복지수에 관한 많은 연구와 자료를 축적하고 있다. 현재 8,000명의 부탄인들을 인터뷰한 결과를 분석하고 있다고 한다. 이 인터뷰는 응답자가 자신의 삶에 얼마나 만족하는가 하는 주관적 요소들과 생활 수준·건강·교육 등 객관적 요소들에 관한 내용을 담고 있다. 그리고 총리를 위원장으로 하는 '국민행복지수위원회'를 두고 정부 각 부처가 만든 새 정책안들을 검토한다. 만일 정책이 국민행복지수 향상이라는 목표에 어긋날 때는 해당 부처에 이를 돌려보내 재고하도록 한다.

이러한 부탄의 국민 행복 추구정책은 전 지구적 흐름으로 확산되고 있다. 2011년 유엔총회는 행복 추구가 인간의 근본적 목표이며, GDP가 이런 목표를 반영하고 있지 않다는 내용의 부탄이 제출한 결의안을 만장일치로 통과시켰다. 유엔총회에서 행복과 복지문제에 대한 공개 토론회를 하자는 부탄의 제안도 받아들인 바 있다. 2012년 4월 제66차 UN총회에서 지그메 틴리 부탄 총리는 복지와 행복에 대한 고위급 회의를 주재하면서 국가 발전 정도를 GDP나 GNI가 아닌 GNH에 의해 측정할 것을 주장했다. 부탄의 선구자적 노력이 전 지구의 정책 패러다임을 바꾸고 있다.

영화

샹그릴라 〈나그네와 마술사〉

부탄을 배경으로 한 영화가 있다. 부탄인이면서 승려 출신인 키엔체 노르부 감독이 만든 〈나그네와 마술사〉(2003년)다. 2006년 베니스영화제와 토론토영화제 경쟁 부문 초청작이다. 제임스 힐튼의 소설 『잃어버린 지평선(*Lost Horizon*)』 속 샹그릴라로 그려진 나라 부탄의 모습을 영화에 담고 있다.[1]

영화 내용은 부탄의 한 시골마을의 젊고 유능한 공무원 돈덥이 '아메리칸 드림'을 실현하기 위해 이민을 떠나려는 과정을 그린 것이다. 돈덥은 마을 사람들의 총애를 한 몸에 받으며 남부럽지 않게 살아간다. 그러나 자신의 월급이 미국인의 반나절 급여에도 못 미친다는 사실을 알고 미국행 이민을 시도한다. 친구의 도움을 받아 아끼던 테이프며 포스터, 죄다 남겨두고 조촐히 짐을 싸서 도시로의 탈출을 감행한다.

---

1 『잃어버린 지평선』은 식민지의 반란으로 급히 피난하게 된 영국 영사 콘웨이가 우연히 일행들과 함께 납치되어 히말라야 산중에 있는 라마교 사원인 '샹그릴라'에 도착한 후 벌어지는 이야기를 다루고 있다. 소설이 출판된 후 1944년 할리우드에서 영화가 만들어지기도 하여 샹그릴라라는 이름이 전 세계에 알려졌다. 1997년 중국 정부는 샹그릴라가 중국 운남성 더칭 장족 자치주 경내에 있음을 공식적으로 선포한 바 있다. 믿거나 말거나이지만.

팀부로 가는 버스를 놓치고 교통편이 여의치 않아 히치하이킹을 시도하지만 누구도 선뜻 차를 태워주지 않는다. 차를 기다리는 동안 사과장수와 젊은 스님을 만나게 된다. 그들이 돈덥에게 묻는다. 어디 가느냐고. 돈덥은 대답한다. 꿈나라로 간다고. 스님은 돈덥이 빨리 가고자 신경이 예민해 있는 모습을 보고 얘기를 들려준다. "기대는 아픔을 낳는 법"이라는 부처님 말씀을 인용하면서.

영화는 스님이 들려주는 젊은 마술사 지망생 이야기와 차를 기다리는 돈덥 일행의 이야기의 두 트랙으로 진행된다. 차를 기다리는 동안 또다시 종이장수 노인과 그의 19세 난 딸을 만난다. 19세 소녀는 대학 진학을 못했는데 나중에 성적은 좋았지만 혼자 사시는 아버님을 보살피기 위해 진학을 포기했다는 말을 한다. 효녀다. 돈덥은 아름다운 그 소녀에게 마음이 쏠린다. 길에서 하룻밤을 새우고 나서야 버스가 온다. 버스는 한 사람밖에 태울 수 없다고 말한다. 5명의 일행은 서로 양보한다. 결국 사과장수가 타고 간다. 부탄의 행복지수가 왜 세계 최고 수준인가를 짐작하게 하는 대목이다. 또 다시 차를 기다리는 과정에 경운기가 온다. 이번엔 두 사람밖에 탈 수가 없다. 결국 스님과 돈덥이 탄다. 종이장수와 소녀를 남겨두고 경운기는 떠난다. 멀어질수록 돈덥은 그들을 향해 더 열심히 손을 흔든다. 소녀도 그를 향해 손을 흔든다. 경운기는 먼 발치 설산이 보이고 주변 풍경이 그림 같은 회돌이 길을 돌아 사라진다.

돈덥의 소녀를 향한 마음을 스님은 이미 눈치를 챈 것 같다. 어느덧 미국으로 떠나려 했던 굳건한 의지가 흔들리기 시작한다. 과연 돈덥은 미국으로 떠날까? 그가 간절히 원하는 것이 있는가? 그것이 진정 원하는 것이라고 확신하는가? 스님이 들려준 마술사의 설화를 통해 진정한 샹그릴라의 의미를 깨달아간다. 돈덥은 소유의 진정한 가치와 참뜻을 깨닫게 된다.

돈덥이 동경하던 미국은 특정 국가를 의미한다기보다 물질적 풍요를 상징하는 것으로 보아야 한다. 물질적 풍요를 선택할 것인가, 마음속의 평화와 사랑을 선택할 것인가. 인간 내면에 존재하는 진정한 샹그릴라의 가치를 부각시키고 있다.

정책목표로서의 성장과 행복 균형찾기

조그만 나라인 부탄의 사례를 우리나라에 그대로 적용할 수는 없지만 그렇다고 부탄의 참신한 시도를 그저 바라볼 형편은 아니다. 그만큼 우리의 현실이 각박하기 때문이다. 국민소득 2만 달러, 무역 1조 달러 달성, 그래서 어쩌라구? 국민들의 속타는 마음이다. 유럽 신경제재단(NEF)의 행복지수가 우리나라는 143개국 가운데 68위에 그쳤다는 사실을 상기할 필요가 있다. 국민들의 행복을 국가의 공식적 목표로 정한 나라는 부탄이 유일하다. 하지만 이러한 발상은 많은 나라에서도 시도되고 있다. 앞에서 보았듯이 프랑스 사르코지 대통령은 사회 진보를 위한 '국민총행복'을 높이는 새로운 지수를 찾으려는 노력을 기울이고 있다. 영국의 캐머런 수상도 GDP가 아닌 국민웰빙지수(Geneal Well-Being) 개발을 강조하고 있다. 중국, 호주에서도 번영과 성장에 대해 지금까지 사용된 경제적 측정 수단에다 공식적인 행복 지표의 도입을 고려하고 있다.

이러한 흐름은 과거의 사고방식과 단절하는 것을 의미하며, 새로운 패러다임을 구축하는 의미를 갖는다. 지난 200년 동안 세계는 물적 기반에 토대를 둔 경제 성장의 과실을 충분히 누려 왔다. 그러나 물적 기반에 토대를 둔 기본적 수요가 충족된 상태에서는 더 이상 경제 성장이 국민들의 행복을 보장해 주지 못한다. 행복이 국가적 목표와 공공정책의 목표로 정해져야 할 시기가 도래한 것이다.

행복이 국가적 목표가 된다는 것이 새삼스러운 것은 아니다. 1793년 제정 프랑스헌법에서는 "사회의 목표는 공공의 행복이다"라고 선언했으며, 미국의 독립선언서에도 행복추구권을 포함시킨 바 있다. 우리나라도 헌법 제10조에 "모든 국민은 인간으로서 존엄과 가치를 가지며, 행복을 추구할 권리를 가진다", "국가는 개인이 가지는 불가침의 기본적 인권을 확인하고 이를 보장할 의무를 진다"고 규정하고 있다. 제34조에서도 "모든 국민은 인간다운 생활을 할 권리를 가진다"고 말하고 있다. 이러한 행복 선언들은 규범적이고 추상적 선언이다. 이제는 물질적 풍요가 어느 정도 달성된 시점에서 진정한 의미의 행복을 추구할 시기가 되었다.

행복에 대한 헌법정신을 새롭게 상기하며 행복이 국가목표이면서 모든 공공정책의 우선적인 목표로 설정될 필요가 있다. 이러한 사고는 정책대안 또는 정책갈등의 판단 기준으로서 매우 중요한 역할을 하게 될 것이다.

여기서 제안하고자 하는 것은 경제 성장 지표로서의 GDP를 그대로 유지하되, 국민총행복(GNH) 지수를 정책관리의 중요한 지표로 삼는 것이다. GDP와 GNH 중 정책관리의 우선적인 지표는 GNH에 두어야 한다. GNH 지수는 OECD에서 개발한 '더 나은 삶의 지수(Better Life Initiative: BLI)'를 원용하거나 '한국형 GNH' 지수를 개발할 필요가 있다.

그리고 최근에 많은 연구물이 쏟아져 나오고 있는 행복학의 이론적 결과들이 정책관리에 활용되어야 할 것이다. 이를 위해 국민 행복에 관한 자료와 연구물을 축적할 '국민행복센터'를 만들고 '국민행복기획위원회'를 대통령 직속기구로 설치할 필요가 있다.

2 행복의 정의와 결정 요인

행복의 정의와 측정 방식

행복을 정책목표로 설정할 때 과연 행복은 무엇이며, 측정할 수 있는지 여부가 중요한 관심 사항이다. 보크(2011: 33)에 의하면 행복이란 여러 느낌과 감정의 측면을 아우르는 포괄적 말이다. 자기 삶에 만족하면서 자주 즐거움을 경험하는 반면 슬픔이나 분노 같은 불쾌한 감정을 많이 겪지 않는다면 그 사람은 행복 수준이 높다고 말할 수 있다. 레이어드도 행복은 자기 삶에 좋은 느낌을 갖고 그런 느낌이 지속되기를 바라는 것이라고 말한다. 그에 의하면 행복은 우리에게 모두 같은 의미이며,

다만 행복의 원인이 사람마다 다를 뿐이다. 남과 함께하는 공동의 행복, 로또 당첨과 같은 우연의 행복, 즐거움과 함께 오는 행복, 집중적인 몰입에서 오는 행복, 그리고 삶을 가득 채우는 충만의 행복 등이 있다. 모든 사람이 똑같은 방법으로 행복을 얻는 것이 아니기 때문에 단일 처방을 기대하는 것은 적절치 않다.

최근에 각 나라의 행복도를 측정한 자료가 발표되고 있다. 그러나 행복도 조사를 엄밀히 들여다보면 다양한 용어를 사용한 지표를 측정하고 있다. 행복과 연관된 용어들로는 삶의 질, 삶의 만족도, 웰빙 등이 있다. 행복의 측정과 관련하여 두 가지 행복의 측정치를 구분한다. 즉, 행복과 관련하여 인지적 성찰을 반영한 웰빙의 평가적 측정치와 특정 시점의 정서 상태인 감정(affect)의 측정치를 구분한다(Fleche, et.al., 2011: 7). 행복의 측정치는 평가적 측정치와 감정의 측정치의 두 가지 측정치가 중심이다.

행복의 평가적 측정치로는 삶의 만족도(life satisfaction)가 대표적 지표다. 삶의 만족도는 사람들이 그들의 삶에 대한 결정을 하는 데에 사용하는 평가이고 국제적 비교를 위한 자료가 많은 장점이 있다. 세계가치관조사(World Values Survey)에 의하면 삶의 만족도는 다음과 같은 질문을 통해 조사한다.

"모든 일을 고려했을 때 최근 당신의 삶 전반에 대해 얼마나 만족하십니까?"

평가는 10점 척도로서 '완전 불만족' 1점에서 '완전 만족' 10점 간의 척도로 측정한다. 이러한 평가 방법은 자기의 삶을 되돌아보며 종합적으로 평가하게 하는 점에서 회상적 평가(retrospective evaluation)라고 한다. 보크(2011: 73)는 행복에 대한 회상적 평가를 정책에 활용하기 위해서는 '부정확한' 응답과 '비합리적' 응답을 구별할 줄 알아야 한다고 제언한다. 사람들은 과거를 쉽게 잊기도 하고, 갖가지 편견에 빠지기 쉽기 때문이다.

행복의 또 하나의 측정 방법은 감정의 측정이다. 감정의 측정치는 특정 시점의 정서 상태를 측정한다. 감정에는 기쁨, 행복, 만족과 같은 긍정적 요소와 슬픔, 근심, 분노와 같은 부정적 요소가 있다. "당신은 현재 얼마나 행복하십니까?"라는 형식으로 측정한다. 행복과 관련된 현재의 감정 상태를 측정하는 것이다. 긍정적 감정과 부정적 감정이 혼재될 수 있는데 두 감정 간의 차이를 감정균형(affect balance) 또는 감정수지라고 부른다.

일반적으로 많이 사용하는 방법은 경험표출법(experience sampling)이다. 이 방식은 사람들이 일상생활에서 여러가지 활동을 하는 중에 변하는 만족도를 직접적으로 확인하는 조사 방법이다. 아주 단순한 질문으로 사람들의 기억이나 판단의 부족으로 인한 왜곡 가능성을 최소화한 응답을 도출해낸다. 경험표출법으로 얻은 결과를 보면 하루 중 가장 즐거운 일이 섹스, 가족과 함께하기, 친구 만나기 등이다. 반면에 즐겁지 않은 일들은 직장 출퇴근 시간 및 직장 업무와 관련된 일이며, 아이 돌보기, 집안 허드렛일 등도 점수가 낮다. 인간의 감정곡선은 끊임없이 변화한다. 따라서 시시각각 변하는 감정 상태의 조사도 중요하지만 장기간의 평균적 행복이 더 중요한 의미를 갖는다.

그런데 삶의 만족도에 관한 회상적 평가와 경험표출법에 의한 특정 시점 정서 상태의 평가 간에는 상충되는 경우도 있다. 사람들의 경험 중에는 당시 순간보다 삶을 뒤돌아볼 때 더 가치 있게 여겨지는 일들이 많기 때문이다. 예컨대 암 투병이나 해병대 극기훈련 또는 히말라야 정상에 도전해 성공한 경우 당시에는 아주 어렵고 고통스러운 일이지만 후일 긍정적 가치를 높게 부여하게 된다. 이혼에 관한 평가는 전형적인 예에 속한다. 이혼한 사람들의 삶의 만족도는 이혼하지 않은 부부들보다 분명 낮게 나타난다. 그러나 경험표출법에 따르면 이혼한 커플이 이혼하지 않은 부부들보다 약간 더 행복한 것으로 조사된다(보크, 2011: 62). 이렇게 상반된 결과가 나오는 것은 삶의 만족도 조사에서는 이혼이 자기 혼자됨이라는 외로움을 반영한 반면 경험표출법에서는 이혼이 집안 일에 신경을 덜 쓰고 친구와 어울릴 시간이 많아진 것 등을 반영하기 때문이다.

이렇게 행복의 평가적 측정치와 감정의 측정치는 상호관계가 있지만 상관관계는 1 이하다. 그런데 어떠한 방식이든 주관적 행복 측정치는 간접적 행복 측정치와 밀접한 관련성을 보여준다. 예컨대 주관적 측정치와 긍정적 감정 표현의 빈도, 웃음의 빈도, 우뇌와 좌뇌 활동 정도, 스트레스 호르몬 코르티졸 수준 등 간에는 일관된 관계를 보여준다. 따라서 주관적 행복의 측정치를 통해 자살 위험성, 사회화 가능성, 수면의 질 등을 예측할 수 있다. 삶의 만족도가 높다는 것은 그만큼 긍정적으로 생각하고 삶의 활력을 갖고 있으며 건강하다는 의미다. 결국 정부가 행복학 연구를 정책에 활용하겠다면 사람들이 하루 일과 중에 느끼는 즉각적 정서에 대한 조사와 전반적 삶의 질을 어떻게 판단하는지를 보여주는 조사 모두 이용해야 한다. 다만 정책결정자들이 어떤 자료를 활용하는 것이 좋을지는 그 자료를 어디에 이용할 것인지의 목적에 달려 있다.

그런데 삶의 만족도나 특정 시점의 감정 상태를 측정하는 방식은 주관적 행복(subjective well-being)을 측정하는 방식이다. 나는 주관적 행복의 측정을 '협의의 행복 측정'이라고 부르고자 한다. 최근에는 행복을 측정하는 방법으로 주관적 행복 외에 객관적으로 측정 가능한 '행복의 조건'들을 포함한 지수들이 개발되고 있다. 가령 OECD의 '더 나은 삶의 지수(Better Life Initiative: BLI)'는 주거환경, 소득, 일자리, 교육, 환경 등 11개 영역에서 다양한 지표로 구성되어 있다. 예컨대 일자리 영역에는 실업률, 근로 시간, 임금 등의 지표가 있다. 이러한 측정 방식은 '실업률이 높다면 행복 수준이 떨어진다'는 논리에 근거하고 있다. 그러나 실업률 자체는 행복 수준을 직접적으로 표시한 것은 아니다.

그래서 나는 앞의 주관적 행복 측정 방식과 구분하여 이들을 '행복 조건'의 측정 방식이라고 칭하고자 한다. 이러한 객관적 '행복 조건'의 측정도 매우 중요하기 때문에 넓은 의미의 행복 측정에는 포함될 필요가 있다. 객관적 '행복 조건'의 측정을 '광의의 행복 측정'이라고 부르기로 한다.

〈표 3-1〉 행복의 측정 방식

유형	측정 지표	측정 방법(예)
협의의 행복 측정 (주관적 행복 측정)	삶의 만족도	• 회상적 평가 • "모든 일을 고려했을 때 최근 당신의 삶 전반에 대해 얼마나 만족하십니까?" • '완전 불만족' 1점~'완전 만족' 10점 간의 척도
	현재 감정 상태 긍정적 감정 부정적 감정	• 감정균형(감정수지): 긍정적 감정 - 부정적 감정 • 경험표출법 • "당신은 현재 얼마나 행복하십니까?"
광의의 행복 측정 (객관적 '행복 조건' 측정)	삶의 질	• 소득, 일자리, 건강, 교육, 환경 등 영역 • 실업률, 자살률, 기대수명, 지니계수, 빈곤율, 이혼율 등 지표

한국의 행복 수준

행복 수준을 측정할 때 협의의 측정 방식과 광의의 측정 방식이 있음을 말했다. 그렇다면 우리나라는 행복 수준이 어느 정도일까? 측정 방식에 따라 행복 수준이 다르게 나오지만 일관된 결과는 우리나라의 행복 수준이 낮은 편에 속한다는 것이다. 그것도 아주 낮은 편에.

협의의 측정 방식으로서 2011년 12월 한국갤럽의 '행복한 삶' 조사 결과를 보면 우리나라는 전체 57개국 중 하위권인 34위를 기록했다. 전체 국민의 52%가 "나는 행복하다"고 답했다(조선일보, 2011. 12. 30). 이 비율은 한국갤럽이 전 세계 57개국 5만 2,287명을 대상으로 한 조사에서 "나는 행복하다"고 응답한 국민의 비율이다. 이 조사에 의하면 가장 행복한 사람들이 사는 나라는 남태평양의 작은 섬 피지와 아프리카의 나이지리아(89%)였다. 다음으로 가나(82%), 네덜란드(81%), 스위스(81%)가 뒤를 이었으며, 브라질(76%), 콜롬비아(74%), 덴마크(73%), 아이슬란드(73%), 핀란드(72%) 순이었다. 행복 순위가 소득 순위와 아무런 관련이 없는 것으로 나타났다. 다만 사회보장제도가 잘 갖추어진 노르딕 국가의 국민들이 행복 수준이 높은 것은 누구나 예측할 수 있는 일이다. 그런데 브라질, 콜롬비아 등의 행복 수준이 높은 것은 삶을 즐기고 낙천적 성격을 가진 국민성과 관련이 있을지 모른다.

주관적 행복 측정의 또 다른 예로서 어린이·청소년 행복도 조사가 있다. 한국방정환재단과 연세대 사회발전연구소가 전국 초등학교 4학년부터 고등학교 3학년 학생 총 6,791명을 대상으로 '어린이·청소년 행복지수 국제비교' 설문조사를 2012년에 실시했다. 조사 결과를 보면 한국 어린이·청소년들이 행복하다고 느끼는 주관적 행복지수는 69.29점으로 OECD 23개국 가운데 최하점이었다. OECD 평균인 100점보다 무려 30점 이상 낮다. 방정환재단이 2006년 유니세프 보고서를 기준으로 매년 국내의 실태조사를 해 온 결과 우리나라는 4년째 행복도 최하위권을 기록하고 있다. 무한경쟁으로 내몰리는 가여운 우리 어린이와 청소년의 처지를 실감하게 된다.

광의의 행복 측정은 객관적 '행복 조건'의 측정을 포함한다. 주로 삶의 질을 측정한다. 삶의 질은 삶을 가치 있고 윤기 있게 만들어 주는 총량으로서의 만족감을 말한다. 삶의 질 측정에는 주로 객관적 지표로 구성된 경우가 많지만 삶의 만족도와 같은 주관적 지표가 포함되기도 한다.

OECD는 2011년 5월 11개 영역 20개 세부 지표로 구성된 '더 나은 삶의 지수(Better Life Initiative: BLI)'를 발표했다. BLI는 생활 조건과 삶의 질을 평가하는 지수다. BLI의 특징은 거시지표보다는 개개인의 행복과 행복의 조건을 나타내는 미시지표에 초점을 맞추고 있다. 객관적 지표는 물론 주관적 측면도 포함하고 있다. 이 지수는 각 국가의 경제지표와 여론조사 등을 토대로 평가가 이뤄진다.

2012년 OECD가 36개국(34개 회원국과 러시아, 브라질)을 대상으로 삶의 질(BLI)을 조사한 결과 호주가 가장 살기 좋은 나라로 선정되었으며, 한국은 24위였다. 상위 순위를 보면 호주(10점 만점에 7.95), 노르웨

〈표 3-2〉 OECD의 '더 나은 삶의 지수(BLI)'

영역	지표
주거	1인당 방수, 기초설비 부재 주거
직장	고용률, 장기실업률
소득	가처분소득, 가계 금융소득
일과 생활의 균형	자녀 보유 여성고용률, 피고용인 노동 시간, 개인 여가 시간
건강	기대수명, 자기 보고 건강
공동체	사회 네트워크 안정성(접촉 빈도)
지배구조	투표율, 입법 과정 자문 공개
교육	고등학교 졸업률, 독해력
환경	공기오염
치안	상해율, 살해율
삶의 만족	삶의 만족도
11개	20개

자료: OECD(2011).

이(7.90), 미국(7.85), 스웨덴(7.80), 덴마크(7.79) 순이다. 한국은 5.75로 24위이며, 일본은 6.20으로 21위다. 역시 스칸디나비아 국가들이 상위권에 포진되어 있다. 호주와 미국이 상위에 있는 것이 약간 특이하다. 그러나 호주는 전년도에도 1위였다.

한국은 11개 영역 중 안전(9.0), 교육(7.8), 삶의 만족도(7.0), 환경(6.3) 부문에서 비교적 높은 점수를 얻었지만 소득(2.8), 공동체(4.1), 건강(4.8), 일과 생활의 균형(5.0) 부문에서는 하위권에 속했다.

이내찬(2012)은 OECD 34개 국가에 대해 삶의 질과 연관된 19개 지표의 가중 합계인 행복지수를 구해 비교한 결과 한국은 10점 만점에 4.20으로 32위로 나타났다. 거의 꼴찌 수준이다. 상위 국가는 덴마크(8.09), 호주(8.07), 노르웨이(7.87), 오스트리아(7.76), 아이슬란드(7.73) 등의 순이었다.

그가 만든 지표는 OECD의 BLI 지수 12개 지표에 경제적 안정, 정부에 대한 신뢰, 외부인에 대한 관용, 성차별 등 '사회자본' 관련 지표와

〈표 3-3〉 국내 기관의 삶의 질 지표

KDI(2010)의 삶의 질 지표	
분야	세부 지표
수명	기대수명
사회 지출	복지 지출 비중
보건	천 명당 의사 수
	유아사망률
	의료 지출/GDP
사회적 안전	자살률
	범죄율
	도로사망률
경제적 안전	실업률
	노령 지출 비중
	노령 고용률
	산업재해
분배	지니계수
빈곤율	절대빈곤율
	상대빈곤율
7개	15개

현대경제연구원 삶의 질 지수(HQLI)		
구성항목	요소	세부지표
경제적 안정	소득	실업률
		지니계수
	교육 수준	교사 1인당 학생 수(초등학교)
		평균 교육 이수 연수
사회적 유대	가족	이혼율
		인구 10만 명당 자살자
	안전	인구 10만 명당 주요 범죄 수
		인구 10만 명당 교통사고 수
	정보 문화	인구 1만 명당 전시공연 횟수
		유무선 전화 가입률
보건복지	건강	기대수명
		인구 10만 명당 의료인 수
	사회 보장	공적 연금 가입자 비율
		GDP 대비 공공사회 지출
생활기반	주거	주택보급률
		1인당 주거면적
	환경	1인당 CO2 배출량
		하수도 보급률
	교통	1인당 자동차 등록대수
		자동차 1대당 도로 연장
4개	10개	20개

자료: 현대경제연구원(2012).

지니계수, 빈곤율 등 부의 불평등을 나타내는 지표, 자연환경적 지속가능성 지표가 추가된 것이다.

주요 세부 지표별로 살펴보면 우리나라는 환경 및 생태 유지 가능성과 공동체 구성원들과의 접촉 빈도 등이 반영된 사회 네트워크 안정성 부문에서 최하위인 34위에 머물렀다. 그리고 빈곤율, 지니계수 등 소득

분배의 공평성을 반영하는 요소들에서 최하위권 또는 하위권으로 나타났다. 이 부분에 대한 정책적 고려가 필요하다는 지적을 하고 있다.

KDI(2010)는 삶의 질을 수명, 사회 지출, 보건, 사회적 안전 등 7개 분야 15개 세부 지표로 측정한다. 측정 결과를 보면 한국은 2000년과 2008년 OECD 회원국 가운데 각각 27위에 머물러 매우 낮은 편에 속한다. 현대경제연구원(2012)이 개발한 삶의 질 지수(HQLI)는 경제적 안정, 사회적 유대 등 4개 분야, 10개 요소, 20개 세부 지표로 구성된다. 양 기관의 지수를 보면 소득에 관한 지표가 안 들어간 것이 이채롭다. 현대경제연구원의 지수에도 소득이라는 요소에는 실업률과 지니계수라는 소득분배적 지표로 구성되어 있다.

행복 공식

행복의 측정을 삶의 만족도라는 지표로 측정할 때 그 안에는 나름의 공식이 있다. 소위 행복 공식이다. 행복 또는 만족 상태는 가진 것과 바라는 것 사이의 차이가 결정한다. 이 차이를 '불만족의 공백(margin of discontent)'이라고 부른다. 여기서 가진 것은 소유를 의미하며, 재화와 서비스를 사용할 수 있는 능력을 말한다. 바라는 것은 욕구 또는 욕망을 말한다. 불만족의 공백을 줄이려면 바라는 수준(욕구)을 그대로 유지한 채 가진 것(소유)을 늘리면 된다. 반대로 가지고 있는 것(소유)은 그대로 둔 채 바라고 구하는 것(욕구)을 줄여도 된다. 폴 새뮤얼슨의 "행복=소비÷욕망"이라는 행복 방정식과 같은 의미다.

이 방정식으로 보면 경제 성장은 '소유를 늘려서 욕구를 충족시키고, 그로 인해 더 행복해지는 과정'이라고 볼 수 있다. 그러나 경제 성장 추진에는 '끝을 모르는 욕망'이 자리잡고 있다. 소유와 소비를 늘리지만 그 이상으로 욕구와 욕망은 커지는 데에서 불행이 오는 것이다. 불행과 고통이 '통제력을 상실한 욕망'에서 온다. 더 나아가 최근 새로운 명제로 대두하는 것이 소유와 소비 증가 자체도 행복을 증가시키지 않는다는 것이다. 이스털린의 역설이라고 부르는 소득(소유와 소비)과 행복 간 관계에 대해서는 다음에 다시 한 번 자세히 다룬다.

그런데 소유를 늘리지 않아도 행복해질 수 있다는 새로운 흐름이 등장하고 있다. 욕망을 줄이거나 사람들 사이의 상호작용을 활발하게 하여 행복의 총량을 늘릴 수 있다는 것이다. 폴 레이와 셰리 루스 앤더슨은 『세상을 바꾸는 문화 창조자들(*The Cultural Creatives*)』(2000)이라는 책에서 가치관이나 삶의 스타일을 바꿈으로써 행복한 삶을 사는 신인류를 소개한다. 사회적 지위보다 자기 실현, 외부로부터의 평가보다 내면적 성장, 금전보다 시간, 물질적 만족보다 창조적이고 정신적인 경험, 결과보다 과정을 중시하는 사람들이 바로 새로운 인류다. 기존의 성장 중심 가치관에서 성숙 중심의 가치관으로 전환한 것이다. 이들 신인류가 바로 '로하스'족이며 문화 창조자(CC)라 불리는 사람들이다.

로하스(LOHAS)는 Lifestyle Of Health And Sustainability의 약자다. 로하스는 건강과 함께 환경 보전을 중시하는 생활 방식을 가리킨다. CC들은 생태계를 비롯한 전 지구적인 문제점에 관심을 갖고, 인간관계를 중요하게 생각하며, 여성문제에 관심을 기울인다. 또한 정치적 제도와 물질주의를 배격하고 현 상태를 유지하려는 진부한 자세를 비판한다. 그들은 생태, 환경, 정치, 경제, 사회, 문화 현상은 모두 유기적으로 결합되어 있다고 생각하기 때문에 그 모든 것들을 연결시키면서 지속적으로 공생하는 방법을 찾아나간다. 현재 전 미국 인구의 32.3%, 유럽연합 성인 인구의 약 35%, 일본에서도 약 30% 정도가 로하스 층인 것으로 조사되었다. 이들 신인류 문화 창조자들이 세상을 조용히 그러나 근본적으로 바꾸고 있다는 것이다. 저자들은 미국 안에 독립국가 하나가 생긴 셈이라고까지 말한다. 미국의 전통주의에 맞서 다른 의식과 가치관 및 행동 패턴을 가진 제3의 조류라고 볼 수 있는 문화운동이라고 지적한다.

KBS에서 2012년 6월 '세상을 바꾸는 9번째 지능'이라는 <수요기획> 프로그램을 방영했다. 여기에는 배우 최수종과 축구선수 이영표, 세계적 디자이너 카이스트대 배상민 교수의 이야기가 나온다. 최수종은 연기자로서의 삶도 중요하지만 지구촌의 어려운 아이들을 위하는 것도 자신의 소명으로 느낀다고 말한다. 이영표는 영입을 제안한 여러 팀 중 가장 낮은 연봉을 제시한 캐나다의 신생팀으로 이적했다. 눈앞의 이익보다는 자신이 축구에 더 기여할 수 있는 방안을 찾고 싶기 때문이라고 말한다. 배상민 교수는 돈이 되지 않는 사회 기부를 위한 디자인 연구에 몰두하면서 다음과 같이 말한다. "구매력이 있는 상위 10%를 위한 신제품 디자인은 욕망을 부추기는 쓰레기다." 이들의 삶은 돈이나 성공보다 가치를 더 중요시한 것이다.

이러한 판단을 내릴 수 있는 능력은 인간의 두뇌 속에 있으며, 영적(spiritual) 지능 또는 실존지능이라 불리는 9번째 지능이라는 것이다. 9번째 지능은 다중지능으로 유명한 하워드 가드너가 말한 언어, 논리수학, 공간, 자연, 음악, 신체운동, 대인, 개인 내(자기이해, 자기성찰) 지능이라는 여덟 가지 지능 외에 새로 추가한 지능이다. 영적 지능(SQ)은 삶의 근원적 가치를 추구하는 능력을 측정하는 지능이다. 인간 존재의 이유나 참 행복의 의미를 반영한 지능이다. 나눔의 실천을 많이 할수록 영적 지능은 높아진다. 1억 원 이상 기부자 모임인 아너 소사이어티와 일반인의 9번째 지능을 보면 85대 68로 차이가 있다. 영적 지능(SQ)에 따라 살아가는 이들이야말로 앞에서 이야기한 CC들인 셈이다. 9번째 지능이 발달한 사람들이 인류 역사를 발전시켜 왔다고 한다. 대표적인 사람들로 간디, 마더 테레사, 마틴 루터 킹 목사 등을 든다. 이들은 나눔과 사랑을 실천한 감동의 리더들이다.

행복은 돈으로 평가될 수 없고 시장에서 거래될 수도 없으며, 행복은 인간관계와 공동체 문화에서 찾을 수 있다. 소유를 더 늘리지 않더라도 우리는 행복해질 수 있다. 소득 수준이 우리보다 낮은 부탄이 세계 최고 수준의 행복을 유지한 점을 이해할 수 없다는 사람들이 주변에 많다. 그리고 인정하려 들지 않는다. 성장 망상 체계에 깊이 빠져 있는 사람들이다.

다음은 '슬로 라이프'를 제창한 문화 인류학자이자 환경운동가인 쓰지 신이치(2011: 93)가 소개한 노인과 청년의 대화다. 이 대화를 듣고 백수가 될 청년을 비난하지 말라. 우리는 대화 속에서 행복의 메시지를 얻을 수 있어야 할 것이다.

노인: 힘도 좋은 청년이 일은 하지 않고 왜 그리 빈둥대고만 있나!
청년: 일을 하면 뭐가 좋습니까?
노인: 일을 하면 돈을 받지 않는가!
청년: 돈을 받으면 어떻게 되나요?
노인: 부자가 되지.
청년: 부자가 되면 뭐가 좋은가요?
노인: 부자가 되면, 음…유유자적하며 살 수 있지 않은가.
청년: 네? 그런 거라면, 저는 이미 하고 있는데요.

영화

영적 지능 〈어메이징 그레이스〉

노예 해방은 링컨 대통령이 처음 시행한 것으로 대부분 알고 있다. 그러나 그것은 미국 이야기다. 영국에서는 그보다 먼저 노예제도가 폐지되었다. 링컨 대통령이 남북전쟁 기간 중인 1862년에 노예 해방을 선언했는데 영국에서는 그보다 30년 전인 1833년에 노예제 폐지 법안이 통과되었다. 노예제 폐지에 앞서 노예무역 폐지 법안이 통과된 것은 1807년이다. 노예제 폐지론자들은 전략적으로 노예무역 폐지 법안을 먼저 상정했다. 그러나 이 법안도 1789년부터 의회에 상정된 이후 11전 12기 만에 통과되었다. 시대적 흐름을 역행한 소수 양심 세력의 승리였다.

영국에서의 노예제도 폐지를 주도한 사람은 21세에 하원의원이 된 윌리엄 윌버포스다. 그는 영국 사회를 개혁하려는 헌신적 노력을 기울였다. 그가 27세 때 쓴 일기에는 이렇게 씌어 있다고 한다. "전능하신 하나님께서는 내 앞에 두 가지 큰 목표를 주셨다. 하나는 노예무역을 금지하는 것이고, 다른 하나는 관습을 개혁하는 것이다." 그의 이러한 생각의 배경에는 복음주의 신앙이 깔려 있다. 당시 감리교 창시자인 존 웨슬리 목사의 복음주의 신앙이 영향을 미쳤다고 한다. 그는 주장한다. "기독교도는 이기적으로 살지 말아야 한다. 참된 기독교가 부흥해야 사회복지가 증진된다. 두 가지는 서로 불가분의 관계다." 정치인으로서 도덕성 회복을 국가의 중요한 발전 목표로 제시하되 말로만이 아닌 행동으로 그것을 직접 보여주겠다는 선언이었다. 영국인으로부터 '영국의 양심'으로 불리며 가장 존경받는 윌버포스는 영적 지능(SQ)인 9번째 지능이 발전된 사람으로 평가된다.

영화 〈어메이징 그레이스(Amazing Grace)〉(2006)는 영국 노예제 폐지 운동을 주도했던 윌리엄 윌버포스의 실제 삶을 그리고 있다. 마이클 앱티드 감독의 이 영화는 이안 그루퍼드가 윌버포스 역을 맡아 완벽한 연기를 선보인다. 이안 그루퍼드는 '윌리엄 윌버포스'가 되기 위해 촬영 전부터 관련 서적을 읽고 그의 사진을 가지고 다니는 등 노력을 아끼지 않았다고 한다.

윌버포스는 정치에 타고난 재능이 있었음에도 불구하고 성공적으로 잘 나가는 길과 정신적으로 만족스러운 삶에 대한 갈망 사이에서 갈등한다. 노예선 선장이면서 목사인 존 뉴턴은 윌버포스에게 하나님께 봉사하는 가장 좋은 방법은 그가 가진 정치적 영향력을 무기로 불의와 싸우는 것이라고 말한다. 뉴턴의 말에 자극받은 윌리엄은 노예제도를 이슈화하여 뜻을 같이하는 세력들을 결집해 나간다. 투쟁하는 동안 수많은 사람의 반대가 있었지만 윌버포스는 불굴의 의지로 마침내 영국 전역에 노예제도 폐지라는 목적을 달성하게 된다. 그가 죽기 사흘 전이다. 성공보다 가치를 더 중요시한 윌버포스의 삶은 영국을 개혁했을 뿐만 아니라 삶의 의미를 깨닫게 해주었다.

윌버포스의 이러한 노력은 18세기의 방만했던 영국의 사회 분위기가 다잡아지고, 상류계급에 '노블레스 오블리주(noblesse oblige)' 정신이 자리 잡는 계기가 되었다고 한다. 영화에서 노예무역 폐지 법안이 283 대 16으로 통과되자 계속 윌버포스 의원에 반대했던 클레런스 공작은 동료 의원에게 말한다. 노블레스 오블리주! 무슨 뜻이냐고 묻자, "나의 고결함이 나로 하여금 비범한 의원의 미덕을 깨닫게 하는 것"이라고 대답한다.

이 영화에는 최고의 히트곡으로 사랑받는 찬송가 '어메이징 그레이스'가 나온다. 이 노래는 윌버포스의 목사이자 노예선 선장인 존 뉴턴이 작사를 한 곡이다. 우리나라에서는 '나 같은 죄인 살리신'(찬송가 405장)으로 알려진

곡이다. 영화에서는 윌버포스가 노예제 폐지를 위해 당당하게 맞서 싸울 때 영혼과 마음을 담아 이 노래를 부른다. 그가 부른 어메이징 그레이스에는 명예와 부를 좇지 않고 더 나은 꿈을 꾸는 그의 마음과 영혼이 담겨 있는 셈이다. 그리고 영화 마지막 장면에 윌버포스가 묻힌 웨스트민스터 사원 앞에서 스코틀랜드 복장의 고적대가 어메이징 그레이스를 연주하는 장면은 감동적이다. 이 영화를 통해 감동의 리더가 주는 역사의 발전을 보게 된다.

행복의 결정 요인

행복을 말할 때 기쁨, 만족, 즐거움을 생각하게 되는데 이러한 감정 상태를 갖게 만드는 요인들은 무엇일까? 행복의 결정 요인들에 대해 학자들의 생각은 대체로 비슷하다. 보크(2011: 45-54)는 행복을 지속시키는 요인으로 '결혼, 인간관계, 직장, 건강 상태, 종교, 정부의 질'이라는 여섯 가지 요인을 들고 있다. 레이어드(2011: 100)는 행복에 영향을 미치는 요인으로 일곱 가지를 든다. '가족관계, 재정(소득), 일, 공동체와 친구, 건강, 개인의 자유, 개인의 가치관'이다. 그는 이를 '빅 세븐(big seven)'이라고 불렀다. 각 요인들은 중요성에 따른 순서를 보여주며, 건강과 재정을 제외하고 나머지는 모두 관계의 질과 연관이 있다. 특히 가족이나 친구들과 함께 보내는 시간, 일에서 얻는 보장이나 안정 등의 중요성을 자세히 언급하고 있다.

해밀턴(2011: 74)은 심리학자 마이어스와 디너의 연구 결과를 인용하여 행복한 사람들의 특징으로 '자존감(self-esteem), 자신의 삶에 대한 스스로의 통제, 낙관적 태도, 외향적 성향'을 들고 있다. 그리고 행복 수준의 차이를 결정하는 요인의 설명력에 대해 다음과 같이 말한다. 개인적 심리 요인은 행복 수준의 차이를 초래하는 요인으로서 30%의 설명력을 갖는다. 이혼, 아이의 탄생(혹은 죽음), 질병처럼 인생에서 큰일에 해당하는 사건들은 25%, 자원봉사나 유급 근로활동, 결혼을 비롯한 사회적 참여는 10%, 소득과 물질적 부는 10%의 설명력을 갖는다.

또한 해밀턴(2011: 78-79)은 케이서와 리안(Kasser & Rian)의 연구 결과인 행복의 근원을 이루는 두 가지 믿음을 소개한다. 첫째, 행복에 이르는 길은 돈, 명예, 아름다움과 같은 외재적 목표를 추구하는 것이라는 믿음이다. 이것은 외부 세계의 물질적 보상에서 행복을 찾는 자기 중심적인 신념 체계다. 둘째, 깊이 있는 인간관계와 인격적 성장, 그리고 공동체에 공헌하는 과정에서 행복이 커진다는 믿음이다. 물질적이고 외재적 목표를 지향하는 사람들은 내재적인 목표를 지향하는 사람들보다 낮은 삶의 질을 경험하는 경향이 더 강하다고 주장한다. 외재적인 인생 목표에 따라 사는 사람들은 내재적인 인생 목표에 따라 사는 사람들보다 행복감이 떨어질 뿐만 아니라, 다른 사람들의 행복도 떨어뜨린다는 것이다.

결국 행복을 결정하는 요인은 ① 관계적 측면, ② 개인적 특성, ③ 외재적 요인으로 구분해 볼 수 있다. 관계적 측면에는 결혼 등의 가족관계, 친구 등과의 인간관계, 직장(일) 등이 해당된다. 개인적 특성에는 소득과 건강 상태, 그리고 개인적 성향이나 가치관 등이 포함된다. 외재적 요인에는 정부의 질 등이 있다. 이 중에서도 행복에 가장 큰 영향을 미치는 요인은 무엇일까? 짐작하겠지만 대부분의 학자는 관계적 측면이 가장 중요한 요인이라고 말한다.

대니얼 길버트(Daniel Gilbert, 2012: 88)는 인간 행복의 결정 요인에 관한 문헌들을 한마디로 요약한다면 '사회성(social)'일 것이라고 말한다. 사회성이란 곧 관계를 의미한다. 그는 말한다. "만약 당신의 행복을 예측하고 싶다면, 당신에 대해 한 가지만 알 수 있다면, 당신의 성(남녀), 종교, 건강, 소득은 알고 싶지 않다. 오직 당신의 사회적 네트워크만을 알고 싶다. 당신의 친구와 가족, 그리고 그들과의 관계의 정도를 알고 싶다." 행복의 결정 요인으로 관계적 측면이 가장 중요하지만 다른 요인들도 영향을 미친다. 이제 이들 요인과 행복의 관계를 잠깐 살펴보자.

먼저 관계적 측면에서 가족관계를 보자. 가족관계는 레이어드에 의하면 행복에 영향을 미치는 가장 큰 요인이다. 결혼한 부부는 독신, 이혼, 별거, 동거하는 사람들보다 더 행복한 것으로 나타났다. 이러한 결과는 남성과 여성에게 모두 해당한다. 그러나 결혼 후 행복한 느낌이 얼마나 지속되는지에 대해서는 학자들 간에 의견이 엇갈린다. 일부 결혼이 상당 기간 행복을 상승시켜 준다는 연구가 있지만 결혼 후 2~3년이 지나면서 행복감이 이전 수준으로 되돌아간다는 연구가 주종을 이룬다. 소위 습관화 효과 때문이다. 특히 결혼의 종말은 행복의 상실을 가져온다는 것은 공통된 견해다. 배우자의 사망이나 이혼 또는 별거는 갑작스런 행복의 상실로 이어진다.

영국 컬럼비아대학의 존 헬리웰(John Helliwell)은 46개국 9만 명을 대상으로 조사한 연구 결과를 발표한 바 있다. 행복의 하락 포인트로 계산한 결과를 보면 별거 8점, 이혼 5점, 독신 4.5점, 사별 4점, 동거 2점 순으로 결혼한 사람들보다 행복 수준이 떨어졌다(레이어드, 2011: 102). 그러나 결혼과 독신, 별거, 이혼 등을 단순 비교하여 결혼한 사람이 더 행복하다고 단정지을 수는 없다. 독신, 별거 등의 관계망이 영향을 미칠 수 있기 때문이다. 가령 독신자라 하더라도 가족 및 친구관계가 돈독하고 빈번한 교류를 하는 사람은 오히려 더 행복할 수 있다. 따라서 혼자 사는 것과 혼자 있는 것, 그리고 외로움을 느끼는 것은 각기 다른 사회적 상태라는 말이 적절하다. 에릭 클리넨버그(Eric Klinenberg)는 "독신자들은 고독을 즐기기보다 친구, 이웃들과 시간을 보내거나 사회활동에 참여하는 경향이 있다. 이것이 바로 사회적 네트워크가 견고한 지역일수록 독신자가 늘어나는 이유다"라고 말한다.

그리고 부모가 이혼한 아이는 그렇지 않은 아이보다 우울증에 걸릴 확률이 두 배가량 높다. 그러나 부모의 충돌이 아주 심각한 경우에는 함께 사는 것보다 차라리 이혼하는 편이 낫다. 또한 한부모 가정에서 자란 아이들이 상처를 많이 받는다는 연구 결과도 많다. 16세까지 친부모 중 한 명과 살 경우 다른 아이들보다 여러 약점을 가질 확률이 높다.

15세까지의 범죄율이 70% 더 높았으며, 고등학교 자퇴와 10대 출산 가능성이 두 배 더 높았다. 결국 가족관계의 핵심은 사랑이다. 누군가와 사랑하는 관계에 있는 사람은 호르몬 밸런스가 더 좋고 더 건강하며 당연히 더 행복하다. 행복에서 사랑의 중요성은 매우 크다.

인간관계는 행복에 크게 기여한다. 혼자 있을 때보다 다른 사람들과 함께 어울릴 때 행복을 느끼며, 인간관계와 인맥이 행복의 상승에 크게 기여한다. 특히 가장 친한 친구가 중요하다. 친구들과의 관계망은 불행이나 우울증의 완충제 역할을 하며 면역 체계를 강화해 준다. 그리스 철학자 에피쿠로스는 "한 사람이 평생을 행복하게 살아가기 위해 필요한 것 가운데 가장 위대한 것은 친구다"라고 말했다. 우정의 소중함을 깨우친 것이다. 최근 고령화가 진행되면서 가족과의 관계가 끊긴 노인들이 많아지고 있다. 고령사회에는 가족이 아니라 이웃과 친구가 가장 중요해진다. 효(孝)문화를 우(友)문화로 바꿔야 한다는 주장이 나오고 있다.

각종 단체와 사회적 모임도 행복 상승의 또 다른 원천이다. 매달 동호회 모임에 참석하거나 매달 한 번씩 자원봉사에 참가하는 것만으로도 소득이 두 배로 오른 것과 같은 행복의 증가를 가져온다고 한다. 공동체의 질도 행복에 영향을 미친다. 공동체의 질은 사회적 자본을 의미하며, 타인을 신뢰할 수 있는 사회에 살고 있다는 사실이 개인의 행복을 증대시켜준다.

직장은 인간관계의 중요한 장이다. 직무 만족도가 행복 전반에 얼마나 중요한 요인으로 작용하는지에 대해서는 견해가 엇갈린다. 그러나 최근 연구에 의하면 자기 직업에 대한 감정이 개인의 전반적 행복과 밀접한 관련이 있는 것으로 알려졌다. 인과관계를 보면 쌍방 관계가 있는 것으로 밝혀지고 있다. 직업에 대한 만족이 사람들을 더 행복하게 만든다는 증거와 행복한 사람들이 자기가 하는 일에서 더 즐거움을 얻는 경향이 있다는 증거가 모두 나온다.

직무에서 행복에 가장 큰 영향을 미치는 요인은 급여 수준이 아닌 경영진에 대한 신뢰인 것으로 나타났다. 따르고 싶은 경영자가 있다는 것은 조직 구성원의 행복을 담보하는 일이다.

직장과 관련하여 직장을 잃었을 때의 효과에 대해서는 의견이 모두 일치한다. 직장에서 해고된 사람은 행복 수준이 급격히 떨어진다고 한다. 심지어 우울증, 자살, 알코올이나 마약에 빠질 위험이 높아진다. 해고자들의 고통은 소득 감소도 영향을 주지만 그보다 자존심의 상실과 다른 사람들로부터 무시당할지 모른다는 두려움이 더 큰 요인으로 작용한다. 사람들은 실직하면 소득을 잃어서라기보다는 일 자체를 잃어서 불행하다고 느낀다. 따라서 실업수당을 충분히 제공하더라도 실직자들의 고통을 완화시키는 데 한계가 있음을 시사한다. 이것은 경제학자들의 처방에 문제가 있음을 의미하는 것이다. 다만 실직의 고통은 다른 사람들도 마찬가지라는 인식을 하게 되면 어느 정도 완화될 수 있다. 불황에 의해 전반적 실업률이 높거나 다른 가족마저 일자리를 잃은 경우 고통이 어느 정도 완화된다는 것이다. 그러나 낮고 안정적인 실업률을 중요한 정책목표로 삼아야 한다.

두 번째로 개인적 특성과 관련된 요인을 살펴보자. 먼저 건강과 행복도 밀접한 관련이 있다. 그런데 재미있는 것은 행복 수준을 결정하는 것은 객관적인 건강 상태라기보다 자기 건강에 대한 느낌이라고 한다. 건강에 대해 스스로 내린 판단이 행복에 더 큰 영향을 미친다는 것이다. 이것은 스트레스, 인간관계의 고립, 우울증 같은 다른 조건들이 개입되기 때문으로 해석한다. 그리고 사람들은 질병이나 신체적 결함에 대해 빠르게 적응하는 능력이 있어 삶의 행복을 일년 내에 회복하는 경향이 있다고 한다. 다만 만성 통증, 우울증, 에이즈나 암 같은 불치병은 지속적으로 행복을 훼손하는 고통이다.

개인적 특성과 관련하여 개인의 가치관이나 삶의 철학은 행복과 밀접한 관련이 있다. 사람들은 자신이 가진 것에 감사할 수 있을 때 더 행복하다. 범사에 감사하는 종교인이 더 행복한 것으로 밝혀졌다. 비관적인 사람보다 낙천적인 사람이 더 행복한 것도 분명하다. 예스보다 노라고 대답했을 때 행복이 3.5점 하락한 것에서도 알 수 있다.

종교도 지속적 행복의 원천을 제공한다. 종교적 신념이 깊을수록 건강하고 오래 살며, 범죄, 이혼, 자살의 가능성이 낮은 것으로 말한다. 이러한 결과는 종교인들과의 모임과 교회 활동에 참여하는 데서 비롯된 요인도 있으나 신에 대한 믿음이 행복에 긍정적 효과를 나타낸다고 본다. 또한 불교에서 보듯이 무소유 개념에 입각한 라이프 스타일의 변화도 행복 수준을 높이는 요인이 된다.

특히 자원봉사나 선행이 행복에 크게 기여한다는 사실이 밝혀지고 있다. 하나의 실험이 이 사실을 보여준다. 피실험자들을 두 그룹으로 나눈 뒤 얼마의 현금을 주고 이 돈을 24시간 내에 쓰게 했다. 한 그룹은 그 돈을 자신을 위해 쓰게 했고, 다른 그룹에는 그 돈을 필요로 하는 다른 사람에게 쓰게 했다. 그 결과 남에게 돈을 준 사람들이 자기를 위해 돈을 쓴 사람들보다 훨씬 더 행복한 것으로 나타났다. 소득과 행복에 대해서는 다음에 자세히 다룬다.

세 번째로 외재적 요인으로서 정부의 질이 개인의 행복과 밀접하게 관련돼 있다. 민주주의의 긍정적 효과와 행복의 관계를 부정할 수 없다. 전반적인 삶의 행복도가 가장 상위에 드는 나라들은 대부분 민주주의 정치 체제를 성공적으로 유지해 온 나라들이다. 행복과의 상관관계가 높은 다른 조건들로는 법치주의, 효율적인 정부기관, 낮은 수준의 부패와 폭력, 공무원(특히 경찰)에 대한 높은 신뢰도, 시민과 공공기관 및 공무원 간의 소통, 소수자 집단에 대한 관용 등을 꼽을 수 있다.

국가 간 행복 수준의 변화는 정부 활동에 의해 영향을 받을 수 있다. 가령 덴마크 사람들 중에서 자기 삶에 "매우 만족한다"고 느끼는 비율이 지난 20년 동안 몰라보게 상승한 반면, 벨기에 사람들의 비율은 상당히 떨어졌다. 이것은 두 나라 정부의 행복에의 영향력 차이를 반영한 것일 수 있다.

스위스의 직접민주주의에 대한 최근 연구 결과는 흥미롭다. 주민투표에 대한 권리가 더 많은 주일수록 주민들이 더 행복한 것으로 나타났다. 가장 광범위한 권리를 지닌 주민들과 가장 제한적인 권리를 지닌 주민들의 행복을 비교할 때 그 차이는 소득이 두 배 차이가 날 때 느끼는 행복의 차이와 같았다(레이어드, 2011: 109). 이것은 행복의 증진이 직접민주주의의 결과라기보다 정치 참여 기회 그 자체에 있음을 의미한다. 우리나라는 2011년 9월부터 주민참여예산제 도입이 의무화되었는데 시사하는 바가 크다. 주민참여예산제가 활성화된 지역일수록 주민의 행복도가 높지 않을까?

소득과 행복의 관계

행복의 결정 요인 중에서 소득과 행복의 관계에 대해 다시 한 번 자세히 살펴보자. 이스털린의 역설에서 보듯이 일정 소득 수준을 넘으면 소득이 증가할수록 더 이상 행복이 증가하지 않는다는 사실을 언급한 바 있다. 또한 앞에서 소득과 같은 물질적 보상이 행복을 설명해 주는 정도는 10% 미만임을 밝혔다. 실제로 갤럽 여론조사에서 '삶이 행복하다'고 대답한 국민 비율을 보면 GDP가 8,402달러이던 1993년이나 2만 2,489달러가 된 2011년이나 똑같이 52%였다. 소득 수준이 3배가량 증가했는데 행복 수준은 거의 변하지 않은 것이다.

그렇다면 소득이 증가해도 더 이상 행복 수준이 올라가지 않고 행복에 미치는 영향력이 크지 않은 이유는 무엇일까? 이에 대해 레이어드는 『행복의 함정』에서 명쾌하게 설명하고 있다. 소득에 대한 만족은 '사회적 비교'와 '습관화'에 의해 좌우되며, 이러한 요인 때문에 더 이상 행복이 증가하지 않는다는 것이다. 그에 의하면 소득에 대한 만족은 비교하는 기준에 달렸다. 그리고 그 기준은 다른 사람의 소득과 자신이 익숙해진 소득이라는 두 가지 요소에 좌우된다. 첫 번째 경우 사람들의 감정은 '사회적 비교'에 좌우되고, 두 번째 경우는 '습관화'에 좌우된다. 인간의 본성에서 이 두 가지 힘이 매우 강력하게 작용하기 때문에 경제 성장으로 행복을 증진시키기가 쉽지 않은 것이다(레이어드, 2011: 74).

소득에 대한 만족이 사회적 비교에 의해 좌우된다는 것은 행복에 영향을 주는 요인이 실제 소득보다 인지 상대소득(perceived relative income)이 더 중요함을 의미한다. 다른 사람의 소득 증가를 어떻게 생각하느냐가 중요한 요인인 것이다. 실제 소득이 증가하면 소득을 평가하는 기준도 함께 올라간다. 결국 다른 사람의 소득 증가가 자신의 행복을 감소시키게 된다.

레이어드(2011: 73)는 인지 상대소득과 관련하여 재미있는 연구 결과를 소개한다. 하버드대학 학생들에게 다음과 같은 질문을 했다고 한다. "당신이 다음에 나오는 가상 세계 두 곳 중 한 곳에서 살아야 한다고 치자. 당신은 어느 쪽을 선택하겠는가?"

* 당신은 1년에 평균 5만 달러를 벌고, 다른 사람들은 평균 2만 5,000 달러를 버는 세상

* 당신은 1년에 평균 10만 달러를 벌고, 다른 사람들은 평균 25만 달러를 버는 세상

학생들은 대부분 첫 번째 세상을 선택했다. 그들은 주변 사람보다 돈을 더 벌 수 있음을 전제로 기꺼이 총소득이 줄어드는 쪽을 선택한 것이다. 나도 첫 번째 세상을 택할 것이다. 다른 많은 연구에서 같은 결과가 나왔다고 한다. 사람들은 그들의 절대소득보다 다른 사람과 비교한 상대소득에 더 관심이 많다. 왜 경제 성장을 통한 소득 증가가 행복 증대로 이어지지 않는지를 잘 설명해 준다.

또 하나 소득이 증대해도 행복이 더 이상 증가하지 않는 이유로 습관화를 든다. 자동차를 새로 사거나 새 집을 구입하면 행복 수준이 크게 증가한다. 그러나 시간이 지나면 원래의 행복 수준으로 복귀한다. 심리학에서는 이 과정을 적응(adaptation)이라고 부른다. 만약 적응이 완료됐다면, 지속적인 새로운 자극만이 행복감을 상승시킬 수 있다. 일단 상황이 안정되고 나면 행복의 시작점으로 다시 돌아가게 된다. 소득의 경우에도 마찬가지다. 따라서 소득을 통해 행복을 지속적으로 유지하기

위해서는 더 많은 소득을 가져야 한다. 다시 말해 '쾌락의 쳇바퀴'를 돌려야 한다. 행복을 유지하려면 계속 바퀴를 돌려야 한다. 쳇바퀴는 아무리 돌려도 제자리에 있게 된다. 이런 점에서 소득 증가를 통한 행복 증진은 알코올이나 마약과 같은 중독적 성격을 갖고 있다. 그러나 가족이나 친구들과 함께 보내는 시간이나 일에서 얻는 만족 등은 시간이 지난다고 행복 수준이 감소하지 않으며 중독적 성격도 없다. 우리가 행복을 위해 지켜야 할 소중한 가치다.

또 하나 소득과 행복의 관계에서 정책적 함의를 찾을 수 있는 특성이 있다. 소위 소득 증가에 따른 행복 체감의 법칙이다. 가난한 사람과 부자들을 비교할 때 추가 소득의 행복 증진 효과는 가난할수록 커지고 부자일수록 더 적어진다. 가난한 사람들과 달리 부자들에게 추가적인 소득 증가는 행복에 별다른 영향을 주지 못한다. 소득의 행복 체감의 법칙에 근거할 때 부유한 사람에게서 가난한 사람에게로 돈이 이전되면 가난한 사람은 부유한 사람이 잃는 것보다 더 큰 행복을 얻을 수 있다는 결론에 이르게 된다. 그래서 사람들의 평균 행복도가 높아진다. 이 말은 결국 소득 분배가 더 공정하게 이뤄진다면 국가의 평균 행복도는 더 높아진다는 것을 의미한다. 정부는 소득 불평등을 완화하고 공정한 소득 분배를 실현할 정책을 마련하여 실행해야 할 논거다.

3 정책에 활용해야 할 행복 관련 명제

행복학의 등장

행복 문제는 그동안 주로 철학자와 시인들의 수중에 있었으며, 과학으로 다루어진 것은 최근의 일이다. 행복 연구에 불을 댕긴 것은 심리학이다. 마틴 셀리그먼이 창시한 긍정심리학은 진정한 행복의 원천에 초점을 맞추는 이론을 발전시켰다. 긍정심리학은 우리가 정말로 발전시킬 수 있는 부분, 즉 장점에 집중해야 한다고 주장한다. 우리가 더 발전하기 위해서는 약점과 씨름하는 대신 장점을 개발하는 것이 더 중요하다는 뜻이다. 셀리그먼에 의하면 좋은 경험에는 '기쁨, 몰입, 의미'라는 세 가지 형태가 있다. 이들은 각각 고유한 가치를 지닌다. 그는 개인이 이 세 가지를 모두 길러야 한다고 주장한다. 그러나 이러한 주장은 개인의 행복을 위한 좋은 전략이긴 하지만 정책 맥락에서는 크게 도움이 되지 않는다.

심리학자들이 행복 연구를 개인 감정에 초점을 맞춘데 반해 신경과학자들은 뇌과학을 중심으로 생물학적 접근을 한다. 인간의 뇌가 보상에 반응하는 방법에 관심을 갖는 신경과학자들의 행복 연구는 이 분야의 연구 영역을 확대했다. MRI를 통해 뇌 혈류를 측정하거나 얼굴의 웃음 근육의 활동을 측정하기 위해 근전도 검사를 하는 방법 등은 행복의 측정에 기여한 부분이다.

의사들이 밝힌 연구 결과를 보면 재미있는 것들이 많다. 가령 좌뇌가 활동할 때 사람들은 좋은 기분을 느낀다. 이 부분의 뇌가 영구 손상되면 우울증을 겪는다. 나쁜 기분은 우뇌 활동과 연관되어 있다. 이 부분의 뇌가 작용하지 못하면 사람들은 오히려 행복한 기분을 느낀다(레이어드, 2011: 37). 예컨대 어떤 사람에게 재미있는 영화를 보여주면 우뇌보다 좌뇌가 더 활성화되고 공포영화를 보여주면 반대 상황이 벌어진다. 마찬가지로 행복한 아이의 사진은 좌뇌를 활성화하고 참혹한 아이의 사진은 우뇌를 활성화한다. 뇌과학을 활용하면 행복과 고통의 객관적인 성격을 이해할 수 있다. 유전학, 정신의학 분야 등에서도 행복에 관한 많은 연구 결과를 쏟아내고 있다.

최근 사회과학 분야에서도 행복에 관한 연구가 활발하다. 행복학 연구자들은 특히 정통경제학에 근거한 정책결정에 매우 비판적이다. 경제학자들은 가치를 형성하는 것에 대해 특히 무신경하기 때문이다. 경제성장이 행복을 더 이상 보장하지 않는다는 것과 같은 맥락이다. "신자유주의 경제학자들은 대부분 수학과 경제이론 분야만을 공부했지, 철학이나 심리학, 역사에 대해서는 무지하다"는 해밀턴의 독설을 연상하게 된다.

행복학의 정통경제학 비판

그동안 경제 분야이든 사회 분야이든 정책결정을 할 때 경제학에서 개발된 이론에 근거하여 결정을 하는 경우가 많았다. 어느 사이에 정책결정자들을 비롯하여 일반인들도 경제학적 사고에 빠져 있었던 것이다. 경제학에서 정책결정에 필요한 다양한 이론을 제시하고 많은 기여를 한 것은 사실이다. 그러나 경제학적 명제가 사실을 왜곡하거나 진실을 제대로 규명하지 못한 경우도 많다. 행복학은 그동안 당연하게 여겼던 경제학 명제를 수정하거나 보완하고 있다. 특히 정책결정에 활용할 명제로서 의미 있는 경우가 많다. 여기서는 몇 가지 예를 보기로 한다.

가치 및 가치평가에 관한 문제

경제학자들은 가치가 보편적이며 변하지 않는다고 생각한다. 경제학 연구 방법의 특징인 ceteris paribus(다른 사정이 같다면)를 가치에도 적용하는 것이다. 만약 가치가 변하지 않는다면, 사람들의 행동 변화는 전적으로 소득이나 비용의 변화에 따라 설명할 수 있기 때문이다. 가치 불변을 전제할 경우 소득이나 비용과 같은 경제적 변수의 중요성이 커지는 것이다.

그러나 가치 변화를 고려하지 않는 행복에 대한 설명은 설명력이 떨어질 뿐만 아니라 오류를 범할 수도 있다. 도덕률은 변한다. 부모 세대와 자식 세대 간 행복에 대한 가치 부여를 생각하면 그걸 이해할 수 있다. 자녀가 부모와 같은 생활 수준을 영위한다고 해서 그들이 부모와 같은 행복을 느낀다고 할 수 없다. 실제로 그들은 부모보다 더 나은 생활 수준을 기대하기에 똑같은 생활 수준에서도 부모보다 덜 행복하다는 사실이 밝혀졌다.

돈에 부여하는 가치도 경제학자들과 행복학 연구자 간에 차이가 많다. 경제학자들은 정책을 설계하는 데 거의 자동적으로 외부의 경제적 보상에만 초점을 맞추고, 일을 잘 수행하는 데서 얻는 내적 보상은 무시하는 경향이 있다. 대표적 사례로 노동력의 지역 간 이동을 들 수 있다. 사람들은 보통 낮은 소득에서 높은 소득으로 이동하기 때문에 노동력의 이동은 확실히 소득을 증가시킨다. 경제학자들은 노동력 이동을 통한 소득 증대를 선호한다. 그러나 이동성의 증가는 공동체의 삶과 가정생활을 불안정하게 하며, 정신질환에 걸릴 확률을 높이고, 상호 신뢰도를 떨어뜨리는 경향이 있다. 경제학자들은 이에 대한 전문지식이 없기에 이러한 요인을 고려하지 않는다. 그들은 여전히 더 많은 이동성에 찬성한다. 안톤의 실명 환자인 셈이다.

더욱이 경제학자들은 금전적 보상이 내적 동기를 약화시킨다는 사실을 무시한다. 금전적 보상과 동기부여의 관계를 반영한 대표적 제도가 성과급제도다. 성과급제도는 사람들이 성취한 정도에 따라 급여를 차등 지급함으로써 구성원들에게 동기를 부여하려는 의도로 만들어진 제도다.

레이어드(2011: 212)는 성과급제도에 대한 두 가지 문제점을 지적한다. 첫째, 성과에 대한 평가는 사람들을 순위에 더욱 집착하게 한다. 순위에 대한 집착은 행복에 해로운 방식으로 사람들의 취향을 바꾸게 한다. 더 높은 순위를 위해 어떤 소중한 것을 희생한다면 그 희생보다 더 큰 소득을 얻지 않는 한 명확한 손실이 될 것이다. 또한 성과급제도의 확산은 급격한 스트레스를 가져온다고 밝혀졌다. 둘째, 경제학자와 정치인들은 재정적인 동기가 바뀌어도 다른 동기들은 바뀌지 않는다고 주장하지만 사실은 그렇지 않다.

레이어드는 이와 관련된 세 가지 연구를 소개한다. 먼저 이스라엘에 있는 한 보육원에서 아이들을 늦게 데리러 오는 부모들이 생기자 문제를 해결하기 위해 지각에 대한 벌금제도를 도입했다. 그러자 예상하지 못한 결과가 나타났다. 이제 늦어도 벌금만 내면 된다는 생각으로 지각을 하는 부모가 훨씬 더 많이 늘어난 것이다.

두 번째 연구는 심리학자 에드워드 데시(Edward Deci)가 학생들을 대상으로 실시한 것이다. 그는 학생들을 두 그룹으로 나눠 한 그룹에는 퀴즈를 내어 맞히는 사람에게 상금을 주고 다른 그룹에는 맞혀도 상금을 주지 않기로 했다. 그리고 두 그룹에 모두 공부할 수 있는 시간을 주었다. 그러자 상금을 받지 않는 그룹은 퀴즈에 대한 흥미 때문에 열심히 공부했다. 하지만 상금을 받는 그룹은 상금을 받지 않는 그룹의 절반밖에 노력하지 않았다. 외부적인 동기가 내적 동기를 감소시킨 것이다.

세 번째 연구는 경제학자 브루노 프레이(Bruno Frey)가 1993년 스위스에서 실시한 것이다. 두 마을이 방사능 폐기물 처리장을 지을 장소로 선정됐다. 프레이는 주민들을 대상으로 설문조사를 실시했다. 한 그룹에는 아무런 조건 없이 "처리장 건설에 찬성하겠습니까?"라고 물었다. 그러자 주민의 50%가 찬성하겠다고 대답했다. 또 다른 그룹에는 "보상금을 받는다면(보상금 액수를 상세히 말했다) 처리장 건설에 찬성하겠습니까?"라고 물었다. 그러자 이번에는 25%만이 찬성하겠다고 대답했다. 이 같은 결과가 나타난 것은 금전적 보상에 초점을 맞춤으로써 사람들의 결정을 어떤 이익을 위해 하는 행동으로 변질시켜 자발적 의지를 감소시켰기 때문이다.

이상의 사례들을 보면 금전적 보상이 결코 의도한대로 동기부여를 하지 않는다는 것이다. 금전적 보상보다 자존감, 직업윤리, 존경받고 싶은 심리 등이 더 큰 동기부여 요인으로 작용할 수 있다. 행복학 입장에서 보면 1980년대 이후 신공공관리론에 입각한 정부개혁 논리는 심각한 오류를 저지른 것이다. 정부는 각 지위와 등급에 맞는 적절한 급여를 제공하고 직업적 규범과 중요성을 강조하기보다는 개인의 성과에 대한 보상만을 지나치게 강조했기 때문이다. 행복학의 입장에서는 직원들의 일에 대한 자부심과 협동 의지를 고취하는 개혁이 올바른 정부개혁 접근 방법이다.

이익과 손실 간의 불균형

이익과 손실 간의 불균형 문제도 기존 경제학적 시각과 다르다. 이익을 얻었을 때의 기쁨보다 손실을 봤을 때의 고통이 더 크다. 평균적으로 보면 어떤 사람이 일정 금액을 잃었을 때 기분이 나빠지는 변화폭은 동일 금액을 벌었을 때 좋아지는 변화폭의 두 배라고 한다. 소위 2대 1의 법칙이다. 주는 것보다 뺏는 것이 두 배의 행복 손실을 가져다주는 것이다. 동일한 금액이 초래하는 행복의 증진과 감소를 등가로 보아서는 안 됨을 의미한다.

레이어드(2011: 223)는 카너먼의 실험을 소개한다. 학생들을 무작위로 두 그룹으로 나눈 뒤 첫 번째 그룹에 특정한 모양의 머그컵을 보여주고 얼마에 사겠느냐고 물었다. 그들이 부른 액수의 평균은 3.5달러였다. 두 번째 그룹의 학생들에게는 같은 모양의 머그컵을 나눠준 다음, 바로 직후에 그들에게 얼마를 주면 그 컵을 다시 돌려주겠느냐고 물었다. 그들이 부른 액수는 첫 번째 그룹보다 두 배나 많은 7달러였다.

경제학에서는 두 대답이 같을 것이라고 예상한다. 그러나 실제로 두 행위 간 등가의 법칙이 통하지 않는다. 사람들은 현재의 상황에 더 애착을 갖기 때문이다. 이것은 정치적 또는 정책적으로도 의미 있는 분석 결과다. 행복의 증진보다 고통의 감소에 정책의 초점을 맞추는 것이 더 현명할 수 있음을 보여준다. 사회적 안전망의 중요성을 일깨운다. 국민들은 국가가 제공하는 안정성을 원한다. 부자들은 많은 안정성을 가졌지만 가난한 사람들은 안정성이 낮다. 행복한 사회가 되려면 모든 사람에게 안정성이 필요하다.

이타주의의 문제

이타주의의 문제도 경제학자들이 행복에 눈멀게 하는 요인이다. 경제학은 기본적으로 효용극대화, 이윤극대화를 가정하고 이론을 전개한다. 즉, 인간의 이기심을 전제로 한다. 그러나 인간은 이기심과 이타심이 다양한 비율로 섞인 복합체다. 인간은 유전적으로 이기적일 수 있지만 인간은 협력하고 교류하며, 서로 사랑하고 나눠야 살아갈 수 있게끔 진화되었다. 인간은 더 이상 호모 에코노미쿠스가 아니다.

경제학자들이 이기심에 바탕을 둔 개인의 성공을 선호할수록 행복한 사회를 만들 가능성은 낮아진다. 이기주의자에게 행복은 오지 않는다. 공동체의 행복이란 더 많은 사람이 서로 돌볼 때 증가할 가능성이 크다. 만약 사람들이 타인의 행복을 보고 자신들도 행복을 얻는다면 이타적 행동을 더 많이 할 것이고, 사회의 행복 총량은 더 커질 것이다. 달라이 라마는 “나의 동정심으로 타인이 얻는 이익이 50%라면 나는 100%의 이익을 얻는다”라고 말한다. 결국 이타적 행동은 자기 자신을 위하는 일이며, 사회의 총행복을 높이는 방법이다. 레이어드는 벤담의 친구 어린 딸에게 쓴 생일 축하 편지를 소개한다(레이어드, 2011: 279). 우리에게 던지는 메시지다.

> 네가 다른 사람의 가슴에 기쁨의 씨앗 하나하나를 심을 때마다 네 가슴에는 기쁨의 꽃이 필 것이다. 네 이웃의 생각과 감정에서 뽑아낸 슬픔 하나하나는 너의 영혼에서 아름다운 평화와 기쁨의 안식처가 될 것이다.

이타주의와 관련된 하버드대학의 재미있는 실험 결과가 있다. 의대생들을 봉사활동에 참여시킨 후 체내 면역 기능을 측정한 결과 면역 기능이 크게 증강되었다. 또한 마더 테레사의 전기를 비디오로 보게 한 다음 인체 변화를 조사했더니 그것만으로도 면역 능력이 크게 향상되는 것으로 나타났다. 연구진은 이렇게 봉사활동을 하거나 봉사의 모습을 보기만 해도 면역 기능이 높아지는 것을 두고 ‘마더 테레사 효과’라고 이름 붙였다. 봉사활동은 남을 위한 일이지만 봉사를 통해 얻는 기쁨은 결국 나를 위한 것이다. 봉사활동을 통해 나의 행복도 증진하고 사회행복도 증진시킨 것이다.

듀크대에서도 비슷한 실험을 했다. 실험집단을 두 그룹으로 나눠 한 그룹은 돈을 버는 게임을 하게 하고 다른 그룹은 자선단체를 돕는 게임을 하게 했다. 결과는 자선단체 돕는 게임을 한 그룹이 뇌후두부 측두엽 상부피질(pSTC)을 크게 활성화한 것으로 나타났다. 연구진은 이타심이 우리 뇌에 잠재되어 있다는 결론을 내렸다. 자신이 봉사활동을 할 때뿐만 아니라 타인의 선행에도 잠재된 이타심을 끄집어 낼 수 있는 것으로 밝혀졌다. 인간은 결코 이기적이지만은 않은 것이다. 인간의 이타심은 본능에 가깝다는 것이 그들의 결론이다.

EBS에서 초등학생을 대상으로 재미있는 실험을 한 방송이 있다. 〈인간의 두 얼굴〉이라는 프로그램이다. 두 개의 학급 중 한 학급은 혼자 사는 어려운 할머니를 위해 자원봉사하는 5분짜리 비디오를 보여주고 다른 학급은 비디오를 보여주지 않았다. 다음 날 준비물로 용돈 가져오기를 하여 당일 모금함에 모금을 하는 실험이다. 결과는 전혀 상이한 모습으로 나타났다. 나눔 교육을 받은 학급은 모든 학생이 모금에 참여하여 31,500원을 모금한 반면, 나눔 교육을 받지 않은 학급은 4,500원에 그쳤다. 무려 7배의 차이가 난 것이다. 나눔이라는 교육만으로 엄청난 공동체의 차이를 유발한 것이다. 교육과 사회적 분위기의 중요성을 일깨우는 사례다.

어느 칼럼에 소개된 록펠러의 사례도 이타주의와 행복의 관계를 보여준다. 록펠러는 53세 때 재산이 인류 최초로 10억 달러를 넘어 오늘날 화폐가치 기준 190조 원으로 빌 게이츠의 3배가 넘는다고 한다. 그는 55세 때 쓰러졌고 1년 후 죽는다는 시한부 선고를 받았다. 병원에서 한 소녀가 수술비가 없어 죽어가는 광경을 보고 몰래 수술비를 대어 소녀가 회생하는 광경을 목격했다. 순간 그의 영혼은 바뀌었다. 자선사업 끝에 97세까지 장수했다(매경 김세형 칼럼, 2011.9.11.). 그의 이타적 선행 행위는 결국 자기자신을 위한 일이었으며, 그 결과 소녀의 행복도 증가하여 행복 총량이 커진 것이다.

지금까지 행복학의 관점에서 정통경제학의 한계와 문제점을 살펴보았다. 최근 경제학이 바뀌어야 한다는 주장이 등장하고 있다. 주장의 강도에 따라 소극적 주장과 적극적 주장으로 구분할 수 있다. 소극적 주장은 경제학적 시각만으로는 한계가 있기 때문에 심리학 및 다른 사회과학과 융합되거나 보완된 학문 체계를 갖춰야 한다는 주장이다. 경제학에서는 행복에 대해서는 말하지 않기 때문이다. 레이어드는 행복에 관한 심리학의 연구 결과들을 경제학 체계에 이식하는 근본적 개혁을 제안한다. 더 나아가 경제학은 다른 사회과학 지식과 결합돼야 한다고 주장한다. 대부분의 정책이 다양한 채널을 통해 행복에 영향을 미치기 때문이다.

이보다 더 적극적인 주장이 등장하고 있다. 아예 경제학이 행복을 논하는 학문으로 바뀌어야 한다는 주장이다. 슬로 라이프 제창자이자 문화인류학자이면서 환경운동가인 쓰지 신이치는 '풍요의 경제학' 대신 '행복의 경제학'을 주창한다. 그동안의 경제학은 소득과 성장을 중요시하는 '풍요의 경제학'이었다면 이제 경제학은 '행복의 경제학'으로 바뀌어야 한다는 것이다. '풍요의 경제학'이 경제 그 자체를 발전시키기 위한 학문이라면 '행복의 경제학'은 인간이 행복해지기 위한 방법을 연구하는 학문임을 강조한다. 그는 행복의 경제학을 통해 부유한 삶이 아니라 충만한 삶을 살아갈 것을 권유한다.

행복 관련 명제

앞에서 정책에 활용할 수 있는 행복과 관련된 많은 명제를 살펴보았다. 그 밖에도 행복학에서 논의하고 있는 유용한 명제들이 있다. 이들을 체계적으로 제시할 수는 없지만 몇 가지 명제를 나열하고자 한다.

1) 이스털린 역설: 일정 소득 수준을 달성한 다음부터는 소득이 늘어도 행복은 나아지지 않는다. 한 나라의 소득이 주택, 식량, 물, 에너지에 대한 수요를 충족시킬 수 있는 기본 수준을 일단 넘어서면, 경제가 성장한다 해도 국민의 평균적인 행복감이 더 이상 증가하지 않는다.

2) 소득에 대한 만족은 '사회적 비교'와 '습관화'에 의해 좌우되며, 이

러한 요인 때문에 더 이상 행복이 증가하지 않는다.

3) 소득 증가에 따른 행복 체감의 법칙이 작용한다. 가난한 사람과 부자들을 비교할 때 추가 소득의 행복 증진 효과는 가난할수록 커지고 부자일수록 더 적어진다. 1만 파운드를 가진 사람에게 소득이 1파운드 느는 것은 이미 10만 파운드를 가진 부유한 사람에게 소득이 1파운드 느는 것보다 행복감이 10배 더 증가한 것으로 밝혀졌다.

4) 행복을 결정하는 요인은 ① 관계적 측면, ② 개인적 특성, ③ 외재적 요인으로 구분해 볼 수 있다. 그 중 관계적 측면이 가장 중요한 요인이다.

5) 부모가 이혼한 아이는 그렇지 않은 아이보다 우울증에 걸릴 확률이 두 배가량 높다.

6) 자원봉사나 선행이 행복에 크게 기여한다.

7) 주민 참여는 행복을 증진시킨다. 가장 광범위한 권리를 지닌 주민들과 가장 제한적인 권리를 지닌 주민들의 행복을 비교할 때 그 차이는 소득이 두 배 차이가 날 때 느끼는 행복의 차이와 같다.

8) 금전적 보상이 결코 의도한대로 동기부여를 하지 않는다. 금전적 보상보다 자존감, 직업윤리, 존경받고 싶은 심리 등이 더 큰 동기부여 요인으로 작용할 수 있다.

9) 이익을 얻었을 때의 기쁨보다 손실을 봤을 때의 고통이 더 크다. 평균적으로 보면 어떤 사람이 일정 금액을 잃었을 때 기분이 나빠지는 변화폭은 동일 금액을 벌었을 때 좋아지는 변화폭의 두 배다. 소위 2대 1의 법칙이다.

10) 만약 사람들이 타인의 행복을 보고 자신들도 행복을 얻는다면 이타적 행동을 더 많이 할 것이고, 사회의 행복 총량은 더 커질 것이다.

11) 중장년층이 젊은 층보다 자기 삶에 더 만족한다. 이 명제는 퇴직연금을 인상하는 것보다 저렴한 탁아비용이나 질 높은 유치원 교육 등과 같은 정책으로 젊은 층의 삶을 향상시킬 수 있는 방안에 우선순위를 두는 것이 합리적임을 의미한다.

12) 행복은 한 번에 큰 행복을 느끼는 것보다 자주 경험하는 것이 좋

다. 긍정적 경험의 빈도 수가 강도(intensity)보다 훨씬 더 행복에 큰 영향을 미친다.

13) 사회적 지위가 높을수록 행복도가 더 높다. 영국 공무원을 대상으로 한 연구 결과를 보면 고위 공무원일수록 스트레스와 관련된 코르티손 수치가 평균적으로 낮았다. 실제로 높은 지위를 가진 사람들은 낮은 지위를 가진 사람들에 비해 평균적으로 4년 반을 더 산다는 연구 결과도 있다.

14) 오스카상을 받은 사람은 상을 받지 못한 사람보다 평균 4년을 더 살았다.

15) 행복 수준이 높을수록 긍정적 시민이다. 행복 수준이 높은 사람들이 더 건강하고, 행복한 결혼생활을 영위하고, 업무 성취도가 높고, 시민 의식이 투철하고, 관대하고 관용적인 시민일 가능성이 높다.

제 4 장

불평등과 마태 효과

1 복지국가와 평등사회

복지국가와 평등의 관계

복지국가는 평등을 떼놓고 논할 수 없다. 평등은 복지국가 개념 정의와 관련하여 중요한 논쟁점의 하나다. 복지국가와 평등의 관계에 대한 학자들의 견해는 다양하다. 윌렌스키(Harold L. Wilensky)는 복지국가에 대해 '최소한의 전국적 기준'만을 강조할 뿐 평등문제를 전혀 고려하지 않는다. 다만 '최소한의 전국적 기준' 자체가 최소한의 평등을 함축하는 의미는 있다. 헥셔는 복지국가의 정의에 대해 오직 '기회의 평등'을 촉진하는 데에 초점을 맞추고 있다. 반면에 적극적 재분배를 통해 '결과의 평등'을 증가시키는 방향으로 노력하는 국가라는 코르피의 복지국가 정의가 있다. 더 나아가 복지국가 발전의 정도는 국민들의 삶을 어느 정도 '탈상품화'시킬 수 있느냐의 여부로 결정된다는 에스핑-안데르센의 진보적 개념 정의도 있다(김태성 · 성경륭, 2010: 47-48). 복지국가 개념 정의와 관련하여 '최소한의 전국적 기준'을 강조하는 윌렌스키의 정의마저 평등을 배척한 것은 아니라고 본다면 복지국가와 평등은 떼려야 뗄 수 없는 관계다.

학자들이 복지국가의 정의를 어떻게 내리든 평등은 시민의 공동체 생활을 이끄는 원동력이다. 사회의 평등성의 정도는 사람의 행복과 건강에 많은 영향을 미친다. 행복과 건강은 복지의 핵심 요소다. 따라서 평등을 논외로 하고 복지국가를 논할 수 없는 이유다. 상대적으로 평등한 사회에 사는 사람들이 서로 더욱 신뢰한다. 일반적으로 평등한 사회일수록 더 행복하고 건강한 사회임을 밝히는 많은 연구 결과가 있다.

평등과 행복의 관계

마이클 아가일(Michael Argyle, 1998: 34)은 국가적 행복을 가늠할 때 소득 수준의 높낮이보다 소득의 평등이 더 강력한 지표라고 결론짓는 여러 연구사례를 들고 있다. 우리는 앞에서 이스털린의 역설을 소개한 바 있다. 소득 수준과 행복의 관계에서 일정 소득 수준까지는 행복과 소득이 비례관계에 있지만 일정 소득을 넘어선 경우 소득 증가가 결코 행복을 증진시키지 않는다는 사실을 지적했다. 국가적 행복은 소득 수준 그 자체보다는 소득 평등 수준이 더 결정적 요인임을 강조하는 것이다.

그는 이와 같은 결론에 이르는 두 가지 근거를 들고 있다. 첫째, 사람들은 자신의 행복을 소득의 절대 금액이 아니라 상대적 수준에 따라 판단한다는 점이다. 심리적 행복은 당사자의 소득 수준 자체가 아니라 비교할 여러 가지 소득 잣대와 자신의 실제 소득이 얼마나 차이가 나느냐에 달려 있다는 것이다. '쾌락의 회전 발판' 논의와 맥을 같이한다. 제자리에서 회전하는 발판 위에서 남들에게 뒤지지 않으려고 계속 달려야 하지만 결코 앞으로 나아가지 못하는 것과 비슷하다. 고소득층은 중간소득층보다 훨씬 큰 행복감을 느끼지만, 중간소득층은 소득이 좀 높아진다고 해서 행복감이 나아지지는 않는다. 만약 고소득층이 더 부자가 되는 경우는 어느 그룹도 행복감이 나아지지 않는다. 고소득층의 행복감은 그대로고 중간소득층의 행복감은 악화되기 때문이다. 결국 두 그룹 전체의 행복감이 향상되려면 고소득층의 부가 줄어들 필요가 있다(해밀턴, 2011: 68).

평등과 건강의 관계

사회 평등성의 정도와 건강의 관계에 대한 연구 결과도 매우 많다. 대표적인 책이 리처드 윌킨슨(Richard Wilkinson)의 『평등해야 건강하다: 불평등은 어떻게 사회를 병들게 하는가』(2008: 원저 2005)다. 윌킨슨(2008: 86)은 선진국들 사이에서는 더 부유한 국가라고 해서 전체 인구의 평균 건강 수준이 더 높다고 말할 수 없다고 말한다. 오히려 평등 수준이 국민의 건강도를 결정짓는다고 주장한다. 부유한 국가들 가운데 건강 수준이 가장 높은 나라는 제일 잘사는 나라인 미국이 아니라 노르웨이나 스웨덴처럼 평등한 나라들이다. 세계은행의 보고에 따르면 1980년대에 일본과 스웨덴은 선진국 가운데 가장 평등한 사회였고, 기대수명을 기준으로 일본은 첫 번째, 스웨덴은 두 번째로 건강한 사회였다. 이 두 국가는 상당히 통합적인 국가이고, 강력 범죄율도 매우 낮으며, 구성원 간 신뢰도도 상당히 높다.

반면에 미국은 세계에서 가장 잘살지만 선진국 가운데 구성원 간 신뢰도가 매우 낮고 사망률이 가장 높다. 미국은 보건의료비로 엄청난 돈을 쓰지만 다른 선진국들에 비해 평균수명이 가장 떨어진다. 미국의 기대수명은 전 세계 국가들 가운데 약 25위 정도에 불과하며, 선진국만 비교했을 때에도 미국의 기대수명은 가장 낮다. 또한 다른 부유한 시장 민주주의 국가들보다 소득 격차도 가장 큰 국가로 기록되고 있다. 영국의 사례도 마찬가지다. 20세기 마지막 4반세기 동안 영국에서 소득 격차가 증가하면서 영국인들의 기대수명도 급격히 추락했다. 이러한 결과는 기대수명뿐만 아니라 사망률 및 영아사망률도 동일한 결과로 나타났다.

하지만 한 국가 내부에서는 부유한 계층일수록 건강이 좋고 가난한 계층일수록 건강이 나쁘다. 즉, 부유한 국가들 사이에서는 소득과 건강에 긴밀한 연관이 없지만 부유한 국가 내부에서는 소득과 건강에 긴밀한 연관이 있다.

이러한 결과가 나온 것은 절대적 소득 수준과 상대적 소득 수준의 차이 때문이다. 국가 간 비교의 생활 수준은 절대적 소득 수준인 반면 국가 내부 생활 수준은 상대적 소득 수준이 대상이다. 상대적 소득 수준은 한 개인이 사회의 다른 구성원들과 비교하면서 인지하는 사회적 지위와 위치를 보여준다. 이를 통해 건강에 더 강력한 영향을 미치는 생활 수준은 행복과 마찬가지로 절대적 소득이 아니라 상대적 소득 수준이라는 사실을 확인할 수 있다.

윌킨슨(2008: 88)은 상대적 소득 수준을 이해시키기 위해 영국의 사례를 들어 설명하고 있다. 소득계층에 따른 내구성 소비재 소유 실태에 관한 것이다. 영국 가구의 최하위 20%를 조사했을 때 조사 대상자 가운데 80%가 컬러 TV, 냉장고, VCR, 전자레인지와 같은 내구성 소비재들을 가지고 있었다. 이들 빈곤층이 대부분의 내구성 소비재를 가지고 있음에도 불구하고 건강 상태가 좋지 않은 이유를 낮은 물질적 수준에 덧씌워진 사회적 낙인 때문으로 보고 있다. 2류의 재화들은 "당신의 인생은 B급이야"라고 말하는 것과 같다는 것이다. 이들 빈곤층은 상대적 빈곤과 낮은 사회적 지위가 가져다주는 고통을 감내하고 있다는 것이다.

모두 TV를 가지고 있지만 어떤 사람은 대형 LCD TV 또는 3D TV를 가지고 있고, 모든 여성이 가방을 메고 있지만 어떤 사람은 명품가방을 메고, 그 중에는 에르메스 가방을 메고 있다. 대형 TV와 명품가방을 갖지 못한 사람이 상대적 박탈감을 느끼는 것은 그러한 물건들을 가진 사람들이 있기 때문이다. 가난과 부는 상대적이다. 주위 사람들 전체가 비슷한 환경에 처해 있다면 가난과 부는 명확히 구분되지 않는다. 비교 대상이 있기 때문에 내가 가난하다고 생각하는 것이다. 존 스튜어트 밀(John Stuart Mill)이 언급했듯이 "사람들은 부자가 되기를 바라는 것이 아니라 다른 사람들보다 부유해지기를 소망할 뿐이다."

상대적 박탈감을 느끼는 상대적 소득이 절대소득보다 건강에 결정적 영향을 미친다는 많은 연구 결과가 있다. 빈곤이 건강을 악화시키는 이유는 가난한 사람들이 낮은 사회적 지위 때문에 심리적으로 고통을 받기 때문이다. 미국 흑인 남성과 코스타리카 남성을 비교한 연구가 있다. 1996년 미국 흑인 남성의 평균소득은 2만 6,522달러였으나 코스타리카 남성의 평균소득은 그 4분의 1에 불과한 6,410달러에 그쳤다. 하지만 기대수명은 미국 흑인 남성이 66.1년에 머문 반면에 코스타리카 남성의 평균수명은 75년이나 되었다. 미국 흑인 남성들은 코스타리카 남성들보다 실질소득이 네 배나 높았지만 수명은 9년이나 짧았던 것이다. 미국 흑인의 건강이 더 나쁜 이유는 이들의 물질적 수준이 절대적으로 낮아서가 아니었다. 이보다는 교육적 차별, 인종주의, 그리고 빈곤 지역에 살면서 느끼는 상대적 박탈감 등 빈곤이 가져오는 심리사회적 효과가 건강을 해치기 때문이었다(윌킨슨, 2008: 93).

윌킨슨은 평등도와 건강 간의 관계에 대한 재미있는 사례로서 미국 펜실베이니아 주의 이태리인 사회 로세토(Roseto)를 들고 있다. 로세토 주민들이 이태리어를 사용했던 시기에 이들의 식단이나 생활 습관이 별로 좋지 않았음에도 이들의 건강 수준은 주변의 도시들과 비교했을 때 월등하게 높았다. 그러나 로세토의 후세대들이 점차 영어를 사용하게 되고 로세토가 미국 사회에 완전히 편입되면서부터 건강 상태는 점차 악화되었다. 학자들은 초기 로세토 주민들의 건강 수준이 월등히 높았던 이유를 공동체의 강한 결속에서 찾는다. "로세토에서는 부자와 가난한 사람을 옷차림과 행동만으로 분간해내는 것이 극히 어려웠다. 주택이나 자가용과 같은 살림살이들은 매우 단출했고 신기하게도 비슷했다. …로세토에서는 이웃에게 거들먹거리며 허세를 부리는 분위기는 발견할 수 없었다. …이태리인들 사이에서 동료애는 가난한 사람들을 향한 과시나 거리감을 미리 차단했다"(윌킨슨, 2008: 237). 로세토는 실제로 평등한 사회일 뿐만 아니라 가난한 사람이 불이익을 받는 상황을 회피하는 '평등주의적 사회풍토'가 함께 작용한 사례라는 것이다.

윌킨슨은 또한 소득 격차가 심해질수록 사회적 삶의 질도 낮아진다는 주장을 뒷받침해 주는 많은 연구 결과들을 제시하고 있다. 소득 불평등이 사회적 관계의 질을 악화시키는 결정적 증거로서 강력범죄와 살인에 대한 연구를 들고 있다. 살인율에 관한 국가 간 연구에서 가장 일관된 결과는 소득 불평등과 살인율이 정(正)의 관계에 있다는 것이다. 높은 수준의 살인율은 소득 분배에서 나타나는 높은 수준의 불평등과 언제나 동시에 관찰된다는 것이다.

노벨경제학상 수상자인 아마티아 센의 공산주의 국가들의 사례연구도 건강과 불평등의 관계를 잘 보여주고 있다. 그는 1977년 1인당 GNP가 3,000달러 이하인 100여개 국가의 자료를 분석했다. 그는 기대수명이 시간에 따라 개선된 정도를 살펴보았다. 그의 분석 결과를 보면 공산주의 정부 10개국 가운데 9개국이 기대수명의 개선에서 최상위 25%에 들었다. 1인당 GNP가 1,000달러 미만인 20개 최빈국만을 대상으로 했을 때도 마찬가지였다. 20개 국가 가운데 건강 수준이 최고로 높았던 8개 국가가 모두 공산주의 국가들이었다. 평등한 사회일수록 기대수명으로 측정한 건강도가 더 높다는 사실을 보여준 것이다.

센은 공산주의 국가 다음으로 “한국, 대만, 홍콩, 싱가포르처럼 고도성장을 거듭한 초기 자본주의 국가들”을 건강도 개선 효과가 큰 국가로 꼽고 있다. 세계은행 보고서는 이들 초기 자본주의 국가에서 1960년대부터 1980년대 사이에 임금 격차가 모두 줄어들었다는 사실을 언급하고 있다. 임금 격차가 크지 않은 사회가 건강하다는 것이다. 세계은행이 발간한 『동아시아의 기적』(1993)에는 이들 국가가 좀 더 평등주의적으로 된 이유를 집권정부의 정당성 위기에서 찾고 있다. 예를 들면 한국은 북한이라는 경쟁자가 있었고, 대만과 홍콩은 중국 본토와 관련해서 자신의 정당성을 확보해야 했다는 것이다. 센이 한국을 건강도 개선국가로 지칭했는데 1960년대에서 1980년대의 한국은 고도 성장을 이룩한 시기다. 이 시기에 절대소득의 증대(빈곤율 감소)와 임금 격차 축소로 인한 소득 분배의 개선이 영향을 미친 것으로 해석할 수 있다.그런데 센이 1997년 외환위기 이후의 한국을 대상으로 분석했다면 다른 결론에 이르렀을 것이라는 생각이 든다. 우울증과 자살이 OECD 국가 중 가장 많은 나라가 한국이기 때문이다.

어쨌든 센이 말하고자 한 것은 소득 분배나 빈곤율의 감소가 건강 수준을 높이는 효과를 갖는다는 것이다. 그는 스리랑카가 소득 분배 없이 경제 성장만으로 현재의 건강 수준에 이르려면, 스리랑카의 1인당 GNP가 현 GNP의 20배는 되어야 했을 것이라고 예측했다. 이러한 주장은 절대소득의 증가보다는 소득 분배를 통한 상대소득의 격차를 줄이는 것이 사회 건강도를 높이는 더 현명한 방법임을 시사한다.

불평등과 정치의 관계

앞에서 평등한 사회일수록 더 행복하고 건강한 사회임을 밝히는 많은 연구 결과를 살펴보았다. 복지국가와 평등은 함께 가야 하는 동반자 관계다. 복지국가와 불평등은 서로 궁합이 맞지 않은 관계다. 불평등한 사회는 불평등 때문에 생기는 불의들의 대가를 반드시 치르게 되어 있다. 따라서 복지국가 건설이란 결국 불평등이라는 문제와 싸우는 일이다.

불평등 문제와 왜 싸워야 하나? 첫째, 불평등은 빈곤을 동반한다. 소득 수준이 높아진다 해도 불평등한 사회일수록 빈곤율은 높다. 빈곤은 사회악이며 복지국가의 걸림돌이다. 불평등을 지속적으로 완화하고 빈곤층을 중산층으로 편입시키려는 노력을 기울여야 한다. 둘째, 불평등은 사람들을 분열시킨다. 불평등한 사회일수록 부유층과 빈곤층 간 격리 현상이 심해진다. 불평등이 심해지면 한쪽에는 시기와 분노, 다른 쪽에는 오만과 우월감이 커지기 때문에 통합 사회로 가는 길을 저해하게 된다. 또한 불평등은 정치 권력의 격차도 낳는다. 부유층은 정치 권력 측면에서 더 유리한 지위를 누리면서 더 나은 지위를 다져간다. 소위 마태 효과다. 조금 심하게 표현하면 불평등은 빈민들의 희생으로 부자들이 이익을 챙기는 제도적 폭력이다.

진보정당과 보수정당 간 불평등 차이 그리고 투표의 역선택

경제적 불평등과 정치의 인과관계를 분석한 재미있는 책이 있다. 래리 M. 바텔스의 『불평등 민주주의: 자유에 가려진 진실』(2012)이다. 바텔스(2012: 18)는 정치 엘리트 계층의 당파적 정치와 이데올로기적 신념이 미국 경제, 특히 중산층과 빈곤층의 경제 형편에 매우 큰 영향을 미쳤다는 사실을 발견했다. 경제적 불평등은 상당 부분 '정치적' 현상이라는 것이다. 원래 경제적 불평등은 기술 변화, 세계화, 인구구조 변화 및 기타 경제사회적 요소들이 영향을 미치는 것으로 논의되었다. 그런데 바텔스는 정치가들의 정책 노선의 차이에서 경제적 불평등의 원인을 찾았다.

그가 실증 분석한 결과는 민주당과 공화당의 집권 기간 동안 경제적 불평등이 차이가 있었다는 것이다. 지난 반세기 동안 민주당 집권기에 중산층 가족의 실질 소득은 공화당 집권기보다 2배 더 성장했다. 또 근로빈곤 가족의 실질소득은 6배 더 성장했다. 민주당 정부 아래에서 중산층과 근로빈곤층이 훨씬 더 잘 살았다는 것을 의미한다. 반면에 공화당 집권기에는 부유층의 소득이 중산층과 빈곤층보다 훨씬 더 빠르게 늘었고, 소득 불평등도 상당히 증가했다. 공화당이 집권하면 부유층이 훨씬 더 잘살게 된 것이다. 이는 불평등 증가가 단순히 불가피한 경제적 추세가 아니라 정치노선에 의해 영향을 받는다는 것을 증명한다. 정치 과정은 부의 이점을 더 강화시키는 쪽으로 진화해 왔다. 정치가 마태 효과를 부추긴 결과를 초래한 것이다. 결국 "바보야, 문제는 정치야!"를 다시 한 번 외치게 된다.

바텔스는 또 다른 재미있는 분석을 한다. 앞의 분석에서 보듯이 공화당 집권 때보다 민주당 집권기에 빈곤층과 중산층이 더 잘살게 되었다. 그런데 빈곤층과 노동자 계층은 자신들의 경제적 이득과 일치하지 않는 정책을 펴는 공화당에 표를 던지는 사실을 확인했다. 그 결과 공화당 대통령 후보들이 지난 50년 동안 각종 선거에서 승리할 수 있었다. 왜 빈곤층과 중산층은 자신들의 이익과 일치하지 않는 정책을 펴는 공화당에 표를 던질까? 일부에서는 노동계층 유권자들이 낙태나 동성결혼 같은 문화적 가치와 관련된 이슈 때문에 공화당 진영으로 옮겨간 것이라고 분석한다. 그러나 바텔은 이에 동조하지 않고 전혀 다른 분석을 한다.

바텔은 공화당 후보들이 대선에서 승리한 이유를 선거와 관련된 유권자의 세 가지 경향으로 설명한다.

첫째, 유권자들이 최근의 경제 성과를 근시안적으로 바라보고 전체 경제 상황을 제대로 파악하지 못한다는 것이다. 민주당은 집권 2년차에 소득이 늘어나는 정책을 편 반면에 공화당은 선거가 있는 해에 소득이 증가하는 정책을 폈다. 유권자들은 선거 해의 소득 증가에 민감하게 반응하기 때문에 일종의 경제적인 착시 효과를 일으킨다. 따라서 유권자들의 근시안적 안목 때문에 공화당이 많은 지지표를 얻을 수 있었다.

둘째, 유권자들은 자신이 어떤 소득 구간에 속하든 고소득층의 소득 증가율에 민감한 반응을 보인다는 사실이다. 이상하게도 유권자들은 자신과는 상관이 없는데도 고소득층의 소득이 증가하면 그것을 긍정적인 신호로 받아들인다. 대리 만족이라고 보아야 하나? 공화당은 대통령 선거 해에 부유층의 소득을 증가시켜 왔다. 그 결과 유권자들의 많은 지지를 받을 수 있었다.

셋째, 유권자들은 선거 유세에 비용을 많이 사용할수록 더 크게 반응을 보이는 경향이 있다. 공화당은 항상 자금 조달에 유리하기 때문에 지지표를 더 모을 수 있었다.

또 다른 사람은 미국인들이 불평등에 대해 별로 개의치 않는 점을 공화당 승리 요인으로 들고 있다. 미국인들은 정당하게 승부하지 않는 사람들에 대해 분노하지 불평등에 대해 분노하지는 않는다는 것이다. 불평등에 대한 무관심이 자기 이익을 대변하지 않는 정당을 지지하는 결과로 나타날 수 있음을 보여준다.

자신들의 이익을 별로 대변하지 않는 정당을 지지하는 이 '불편한 진실'을 어떻게 받아들여야 할까? 이러한 현상은 우리나라의 영세 자영업자들이 자신들의 이익을 정책에 반영하는 진보적 정당을 지지하기보다 보수파를 지지하는 것과 유사하다. 러시아인으로 한국에 귀화한 박노자(2009: 28)는 한국과 일본이 온건 좌파 지향의 유럽과 급진화된 중남미보다 더 보수적인 원인 중 하나로 자영업자가 많다는 것을 꼽는다. 무급 가족까지 포함해서 자영업자들이 전체 취업자의 34%인 한국이나 16%인 일본에서는 당장의 자금 흐름이 문제가 돼 '경기 회복'을 약속하는 극우파의 감언이설에 귀가 솔깃해지는 사람들이 많다는 것이다. 영세 자영업자들이 보수적 성향을 띨 수밖에 없는 사회심리적 상태를 보여준다. 이것은 중남미 영세업자들이 복지 확대를 주장하는 좌파를 지지하는 것과 대비된다.

영세 자영업자들이 '경기 회복'이나 '경제 성장'에 귀가 솔깃해 보수적 정당을 지지하지만 실제로 보수 정당의 경제적 성과가 진보 정당의 성과보다 더 낫지 않다는 분석이 있다. 제임스 길리건(2012: 82-84)에 의하면 미국인의 통념은 경제 성장을 원하면 공화당을 찍어야 하고, 민주당은 성장의 장애가 된다고 보지만 실제로는 정반대라고 주장한다. 그가 1900~2010년의 110년 자료를 분석하여 제시한 미국인들의 선입견과 다른 결과는 다음과 같다.

① 불황은 공화당 정부 때에 민주당 때보다 3배(17 대 6) 더 자주 시작되었다. 민주당 때 시작된 불황보다 공화당 때 시작된 불황이 무려 4배(5년 미만 대 20년 이상)나 더 오래 갔다.

② 공화당이 다음 정권에 불황을 유산으로 넘길 확률이 민주당보다 4배 더 높다. 공화당은 4번, 민주당은 1번 다음 정부에 불황을 물려주었다.

③ 민주당 집권기에 일어난 불황의 3분의 1(86개월 중 27개월)은 공화당 정부로부터 물려받은 것이었다. 대표적인 예로서 1929년 시작된 대공황이나 2008년 시작된 금융위기 모두 공화당 시대의 유산이다.

경제성장률의 두 정당 간 차이도 마찬가지다. 국민총생산(GNP)의 개념이 처음 도입된 1948년부터 2005년 사이에 1인당 실질 국민총생산은 공화당 집권기에 1.64% 늘어난 반면에 민주당 집권기에는 2.78% 늘었다. 민주당 집권기의 경제성장률이 공화당 때보다 70% 더 높았다.

우리나라에서도 '경제 대통령'으로 칭한 이명박 대통령 집권기의 평균 경제성장률(4년 평균 3.1%)이 노무현 정부 때(4.3%)보다 더 낮다. 2008년 금융위기를 겪었다고 하지만 금융위기가 끝난 이명박 정부 임기 말년(2012년)에도 경제성장률이 매우 낮은 2.5% 수준으로 예측되고 있다. 영세 자영업자들이 747공약에 귀가 솔깃해 지지할 수 있지만 실제 경제적 성과는 결코 공약대로 되지 않는다는 사실이 우리나라와 미국에서 입증되었다.

진보정당과 보수정당 간 자살률과 살인율의 차이

진보 정당과 보수 정당 간 경제적 불평등에의 영향에 차이가 있다는 바텔스의 연구 결과를 보았다. 그런데 길리건은 자살률과 살인율도 집권 정당 간 차이가 있다는 재미있는 연구 결과를 내놓고 있다. 길리건은 사회과학자가 아니라 정신의학자란 점이 특이하다. 그는 1966년부터 2000년까지 하버드대 의대 교수를 지냈고 지금도 뉴욕대 정신과에서 강의하고 있는 정신의학자다.

길리건은 1900년부터 2007년까지 미국의 자살률과 살인율 통계를 분석했다. 그런데 한 세기 동안 일관되게 자살률과 살인율이 동시에 급증했다가 동시에 급감하는 사실을 발견하고 의문을 가졌다. 왜 자살률과 살인율이 같이 움직이는 걸까? 자살은 개인적 문제고 살인은 사회적 문제인데 왜 급증·급감 현상이 동시에 일어나는지 분석을 한 것이다. 그가 내린 결론은 놀라운 것이었다. 보수 정당인 공화당이 집권할 때는 미국의 자살률과 살인율이 증가하고, 진보 정당인 민주당이 집권할 때는 감소한다는 것이다. 이러한 변화는 우연의 탓이라고 설명할 수 없을 만큼 규모가 컸으며 강력한 일관성을 보였다. 보수 정당과 진보 정당의 정책에 사람의 생명을 좌우하는 결정적 차이가 존재한다는 것이다.

이러한 사실은 다른 나라에서도 입증되고 있다. 시드니대학 리처드 테일러 교수 연구 팀은 호주에서 보수당이 집권하면 노동당이 집권할 때보다 남자의 자살률은 17%, 여자는 40% 높아진다고 추정했다. 1901

년에서 1998년까지 뉴사우스웨일스 주의 자살률을 분석해서 얻은 결과다. 영국의 경우에도 비슷한 연구 결과를 보여준다. 브리스톨대학의 매리 쇼 박사와 동료 연구자들은 1901년부터 2000년까지 99년 동안 잉글랜드와 웨일스의 자살률을 조사해서 비슷한 결과를 얻었다. 연구 결과에 따르면 보수당이 집권하지 않았다면 3만 5,000명의 사람이 죽지 않았을 것이라고 계산한다.

그렇다면 자살과 살인 발생률이 집권 정당 간 차이가 나는 원인은 무엇인가? 자살과 살인의 직접적 동기는 심리학적으로 수치심과 치욕감으로 본다. 수치침과 치욕감으로 자살과 살인의 계기가 되게 만든 것은 실업이 매우 중요한 요인이라고 말한다. 실업률이 높아질수록 살인율과 자살률이 높아지며, 실업과 연관된 경제 변수인 빈곤, 불평등, 불황 또한 살인 및 자살 발생률과 정비례한다는 것이다. 그런데 앞에서 보았듯이 실업, 빈곤, 불평등, 불황 등이 민주당 집권 시기보다 공화당 집권기에 더 많이 발생했다는 것이 연구 결과의 논리다.

길리건(2012: 194-195)은 이러한 논리를 삼단 논법으로 잘 정리하고 있다.

■ 일차 삼단 논법: 심리학적 삼단 논법

〈대전제〉 수치심과 치욕감은 자살과 살인의 동기가 되므로 자살률과 살인율을 모두 높인다.

〈소전제〉 실업, 상대적 빈곤, 사회·경제적 지위의 추락 같은 형태로 나타나는 사회·경제적 고통과 어려움은 수치심과 치욕감을 자극한다.

〈결론〉 따라서 방금 언급한 형태로 나타나는 사회·경제적 고통과 어려움은 자살률과 살인율을 높인다.

■ 이차 삼단 논법: 정치적 삼단 논법

〈대전제〉 공화당 정부는 사회·경제적 고통 수준을 높이고 민주당 정부는 그것을 줄인다.

〈소전제〉 사회 · 경제적 고통은 살인율과 자살률을 높인다.

〈결론〉 따라서 자살률과 살인율은 공화당 정부 때 높아지고 민주당 정부 때 낮아진다고 예상할 수 있다.

길리건은 자신의 분석 결과를 바탕으로 주장한다. 자살과 살인이 개인이 책임져야 할 문제가 아니라 정치가 책임져야 할 문제다. 대통령을 배출한 정당이 대통령 개인의 인격보다 사회 변화에 더 큰 영향을 끼친다고 말하며, 유권자들이 좋든 싫든 그 정당과 결부된 모든 이념을 보고 투표를 해야 할 것을 강조했다. 역시 "바보야, 문제는 정치야!"를 상기시킨다.

복지국가와 양성 평등

복지국가에서 평등을 논할 때 남성과 여성의 평등을 배제한 채 논의할 수 없다. 복지제도가 발달된 복지국가일수록 성 평등의 정도가 높다. 우리나라의 성 평등의 정도는 어느 정도일까? 세계경제포럼(WEF)의 성 격차지수(GGI)를 보면 우리나라는 134개국 중 115위(2009년)다. 미국의 시민단체인 소셜 워치(Social Watch)가 발표한 성 형평지수(GEI)도 157개국 중 116위다. 우리나라의 성 평등 수준은 매우 낮은 편이다.

성 평등 수준이 높은 나라는 노르딕 국가들이다. 2009년 세계경제포럼(WEF)의 성 격차지수(GGI)를 보면 1위 아이슬란드, 2위 핀란드, 3위 노르웨이, 4위 스웨덴, 7위 덴마크다. 역시 복지제도가 잘 갖춰진 국가들의 성 평등 수준이 높다. 성 평등 수준이 가장 낮은 국가는 주로 이슬람 국가들이다. 아시아권 국가들은 선진국들보다 한참 하위 수준이지만 필리핀은 영국, 미국보다 높은 성 평등국가로 분류된다. 반면에 우리나라는 115위로서 아시아권에서도 최하위 수준에 머물고 있다.[1]

성 평등 이슈는 초기에 적극적 조치(affirmative action)의 일환으로 접근했다. 약자인 여성의 권익을 옹호하고 진작시키는 차원에서의 접근이다. 그러나 최근에는 성 주류화의 흐름이 세계적 추세다. 1995년 베이징(北京) 세계여성대회는 성 평등에 대한 새로운 접근으로서 성 주류화(gender main-streaming) 전략을 채택했다. 그리고 성 주류화의 제도화를 적극 권장했다. 1995년 베이징행동강령에는 "정부는 평등하고, 효율적이고, 적절한 자원배분을 도모하고 성 평등을 위한 예산분배를 위해 편성, 개발, 적용, 시행 등 모든 예산 과정에서 젠더 관점을 결합해야 한다"고 표방하고 있다. 성인지 예산제도 도입에 대한 최초의 포괄적 합의를 이끌어낸 것이다. 2001년 브뤼셀 회의는 좀 더 구체적인 관심과 합의를 도출했다.

이러한 성 주류화 전략이라는 국제적 흐름에 부응하여 우리나라는 2007년 국가재정법 제정시 중앙정부 2010년도 예산부터 성인지 예산서와 결산서 작성을 의무화했다. 지방정부의 경우 2011년도에 성인지 예산제도가 지방재정법에 반영되어 2013년도 예산부터 도입되었다. 성인지 예산제도는 성 중립적으로 보이는 공공지출을 성인지적 관점에서 분석하여 예산이 기존의 성 불평등에 미치는 영향을 밝혀내고 자원이 평등한 방식으로 배분될 수 있도록 예산 과정에 반영하는 제도다.

이에 앞서 성별영향평가제도를 2002년에 여성발전기본법에 반영하고, 2005년부터 본격 시행했다. 성별영향평가제도란 정책에 나타나는 성 차별적 영향을 제거하고 모든 정책과 사업이 균등한 수혜를 가져올 수 있도록 사전에 그 정책이 여성과 남성에게 가져올 결과를 검토 및 분석하는 제도다. 여성발전기본법(제10조)에는 "국가 및 지방자치단체는 소관 정책을 수립·시행하는 과정에서 당해 정책이 여성의 권익과 사회참여 등에 미칠 영향을 미리 분석·평가해야 한다"고 규정하고 있다.

그렇다면 복지국가에서 왜 양성 평등이 중요한가? 양성 평등의 필요

---

1 세계경제포럼(WEF)의 2009년 성 격차지수(GGI)에 의하면, 필리핀 9위, 태국 59위, 중국 60위, 일본 75위, 싱가포르 85위, 인도네시아 92위, 인도 114위다.

성에 대해 규범적 측면에서는 양성 평등이라는 보편적 가치를 추구하는 것이 기본권 및 인권을 확보하는 길이란 점이다. 여성이라는 이유로 차별을 받는다면 인류의 보편적 가치인 기본권과 인권을 침해하게 된다. 1979년 UN 총회는 '모든 형태의 여성차별금지협약', 일명 '여성국제권리장전'을 채택한 바 있다.

남녀의 사회적 차별 현상에 대해 리그니(2011: 78)는 재미있는 컴퓨터 시뮬레이션을 이용한 실험을 소개하고 있다. 8단계의 서열로 구성된 조직을 만든 다음 승진 단계마다 아주 작은 비율(1%)로 남성 선호 성향을 부여했다. 1%의 남성 선호라는 아주 작은 남녀 차별로 시작했을 때 그 영향은 매우 크다는 것을 입증했다. 실제로 최상 계층에서 남성의 비율이 65%로 나타났다. 이런 경향은 카오스 이론의 나비 효과와 유사하다. 나비 효과란 베이징에서 나비 한 마리가 날개를 펄럭이면 그 효과가 증폭되어 뉴욕에서 폭풍우가 칠 수 있다는 이론이다. 지금까지의 역사적 경험은 남성의 누적 우위와 여성의 누적 열위로 그 격차가 확대되는 마태 효과를 보여주었다. 여성이 차별받는 보편적 가치가 훼손되는 사회는 진정한 복지국가라고 할 수 없다.

양성 평등의 실용적 목적으로는 여성 인력의 활용과 생산성 증가로 경제 성장에 기여한다는 점을 들 수 있다. 성 평등과 경제 성장의 관계를 보면 성 평등은 다양한 경로를 통해 경제 성장에 긍정적 영향을 미친다고 보고 있다. 먼저 인적 자본의 질 향상과 그에 따른 노동생산성의 개선을 통해 경제 성장에 긍정적 영향을 미친다. 여성 교육의 한계수익이 남성에 비해 높기 때문이다. 여성 한 명을 더 교육을 시킬 때 얻는 편익이 남성보다 더 크다. 자원배분의 효율성 증대를 통해서도 경제 성장에 기여한다. 그리고 저축 성향의 성별 차이로서 여성이 남성에 비해 저축에 대한 유인이 크기 때문에 경제 성장에 기여한다는 연구도 있다. 저출산으로 인한 인구 감소와 고령화를 경험하고 있는 우리나라로서는 여성 경제활동 인구를 적극 활용하는 정책적 노력을 기울여야 한다.

성 평등 지수와 성장과의 관계에 대한 연구 결과도 많다. 2007년 유럽연합 회원국의 경우 여성권한 척도(GEM) 점수가 높은 국가일수록 1인당 GDP 역시 높게 나타난다. 2007년 맥킨지 여성보고서에 의하면 여성 고위직 비율이 높은 기업일수록 '조직 탁월성' 점수가 높게 나타난다. OECD 회원국 가운데 고용률에서의 성별 격차가 작은 국가일수록 출산력이 높다는 연구 결과도 있다. 남성과 여성의 평등은 지속 가능한 경제 성장과 충실한 사회 개발에 필수적임을 알 수 있다. 최근 우리나라는 여성의 권익이 크게 신장되고 있지만 아직 성 평등 수준이 선진국 수준에 이르지 못하고 있다. 새로운 복지국가를 건설하는 데에 양성 평등에 입각한 정책 및 제도설계가 필수적임을 강조하고자 한다.

2 양극화와 중산층 붕괴

소득 양극화와 소득 불균등

중산층을 알아보기 위해서는 소득 양극화와 소득 불균등을 구분하여 이해할 필요가 있다. 중산층은 소득 양극화와 관련이 있기 때문이다. 양극화는 주로 중산층 소멸 현상과 빈곤의 증대에 대한 관심으로부터 출발한 개념이다(이정우, 2011: 82). 소득분배의 불평등이 전체 인구의 소득분포를 대상으로 한 개념이라면 소득 양극화는 빈곤층과 부유층 같은 인구의 특정 계층에서 나타나는 소득분포 밀도의 집중 현상에 초점을 맞춘 것이다.

소득 불균등(income inequality)은 '소득분위별 분배 상황이 균형분포를 이루지 못한 현상'을 의미한다(민승규 외, 2006b). 지니계수, 5분위 분배율 등의 지수로 측정한다. 소득 양극화(income polarization)는 '중간 소득계층이 줄어들면서 소득분포가 양 극단으로 쏠리는 현상'을 의미한다. 울프슨(Wolfson) 지수, ER(Esteban and Ray) 지수 등을 사용하여 측정한다.[2]

소득 불균등 수준은 양호하더라도 소득 양극화는 심각할 수 있으며, 반대로 소득 불균등이 심각하더라도 소득 양극화는 양호할 수 있다. 소득 양극화의 심화가 반드시 소득분배구조의 악화를 의미하는 것은 아니다. 마찬가지로 소득분배 구조의 악화가 소득 양극화의 심화를 의미하지 않는다. 우리나라의 소득 불평등도는 OECD국가 중에서 중간 정도에 속하나 상대빈곤율은 매우 높은 국가로 분류되고 있다. 이것은 소득 불균형 문제보다 소득 양극화 문제가 더 심각함을 의미한다.

2009년과 2010년에 지니계수로 측정된 소득 불평등도가 개선되었는데 그 원인을 두고 해석이 분분했다. 그런데 소득 불평등도 개선의 주된 이유 중의 하나는 저소득 가구의 2차 노동력(주로 기혼 여성과 자녀들)의 취업이 증가했기 때문으로 분석되고 있다. 기혼 여성 등의 2차 노동력의 취업이 저소득층의 가구소득을 증가시켜 소득 불평등을 완화한 것이다. 그러나 이들의 취업 증가가 저임금 계층의 노동 공급을 증가시켜 임금 수준의 하락을 유발한다면 가구 소득의 하락으로 소득 양극화는 증가할 수 있다. 실제로 베이비 부머의 퇴직이 시작되면서 가사노동에 종사하던 기혼 여성들이 대거 취업전선에 뛰어들었다. 그들의 대부분은 저임금 직종에 종사하고 있다. 따라서 소득 양극화와 소득 불균등에 대해서는 서로 다른 문제 의식과 접근 방법이 필요하다. 중산층 문제는 소득 양극화 관점에서 접근할 필요가 있다.

중산층 붕괴 현상

양극화 현상은 결국 중산층 축소 현상으로 귀결된다. 우리나라의 중산

---

2 울프슨 지수는 중산층을 중위소득을 가진 인구 계층으로 규정하고 중위소득으로부터의 소득의 분산 정도가 클수록 소득의 양극화가 커진다. ER 지수는 집단 내부의 동질화의 정도와 집단 간의 이질화의 정도(소득 격차)를 이용하여 측정한다. 특정 계층 안에서 구성원 간의 동질성이 커지거나 서로 다른 계층에 속한 구성원 간의 소외감이 커질 경우 양극화가 심화된다고 가정한다(이정우, 2011: 82, 83).

층 비중을 가구 단위로 보든 소득 기준으로 보든 최근 지속적으로 감소하고 있다. 측정 방식을 어떤 식으로 하든 사실상 중산층이 붕괴하고 있다.

중산층의 정의는 가구를 소득 순으로 나열했을 때 중위소득의 일정 범위를 지칭한다. 중위소득에 대한 접근법으로는 일정 비율 접근법과 구간 환가 방법(interval deflator approach)[3]이 있다. 많이 인용되는 중산층 범위는 OECD 기준으로서 일정 비율 접근법인 중위소득의 50~150%를 지칭한다. 핵심 중산층 범위로서 중위소득 75~125%를 설정하기도 한다.

중산층은 이러한 상대적인 정의와 달리 절대적인 기준의 정의도 존재한다. 절대적 정의는 '중산층의 소득점유율' 기준으로 정의된다. 전체 가구를 소득 수준에 따라 20%씩 균등한 수로 5등분했을 때 중간에 속하는 세 개의 5분위의 가구를 중산층으로 정의하는 방법이다. 즉, 전체 가구에서 중간의 60%에 해당하는 가구를 중산층으로 정의하고 양쪽 끝에 있는 가구들을 각각 빈곤층과 상류층으로 구분하는 방법이다. 이러한 중산층 정의는 소득의 변동은 분석할 수 있지만, 중산층의 규모가 늘 60%로 고정되어 있다는 단점이 있다(강성진 외, 2010: 20).

그런데 측정 단위로서의 가구를 1인 가구 이상인지 2인 가구 이상인지에 따라 중산층 규모는 차이가 날 수 있다. 〈표 4-1〉에서의 전체 가구는 비임금 근로자 가구(상인, 개인경영자, 법인경영자, 자유업자)를 포함한 2인 이상 가구를 말한다. 통계청은 1982년부터 가계조사를 하고 있는데 당시에는 2인 이상 근로자 가구에 한정되었으나 2003년 이후에는 농가 가구 및 1인 가구를 포함한 전체 가구에 대한 가계조사가 실시되고 있다.

김용기 외(2010)의 연구에 의하면 OECD 기준인 중위소득 50~150%의 중산층 규모는 가구 단위로 볼 때 2003년 60.4%였는데 계속 감소하여 2009년 55.5%에 불과하다. 소득 기준으로 볼 때에도 2003년 54.0%에

3 구간 환가 방법은 특정 연도의 소득에 따라 중산층을 정의하고 다른 비교 연도에 대해 소비자물가지수의 변동을 고려하는 방식이다.

〈표 4-1〉 전체 가구 중 중산층 가구와 소득 비중

(단위: %)

연도별	중위소득 50~150%		중위소득 75~125%	
	가구 비중	소득 비중	가구 비중	소득 비중
2003	60.4	54.0	33.5	30.1
2004	59.5	52.6	31.8	28.5
2005	58.2	52.3	31.2	28.3
2006	56.3	49.6	30.2	27.0
2007	56.4	49.4	30.2	26.9
2008	55.5	48.4	29.8	26.3
2009	55.5	48.1	30.0	26.1

주: 2인 이상 전체 가구.

자료: 통계청, 가계동향조사 2003~2009년 자료를 토대로 작성(김용기 외, 2010: 16, 17).

서 2009년 48.1%로 감소했다.

전체 가구가 아닌 2인 이상 근로자 가구를 대상으로 할 때에도 중산층 가구 비중은 1993년 74.6%에서 2009년 62.4%로 지속적으로 하락했다. 소득 비중도 1993년 65.2%에서 2009년 53.3%로 감소했다(김용기 외, 2010: 18). 핵심 중산층에 해당하는 중위소득 75~125% 규모도 가구 비중이든 소득 비중이든 지속적인 감소 추세에 있다.

남준우(2007: 14)는 1인당 가구 소득을 기준으로 핵심 중산층인 중위소득의 75~150%의 비중을 산정한 바 있다. 그에 의하면 1999년부터 2004년까지 우리나라의 중산층 비중은 42.3%에서 40.7%로 감소했으며 2001년 이후 계속 감소 추세를 보여준다. 그리고 중산층에서의 이탈은 상위층보다는 하위층으로의 이동 비중이 더 크게 나타나고 있다.

매일경제의 분석에서도 중산층 붕괴 현상을 확인할 수 있다. 매경은 통계청 가계 동향과 인구총조사를 근거로 1990년과 2010년 소득별 인구 분포를 분석했다(2011. 3. 21). 분석 결과 중산층은 1990년 75.4%에서 2010년 67.5%로 급감했다. 반면에 빈곤층은 7.1%에서 12.5%로 증가했으며, 부유층도 17.5%에서 20.5%로 증가했다. 부익부 빈익빈의 마태

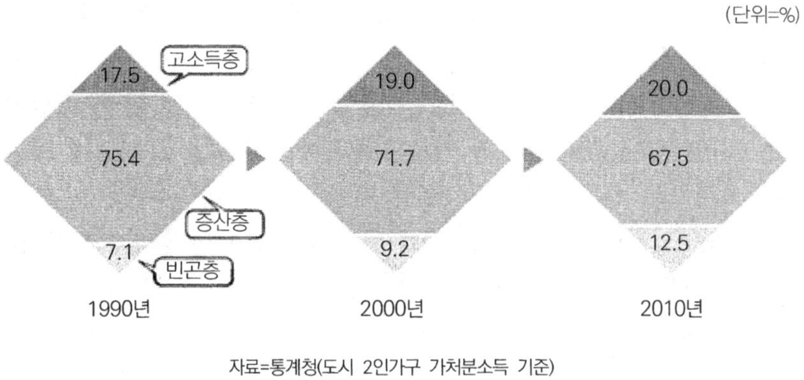

[그림 4-1] 빈곤층, 중산층, 부유층의 증감 추이

출처: 매일경제(2011. 3. 21).

효과를 확인할 수 있다.

매경의 분석에 의하면 지금까지 주된 몰락 경로가 중장년층 자영업 창업 실패였지만 이제는 출발선에서부터 뒤처지는 20~30대가 급증하면서 제2 몰락 경로가 고착될 염려가 커졌다고 본다. 가장이 30대고 통계청 분류 기준상 임시 · 일용근로자, 자영업자, 미취업자, 기타에 속해 있는 가구가 2010년 현재 무려 98만 8,640가구에 이른다. 이들 가구의 배우자와 자녀까지 합하면 292만 5,000여 명에 달한다. 사실상 저축 여력이 없는 데다 고용 지위도 취약해 언제든 빈곤층으로 떨어질 위기에 처해 있다는 얘기다. 이들 2030세대가 빈곤층으로 모두 추락한다면 빈곤층 가구는 지금보다 100만 가구(30%) 이상 늘어나게 된다고 주장한다.

실제 중산층 비중과는 상관없이 국민들의 중산층에의 귀속 의식은 어떨까? 통계청이 발표한 '2009년 사회조사 결과'에 따르면 우리나라 국민 100명 중 55명은 자신이 중산층에 해당한다고 생각했다. 가구주를 대상으로 자신의 사회경제적 지위를 물어본 결과 54.9%가 중간층이라고 답한 것이다. 2006년 53.4%보다 늘어난 수치다. 실제 중산층은 줄고 있는데 자신이 중산층이라고 생각하는 비율은 약간 늘고 있는 셈이다.

중산층에서 이미 이탈했는데도 인지를 못하고 있거나 중산층으로 남아 있기를 희망한 결과일지도 모른다.

우리나라의 평균 중산층 가정은 어떤 조건을 갖춘 모습일까? 매일경제는 2010년 우리나라 중산층 가구의 특징을 통계적으로 평균해 보니 '40대 가장으로 월평균 소득이 260만 원인 외벌이 4인 가구로서 집 크기가 평균 65㎡(19.7평)인 가구'로 특징지었다.[4] 2011년 현대경제연구원의 '한국 중산층의 구조적 변화' 보고서에 의하면 중산층 구조는 1990년 '30대 · 고졸 · 제조업 · 남성 외벌이'에서 2010년 '40대 · 대졸 · 서비스업 · 남녀 맞벌이'로 변화했다고 한다. 구체적으로 중산층 가구주의 평균 연령은 37.5세에서 47세로, 맞벌이 비중은 15%에서 37%로, 여성 가구주의 비중은 11.6%에서 16.4%로 증가했다는 것이다.[5] 두 기관의 평균 중산층 묘사 부분에서 외벌이와 맞벌이의 차이가 있지만 사실상 유사하다. 평균 중산층이 예전보다 연령과 학력이 높아지고 맞벌이 비중이 높아진 것이 특징이다.

그런데 중산층 가구의 생활이 여유 있고 경제적 안정을 이루고 있다면 좋을 텐데 그렇지 못한 것이 현실이다. 우리나라 중산층 가구의 가계수지는 계속 악화되고 있다. 중산층 가운데 적자 가구의 비중은 1990년 15.8%에서 2010년 23.3%로 높아졌다. 흑자 비율도 1990년 22.2%에서 2010년 17.9%로 낮아졌다.[6]

소득 구성비를 볼 때에도 경상소득 가운데 사업소득과 재산소득이 차지하는 비중은 줄어들고 사회안전망 확충에 따른 이전소득 비중은 2010년 10.2%로 1990년에 비해 2배나 급증했다. 중산층 지출구조도 가계수지를 압박하는 요인으로 작용하고 있다. 중산층 가구 지출 가운데 부채 상환액 비중은 2.5배, 국민연금, 건강보험 등 준조세지출 및 사교육비, 통신비 지출 비중은 3배가량 늘어났다. 반면에 오락과 문화비 비

4 매일경제, 2010년 6월 6일자 인터넷 신문.
5 연합뉴스, 2011년 8월 28일자 인터넷 신문.
6 연합뉴스, 2011년 8월 28일자 인터넷 신문.

중은 오히려 줄었다. 중산층의 경제적 여유가 점점 없어지고 있는 것이다. 중산층이 내수 소비를 확대하는 방향으로 역할을 하지 못하고 있음을 반영한다.

더욱 문제가 되는 것은 중산층 가계가 안고 있는 가계부채다. 2008년 기준으로 소득 중위 수준인 3분위와 4분위 가구의 44%와 48.4%가 평균 4,000만 원 수준의 금융권 부채를 안고 있다. 개인 부채도 2010년 1인당 국민총소득(GNI)의 80%를 처음으로 넘어섰다. 부채 비율이 80%를 넘은 것은 개인 부채 통계가 집계되기 시작한 1975년 이후 처음이라고 한다.[7] 중산층의 심각한 재정 압박은 이들이 빈곤층으로 전락할 위험에 노출되어 있다는 의미다.

2009년 한국보건사회연구원의 '복지 패널 시뮬레이션 조사'에 따르면 실직·폐업 등으로 소득이 끊겼을 때 한계중산층(소득 규모가 중위소득의 50~70%인 계층)의 72.5%는 빚을 얻거나 집을 처분하는 등의 비상대책 없이는 6개월을 버티지 못하는 것으로 조사됐다. 중산층 몰락 직전의 심각한 처지에 놓여 있는 것이다.

중산층의 여건이 이렇게 심각한 데도 불구하고 이명박 정부의 중산층 대책은 매우 미흡하다. 이명박 정부 초기 고환율과 감세정책으로 대기업들은 수혜를 받고, 빈곤층을 대상으로 한 복지예산은 약간 증가했다. 하지만 빈곤층으로 떨어질 위험에 처해 있는 중산층은 정책의 사각지대에 놓여 있는 셈이다. 중산층 보강문제는 내수 소비 진작 등 경제 활성화에 기여하고 사회통합에도 기여한다는 점에서 새롭게 정책의제로 확립되어야 할 것이다.

중산층 보강 문제는 복지재정 부담을 줄일 뿐만 아니라 경제 성장과 사회통합에도 필요한 핵심 의제다. 중산층은 내수 소비의 토대가 되고 사회통합의 매개가 되는 계층이다. 중산층이 줄어들면 성장 지향형 사회보다 분배 지향형 사회를 추구하게 된다. 그만큼 복지재정 수요가 증가한다는 의미다. 성장과 분배를 병행할 수 있는 전략으로서 '중산층 보

7 경향신문, 2010년 7월 25일자 인터넷 신문.

강론'을 꼽지 않을 수 없다. 복지재정 부담을 줄이고 지속적 경제 성장을 추진하기 위해서는 중산층 보강이 시대적 과제다.

크루그먼(2009: 34)은 말한다. "중산층이 중심이 되는 사회는 경제가 성숙해진다고 해서 자연스럽게 생기지 않고, 정치적인 행동을 통해 만들어진다. 20세기 초에 관한 어떤 자료도 내가 자라났던 비교적 평등한 사회로 미국이 저절로 이행했음을 입증하지 못한다. 그런 사회를 탄생시키는 데 프랭클린 루스벨트 정부와 뉴딜정책이 필요했던 것이다." 역시 "문제는 정치야!"

미국과 스웨덴의 중산층 비교 및 시사점

OECD 국가의 중산층 비교

우리나라의 중산층 비중은 다른 나라와 비교할 때 어느 수준일까? 김용기 외(2010: 29)는 OECD 국가 21개국을 대상으로 중위소득 50~150% 기준과 중위소득 75~125% 기준의 자료를 제시하고 있다. 그에 의하면 스칸디나비아 국가(덴마크, 스웨덴, 노르웨이, 핀란드)들의 중산층이 가장 두터운 걸로 나타난다. 그 다음 그룹이 프랑스, 독일, 오스트리아의 유럽 대륙국가들이다. 스칸디나비아 국가나 유럽 대륙국가들은 복지제도가 잘 갖추어진 국가들이다. 역시 성숙된 복지국가일수록 중산층 비중이 높은 걸 알 수 있다.

연도가 서로 다르기 때문에 직접 비교는 어렵지만 우리나라는 21개국 중 17위로서 중산층 비중이 크지 않은 편이다. 특히 미국의 중산층 비중이 우리나라보다 작은 것이 눈에 띈다. 미국의 중산층 몰락 및 양극화 현상을 짐작할 수 있다. 우리나라도 미국과 마찬가지로 양극화 심화와 중산층 몰락이 진행되고 있다.

〈표 4-2〉 OECD 국가의 중산층 비중

순위	국가명	중위가구소득의 50~150% 기준	중위가구소득의 75~125% 기준	연도
1	덴마크	77.5	46.7	2004
2	스웨덴	76.9	46.5	2005
3	노르웨이	75.9	44.9	2004
4	핀란드	71.2	40.7	2004
5	프랑스	67.7	37.3	2000
6	독일	66.4	36.3	2000
7	오스트리아	64.9	35.8	2000
8	캐나다	64.0	35.7	2004
9	스위스	63.6	32.1	2002
10	룩셈부르크	62.7	34.5	2004
11	영국	62.1	33.3	2004
12	호주	61.3	30.6	2003
13	스페인	61.2	34.5	2000
14	이태리	60.9	32.5	2000
15	네덜란드	59.9	33.4	1999
16	그리스	59.6	30.4	2000
17	한국	58.9	31.3	2006
18	벨기에	56.5	32.3	2000
19	아일랜드	56.0	29.2	2000
20	미국	55.0	28.5	2004
21	멕시코	45.4	22.7	2004
	평균	63.2	34.7	

주: 중위가구소득의 50~150% 기준 순위는 필자가 매긴 것임.
자료: 김용기 외(2010: 29).

미국과 스웨덴의 중산층 비교

여기서 중산층 비중이 하위권을 차지하는 미국과 상위권인 스웨덴을 비교해 보자. 김용기 외(2010: 29)에 의하면 미국 중산층 비중은 55%인 반면 스웨덴은 77%에 이른다. 박준(2012)은 미국과 스웨덴의 중산층 붕괴는 고용 양극화에서 비롯된 것으로 분석하고 이에 대한 대응이 다른 점을 지적하고 있다.

미국은 1970년대 초부터 중산층의 소득 수준이 약화되었으며, 2008년 금융위기로 더욱 심화되었다. 1973~2010년 동안 미국 경제의 생산성은 2배로 상승한 반면 중위가구의 실질소득은 29.1% 증가에 그쳤다. 더욱이 2000년 이후에는 중위가구의 실질소득이 감소 추세를 보여준다. 2000년~2008년 동안 미국 GDP가 20% 가량 증가한 반면 1인당 국민소득에서 2008년 중간계층 소득은 2000년에 비해 오히려 4% 감소했다(강성진 외, 2010: 52). 아울러 중산층의 가구소득 대비 가계부채 규모는 1983년 66.9%에서 2007년 156.7%로 급증한다. 그 결과 중산층의 구매력 감소로 소비시장에서도 '쥐어짜인 중산층(sqeezed middle)' 징후가 나타났다. 미국 중산층 붕괴 현상은 노동시장의 변화와 그에 대한 정책 부재에 원인이 있다고 분석한다. 우리나라와 닮은 모습이다.

미국의 중산층 붕괴는 생산의 글로벌화, 노동 절약적 기술혁신 등에 의해 중간 임금 일자리가 개도국 근로자 및 자동화 설비로 대체되면서 초래된 고용 양극화에서 비롯된 것으로 분석한다. 박준(2012: 5)은 뉴욕타임스 기사를 인용해 애플 회사의 사례로서 중산층 붕괴 현상을 보여준다. 애플은 기기 생산을 전량 해외 업체에 아웃소싱했으며, 중국에서 총 50만 명의 근로자가 애플 기기를 조립 생산하는 것으로 추정한다. 반면에 애플의 미국 국내 고용 인원은 약 4만 3천 명으로 R&D, 디자인, 마케팅 등 전문직 중심이다. 1950년대 GM의 미국 내 고용 인원이 약 40만 명이었던 것과 대조적임을 밝히고 있다.

결국 고용 양극화로 상위 임금계층과 중하위 임금계층 간 소득 격차가 심화되었다. 저숙련 직종의 경우 특별한 기술이 없어도 노동시장 진입이 용이하므로 노동 공급이 늘어나 임금 상승이 억제된다. 중간 숙련 직종은 고용 양극화에 따른 노동 수요의 감소로 역시 임금 상승이 억제된다. 반면에 고숙련 전문직은 그들의 전문성으로 인해 중간 및 저숙련 노동자의 4배에서 8배에 이르는 임금을 받았다. 전형적 마태 효과를 보여준다. 누적 우위와 누적 열위의 격차 확대인 것이다.

스웨덴도 미국과 마찬가지로 고용 양극화가 진행되었다. 1993~2006년 동안 중간 숙련 직종 비중은 7%p 감소한 반면에 고숙련 직종은 5%p, 저숙련 직종은 1.9%p 증가했다. 스웨덴 기업은 IT 기술 활용도가 높고 사양 제조업의 구조조정으로 사무직과 생산직의 고용이 감소한 것이다. 그런데 미국과 스웨덴이 똑같이 고용 양극화가 진행되었는데 미국의 중산층은 감소한 반면 스웨덴은 오히려 중산층이 확대되었다. 스웨덴 중산층 가구의 비율은 1981년 69.9%에서 2005년 78.8%로 증가했다.

이렇게 미국과 스웨덴이 똑같이 고용 양극화가 진행되었는데 미국 중산층은 붕괴하고 스웨덴 중산층은 확대된 것은 무슨 이유 때문일까? 박준(2012)은 가장 큰 이유로 직업교육 제도를 들고 있다. 미국은 1990년대 후반 이후 성인 재교육 시스템을 제도화했으나 중간 숙련 근로자들의 활용도는 낮은 수준이었다. 직업교육 훈련에 대한 정부의 재정 지원이 GDP 대비 OECD 최저 수준이며, 교육훈련기관들은 저소득층 우선 원칙에 따라 지원되었다. 그리고 각 주의 실업급여 최장 수급 기간이 대부분 26주에 불과해 실직자가 2년제 지역전문대학 교육과정을 이수하려면 소득 불안 문제에 직면했다.

반면에 스웨덴은 성인 근로자들이 근로 생애 기간 중 언제라도 새로운 기술을 습득해 고숙련 직종으로 이동할 수 있도록 평생직업 교육훈련 시스템을 구축했다. 고등직업교육의 경우 기업들이 교과과정 개발에 참여하고, 기업의 현장 훈련이 교육의 3분의 1을 차지하는 등 철저히 수요자 중심으로 운영된다. 기업 역시 계속적 직업교육 훈련을 통해 재직 근로자들의 다기능·다숙련화를 추구한다. 2007년 스웨덴 성인 근로자의 61%가 직무교육에 참여한 것으로 밝히고 있다. 미국 33%, 한국 11%만이 직무교육에 참여한 것과 대비된다.

그리고 실업급여를 충분히 제공해 재교육 기간 중 구직자의 소득 불안을 완화한 점도 미국과 비교된다. 18세 미만 자녀가 있을 경우 해당

구직자는 최장 450일까지 실업급여를 받는다. 소득이 안정된 상태에서 직업교육을 받을 수 있는 것이다. 미국이 최장 26주 실업급여를 받는 것과 대조된다. 미국과 스웨덴 사례에서 시사받을 수 있는 것은 저소득층이 아닌 성인의 직업교육 훈련과 충분한 실업급여를 통해 안정된 상태에서 직업교육을 받게 해주어야 한다는 것이다. 우리에게 시사하는 바가 크다.

우리나라는 기능직, 판매직 등의 옛 중산층 일자리는 감소한 반면 고숙련 전문기술직과 단순노무직 일자리는 증가해 부분적으로 고용 양극화가 발생한 점은 미국, 스웨덴과 유사하다. 그러나 중간 숙련 일자리도 증가한 것으로 나타난다. 사무직의 해외 외주화가 어렵고 중국 수출시장이 국내 제조업의 고용 감소를 억제했기 때문이라고 분석한다. 그런데 우리나라의 특징 하나는 기존 중산층 일자리가 국내에서 외주화된 점이다. 사내 하청 의존도가 높은 생산직을 비롯해 IT 서비스 등 다양한 중간 숙련 일자리들이 외주화되어 비정규직화한 것이다. 한국의 2010년 비정규직의 시간당 임금은 정규직 임금의 57.2% 수준이다. 역시 문제의 열쇠는 비정규직에 있다.

박준(2012: 11)이 제시한 해법은 스웨덴과 같이 고용의 유연성과 안정성을 동시에 확보하는 대안을 추구하는 것이다. 평생직장(job security)보다는 노동시장의 '평생고용(employment security)'을 보장하자는 것이다. 이를 위해 근로자의 취업 능력을 제고하는 지역 기반의 평생직업 교육훈련 시스템을 구축하자고 주장한다. 산업계의 숙련 노동자 수요 변화에 유연하게 대응하는 차원에서 중간 숙련 근로자들을 노동시장이 필요로 하는 고숙련 인력으로 업그레이드하자는 것이다.

중산층 보강국가 브라질

세계적 중산층 붕괴 추세와 달리 중산층이 증가된 국가는 스웨덴, 덴마크 외에 또 다른 나라가 있다. 룰라 대통령이 집권했던 브라질이다. 룰라 대통령은 1980년 노동자당(PT)을 창립한 이후 4번의 대통령 선거에 도전하여 2002년 대통령에 당선되었다. 그리고 연임한 후 2010년 퇴임했다.

룰라는 초등학교 중퇴이면서 구두닦이, 선반공을 거쳐 금속노조위원장이 되고 급기야 대통령까지 된 입지전적 인물이다. 퇴임 직전 실시된 여론조사에 의하면 룰라에 대한 국민 지지율은 87%에 달했다고 한다. 이 지지율은 취임 시 75%보다도 높은 수치다.[8]

룰라의 높은 인기의 비결은 무엇일까? 통합의 리더십, 현실 지향적 타협의 정치인, 정직한 정치인 등 그에게 붙는 수식어가 많지만 무엇보다 빈곤층을 중산층으로 끌어올리는 정책을 성공적으로 수행한 점이 인기의 비결이 되었다고 본다. 룰라는 취임 직후인 2003년 1월 첫 각료회의에서 "사람들에게 배고픔을 면하게 해주는 게 모든 정책의 최우선"이라고 말한다. 며칠 뒤 호세 비에가스 브라질 국방장관은 7억 6,000만 달러어치의 전투기 도입 예산을 빈민사업에 쓰기로 했다고 발표했다. 룰라는 서민들과 보통사람들의 희망을 심어주었던 것이다.

그가 집권했던 2003년에서 2010년까지의 기간을 보면 〈표 4-3〉에서 보듯이 중산층이 꾸준히 증가했다. 취임 첫해인 2003년 중산층 비중이 42%였는데 매년 꾸준히 증가하여 2009년엔 53%에 이르고 있다. 반면에 하위층은 2003년 47%로서 중산층 비중보다 컸는데 2009년에는 32%로 감소했다. 제툴리우바르가스재단(FGV)에 의하면 빈곤율도 2003년에 28.2%였던 것이 2009년에 15.6%로 거의 반감했다고 한다. 월평균 소득 137헤알(약 77달러) 이하 빈곤층 인구가 2002년 말 5,000만 명에서 2009년 말 3,000만 명 수준으로 감소했다(백계문, 2011: 205).

---

8 룰라에 대한 국민 지지율이 너무 높다 보니 웃지 못할 현상도 발생했다. 야당 후보의 선거 캠페인에 집권 여당 대통령이 버젓이 등장한 것이다. 야당 후보인 세하 후보는 룰라 대통령과 다정하게 대화하는 모습을 선보였다고 한다. 그러나 선거 결과 결국 여당 후보인 지우마 호세프가 여성 대통령으로 당선되었다.

〈표 4-3〉 브라질의 계층별 비중 변화

연도별	하위층	중산층	상위층
2003	47	42	11
2004	44	44	12
2005	42	46	12
2006	32	48	13
2007	36	50	14
2008	32	52	15
2009	32	53	15

자료: 제툴리우바르가스재단(FGV), 백계문(2011: 204)에서 재인용.

하위층이 대거 중산층으로 편입되고 상위층도 꾸준히 증가한 것을 볼 때 룰라 집권 시기의 브라질 경제가 매우 발전된 것을 알 수 있다. 실제로 2003년 1.1%에 머물렀던 브라질의 GDP 증가율은 2010년 7.6%까지 뛰어올랐다. 이전 정부의 두 배 수준이다. 특히 2004~2009년 연평균 134만 개의 새로운 일자리가 창출됐다. 이 시기 브라질 경제가 발전한 것은 중국 특수 등 외부적 요인도 작용한 측면이 있지만 룰라 정부의 정책적 요인이 크게 작용한 것으로 평가된다. 톰비니 브라질 중앙은행 총재는 2011년 초 "고용 확대와 소득 증대 등에 따라 내수 소비가 7년 연속 증가세를 보인 것이 브라질 경제가 지속 성장하는 데 주요인으로 작용했다"고 말한다. 중산층 확대를 통한 소비자 구매력 확대와 일자리 증대가 전체적으로 브라질 경제 성장에 도움을 주었다는 것이다.

이렇게 브라질에서 중산층이 확대된 요인은 무엇일까? 대부분의 나라에서 중산층이 붕괴하고 있는데 브라질에서 반대로 중산층이 보강된 것은 크게 두 가지 요인이 작용한 것으로 분석한다. 하나는 룰라 정부의 적극적이고 일관성 있는 대 빈곤층 시책이며, 다른 하나는 최저임금의 지속적 상승이다(백계문, 2011: 206).

룰라 정부의 집권 초기 시행한 빈곤정책은 '포미 제로(Forme Zero)'다. "브라질 사람이면 누구나 배를 곯고 잠자리에 들어서는 안 된다"는 원칙에 따라 펼친 빈곤퇴치 정책이다. 이 정책은 룰라 정부의 트레이드

마크가 되었으나 별로 성과를 거두지 못했다. 그후 룰라 대통령의 최대 치적으로 평가받는 보우사 파밀리아(Bolsa Familia) 정책이 중산층 보강에 큰 기여를 했다. 보우사 파밀리아는 '가족 수당'이라는 뜻으로 생계 수당과 가스 지원정책 등 다양한 사회복지 프로그램을 통합한 정책이다. 빈곤층에게 자녀들을 학교에 보내고 예방접종을 맞히는 조건으로 수당을 지급하는 것을 내용으로 한다.

보우사 파밀리아 프로그램은 지원 가구가 1,240만, 인구 수로는 5,000만 명에 이르는 세계 최대 복지정책이다. 월 소득이 140헤알을 밑도는 가구들에 자녀 수에 따라 많게는 134헤알까지 지급하여 소득이 두 배까지 늘어나게 된다. 이 프로그램은 정책의 효과성을 높이기 위해 세심한 조건을 담고 있다. 6~15세 아동·청소년의 학교 결석률이 15%에 이르면 지원이 보류된다. 또한 지원금의 수령자를 원칙적으로 여성으로 했다. 이것은 지원금이 목적 외에 사용되는 것을 막기 위한 의도가 들어 있다. 수령자를 여성으로 한 것은 정책의 실효성을 높이는 데에 크게 기여했을 것으로 판단된다. 우리도 참고할 만하다.

이 정책은 문맹 및 질병 퇴치와 빈곤층의 중산층 편입이라는 일석삼조의 효과를 거둔 프로그램이다. 실제로 리우데자네이루의 보우사 파밀리아 담당자 지닌 코페스는 "취학생이 늘어 학교를 더 짓고 있다"며 "파벨라(빈민가) 주민들의 식품과 의류 소비 증가가 분명히 확인되고 있다"고 말했다(한겨레, 2010. 9. 17). 신이 버린 도시 리우데자네이루 파벨라 지역이 변하고 있는 것이다.

페르난도 메이렐레스 감독의 자전적 영화 〈시티 오브 갓〉은 1960년대와 70년대 브라질 빈민가 소년들의 어두운 삶을 그리고 있다. 영화는 어린 소년들마저 갱단의 일원이 되어 경찰과 쫓고 쫓기는 것을 반복하고 갱단과 갱단 사이에서는 전쟁이 끊이지 않는 살벌한 도시 모습을 담고 있다. 신에게 버림받았음을 역설적으로 표현한 '신의 도시'가 룰라에 의해 변하고 있는 것이다.

보우사 파밀리아 정책은 빈곤 퇴치와 서민경제 활성화에 크게 기여하여 구매력을 증대하고 시장을 활성화한 것으로 평가받는다. IMF도 2006년 보우사 파밀리아 프로그램이 브라질의 빈곤 퇴치 전략으로 성공적이었다고 평가한 바 있다. 폴 울포위츠 전 세계은행 총재도 이 정책을 '효과적 사회정책의 모범'으로 불렀다. 전 세계 현금 지급 복지정책 중 가장 효과적인 것으로 조사됐기 때문이다.

두 번째 중산층 확대에 기여한 것은 최저임금의 지속적인 인상이다. 대통령 취임 시 월 200헤알이던 최저임금을 2006년 약 340헤알로 1.7배 인상했으며, 2010년에는 510헤알로 2.6배나 인상했다. 최저임금 인상은 브라질 빈곤층을 중산층으로 편입시키는 데에 크게 기여했다.

그런데 최저임금 인상과 고용 증대의 관계에 대해 논쟁이 일어난 적이 있다. 1995년 미국의 경제학자 데이비드 카드와 앨런 크루거는 최저임금이 상승했던 미국의 여러 주에서 고용의 증가가 더 컸다는 사실을 밝힘으로써 한바탕 논란이 일었다(해밀턴, 2011: 211). 실증에 기초한 이 연구 결과가 신고전파 경제학의 대전제와는 배치되는 내용이었기 때문이다. 신고전파 경제학자들은 임금 상승은 일자리의 축소를 뜻하며, 특히 '전 지구적인 경쟁'이 벌어지는 세계에서는 경쟁에서 뒤질 수밖에 없다고 주장한다. 두 연구자의 실증 결과를 무너뜨리려는 신고전파의 대대적인 시도가 펼쳐졌으나 결국 실패로 끝났다. 두 연구자는 실증 결과와 함께 올바른 논점을 제기했다. 노동시장은 여타 상품들과는 성격이 다른 상품이 거래되는 시장이며, 노동의 가격을 인상하면 공급되는 노동의 질과 양, 그리고 노동이 사용되는 방식도 변할 수 있다는 것이다. 이들의 주장은 브라질에서 증명된 셈이다.

만테가 브라질 재무부 장관은 2010년 "브라질 경제는 현재 병목이나 거품 현상 없이 안정적인 성장을 계속하고 있으며, 최저임금 인상과 실질소득 증가 등을 통해 소득 격차가 줄어들면서 중산층이 두터워졌다. 이제 브라질을 '중산층 국가'라 불러도 좋을 것이다"(백계문, 2011: 205)라고 자부심을 표시한다. 브라질 사례는 정부의 정책에 의해 중산층을 보강할 수 있다는 것을 보여준 예다.

3 불평등 구조와 마태 효과

마태 효과란 무엇인가?

양극화 또는 불평등과 관련하여 재미있는 용어가 있다. 미국의 사회학자 로버트 머튼(Robert Merton)이 성경의 마태복음의 한 구절을 인용하여 명명한 '마태 효과(Matthew effect)'다. "무릇 있는 자는 받아 넉넉하게 되되 무릇 없는 자는 그 있는 것도 빼앗기리라"(마태복음 13:12). 이 구절은 마태복음(25:29), 마가복음(4:25), 누가복음(8:18)에도 변형되어 등장하는데 영적 이해와 재능에 대한 은유를 표현한 것이다.

머튼이 이 구절을 사회 현상에 적용하여 명명한 '마태 효과'는 사회적 우위가 더 나은 우위로 이어지고 사회적 열위는 더 못한 열위로 이어짐으로써 시간이 지날수록 가진 자와 못 가진 자 사이의 격차가 심화되는 현상을 일컫는다. 즉, 우위와 열위가 모두 축적되기 때문에 처음에는 아주 작은 차이라도 시간이 지나면 결국에는 커다란 격차로 나타난다는 것이다.

머튼은 1968년 과학 분야 노벨상 수상자를 대상으로 한 연구인 「과학 분야의 마태 효과」라는 논문을 통해 "가장 유명한 사람이 명성을 독식한다"는 명제를 논증한 바 있다. 노벨상 수상자들이 덜 유명한 동료들과 협동작업을 할 때 명성이 노벨상 수상자에게 집중되어 불공평하게 분배된다는 것이다. 먼저 얻은 우위가 시간이 흐를수록 쌓이는 누적 우위의 역학을 밝힌 것이다.

마태 효과는 우리가 일상적으로 말하는 '부익부 빈익빈', '돈이 돈을 번다'와 같은 현상을 일컫는다. 머튼이 이 용어를 처음 사용했지만 마태 효과 현상은 여러 분야에 존재하며, 여러 학문 분야에서 이미 이론화한 바 있다. 예컨대 정치학에서의 '밴드왜건 효과'가 그런 예다. 밴드왜건 효과란 여론조사가 선거 결과에 미치는 영향력을 묘사하기 위해 만든 용어다. 여론조사에서 한 후보자가 우세하다는 결과가 나올 경우 사람들이 승자의 편이 되고 싶은 마음에 당선될 확률이 높은 후보자의 밴드왜건으로 갈아타는 효과를 지칭한 것이다. 반대 개념이 '언더독 효과'다. 이것은 일부 유권자들이 지고 있는 후보자에게 동정심을 느낀 나머지 지지하는 후보를 바꾸는 것을 말한다. 그런데 대체로 밴드왜건 효과가 언더독 효과를 능가한다는 사실이 밝혀졌다. 마태 효과와 유사한 용어도 많이 등장했다. 예컨대 긍정적 또는 자가증식적 피드백 고리, 뮈르달의 순환적 인과와 누적적 인과 개념 등이 그러한 예다. 마태 효과에 관한 연구는 주로 불평등의 원인보다는 이런 현상이 꾸준히 지속되고 심화되는 원인과 과정에 초점을 맞춘다. 불평등 현상이 진행되는 메커니즘과 심화 과정을 탐구하는 것이다.

마태 효과를 체계적으로 잘 정리한 리그니(2011: 25)는 마태 효과를 절대적 마태 효과와 상대적 마태 효과로 구분한다. 절대적 마태 효과는 부자는 더욱 부유해지고 빈자는 더욱 가난해질 때 발생한다. 우위에 선 사람은 더욱 발전하고, 열위에 선 사람은 더욱 퇴보하는 경우다. 변화 방향이 서로 다르기 때문에 격차 불평등이 매우 큰 경우다. 1997년 외환위기를 맞았을 때 IMF의 처방은 고금리 정책이었다. 이때 은행에 고액의 부채를 가진 채무자들은 높은 이자 부담에 눈물을 흘린 반면에 고액의 예금을 가진 채권자들은 표정관리를 한 바 있다. 절대적 마태 효과가 발생하는 순간이었다.

반면에 상대적 마태 효과는 부자와 가난한 이들이 동시에 부유해지거나 가난해질 때 발생한다. 즉, 부유해지거나 가난해지는 방향은 같으나 그 속도가 다르기 때문에 발생한다. 부자와 빈자 모두 부유해지지만 부자의 부유해지는 속도가 빈자보다 훨씬 빠를 때 상대적 마태 효과가 야기된다. 가령 복리의 예를 들면 두 개의 예금은 똑같은 비율로 증가하지만 원금이 큰 쪽이 실질적으로 훨씬 큰 이득을 얻게 되며 격차는 시간이 지날수록 벌어진다. 역시 부자도 가난해지고 빈자는 그보다 빠른 속도로 가난해질 때에도 상대적 마태 효과가 발생한다. 이런 경우는 경제불황기에 마이너스 경제 성장을 기록하는 네거티브섬(negative sum)

상황에서 발생하며, 경제 파이를 놓고 갈등이 격화될 수 있다.

반대로 마태 효과의 반대 현상이 나타날 수도 있다. 부자와 빈자의 격차가 줄어지거나 역전되는 경우다. 부자가 부유해지고 빈자는 그보다 더 빠른 속도로 부유해질 때, 부자가 가난해지고 빈자는 그보다 더딘 속도로 가난해질 때, 그리고 부자는 가난해지고 빈자는 부유해질 때 마태 효과의 역현상이 발생한다. 앞의 두 개의 사례는 상대적 마태 효과의 역현상, 세 번째 경우는 절대적 마태 효과의 역현상이다. 절대적 마태 효과의 역현상이 역사적으로 나타나는 경우는 매우 드물지만 주로 혁명 등에 의해 상류층이 폭력이나 비폭력의 수단에 의해 몰락하여 그들의 자산이 가지지 못한 자들에게 재분배될 때 발생한다.

마태 효과는 시간이 지나면서 격차 불평등이 커진다는 점에서 역기능 성격이 강하다. 그러나 한편 마태 효과의 순기능을 지적하기도 한다. 머튼은 엘리트 과학자들이 지나치게 개인적인 명성을 누린다고 해도 그들의 영향력은 과학 커뮤니티에 꼭 필요한 것이라고 말한다. 그들의 우월한 지위가 과학 커뮤니티 전체에 간접적으로 유익하게 작용한다는 것이다. 수확체증의 법칙이 적용된 경우에도 마태 효과는 긍정적으로 작용한다. 수확체증은 생산되는 상품량이 증가할수록 그 가치가 증가할 때 발생한다. 가령 한 대의 전화기는 연결되어 있는 전화기의 수가 늘면 늘수록 가치가 증가한다. 초기 우위가 생산량 증가로 가치 증대를 이룰 때 마태 효과는 긍정적 기능을 하는 것이다.

그러나 마태 효과는 시간이 흐를수록 격차 불평등이 커진다는 점에서 순기능보다는 역기능이 훨씬 더 크다고 보아야 한다. 사회적 우위에 있는 사람이나 집단은 열위에 있는 사람 및 집단보다 더욱 우위에 서기 때문에 분배구조는 더욱 악화되고 사회적 갈등을 초래할 가능성이 높다. 대기업과 중소기업 간의 관계를 보면 역기능적 마태 효과를 잘 볼 수 있다. 막대한 자산을 보유한 대기업들은 중소 경쟁자들보다 헐값에 물건을 판매한 다음 이에 견디다 못한 경쟁자들이 굴복하여 시장을 떠나고 나면 다시 가격을 올리는 수법을 이용한다. 소위 약탈적 가격 또는 덤핑 방식을 이용해 큰 물고기가 작은 물고기를 모두 잡아먹어 버리는 것이다. 마태 효과의 역기능을 왜 줄이는 노력을 기울여야 하는지 이해할 수 있을 것이다.

마태 효과 현상

마태 효과는 시간이 지날수록 사회적 우위자와 열위자 사이의 격차가 심화되는 현상을 강조한다. 우위와 열위가 각각 축적되기 때문에 처음에는 아주 작은 차이라도 시간이 지나면 결국에는 커다란 격차로 나타난다는 것이다. 현실 세계에 만연해 있는 마태 효과의 사례를 몇 가지 보기로 하자.

미국 국회의원의 경우 현직의 우위를 보여주는 통계가 있다. 미국의 상원의원은 경쟁자들보다 다섯 배, 하원의원들은 네 배 이상의 자금을 모금하는 경향이 있다. 그 결과 1964년 이래 미국 상원의원의 81%와 하원의원의 93%가 재선에 성공했다고 한다(리그니, 2011: 102).

마태 효과와 관련하여 자주 듣는 말 중에 '유전무죄 무전유죄'라는 말이 있다. 돈 없는 사람이 부자들보다 감옥에 들어갈 확률이 훨씬 더 높음을 의미한다. 대기업 관련 정보업체인 재벌닷컴의 자료에 의하면 1990년 이후 징역형을 선고 받은 10대 재벌 총수 가운데 실형을 산 사람은 한 명도 없는 것으로 나타났다. 자산 기준 10대 재벌 총수 가운데 7명이 총 22년 6개월의 징역형 판결을 받았지만 모두 집행유예로 풀려났다는 것이다. 반면에 2011년 일반인들 형사사건 집행유예 선고 비율은 25%에 불과하다. 대부분 징역형을 살았다는 얘기다. 또한 재벌 총수들의 형 확정 뒤 사면이 내려지기까지 걸린 기간은 평균 9개월 남짓에 불과했다. 법원이 재판 때마다 각종 명목으로 재벌 총수들에게 면죄부를 주고 있으며, 정부는 유죄가 확정된 총수들의 신분과 권한을 대부분 1년 이내에 회복시켜주고 있다는 것이다(한겨레, 2012. 2. 14). 우리 사회의 '유전무죄 무전유죄' 현상을 단적으로 보여준 사례다.

우리는 재벌 총수들이 죄를 지은 후 법원에서 양형을 유리하게 받기 위한 목적으로 사재 출연을 약속하고 풀려난 사례를 자주 본다. 삼성 이건희 회장은 비자금 조성, 횡령 등의 혐의로 검찰 및 특검 수사 끝에 기소된 후 2008년 4월 회장직 사퇴 발표와 함께 차명으로 관리해 온 주식을 사회에 환원하겠다고 약속했다. 결국 이 회장은 2009년 12월 특별사면을 받고 이듬해 3월 경영에 복귀했다. 그런데 1조 4,000억 원 규모로 추정되는 이 회장의 차명재산 환원 약속은 3년 9개월이 지난 2012년 2월까지도 오리무중이라고 한다(경향신문, 2012. 2. 2). 정몽구 현대차 그룹 회장 역시 2006년 비자금 사건이 불거지자 대국민 사과와 함께 1조 원 규모의 사재를 조건 없이 사회에 환원하겠다고 밝힌 바 있다. 돈의 힘을 보여주는 유전무죄 효과다.

이러한 유전무죄 무전유죄 현상은 우리나라에만 있는 현상은 아니다. 라이먼(Reiman, 2001)은 『부자는 더욱 부자가 되고 가난한 자는 감옥에 간다』라는 저서에서 미국의 화이트컬러 범죄는 피해 금액이 훨씬 적은 비폭력 길거리 범죄보다도 기소 확률이 훨씬 낮을 뿐만 아니라 처벌도 비교적 관대한 수준에 그친다고 한다. 그 결과 교도소에 수감된 죄수들 중에는 저소득층 출신이 압도적으로 많다는 것이다. 그러나 우리나라의 유전무죄 효과가 훨씬 더 큰 점이 부끄러울 뿐이다.

마태 효과는 '부익부 빈익빈'으로 표현되는 경제 부문이 가장 전형적 사례다. 우리나라는 재벌공화국답게 최근 재벌 3세들에 의한 빵집과 커피가게 진출 등 사업 범위를 무한정 넓혀가면서 절대적 마태 효과를 부추기고 있다. 최근 4년간 재벌 총수 2~3세가 직접 지분 또는 경영에 참여하면서 중소기업 분야에 진출한 곳은 8개 대기업집단 소속 17개 회사다. 대기업 집단별로는 롯데 5개, 삼성 4개, 현대차 3개 등 순으로 많았다. 이들은 베이커리·커피판매점 등 식음료 소매업(8개), 패션·명품 등 수입품 유통업(5개), 교육서비스업(2개)에 많이 참여한 것으로 밝혀졌다(경향신문, 2012. 2. 28). 심지어 극장 팝콘 매장까지 진출하고 있다.

재벌가 자녀의 출생과 결혼 및 분가와 같은 가족사 차원에서 재벌 분화가 이뤄지면서 중소 상인이 운영하던 먹거리 시장과 골목 상권마저 빼앗고 있는 것이다. 유독 영세 자영업이 많은 우리나라에서 재벌들의 문어발식 영토 확장은 서민들의 삶의 터전을 빼앗는 것이나 다름없다. 이러한 재벌들의 탐욕은 서민들의 삶을 더욱 피폐하게 만든다는 점에서 절대적 마태 효과를 유발한다.

마태 효과는 교육 부문에도 잘 드러난다. 윌리엄 보엔 등은 『미국 고등교육의 평등과 우수성』(2005)이라는 저서에서 "생애 첫 18년 동안 사소하지만 누적된 우위와 열위는 대학을 지원하는 학생들 간에 커다란 준비된 차이를 가져오며," 이러한 우위와 열위는 모두 "누적되고 강화된다"고 한다. 저자들은 "대학입학처의 후보 명단에 확실히 이름을 올릴 확률은 고소득층 자녀가 저소득층 자녀보다 여섯 배나 높고, 대학졸업자 부모를 둔 자녀가 대학에 진학하는 첫 번째 세대가 되는 자녀보다 일곱 배나 높다"고 한다(리그니, 2011: 144 재인용).

한국의 경우에도 교육 부문 마태 효과 사례는 많다. 권영길 국회의원이 '2005~2009학년도 232개 시·군·구 학생의 수능성적 등급별 비율' 자료를 분석한 결과에 따르면 서울 강남권과 특목고가 위치한 지역의 수능 1~2등급 비율이 다른 지역에 비해 높은 것으로 밝히고 있다. 이들 지역은 집값이 높고 고학력자가 많은 지역이다(경향신문, 2009. 9. 20). 안민석 의원이 밝힌 내용도 이와 같은 맥락을 보여준다. 서울지역 6개 외국어고 학생을 통틀어 국민기초생활보장 수급자 가정의 자녀는 12명(0.18%)에 불과한 것으로 조사됐다. 이것은 서울지역 전체 고교의 기초생활수급자 비율(3.6%)에 견줘 크게 낮은 수준이다. 외고 학부모 가운데는 의료·법조인 등 고소득 전문직 종사자가 많은 것으로 나타났다(한겨레, 2009. 9. 14).

또한 2011년 서울대 합격자 중 서울의 일반고 출신 중에서 강남·서초·송파 3구 출신이 무려 42.5%인 데 반해 구로·금천·마포 3구 출신은 2.7%에 불과했다. 2009년에 신규 임용된 판사의 37%가 서울 강남과 특목고 출신이었다. 계층 이동이 더욱 어려워지고 있음을 의미한다. 이러한 현상은 고교 다양화 정책, 입학사정관 제도, 로스쿨 제도 등 새로운 교육정책이 부유층과 그 자녀들에게 유리하게 작용하는 마태 효과를 보여준 결과다.

원래 교육은 마태 효과를 완화하는 중요한 도구로 간주된다. 교육을 통해 가난에서 탈출할 수 있다고 보는 것이다. 그러나 앞에서 보았듯이 이제는 사회적 우위에 있는 계층이 교육 분야에서도 더욱 우위를 점하게 되어 마태 효과가 오히려 확대되는 경향이 있다. 사회적 열위자들은 교육 부문에서도 열위에 놓이게 되어 가난을 대물림하는 경향이 나타난다. 페인(2011: 70)은 가난을 대물림되는 가난(generational poverty)과 상황에 따른 가난(situational poverty)으로 구분한다. 대물림되는 가난은 적어도 두 세대가 연이어 가난한 상태를 뜻한다. 상황에 따른 가난이란 특정 사건, 예컨대 죽음, 만성질병, 이혼 등으로 일어난 자원 부족 상태를 뜻한다. 그런데 대물림되는 가난에는 그 자체의 문화, 불문율, 신념체계가 있다고 본다. 페인(2011: 65)은 빈곤층뿐만 아니라 중산층과 부유층도 각각 계층의 불문율을 갖고 있다는 흥미 있는 연구 결과를 발표하고 있다.

페인은 이들 계층의 구분은 단순히 돈이 많고 적음이 아니라 인지적 도구와 사고방식의 차이가 더 큰 요인이라고 본다.[9] 가령 돈에 대해 빈곤층은 소비하는 것으로 보는 반면에 중산층은 관리하는 것, 부유층은 보존하고 투자하는 것으로 본다. 빈곤층은 유머 감각을 매우 중시한 반면에 중산층은 성취를 중시하며, 부유층은 경제 · 정치 · 사회적 인맥을 중시한다. 시간관을 보면 빈곤층은 현재가 가장 중요하며 느낌 또는 생존이 결정에 중요한 요소인 반면에, 중산층은 미래가 가장 중요하며 앞으로의 결과가 결정에 중요한 요소이고, 부유층은 전통과 역사가 중요

9 페인(2011: 65)은 재산, 돈, 개성, 사회적으로 중시하는 것, 음식, 옷, 시간, 교육, 운명, 언어, 가족 구성, 세계관, 사랑, 결정적 요인, 유머의 15개 영역에서 계층의 불문율이 차이가 난다고 주장한다.

하고 결정은 전통과 예절에 영향을 받는다. 세계관을 보면 빈곤층은 지역사회 관점으로 보는 반면에 중산층은 국가 관점, 부유층은 세계적 관점으로 본다. 계층의 인지적 도구와 사고방식의 차이마저 마태 효과를 부추기는 것이다.

페인이 말한 계층간 불문율의 차이를 입증하는 우리나라의 설문조사 결과가 있다. 2012년 1월 25일~27일 대구 MBC 특별기획 3부작 〈교육을 말한다〉 팀이 공동조사한 대구 초등학교 학생들을 대상으로 한 설문조사다(오마이뉴스, 2012. 2. 25). 조사 대상자는 빈부 격차를 보여주는 대구의 두 초등학교(A와 B) 6학년 학생들이다. A학교는 대구의 부자동네(수성구)에 있으며, B학교는 주변에 임대아파트가 있는 가난한 동네에 있다. A학교 학생의 아버지들은 대학 졸업자가 58.3%, 대학원 졸업자가 27.7%, 그래서 대학 졸업 이상자가 86%다. B학교 학생 아버지들은 고등학교 졸업자가 52.7%, 대학 졸업자가 28.2%, 대학원 졸업자가 4.5%다. 대학 졸업 이상자가 약 33%다. 그리고 A학교 학생 아버지 직업 중 고위직 공무원이 12.4%, 의사 등 전문직이 22.5%, 기술직 10.1%, 사무직이 32.0%다. B학교 아버지 직업 중 고위직 공무원과 전문직은 각각 1.8%이고, 기술직이 18.2%, 사무직이 25.5%다. A학교 학생들과 B학교 학생들의 출신 배경에 차이가 있음을 확인할 수 있다.

그런데 두 학교 아이들의 꿈이 다른 점이 주목할 만하다. 어른이 되면 어떤 직업을 갖고 싶으냐는 질문에 A학생들의 47%가 의사, 교수, 외교관, 판사, 검사, 변호사와 같은 전문직, 고위공무원을 적었다. 이 직업을 희망하는 B학교 학생들은 15%였다. B학교 학생들은 교사, 사회복지사 또는 연예인과 스포츠 선수를 희망하는 학생들이 훨씬 많았다. 단일 직업으로 가장 인기 있는 직업은 A학교에서는 의사(101명), B학교에서는 교사(22명)였다. A학교 학생들에게는 있되 B학교 학생들에게는 없는 희망 직업은 UN 사무총장, 로봇 공학자, 외교관, 변호사, 경영 컨설턴트, 자동차 디자이너, 대기업 CEO 등이었다. B학교에는 있되 A학교 학생들에게는 없는 희망 직업은 제빵사, 요리사, 네일 아티스트, 킥복싱

선수, 동물 조련사, 사육사, 태권도 사범 등이다.

희망 대학에 대한 질문에 대해 A학교 아이 중 희망 대학이 있는 아이들이 53.5%인데 반해 B학교 아이들은 24.5%였다. A학교 아이들 대부분은 해외 대학과 서울지역 대학을 희망 학교라고 적었다. 그러나 B학교 아이들은 대구지역 대학을 적은 아이들이 많았다. 서울대학을 희망한다는 아이들도 A학교는 3명 중 1명꼴인데, B학교는 전체 학생 중 3명뿐이었다. 그리고 희망 대학에 대해 A학교에는 미국 예일대학, 하버드대학, UCLA, MIT, 스탠퍼드대학, 영국 옥스퍼드대학이라고 적은 아이들이 있었다. B학교에는 외국 대학을 적은 아이들이 한 명도 없었다.

여기서 두 그룹에서 이야기하는 직업이나 학교의 우열 또는 차별을 논하는 것은 결코 아니다. 하지만 두 그룹 학생들의 인식상의 차이는 분명히 존재한다. 그들은 두 개의 세상을 살고 있고 서로 다른 꿈을 꾸고 있는 것만은 분명해 보인다. 페인이 말한 계층의 불문율이 다름을 분명히 보여주고 있다. 이러한 인식상의 차이는 결국 마태 효과를 초래할 것임을 시사한다.

마태 효과와 기회의 평등

사회적 우위자가 더욱 우위에 서고 열위자는 더욱 열위로 처지는 마태 효과가 발생한다면 기회의 평등이 얼마나 허구인가를 알 수 있다. 우리는 성공할 기회가 동등하게 주어졌다고 생각하는데 마태 효과는 이를 부정한 셈이다. 개천에서 용 나듯이 누구나 열심히 일한다면 성공할 수 있다고 믿는다. 대학을 나오지 않았어도 판검사가 될 수 있고 대통령이 될 수 있으며, 열심히 일하면 돈을 많이 벌 수 있다고 믿어 왔다. 그런데 마태 효과는 이러한 가능성을 부인하고 있다. 마태 효과의 역현상이 발생할 확률은 마태 효과가 발생할 확률과는 비교할 수 없을 정도로 낮다. 사회적 이동성이 갈수록 매우 낮아지고 있는 것이다.

결국 부자와 가난한 사람에게 성공할 기회가 동등하게 주어졌다고 말하는 것은 통계적으로 오류다. '모든 사람에게 성공할 기회가 있다'는 것과 '모든 사람에게 성공할 기회가 동등하게 주어져 있다'는 것은 분명 다르다. 100미터 경주를 할 때 어떤 사람이 50미터 앞에서 출발한다면 서로 골인 지점에 들어올 기회는 똑같이 가지고 있지만 기회가 동등한 것은 아니다. 야구에 비교할 때 타석에서 투 스트라이크 상태로 인생을 시작하는 사람과 3루 주자로 인생을 시작하는 사람은 홈인할 기회는 둘 다 있지만 동등한 기회를 가진 것은 아니다. 재벌 2, 3세들이 엄청난 자본으로 골목 상권을 누빌 때 서민들과의 경쟁 기회는 공정하지 않다. 부모의 학벌이 좋고 부유한 가정의 자녀와 부모의 학벌이 낮고 가난한 집안의 자녀 간에는 분명 기회가 동등하게 주어져 있지 않다. 우리는 기회의 평등을 잘못 착각하고 있는 것이다.

일반적으로 자유주의자들은 개인 자유의 확대를 기본 가치로 신봉하며, 평등은 기회의 평등을 의미한다. 그런데 가장 철저한 자유주의자인 로버트 노직(Robert Nozick)마저 기회의 평등에 대해 비판적이었다. 비판적이었던 이유는 기회 균등을 위해 최소국가에서 허용되지 않는 재분배가 불가피하다고 보았기 때문이다. 노직이 희망하는 최소국가에서는 정부 주도의 재분배를 인정하지 않는다. 기회 균등을 위해 재분배가 불가피하다는 것은 기회가 불평등함을 인정하는 것이다. 기회 불평등을 인정한 노직의 견해를 보자(Nozick, 1974: 15).

> 기회 균등을 도모하는 데는 두 가지 방법이 있다. 기회가 많은 사람의 처지를 악화시키거나 기회가 적은 사람의 처지를 개선하는 방법이다. 후자를 위해서는 자원을 사용해야 하는데 그러자면 누군가 타인의 처지를 악화시켜야 한다.

노직도 타석의 타자와 3루 주자 간 홈인할 기회가 평등한 것이 아님을 인정하고 있다. 다만 노직은 천부적 자질과 생장환경에서 비롯된 기회의 차이는 시정할 필요가 없다고 본다. 제도나 정책에 의한 차별을 반대하는 것이다. 그러나 장애인과 비장애인 간의 차이 또는 재벌 가문에서 태어나고 학력 수준이 매우 높은 집안에서 태어난 사람과 그 반대인 사람 간의 기회의 차이를 무시할 수 있을 것인가? 마태 효과는 이러한 기회의 차이들이 초래한 결과이기 때문에 결코 도외시할 수 없다. 더욱이 사회적 제도에 의해 초래된 기회의 불평등은 국가가 책임져야 할 과제다. 대표적인 것이 실업, 특히 청년 실업과 비정규직 문제다.

우리 사회에 부정적인 영향을 미치는 마태 효과를 완화하기 위해서는 정부개입이 필수적이다. 정부개입의 핵심은 누진과세와 부유세 등의 조세정책, 다양한 종류의 이전지출, 불공정 행위 규제, 차별 철폐 조치, 빈곤퇴치 프로그램 등이다. 그 밖에도 불평등을 해소하기 위한 사회운동 및 노동운동, 부유층 자선행위와 같은 이타적이고 계몽된 이기적 행동 등도 마태 효과를 억제하는 방안이다. 여기서 다시 한 번 상기하는 것은 정부개입 여부를 선택하는 것은 결국 우리의 정치적 의지란 점이다.

4 빈곤은 사회악이다

빈곤은 사회적 폭력이다

1970년대 이전 시대를 살아본 세대는 대부분 가난이 무엇인가를 체험했을 것이다. 가난이란 '한 개인이 자원 없이 지내는 정도'를 의미한다. 먹을 게 없어 물로 세 끼를 때우던 기억, 밥 먹듯이 굶었던 기억 등을 되살릴 사람들이 많을 것이다. '가난은 나라도 구제할 수 없다'고 하는데 과연 가난은 개인적 문제일까? 간디는 '빈곤은 가장 악질적인 폭력'이라고 말한다. 특정 개인에게 부여된 가난은 사회가 휘두른 폭력에 해당한다. 빈곤은 단순히 자원의 많고 적음의 문제가 아니다. 빈곤은 사람과 사람의 관계, 사회적 지위, 그리고 '부당한 계급 구분'의 문제다. 빈곤은 정부와 사회가 해결해야 할 사회악이다.

2011년 8월 영국 전역에서 방화와 약탈 사건이 일어났다. 10대와 20대의 젊은이들이 상점을 파괴하고 약탈을 하는 소요가 일어난 것이다. 이를 두고 일부에서 소요의 원인이 정부의 긴축정책 때문이라는 주장을 폈다. 그러자 보수당의 데이비드 캐머런 총리는 "범죄조직이 폭동을 주도하고 있다", "폭동은 긴축재정 때문이 아니라 도덕의 붕괴 때문이다"고 주장하며, 계층 문제나 정부의 정책 때문에 일어난 소요가 아님을 강조했다.

그러나 이후 발표된 영국 법무부의 조사 결과는 이러한 주장을 뒤집는 내용이었다. 법무부는 이날 폭동 당시 기소된 피고인들을 분석한 결과 궁핍한 지역 출신에다 교육을 제대로 받지 못한 청년들이 대부분이었다고 발표했다. 자료를 보면 기소된 1,984명 가운데 범죄조직에 속해 있는 사람은 13%에 불과했다. 64%가 빈곤지역에 거주하고 있었으며, 42%는 학교에서 무상급식을 먹고 있었다. 또 35%는 정부로부터 보조금을 받고 있었다. 기소된 이들 가운데 특수교육이 필요한 비율은 일반 학생보다 3배 높은 66%에 달했다. 법무부는 보고서에서 "기소된 대부분의 청년들은 형편이 어려워 무상급식이나 보조금 등을 받는 경향이 컸으며 특수교육의 필요성이나 결석률도 높았다"고 지적했다. 그러면서 "그런 이유 때문에 폭동과 같은 범죄에 가담할 가능성도 높았던 것으로 보인다"고 결론을 내렸다. 또한 "경찰 조사 결과 13%를 차지한 범죄 조직원들이 폭동에서 중심적인 역할을 하지는 않은 것으로 드러났다"고 덧붙였다. 폭동으로 기소된 피고인들을 보면 흑인과 백인이 각각 40%와 39%로 특정 인종이 폭동을 주도하지는 않은 것으로 나타났다. "폭력적이고 파괴적인 흑인문화 때문"이라는 분석도 잘못됐던 것이다.

이에 따라 영국 폭동을 '개인적 차원의 범죄'로 몰고갔던 집권 보수당의 전략은 실패로 돌아갔다. 결손 가정 지원단체 '패밀리 액션'의 간사인 라이언 베이넌은 "이번 보고서는 사회에서 가장 소외되고 불이익을 받는 젊은 계층에 대한 정부의 정책이 실패했다는 준엄한 경고"라고 지적했다. 그는 "젊은층들이 겪는 빈곤과 불평등, 불만이 폭동으로 나타났고, 이로 인해 기소된 젊은이들이 앞날을 망칠 위기에 처했다"고 덧붙였다(경향신문, 2011. 10. 25).

선진국 영국에서 일어난 젊은이들의 폭동이 빈곤과 불평등에 대한 불만에서 일어난 것이다.빈곤은 개인 문제가 아니며 사회문제다. 정부가 해결해야 할 중요 과제다. 그렇다면 현재 우리나라의 빈곤 실태는 어떠할까?

일반적으로 빈곤은 절대적 빈곤과 상대적 빈곤으로 구분한다. 절대적 빈곤이란 객관적으로 정해진 최저한의 경제적 자원 이하의 자원을 가지는 상태를 의미한다. 일반적으로 적용되는 기준은 최저생계비다. 2012년 최저생계비는 1인 가구 기준 553,354원, 4인 가구 기준 1,495,550원이다. 최저생계비 이하 소득을 번 가구는 절대적 빈곤자에 속한다. 절대빈곤율은 전체 인구 수 대비 최저생계비 이하 소득자 수로 계산한다.[10]

소득으로 측정한 절대빈곤은 1960년 1997년까지 지속적으로 감소하는 추이를 보여준다. 1998년에는 외환위기의 영향으로 급등한다. 이후 다시 조금씩 감소하다가 2005년 이후 소폭 증가한다. 절대빈곤의 감소는 경제 성장에 의한 자연 감소와 사회복지 등 재분배정책을 통한 정책적 감소를 통해 이루어질 수 있다. 우리나라의 경우 전자가 절대빈곤 감소의 주요 요인이었다. 빈곤 감소적 성장을 이룬 것이다. 그런데 역으로 경제위기를 맞이할 때에는 절대빈곤이 증가하는 경향이 있다. 1997년 외환위기 시기가 전형적인 예다. 사회안전망이 취약하고 복지제도가 성숙되지 않은 상황에서의 경제위기는 절대빈곤을 크게 증가시키는 것이다. 우리나라의 절대빈곤율은 2010년 7.9%, 2011년 5.2%다.

상대적 빈곤은 사회의 다른 사람들보다 상대적으로 적은 자원을 가

---

10 절대빈곤을 측정하는 빈곤선으로 최저생계비를 계측할 때 화폐 지출만을 고려한다는 점에 대해 비판적 시각이 최근 대두하고 있다. 최저생계비는 시장가치로 평가되지 않은 무급 가사노동에 대한 배려가 전혀 없는 개념이라는 것이다. 특히 패미니스트들이 빈곤과 불평등에 대한 재개념화를 요구하고 있다.

〈표 4-4〉 상대적 빈곤율 추이

(단위: %, 가처분소득/전체 가구 기준)

2006년	2007년	2008년	2009년	2010년
14.3	14.8	15.2	15.3	14.9

자료: 통계청, 가계동향조사, 2012. 1.

지는 상태를 의미한다. 일반적으로 중위소득의 50% 또는 평균 가구소득의 50 내지 60%로 상대빈곤선을 설정한다. 우리나라에서 상대빈곤율은 소득이 중위소득의 50% 미만인 계층의 비율로 측정한다. 빈곤의 측정은 소득 외에 지출로도 측정할 수 있는데 자료 수집 용이성 때문에 일반적으로 소득을 대상으로 측정한다.

1960년대부터 절대빈곤율이 지속적으로 감소한 경향과는 달리, 상대빈곤율은 큰 변화가 없었다. 이는 1960년대 이후 급속한 경제 성장이 절대빈곤의 해결에는 상당한 효과를 거두었지만 사회적 불평등을 감소시키지는 못했다는 것을 보여준다. 최근에는 상대적 빈곤율이 점차 상승하는 추세에 있으며, 15% 수준을 유지하고 있다.

절대적 빈곤과 상대적 빈곤 외에 정책적 빈곤과 주관적 빈곤이 있다. 정책적 빈곤이란 특정 사회가 그 사회의 구성원에게 보장하고자 하는 최저한의 경제적 수준으로서 정책적으로 보장되어야 하는 최저 수준을 의미한다. 정책적 빈곤은 특정하게 정해진 기준이 있다는 점에서 절대빈곤과 유사한데, 절대적 빈곤선이 정책적 빈곤선과 일치할 수도 있고 그렇지 않을 수도 있다. 기초생활보장 수급자 비율은 정책적 빈곤율에 해당한다. 우리나라의 정책적 빈곤선은 1960년대 초기에 도시근로자 가구 평균소득의 20%선으로 매우 낮게 설정되었다. 이러한 경향이 계속 지속되어 오다가 2000년 기초생활보장제도로 전환되면서 평균 가구소득의 약 45% 정도로 상승했다(김은정, 2007: 150). 주관적 빈곤이란 자신이 스스로 충분한 자원을 가지고 있지 않다고 느끼는 것을 의미한다. 주관적 빈곤은 주로 다른 집단과의 비교에 근거한 경제적 불평등과 관

〈표 4-5〉 우리나라 절대적 빈곤층 규모(2010년) (%는 전체 인구 또는 전체 가구 대비)

구분		인구 수	(%)	가구 수	(%)
총계		340만 명	(7.0)	190만 가구	(10.8)
① 기초수급자		155만 명	(3.2)	88만 가구	(5.0)
차상위 계층	소계	185만 명	(3.8)	102만 가구	(5.8)
	② 비수급 빈곤층	117만 명	(2.4)	66만 가구	(3.8)
	③ 최저생계비 100~120%	68만 명	(1.4)	36만 가구	(2.1)

자료: 한국보건사회연구원. 2010년 빈곤실태조사. 2011. 12.

련된다는 점에서 상대적 빈곤과 유사하다.

우리나라 정책적 빈곤층은 최저생계비 이하 절대빈곤 가구로서 2010년 인구의 3.1% 수준인 155만 명(88만 가구)이다. 이들에겐 「기초생활보장법」에 따라 기초생활보장 및 자립·자활 지원이 이뤄진다. 그런데 절대빈곤 가구에는 정부의 기초생활보장 혜택을 받지 않는 계층이 있다. 이들을 차상위 계층이라 부르며, 여기에는 비수급 빈곤층과 최저생계비 100~120% 계층이 포함된다. 비수급 빈곤층이란 소득 인정액이 최저생계비 100% 이하로서 기초수급 제외자를 말한다. 차상위 계층은 2010년 현재 185만 명으로서 전체 인구의 3.8%다. 기초수급자와 차상위 계층을 포함한 절대빈곤자는 전체 인구의 7%인 340만 명에 이른다. 2006년 6.7%에 비해 약간 증가한 수준이다.

2012년 국무총리실에서 발표한 보도자료에 의하면 기초수급자 및 차상위 계층 가구의 특징이 잘 드러나 있다.

첫째, 일반 가구에 비해 1인 가구 비중이 높다. 1인 가구 비중이 전체 24.0%인데 반해, 기초수급자는 60.7%, 차상위 계층도 60.0%에 이른다.

둘째, 일반가구에 비해 근로 능력자가 있는 가구는 절반 수준, 취업자가 있는 가구는 1/3 수준에 불과하다. 소득원이 취약함을 보여준다.

셋째, 가구원 중 만성질환자가 있는 가구가 많고, 기초수급자보다 차상위 계층에서 의료비 부담을 크게 인식하고 있다. 질병에 매우 취약함을 보여준다.

넷째, 기초수급자는 경상소득의 58%를 공적 이전에 의존하고 있다. 월 87.5만 원 중 공적 이전소득이 50.8만 원이다. 더욱이 공적이전소득으로 인해 기초수급자와 차상위 계층 간 소득 역전 현상이 발생하고 있다. 시장소득과 공적 이전소득을 합한 경상소득이 기초수급자는 87.5만 원인데 반해 비수급 빈곤층은 51.8만 원, 최저생계비 100~120% 계층은 83.9만 원에 불과하다. 시장소득은 기초수급자보다 차상위 계층이 더 많았지만 공적 이전소득으로 인해 경상소득에서 역전 현상이 일어난 것이다.

다섯째, 주거빈곤 가구 비중이 높으며, 차상위 계층의 주거빈곤이 더 심각한 상황이다. 주거빈곤 가구 비중이 전체 23.8%인데 반해, 기초수급자 58.3%, 차상위 계층 78.5%이다. '주거빈곤' 기준은 「최저주거 기준(국토해양부 고시)」 미달 또는 주거비 과부담(임대료가 월소득의 20% 초과) 가구를 말한다. 기초수급자의 경우 자가·전세거주 비율이 낮고, 월세 비중이 높아 주거 불안정성이 높다.

여섯째, 초중고생 교육비 지출을 보면 공교육비는 거의 유사하나, 사교육비 지출은 기초수급자가 현격히 감소한다. 특히 대학생이 있는 기초수급자 및 차상위 계층 가구의 교육비 과부담 비율이 매우 높다. 대학생 교육비가 월소득의 20%를 초과하는 대학생 교육비 과부담 가구 비중은 전체 38.4%인데 비해, 기초수급자 89%, 차상위 계층 59.5%에 이른다.

일곱째, 금융 부문을 보면 기초수급자의 신용불량 경험률이 일반가구의 약 3배 이상으로 높고, 서민금융의 경우 활용도는 낮으나 만족도는 높다.

여덟째, 에너지 부문에서는 경제적 사정 등을 이유로 적정 수준 이하의 난방을 자주 경험한 가구의 비율이 기초수급자와 차상위 계층에 높게 나타난다.

신빈곤층 문제

최근에는 신빈곤층이 증가하면서 새로운 빈곤문제가 대두하고 있다. 중산층에 속하던 사람들이 빈곤층으로 전락한 그룹이다. 옥스퍼드 영어사전 편찬자들이 2011년 올해의 단어로 선정한 '쥐어짜인 중산층(squeezed middle)'이 이를 대변한다. 대표적인 신빈곤층은 근로빈곤층(working poor), 주택빈곤층(house poor), 은퇴빈곤층(retire poor)이다. 현대경제연구원은 이들을 3대 신빈곤층이라고 지칭했다.

워킹 푸어

근로빈곤층(working poor)은 일을 하는데도 가난한 사람들이다. 일할 능력과 의지가 있고 실제 일을 하고 있는데도 자신과 가족이 빈곤 상태를 벗어나지 못하는 계층이다. 일자리를 못 구하거나 실직한 사람들이 가난해지는 것은 당연한 일이다. 그런데 일을 하고 있는데도 궁핍하다는 것은 전통적 빈곤정책으로는 해결되기 어려운 문제임을 보여준다.

정부 통계에 의하면 전체 인구의 약 10%, 빈곤층의 40% 정도가 근로빈곤에 해당된다. 15~64세 근로연령층의 빈곤율은 1990년 6.5%에서 2010년 10.2%로 증가했다. 취업을 했는데도 빈곤한 취업빈곤율은 1990년 4.7%에서 7.5%로 증가했다. 최저임금제도가 있지만 최저임금도 제대로 못 받는 노동자가 190만 명에 이른다. 근로빈곤의 원인은 고용 불안정, 저임금, 사회보험 체계와 연결되지 않는 일자리 등으로 요약된다.

워킹 푸어는 저임금 고용과 밀접한 관계가 있다. OECD의 「2012 고용전망(*Employment Outlook*)」에 따르면 2010년 기준 우리나라의 저임금 고용 비중은 25.9%로서 OECD 회원국 중 1위다. 우리나라의 저임금 고용 비중은 OECD 회원국의 평균 16.3%보다 9.6%p 높다. 그 뒤를 미국(25.3%)이 잇고 있다. 그런데 이태리(9.5%), 스위스(9.2%), 포르투갈(8.9%), 핀란드(8.1%), 벨기에(4%) 등은 저임금 고용 비중이 10%에도 못 미치는 것으로 집계됐다.

그렇다면 우리나라는 OECD 회원국 1위라는 불명예를 안을 정도로 저임금 고용 비중이 높을까? 이는 우리나라의 최저임금 수준이 OECD 주요국에 비해 낮은데다 이마저도 제대로 지키지 않는 사업주들이 많기 때문으로 해석된다.[11] 2010년 우리나라 최저임금의 상대적 수준은 임금 평균값 대비 33%, 임금 중위값 대비 41%로 각각 OECD 평균인 37%와 48%에 비해 4~7%p 가량 낮다. 절대적 수준을 비교해도 소비자물가지수(CPI)를 고려한 우리나라의 실질 최저임금은 2010년 기준 3.06달러로 OECD 평균(6.66달러)의 47%에 불과하다. 구매력 평가지수(PPP)를 반영한 실질 최저임금(4.49달러) 역시 OECD 평균(6.86달러)의 65%에 불과하다.

게다가 이처럼 낮은 최저임금조차 지키지 않는 사업장들이 많다. 고용노동부가 2011년 최저임금법 준수 여부를 점검한 결과 2만 3천여 760개 사업장의 9% 정도가 최저임금 미만을 근로자에게 지급한 것으로 밝혀졌다. 아파트 경비원 등 감시단속 노동자는 아예 법률상 최저임금 미만이 적용되고 있고, 가사 사용인 등 특수고용 노동자 역시 최저임금법 적용 대상에서 제외되어 있다. 최저임금이 턱없이 낮고, 그마저 최저임금법 적용 대상에서 제외되는 노동자가 많다는 것은 워킹 푸어를 양산할 수밖에 없는 근본 요인이 되고 있다. 최저임금을 현실화하는 최저임금법 개정이 이뤄져야 할 것이다.

워킹 푸어의 또 하나 핵심 고리 역할을 하는 것은 비정규직 문제다. 비정규직은 정규직 노동자에 비해 임금이 낮고 일자리를 지속적으로 유지하지 못한다. 사회보험 혜택도 제대로 누리지 못한다. 취업빈곤층의 73.9%는 사회보험에 가입되어 있지 않은 비공식 일자리에 취업하고 있다. 경제위기와 노동 유연화 정책에 의해 비정규직 노동자들이 급증했다. 구직자들이 비정규직으로 시작하고 한번 비정규직이 되면 좀처럼 정규직으로 전환되지 못한다. 근로빈곤층의 급증은 전통적 빈곤정책으로는 해법을 찾을 수 없다. 빈곤과 노동시장 문제를 연계하여 접근해야

11 2012년 우리나라 최저임금은 시간급 4,580원, 일급 36,640원이다.

한다. 노동시장과 복지정책이 유기적으로 연계되어야 한다.

근로빈곤의 해법은 단순한 일자리가 아닌 좋은 일자리를 찾는 것에서 풀어야 한다. 좋은 일자리는 단순히 임금 수준만이 아니라 고용 안정성 및 근로 조건을 포함하는 개념이다. 좋은 일자리가 늘어날 수 있는 적극적 노동시장 정책을 추진해야 한다. 양질의 고용을 늘리는 기업에 임금의 일부를 지원하는 정책을 추진할 필요가 있다. 정부는 직업훈련과 고용 알선 정책을 통해 안정적이고 높은 임금을 받는 일자리를 갖도록 도와주는 정책을 수행해야 한다.

하우스 푸어

새로운 빈곤층에 주택빈곤층이 있다. 주택빈곤층(house poor)이란 '무리한 대출로 집을 마련했지만 원리금 상환으로 가처분소득이 줄어 빈곤하게 사는 가구'를 말한다. 현대경제연구원(2011a)은 광의의 주택빈곤층을 ① 주택을 보유하고 있고, ② 거주주택 마련을 위해 대출을 받고 있으며, ③ 원리금 상환으로 생계에 부담을 느끼고 있고, ④ 실제로 가계 지출을 줄이는 가구라고 정의내리고 있다. 협의의 주택빈곤층은 여기에 ⑤ 원리금 상환 비율이 가처분소득 대비 최소 10% 이상인 가구를 포함하고 있다.

현대경제연구원은 2010년 기준 주택빈곤층은 157만 가구라고 추산한다. 가계대출에 대한 원리금 상환 비율이 가처분소득 대비 최소 10% 이상인 협의의 하우스 푸어 가구도 108만 가구에 이를 것으로 추산하고 있다. 우리나라 전체 가구의 10%에 이른다. 하우스 푸어 108만 가구를 소득 수준별로 나눠보면 1분위(하위 0~20%) 소속은 4.6%에 불과하다. 반면에 중산층인 3분위와 4분위는 각각 13.9%와 12.0%로 가장 큰 비중을 차지한다. 다시 말해, 하우스 푸어의 대다수는 중상위 소득계층인 것이다. 연령별로 보면 30~40대가 가장 큰 비중을 차지한다. 2012년 6월 한 언론사와 잡코리아의 공동조사에서 자기 집을 소유한 사람의 무려 48.2%가 "나는 하우스 푸어다"라고 대답했다고 한다. 자가 보유자의 절반가량이 하우스 푸어인 셈이다.

자기 집 마련은 서민들에겐 꿈이다. 입을 것, 먹을 것 참아가며 열심히 노력하여 집을 마련했는데 결국 집 때문에 빈곤층으로 전락한 꼴이다. 그러나 이들은 버젓한 집을 갖고 있기 때문에 빈곤층 행세를 할 수도 없다. '빈곤층 아닌 빈곤층', '깡통 부자'들이 하우스 푸어다.

이들이 왜 빈곤층인지는 간단한 셈법으로 알 수 있다. 만약 1억 원을 6% 금리로 대출 받았다면 이자만 매달 50만 원을 내야하고, 10년 분할상환의 경우 매달 84만 원씩 원금을 갚아야 한다. 이자와 원금상환액을 합치면 월 134만 원을 내야 한다. 2억 원 대출을 받은 경우라면 매달 268만 원을 갚아야 한다. 2012년 최저생계비가 4인 가구 기준 149만 원임을 상기할 필요가 있다.

실제 하우스 푸어 가구의 재무구조를 보면 평균적으로 순자산이 거주주택의 가격에 약간 못 미치는 수준이다. 그리고 가처분소득 대비 원리금 비율이 무려 41.6%에 이른다. 매달 월급을 받아 절반 이상 또는 대부분을 대출 상환에 사용한다면 무얼 먹고 살아야 할까? 이들이 신빈곤층 하우스 푸어일 수밖에 없다.

또한 문제가 되고 있는 가계부채의 중심 대상이 바로 하우스 푸어들이다. 한국은행에 따르면 한국 가계의 소득 대비 대출 원리금 상환부담률(DSR)은 2010년 11.4%에서 2011년 12.9%로 높아졌고, 2012년 14%를 웃돈 것으로 추산된다. 미국 가계의 DSR가 2007년 3분기 14.1%에서 2012년 1분기 11.0%로 하락한 것과 대조된다. 가계의 가처분소득 대비 이자비용이 2009년부터 임계치인 2.5%를 넘어 소비 위축이 심화되고 있다. 2007년 이후 가계소비 증가율은 연평균 2.5%로 같은 기간 경제성장률 3.4%를 밑돌고 있다. 내수 위축의 주요인이다.

더욱 문제인 것은 앞으로 부동산 가격 하락으로 자산가치가 계속 떨어질 가능성이 높다는 것이다. KB금융경영연구소의 조사에 따르면 자가 보유자의 64%가 "집을 팔고 싶다"고 했다. 향후 집값의 하락 속도가 더 빨라질 것임을 예고하는 수많은 지표 중 하나다. 2017년부터 생산

가능 인구가 감소 추세로 전환한다. 미국, 일본, 스페인 등 국가들은 생산 가능 인구가 감소하기 시작하면서 부동산 거품이 빠졌다. 우리나라도 부동산 가격이 하락할 것이 예측된다. 하우스 푸어의 대책이 시급함을 알 수 있다.

리타이어 푸어

퇴직자들의 빈곤도 새로운 현상으로 대두하고 있다. 퇴직 연금이 아예 없거나 연금급여액이 너무 적어 궁핍한 생활을 면치 못하는 경우다. 현대경제연구원(2011)은 은퇴빈곤층(retire poor)을 "은퇴 후 소득 인정액이 최소생활비보다 적어 가난하게 사는 고령가구"라고 정의를 내리고 있다. 아울러 은퇴부유층(retire rich)을 "은퇴 후 소득 인정액이 적정생활비보다 많아 여유롭게 생활하는 고령가구"로 정의내린다.

이러한 정의에 근거하여 추계한 은퇴빈곤층은 2010년 현재 101.5만 가구로서 만 60세 이상 전체 은퇴가구의 38.4%를 차지한다. 매우 큰 비중이다. 반면에 은퇴부유층은 8.4만 가구로서 3.2%에 불과하다. 노인 단독 가구일수록 은퇴빈곤층의 비중이 높으며, 56.6%에 이른다.

노인 혼자 사는 은퇴빈곤층의 월 소득 인정액은 29.2만 원으로 최소생활비 57.7만 원의 50.6%에 불과하다. 최소생활비의 절반으로 생계를 유지할 수 있을지 안타깝다. 특히 가처분소득이 10만 원에도 미치지 못하는 7만 가구의 경우, 부양 책임을 지지 않는 비동거 가족 때문에 국민기초생활보장제도의 혜택에서 제외된 것으로 추측된다. 가족은 부양을 기피하고 기초생활보장 대상에서 제외된 상태에서 10만 원도 안 된 소득으로 어떻게 생존할 수 있는지 알 수 없다. 그들의 삶은 그야말로 기적일 수밖에 없을 것 같다.

그리고 은퇴자 중에는 주택을 소유하고도 빈곤층으로 분류되는 가구가 전체 은퇴빈곤층의 51.7%나 된다. 더욱이 집값이 하락함으로써 집 한 채가 유일한 재산인 은퇴 세대의 자산 가치는 뚝 떨어져 빈곤층으로 전락한 것이다. 2011년 조사에 따르면 50대가 가진 자산의 85%가 부동산이다. 집값이 떨어지고 매매마저 안 돼 집은 세금만 내는 생활의 장애가 될 정도다. 우리나라의 노인 빈곤율과 노인 자살률이 OECD 국가 중 최고인 것과 무관하지 않다.

최소생활비조차 확보하지 못한 상태에서 은퇴를 맞이한 고령가구를 위해 국민기초생활보장제도나 기초노령연금 등의 공공부조제도를 촘촘하게 설계할 필요가 있다. 그리고 아직 은퇴하지 않은 국민들이 은퇴 후 빈곤층으로 전락하지 않도록 공적연금제도를 보완하고 사적 연금이 활성화되도록 제도적 환경을 마련해야 할 것이다.

그런데 신빈곤층과 관련하여 참 한심한 일이 벌어지고 있음을 지적하지 않을 수 없다. 이명박 정부 초기에 '신빈곤층'이란 용어가 등장하고 대통령이 신빈곤층 문제의 대책 마련을 자주 주문했다. 그런데 2009년 3월에 들어서면서 '신빈곤층'이란 말은 공문서에서 '위기가정'으로 대체됐다. 신빈곤층이라는 말이 자칫 현 정권이 만들어낸 새로운 빈곤층을 가리키는 말로 오해될 수 있다는 염려에 따른 것이라고 한다. '신빈곤층'과 '위기가정'은 아무리 보아도 같은 개념이 아니다. 그렇게까지 정치적 부담을 느낄 정도로 자신이 없는 정부라면 국민들이 어떻게 신뢰할 수 있을까? 용어가 중요한 것이 아니라 실재하는 '신빈곤층'에 대한 적절한 정책적 대응이 더 중요하지 않을까?

신빈곤층 문제를 해결하지 못하면 복지국가 건설에 최대 걸림돌이 될 것이다. 원래 중산층에 속했던 근로빈곤층, 주택빈곤층, 퇴직빈곤층을 다시 중산층에 원상 복귀시켜야 한다. 과거의 빈곤정책과는 다른 새로운 사회정책을 통해 신빈곤층을 중산층으로 격상시켜야 한다. 그것은 빈곤정책 및 복지정책과 노동정책을 결합한 새로운 사회정책이 되어야 할 것이다.

5 기수 열외자 실업자와 비정규직

기수 열외 사회

2011년 7월 4일 강화도의 해병대 부대에서 병사가 총기를 난사해 장병 4명이 숨지고 2명이 다치는 큰 사고가 일어났다. 이 사건은 해병대 특유의 '기수 열외' 악습 때문인 것으로 드러났다. '기수 열외'란 부대원들의 눈 밖에 난 특정 사병을 하급자까지 동참해 집단적으로 따돌리는 조직문화라고 한다. 언제부터 시작됐는지 정확한 기원은 알 수 없지만 부대 안에서 특정 사병을 지목해 조직적으로 '왕따'시키는 해병대 특유의 악습이다.

입대 기수를 하늘같이 여기는 해병대 특성상 기수를 무시하고 따돌리는 '기수 열외'에 대한 공포심은 매우 크다고 한다. 선임병이 후임병으로부터 반말, 폭언, 구타, 가혹행위까지 당한다면 정말 참기 어려울 것이다. 가해자인 김모 상병은 심문에 대한 답변으로 "너무 괴로워요. 죽고 싶어요. 더 이상 구타, 왕따, 기수 열외가 없어져야 해요"라고 밝혔다. 기수 열외 때문에 자신이 고립감과 분노를 키워 왔음을 드러낸 것이다. 해병대에서 전역한 예비역 모씨는 "일종의 상징적 협박인 기수 열외는 해병대 안에서 오래된 것"이라며 "일단 기수 열외가 되면 그 사람은 유령이라고 보면 된다. 다들 없는 사람으로 취급하고 무시한다"고 했다. 부대 내 투명인간이 존재한 셈이다.

유령이라니? 전쟁이 나면 적을 앞두고 함께 싸울 전우인데 적군도 아니고 아군도 아닌 유령으로 생각하다니. 기수 열외라는 해병대 조직문화는 반드시 타파해야 할 것이다. 기수 열외가 갖는 의미는 열외자만이 피해자가 아니란 점이다. 열외자가 겪는 고립감, 마음의 상처, 분노는 우리가 상상하는 것 이상일 수 있다. 그런데 그보다 더 큰 문제는 가해자도 역시 피해자가 될 수 있다는 것이다. 강화도 총기 사건에서 보듯이 부대원 4명이 사망하고 2명이 부상하는 희생을 겪었다. 상관과 부하와 동료가 희생을 당한 것이다. 그들은 왜 젊은 나이에 희생을 당해야 했는가? 기수 열외가 초래한 조직의 비싼 대가이자 희생이다.

여기서는 해병대 조직문화를 탓하고자 하는 의도는 아니다. 기수 열외는 우리 사회에도 있다. 사회가 방치한 저소득 독거 노인들은 외롭고 어려운 생활을 하다 세상을 뜨거나 자살하는 경우가 비일비재다. 사회의 열외자인 셈이다. 이들을 사회와 국가가 감싸안았다면 이들의 희생이 줄어들었을 것이다. 2009년 자살한 65세 이상 노인은 4,071명이었다. 한국 전체 자살률의 4배가 넘는다. 노인 자살의 주 원인은 경제적 빈곤이다. 나의 아버지 세대는 시대적으로 매우 불행한 세대에 속한다. 일제 때 태어나 교육을 받고 한국전쟁을 겪었으며, 4·19 등 정치적 격변기를 지나 경제 성장에 열심히 기여했으나 사회보장의 혜택은 거의 누리지 못한 세대다. 구멍난 사회보장제도에 처한 불행한 세대다. 사회 안전망의 그물망에서 벗어난 빈곤층은 우리 사회의 기수 열외자다. 그들의 고통이 어찌 그들만의 고통이랄 수 있을까.

2012년 9월 MBC 〈시사매거진 2580〉에서는 서울역 부근 동자동 쪽방촌 사람들의 삶을 보도했다. 주민 한 사람이 발언한다. "친서민정책의 범위가 어디까지인지 모르지만 대통령이 친서민정책을 떠들면서 우리에게 손길 한번 내밀어본 적 없다." 그리고 그들은 자체적으로 협동조합을 만들어 상조하면서 비로소 희망을 느낀다고 했다.

한국 사회에서 청년실업은 또 하나의 기수 열외를 만들어내고 있다. 차별받는 비정규직과 아등바등 살아가는 영세 자영업자들도 우리 사회의 기수 열외자들이다. 기수 열외자들을 정책적으로 품지 않고서는 경제적·사회적 문제를 유발할 뿐만 아니라 재정적 부담을 가중시키게 된다. 재정상의 조치 이전에 해결해야 할 일차적 분배정책 대상들이다.

영화

전장의 〈메리 크리스마스〉

2005년 크리스티앙 카리옹 감독이 만든 프랑스 영화 〈메리 크리스마스〉는 '기수 열외'와 대비되는 감동적 세계를 보여준다. 1914년 12월 24일 제1차 세계대전 크리스마스 휴전 실화를 바탕으로 한 영화다. 프랑스 북부 독일군 점령지역에선 100m도 안 되는 거리를 사이에 두고 독일, 프랑스, 영국군의 진지가 서로 대치하고 있다. 그동안 숨 막히는 접전이 일어났다. 전투가 없는 날에도 서로를 향해 총을 겨누고 일촉즉발의 전투가 일어날 것 같은 살벌한 분위기가 이어진다.

그런데 크리스마스 이브를 맞이하여 영국군은 백파이프를 연주하며 잠시나마 전장의 긴장을 늦추고 크리스마스를 자축한다. 이때 옆 진지에 있던 독일군은 노래로 화답한다. 주인공 스프링크와 그의 연인 안나가 유명한 성악가로 등장해서 멋진 가곡을 불러준다. 프랑스 장교 오드베르 중위는 샴페인을 들고 그들을 찾는다. 그리고 크리스마스 단 하루를 위한 휴전 협정이 맺어진다. 전투 진영은 작은 나무에 초를 단 크리스마스 트리로 장식된다. 세 나라 군인들이 모두 가운데로 모여 영국 신부님 집전으로 크리스마스 예배를 드린다. 모든 군사가 한마음이 되어 부르는 'Silent Night, Holy Night(고요한 밤 거룩한 밤)'은 감동을 안겨준다. 세상에서 가장 아름다운 캐롤이다. 서로 총을 겨누고 상대방을 죽여야 하는 전쟁터이지만 왜 전쟁을 해야 하는가를 다시 한 번 생각하게 만든다.

영화 〈메리 크리스마스〉가 우리에게 던져준 의미는 크리스마스 이브에 일시적 휴전을 맺어 병사들이 잠시 평화를 얻었다는 데에만 있지 않다. 물론 내일 죽을지라도 하루의 평화와 안식을 얻은 것은 그들에게 엄청난 위안과 희망을 주었을 것이다. 그러나 그보다 더 큰 수확이 있었다. 그들에겐 무의미한 전쟁을 치른다는 인간적인 공감대가 형성되었다. 그 결과 서로가 서로를 배려하는 마음이 생겼다. 전투에서 죽은 시신을 묻어주기로 협상을 맺고 방치된 시신을 수습하여 묻어준다.

더욱 감동적인 장면이 있다. 자기 나라 지원부대가 후방에서 상대방 진지에 대한 포격을 할 것이라는 정보를 얻은 지휘관이 상대방 군인들에게 포격 시기에 자기 진지에 와 있으라고 요청한다. 적군의 진지에 모두 이동하여 포격을 피하는 훈훈한 장면이 나온다. 이 대목이 '기수 열외'와 가장 대비되는 장면이다. 기수열외는 열외자만이 고통을 당한 게 아니라 부대원들이 함께 희생당하는 결과를 초래했다. 그러나 적들 간에 인간적 공감대를 형성한 〈메리 크리스마스〉에서는 포격 속에서도 한 사람의 희생 없이 전장의 악몽을 벗어난다.

'기수 열외'와 전장의 〈메리 크리스마스〉는 군대에만 있지 않다. 사회에도 있다. 사회적 열외는 실업, 비정규직, 빈곤노인과 빈곤아동, 사회적 배려 없는 미혼모 등 수없이 많다. 이들 사회적 열외자가 해병부대 사건에서처럼 우리 모두 희생을 당하는 방향으로 갈 것인지 아니면 〈메리 크리스마스〉에서처럼 모두가 승리하는 방향으로 갈 것인지는 명약관화하다. 심각한 청년실업 문제를 보면서 통계 타령이나 하고 있는 현 정부의 정책 당국자들은 사회적 기수 열외의 심각성을 알고 있는지 의심스럽다.

실업자 통계와 투명인간

2011년 박재완 기획재정부 장관은 고용자 수가 47만 명 증가한 것을 두고 '고용 대박'이라고 표현했다. 그 전에는 '고용 서프라이즈'라고도 했다. 참 순진한 장관이다. 고용의 실상을 알면 그런 소리가 나올 수 없을 텐데. 통계청은 2011년 9월 실업률이 3.0%를 기록하여 전년 대비 0.4% 포인트 하락했다고 밝혔다. 글로벌 경제위기 상황임에도 한국은 미국 실업률(8.8%)과 비교하면 '완전 고용'에 가까운 좋은 고용 상황이라는 것이다.

그런데 국민들 중에는 '고용 대박'이니 '완전 고용'이라는 말에 공감하는 사람은 아무도 없는 것 같다. 주변에는 실직되어 고통을 받고 있는 사람들과 취직을 못해 절망하고 있는 청년들이 너무 많다. 통계청에 의하면 2011년 6월 기준 취업자 수가 전년 대비 1.9% 증가했지만 20대는 2.2%, 30대는 0.1% 오히려 감소했다. 50대가 6.3% 증가한 바람에 전체 취업자 수가 증가한 것이다.

또한 20대 남성 고용률이 15년 동안 15%p 줄어들었다는 조사 결과가 나왔다. 한국노동연구원 성재민 책임연구원의 '20대 고용률 변화분석' 자료(2011)에 따르면 1995년 73.2%였던 국내 20대 남성 고용률은 2010년 58.2%로 15%p 떨어졌다. 40% 이상의 젊은 청년들이 놀고 있다는 의미다. 고용 증가는 50대 이후 나이 많은 사람 중심으로 이뤄지고 있다. 고용률이 높아지지만 고용의 질은 결코 높지 않다. 생계를 꾸리기 위해 취업전선에 어쩔 수 없이 뛰어들고 있다. 베이비 부머들이 퇴직하면서 50대 이상 여성들이 퇴임한 남편과 취직을 못한 자식들을 대신해 취업전선에 뛰어들고 있는 것이다.

노동시장의 고용 동향을 파악할 수 있는 지표에는 실업률과 고용률이 있다. 2011년 통계를 보면 실업률은 3%인데 고용률은 63%다. 실업률은 OECD 국가 중 가장 낮은 수준인 반면 고용률은 하위권이다. 실업률이 낮은데 고용률도 낮다? 이율배반이다.

실업률 3% 수준은 완전고용 수준에 해당한다. 우리나라의 실업률이 이렇게 낮게 나온 것은 몇 가지 이유가 있다. 첫째, 청년과 여성의 경제활동참가율이 낮기 때문이다. 청년층(15~24세)의 경제활동참가율이 2009년 기준 25.4%로서 OECD 평균(48.5%)의 절반밖에 안 된다. 여성 경제활동참가율도 53.9%에 그쳐 OECD 평균(61.3%)보다 낮다. 둘째, 자영업자와 농어업 종사자가 많은 것도 하나의 이유다. 농민이 농한기에 하는 일이 없어지면 실업자가 아닌 비경제활동인구로 분류되어 실업률이 낮아진다. 셋째, 통계 누락 현상과 느슨한 사회안전망도 또 하나의 이유다. 고용 통계 조사의 표본이 되는 전국 3만 2,000가구에 고시원 · 기숙사 등은 포함되지 않고, 아파트 · 단독주택 · 원룸 등 독립된 가구만 조사한다. 따라서 고시원을 전전하며 취직 준비에 매달리는 사람들은 실업 통계에서 빠진다.[12] 고용보험에 가입하지 않은 비정규직은 실업자 신고를 하지 않아 실업률이 낮아진다.

이러한 이유 때문에 실업률이 낮아지는 특수성이 있지만 문제는 실업 통계가 갖는 한계다. 실업률 통계와 고용률 통계가 상반되게 나온 것은 통계를 불신하게 만드는 요인이다. 정부의 실업률 3% 발표를 국민들은 믿으려 하지 않는다. 거짓말한다고 생각한다. 19세기 영국 수상 디즈레일리는 통계와 관련하여 재미있는 말을 했다. "세상에는 세 가지 거짓말이 있다. 거짓말, 지독한 거짓말, 그리고 통계"라고 했다. 거짓말 통계의 비밀을 들여다보자.

실업률이란 경제활동인구 중에서 실업자가 차지하는 비율을 말한다. 경제활동인구 중에는 취업자와 실업자가 있는데 경제활동인구 대비 실업자 비율을 실업률로 표시한다. 취업자는 조사 대상 기간(1주간) 중 수입을 목적으로 1시간 이상 일을 한 사람을 말한다. 잠시 알바로 돈을 벌어도 취업자다. 다만, 자기에게 직접 수입이 들어오지 않더라도 자기 가족이 운영하는 농장이나 사업체를 위해 일주일에 18시간 이상 일한 사람과 직업 또는 사업체를 가지고 있으나 일시적인 병 또는 사고, 연가, 교육, 노사분규 등의 사유로 일하지 못한 일시휴직자도 취업자에 포함된다.

그런데 인구 중에는 경제활동인구와 비경제활동인구가 있다. 실업률은 경제활동인구만을 대상으로 실업자 비율을 계산한다. 여기서 실업자란 어떤 사람을 말하나? 실업자는 경제활동인구 중 조사 대상 주간에 수입이 있는 일을 하지 않았고, 지난 4주간 일자리를 찾아 적극적으로 구직활동을 했던 사람으로서 일자리가 주어지면 즉시 취업이 가능한 사람을 말한다.

$$
\begin{aligned}
\text{실업률}(\%) &= (\text{실업자} / \text{경제활동인구}) \times 100 \\
&= \text{실업자} / (\text{실업자} + \text{취업자}) \times 100
\end{aligned}
$$

12 전국 고시원 수는 6,100여 곳(2009년 기준)에 달한다.

실업자와 비경제활동인구의 차이를 잘 구분해야 한다. 실업자는 적극적 구직활동을 한다는 점에서 비경제활동인구와 차이가 있다. '지난 4주간 일자리를 찾아 적극적으로 구직활동을 했던 사람'이 아직 취업이 안된 사람이 실업자다. 따라서 적극적 구직활동을 하지 않은 사람은 실업자에 들어가지 못한다. 그들은 비경제활동인구에 해당한다. 일반적으로 가정주부, 학생, 정년 퇴직자들은 적극적으로 일자리를 구하려는 노력을 하지 않아 비경제활동인구로 파악되는 경우가 많다.

취업 준비자나 구직 단념자의 경우 실업자로 인식하는 경우가 많지만 조사 대상 기간 중에 구직활동을 하지 않은 것으로 보기 때문에 비경제활동인구로 분류된다. 취업 준비자는 취업 목적으로 학원이나 직업훈련기관에서 수강 등을 하거나 기타 취업 준비를 하는 사람을 말한다. 취업 준비자는 조사 대상 기간 중에 구직활동을 하지 않았기 때문에 실업자로 분류할 수 없으며 비경제활동인구로 간주한다. 취업 준비가 구직활동이 아니라는 논리로 비경제활동인구로 보는 것은 아무래도 이상하다.

구직 단념자란 구직을 포기한 사람으로서 구직 의사는 있지만 일정한 이유로 조사 대상 주간에 일자리를 찾지 않은 사람이다. 구직 단념자는 국제적 기준에 따라 실업자로 분류되지 않고 비경제활동인구에 포함된다. 통계청에서 설정하고 있는 구직 단념자의 정의는 다음과 같다. 비경제활동인구 중 취업 의사와 일할 능력은 있으나 아래의 사유(노동시장적 사유)로 지난 4주간에 구직활동을 하지 않은 자 중 지난 1년 내 구직 경험이 있었던 사람을 구직 단념자라고 한다. ① 적당한 일거리가 없을 것 같아서(전공, 경력, 임금 수준, 근로 조건, 주변), ② 지난 4주간 이전에 구직하여 보았지만 일거리를 찾을 수 없어서, ③ 자격이 부족하여(교육, 기술 경험 부족, 나이가 너무 어리거나 많다고 고용주가 생각할 것 같아서). 취업 준비자나 구직 단념자가 비경제활동인구로 계산됨으로써 이들이 증가하는 경우 오히려 실업률이 낮아지는 경우가 발생하기도 한다.

취업 준비자나 구직 단념자를 실업자로 포함하지 않음으로써 국민이 실제 피부로 느끼는 체감 실업률과 공식 실업률 간에 괴리가 발생하게 된다. 다년간 구직 후 취업을 포기한 사람이나 졸업 이후 수험 및 취업 준비를 계속하고 있는 사람, 혹은 매주 짧은 시간 일은 하지만 더 길게 일을 하고 싶은 사람 등, 일반 국민이 보기에는 실업자와 다름없는 사람들이 통계에서는 실업자로 간주되지 않아 실업률이 체감 실업률과 차이를 나타내는 것이다. 현재의 실업률 지표의 한계다. 대안적 실업률 지표가 개발되어야 한다.

그런데 현행 실업률 조사 방식으로는 실업률이 4.8%이지만 대안적 방식으로 측정한 잠재 실업률은 21.2%라는 연구 결과가 있다. 황수경 KDI 연구위원은 2011년 「설문구조에 따른 실업 측정치의 비교」란 제목의 보고서에서 "(정부의) 현행 방식과 국제노동기구(ILO) 표준설문을 토대로 한 대안적 방식으로 잠재 실업률을 구했더니 각각 4.8%, 21.2%로 4배 이상의 차이를 보였다"고 밝혔다. 조사는 서울지역 20대 청년층 약 1,200명을 대상으로 했다. 잠재 실업자란 취업을 원하지만 구직활동을 적극적으로 하지 않아 실업자가 아닌 비경제활동인구에 포함된 실망 실업자 등을 말한다.

문제는 '구직활동'을 했느냐의 여부다. '구직활동'을 하지 않았다는 이유로 시간제나 일용직으로 불완전고용 상태에서 전직을 희망하는 사람, 고시학원 · 직업훈련기관을 다니거나 혼자 취업을 준비 중인 사람, '쉬고 있다'고 답하는 사람 등은 모두 비경제활동인구에 포함되어 실업률 통계에서 제외하고 있다. 황수경(2011)에 의하면, 취업 희망 여부 등 주관적 판단을 묻는 설문 방식에 문제가 있어 현실을 반영하지 못하고 있다고 한다. 그녀에 의하면 조사 대상자한테 구직활동 여부를 먼저 물어보기 때문에 생기는 일종의 기준점 효과 때문에 현실을 제대로 반영하지 못한다는 것이다. 먼저 구직활동 여부를 물어보면 안 했다고 답변한 사람은 '취업을 원한다'는 의사를 표시하기 어렵다는 것이다. 이와 달리 그녀가 제안한 방식은 구직활동 여부를 묻기 전에 취업 희망 여부를 먼저 묻는 방식이다. 이렇게 취업 의사를 충분히 확인해야 잠재 실업의 현실을 정확히 보여주게 된다는 것이다. 고용률을 높이려면 잠재 실업을 정확히 파악해 정책적인 대상으로 삼아야 할 것이다.

현행 실업률 통계는 ILO 통계 방식을 따르고 있다는 점에서 잘못된 통계는 아니다. 다만 설문 방식에 문제가 있는 것은 사실로 보인다. 그러나 더 문제인 것은 현행 실업률 통계는 고용정책 및 노동시장 정책에 전혀 도움이 안 되는 지표라는 점이다. 취직을 하고 싶거나 할 예정으로 있는 수많은 사람을 '지난 4주간 구직활동'을 하지 않았다는 이유로 실업자에서 제외하고 있다. 또한 일주일에 35시간 미만 알바 수준으로 일하는 사람들은 취업자로 간주되어 실업자에서 빠진다.

참 재미있는 실업자 통계다. 가령 어느 대학 졸업생이 열심히 취직을 해보려고 하는데 취직이 안 되어 전단지 돌리는 알바를 1시간 이상 했다면 취업자로 잡힌다. 취업하려고 뛰는 사람을 취업자로 본다? 알바를 그만두고 취업을 위해 여러 회사에 지원을 하면 실업자가 된다. 그러다가 몇 번의 고배를 마시고 잠시 쉬고 있으면 실업자가 아닌 비경제활동인구가 된다. 취업을 위해 열심히 뛰고 있는 젊은이가 취업자도 되었다 실업자도 되었다 비경제활동인구도 되었다 하고 있다. 무슨 도깨비 통계인지 헷갈린다. 같은 사람인데. 이들을 어떻게 정책 대상으로 삼을 수 있나? 그들은 단순히 '취업 희망자'일 뿐이다. 이런 통계 실상을 알고 있다면 '고용 대박'이니 '고용 서프라이즈'니 하는 순진한 소리는 나올 수 없을 것이다.

실업자 통계에 잡히지 않은 잠재 실업자들을 제외하는 것은 그 사람들을 고용정책상 '투명인간'으로 보겠다는 말이나 다름 아니다. '투명인간'이란 해병대 기수 열외에서 보았듯이 눈에 보이지 않는 유령으로 취급하는 것이다. 기수 열외는 열외자 자신만이 고통을 당한 것이 아니라 다른 구성원까지 피해를 끼친 사실을 해병대 총기 사건에서 보았다. 이러한 '투명인간'과 실업자를 포함하여 앙드레 고르는 '탈산업 시대의 프롤레타리아'라고 부른다(해밀턴, 2011: 241).

우리 사회의 '투명인간'들을 보자.

- 취업 준비를 위해 고시학원이나 취업학원에 다니는 사람
- 일거리를 찾을 수 없어서 잠시 쉬고 있는 사람
- 고시원에 살면서 열심히 취업 자리를 찾고 있거나 파트타임으로 일하는 사람
- 잠시 알바 수준(일주일에 35시간 미만)으로 일하고 있는 사람
- 졸업하고 좋은 직장을 갖고 싶어 열심히 공부하는 학생
- 제대하고 좋은 직장을 구하고 싶어하는 군인
- 가사를 돌보느라 여념이 없는 가정주부
- 육아를 위해 직장을 그만두고 잠시 쉬고 있는 커리어 우먼
- 정년 퇴임 후 소일하고 있는 퇴직자
- 고용보험에 가입하지 않은 비정규직
- 농한기에 있는 농민 등

정책지표로서의 실업률 지표가 한계를 가짐으로써 선진국은 다양한 실업률 지표를 집계해 발표한다. 국제 기준에 따른 공식 실업률과 국민들이 실제로 체감하는 실업률 사이의 간극을 메우기 위해서다. 캐나다는 8단계, 호주는 3단계로 대체 실업률을 발표한다. 독일, 덴마크, 프랑스 등도 각기 다양한 기준으로 체감 실업률에 가까운 지표를 매달 혹은 매분기마다 정기적으로 공개하고 있다. 여기서는 미국의 실업률 지표를 살펴보자.

미국 노동통계청은 매달 초순 실업률을 발표한다. 15주 이상 장기 실업자(U1)부터 가장 넓은 의미의 실업자(U6)까지 여섯 종류의 통계를 1976년부터 발표하고 있다. 가장 광의의 실업자인 U6에는 공식 실업자 외에도 취업 의사는 있지만 구직활동을 하지 않았거나, 가사 · 육아 · 학업 등의 이유로 구직활동을 하지 못했거나, 일주일에 35시간 미만 일하고 있지만 더 일하고 싶은 취업자가 모두 포함되어 있다. 2011년 발표된 미국의 공식 실업률(U3)은 9.1%지만 U6 실업률은 16.5%로 높아진

〈표 4-6〉 미국의 실업자 지표

	측정하려는 실업자의 개념
U-1	15주 이상 장기 실업 상태에 있는 자
U-2	해고된 실직자(job loser) 및 임시고용이 종료된 자
U-3	일할 의사와 능력이 있고 적극적으로 구직활동을 하는 자(=공식 실업률 지표)
U-4	U-3 + 구직 단념자(=한계근로자 중 노동시장적 사유 및 직무와 관련된 개인적 사유로 조사 대상 기간에 구직활동을 하지 않은 자)
U-5	U-4 + 한계근로자(=비경제활동인구 중 일할 의사가 있고 즉시 취업이 가능하며 지난 1년간 구직활동을 해본 적이 있는 자)
U-6	U-5 + 불완전 고용 상태(일주일에 35시간 미만 일하는) 취업자

자료: 박기현(2011) 참조.

다. 거의 2배 수준이다.

정부도 우리나라 실업률 통계의 문제점을 인식하고 있다. 현행 실업률 통계로는 고용정책에 아무런 도움이 안 된다는 것을 인지하고 있다. 그래서 내부적으로 공식 실업자보다 넓은 의미의 '취업 애로계층' 숫자를 집계하고 있다. '취업 애로계층'? 참 묘한 개념 지표다. 하지만 정식으로 발표하지는 않는다.[13] 왜 발표하지 않을까? 넓은 의미의 실업률 지표가 필요함을 인식하고도 공개하지 않고 공식 실업률만 발표한다면 정부가 거짓말을 하는 셈이다. 디즈레일리 수상의 세 가지 거짓말을 다시 한 번 상기하게 된다. '거짓말, 지독한 거짓말, 그리고 통계.'

'취업 애로계층'은 공식 실업자 외에 취업 의사와 능력이 있는 비경제활동인구, 주 36시간 미만 근로자 중 더 일할 의사가 있는 사람을 합한 사람을 말한다. 2011년 취업 애로계층을 포함해 실업률을 계산하면 7.0%로 공식 실업률의 2배가 넘는 것으로 알려지고 있다. 노무현 정부 초반인 2003년 142만 6,000명이던 취업 애로계층은 2005년 172만 8,000명까지 늘다가 2007년 151만 7,000명으로 줄었다. 이명박 정부에선 2008년 세계 금융위기의 영향으로 2009년 182만 3,000명, 2010년 192만

---

13 '취업 애로계층' 통계는 이명박 정부의 김대기 청와대 경제수석이 과거 통계청장 시절 개발한 지표지만 정작 김 수석은 통계 공개에 부정적이라고 한다.

1,000명으로 급증했다(중앙일보, 2012. 5. 24).

취업 애로계층을 포함한 실업률과 공식 실업률 간의 괴리는 2003년 이후 꾸준히 벌어지고 있다. 2003년 실업률은 3.6%, 취업 애로계층을 포함하면 6.1%로 공식 실업률의 1.7배였다. 이명박 정부 들어 세계 금융위기 이후인 2009년 취업 애로계층을 포함한 실업률은 7.3%로 공식 실업률(3.6%)의 2배를 넘어섰다. 2011년 취업 애로계층이 약간 줄었지만 이 비율 역시 2배를 넘는다.

현행 실업률 지표는 국민들이 체감하는 지표가 아님이 분명하다. 그럼에도 불구하고 공식적 실업률 통계에만 집착하고 모호하게 만든 '취업 애로계층' 통계마저 발표하지 않는다면 정부 불신만 키울 뿐이다. 정부는 국민에게 정직해야 한다. 국민들로부터 신뢰를 받아야 한다. 실업률 통계야말로 국민들로부터 신뢰를 받는 통계로 거듭나야 한다. 여기서는 미국의 실업률 지표와 같은 5~6단계의 실업률 지표를 공식화하여 국민들에게 공개할 것을 제언한다. 그리고 정책관리의 핵심 지표로 삼아야 한다.

정부는 재정 건전성 관리를 위해 통합재정수지 대신 관리 대상 수지를 작성하여 발표한다. 통합재정수지는 국민연금 등 사회보험성 기금수지가 계속 흑자를 구현하기 때문에 재정정책 관리 대상으로서 적합하다고 보지 않기 때문이다. 그래서 통합재정수지에서 사회보험성 기금수지를 제외한 관리대상수지로 정책관리를 한다. 마찬가지로 실업률도 '관리대상 실업률' 지표를 만들어야 한다. 미국, 캐나다 등과 같이 다단계 지표를 개발해야 할 것이다.

정책관리 지표로서의 고용률

'관리 대상 실업률' 지표와 함께 고용률 지표가 정책관리의 핵심 지표가 되어야 한다. 실업률만 보아서는 정확한 고용 동향을 파악하는 데 한계가 있으므로 고용률 지표를 동시에 볼 필요가 있다. 가령 취업난이 장기간 지속되어 실업자 중 상당수가 일자리 찾기를 포기하고 가사나 취업 준비를 하게 된다면 이들은 실업자에서 비경제활동인구로 분류되어 실업률은 오히려 하락한다. 취업난이 장기간 지속되고 있는데 실업률이 하락하다니? 하지만 고용률을 함께 본다면 실업률은 떨어졌지만 고용률이 그대로 유지됨을 알 수 있어 정확한 고용 동향을 파악할 수 있게 된다. 일자리 창출이 시대적 과제인 이상 고용률 지표는 실업률 지표보다 더 중요한 정책관리 지표가 되어야 할 것이다.

고용률이란 15세 이상 인구 중 취업자의 비율을 말한다. 15세 이상 인구 중에는 경제활동인구와 비경제활동인구가 모두 포함된다. 따라서 앞에서 '투명인간'이라고 불렀던 잠재 실업자들을 실업자로 분류하든 비경제활동인구로 분류하든 취업자 비율로 표시되는 고용률은 변함없다. 고용정책의 관리 대상 지표로서 고용률을 핵심 지표로 삼아야 함을 의미한다.

고용률(%) = (취업자 ÷ 15세 이상 인구) × 100

2010년 기준 OECD 통계를 보면 우리나라 실업률은 OECD 국가 중 두 번째로 낮다. 실업률 통계로만 보면 아주 모범적인 국가다. 그런데 고용률은 34개국 중 21위다. 실업률은 최고 수준인데 고용률은 하위 수준이다. 이러한 이율배반을 방치해서 되겠는가? 고용률 지표의 유용성을 다시 한 번 확인한다.

고용률 지표는 양적 지표도 중요하지만 고용의 질이 매우 중요하다. 최근 20~30대 고용률은 감소하거나 주춤하지만 50대 이상 고용률이 늘고 있다. 제조업 분야 고용률은 감소하는데 사회 서비스 분야 고용은 증가하고 있다. 장시간 취업자는 줄지만 단시간 취업자는 증가하고 있다. 더욱이 저임금 고용 비중이 25.9%(2010년 기준)로서 OECD 국가 중

1위의 불명예를 안고 있다. 모두 고용의 질이 악화되고 있음을 의미한다. 총량 고용률만 관리해서도 안 된다는 사실을 보여준다.

'관리 대상 실업률'처럼 고용률도 고용의 질을 반영한 '관리 대상 고용률'을 개발하여 정책관리 지표로 활용할 필요가 있다. 국민들은 '거짓말' 실업률에 정부를 신뢰하는 것이 아니라 정직한 실상 공개와 적절한 정책대응에 정부를 신뢰한다. 고용의 질을 반영한 다양한 '관리 대상 고용률' 지표는 정책관리의 실효성을 높여줄 것이다.

실업자의 진정한 고통

실업자들이 고통을 겪는 가장 큰 이유는 물질적 빈곤이 아니다. 의미 있는 활동에서 배제됨에 따른 심리적 충격과 그로 인해 겪게 되는 악영향 때문이다. 실업이 크나큰 재앙이 되는 이유가 바로 여기에 있다. 실업은 소득을 잃게 할 뿐만 아니라 자존감에 직접적인 타격을 입힌다. 또한 일로 연결된 사회적 관계를 무너뜨려 행복을 감소시킨다. 사람들은 실직하면 소득을 잃어서라기보다는 일 자체를 잃어서 불행하다고 느낀다.

2009년 발생한 쌍용자동차 대량 해고 사건은 실업의 고통을 가장 적나라하게 보여준다. 경영진이 총인원의 36%인 2,646명을 정리해고하려 하자 노조가 파업으로 맞섬으로써 사태는 촉발되었다. 해고 대상자 가운데 461명을 무급휴직 처리하고, 1년 뒤 복직시킨다는 노사 대타협으로 일단락되었다. 그러나 공장 가동이 정상화되지 않았다는 이유로 복직 약속은 지켜지지 않았다. 2009년 대량 해고 이후 당사자와 가족 중 자살과 질병으로 사망한 사람이 22명에 이른다.

쌍용자동차 노동자와 가족들을 위한 심리치유센터를 운영하고 있는 정혜신 정신과 전문의는 "여러 형태의 해고자들 가운데에서도 희망 퇴직자는 해고된 동료들에 대한 죄책감 때문에 세상과 담을 쌓은 사람들이 많다"며 "해고 노동자가 2,500명 이상이지만 심리치유센터에 나오는 사람은 100명도 안 된다. 죽음은 계속될 수 있다"고 말했다. 실업은 물질적 빈곤으로만 고통을 당하는 것이 아니다. 자존감과 사회적 관계의 훼손으로 더 큰 고통을 당한다.

영향력으로 봤을 때 실업은 결혼생활이 파경을 맞은 것과 비슷한 효과가 있다고 한다(레이어드, 2011: 229). 부부가 서로 의존하며 살아오던 관계에서 갑자기 나홀로 내팽겨쳐지는 것과 같다. 그만큼 상실감과 고립감이 큰 것이다. 이러한 사회적 고립감은 개인적 고통뿐만 아니라 사회적 고통을 초래한다. 최근에 세계 각국에서 벌어지는 '묻지 마 범죄'의 대부분이 실업자들에 의해 저질러졌다.

일본에선 2001년 6월 실업자 다쿠마 마모루(당시 37세)가 약물을 먹고 환각 상태에서 오사카교대 부속 이케다 초등학교에 난입해 닥치는 대로 흉기를 휘둘러 1~2학년 학생 8명이 숨지고, 교사 3명 등 15명이 중경상을 입는 사건이 있었다. 영국에선 1996년 3월 역시 실업자인 토마스 해밀턴(당시 43세)이 권총 네 자루를 들고 소도시 던블레인의 한 초등학교에 난입해 어린이 16명과 어른 1명을 살해하고 스스로 목숨을 끊었다. 중국에서도 2010년 4월 실직자가 한 유치원에 침입해 유치원생 28명과 어른 3명에게 중경상을 입혔다(조선일보, 2012. 9. 29).

실업문제가 사회 전체에 초조함과 공포를 불러올 수 있다는 것을 보여준다. 낮은 실업률이 사회의 최우선 순위가 되어야 함을 확인시켜준다. 그 중에서도 국가의 미래를 떠안아야 할 청년 세대의 실업은 심각한 일일 수밖에 없으며 국가 정책목표의 최우선 순위가 되어야 한다.

슬픈 청년 세대의 실업

요즘 젊은 세대는 불행한 세대라는 말을 넘어 슬픈 세대다. 그들의 고단한 삶은 자조적인 별칭에서 잘 드러난다. 이태백(20대 태반이 백

수), 장미족(장기간 미취업자), 취업장수생, 빌빌세대(취업하지 못한 신세), 취포생(취업포기생), 캥거루족(취직하지 않고 부모에게 기대어 사는 젊은이들), 3포세대(연애, 결혼, 출산 포기), 88만원 세대, V세대(짜증난 세대: Generation Vexed), 프리터족(필요한 돈을 모을 때까지만 일하고 쉽게 일자리를 떠나는 사람들) 등. 웬 별칭이 이리도 많은거야.

최근에 국제적으로 통용되는 용어로 니트족이란 말도 있다. 니트(NEET)족은 일을 하지도, 교육이나 훈련도 받지 않고 있는 젊은이들을 지칭한다. 니트는 영어 'Not in Education, Employment or Training'에서 나왔다. 니트는 영국 정부가 1999년 처음 사용한 용어다. 교육기관에 소속되지도 채용되지도 직업훈련에 참가하지도 않는 의무교육 이수 후의 16~18세 청소년을 지칭한다. 1990년대 후반부터 2000년대 들어 일본에서도 영국과 유사한 청년이 급증하면서 심각한 사회문제로 등장했다. 특히 '히키코모리(은둔형 외톨이)'들이 급증하면서 사회문제를 일으키는 일이 벌어졌다. 이에 일본 정부는 니트 개념을 확대 정의하고 통계를 작성하면서 문제 해결에 적극 나섰다.

한국의 니트족도 급증하고 있다. 2012년 3월 통계청이 발표한 고용동향에 따르면 15세부터 29세 사이 청년층 실업률은 8.3%(35만 명)다. 전체 실업률 3%에 비하면 거의 3배에 이른다. 외국과 비교하면 우리나라 청년 실업률은 그래도 낮은 편이다. 과연 청년 실업률이 외국보다 낮다고 볼 수 있을까? '쉬었다'고 응답한 청년 40만 4,000명과 취업준비생 55만 4,000명 등을 고려하면 사실상 청년 실업자는 100만 명을 훨씬 넘은 것으로 관측된다. 이들이 바로 청년 니트족이다. 이들을 포함한 체감 실업률은 22.1%다. 공식적 청년 실업률의 3배에 이른다. 이들은 고용정책에서 소외된 기수 열외자이자 투명인간들이다.

한국노동연구원 금재호 선임연구위원은 한국형 니트족을 '가족 노동형', '청년 실업형', '함정형', '현실 회피형'으로 구분했다. 가족 노동형과 청년 실업형은 적극적으로 일자리를 알아보는 '구직 니트족'이고, 현실 회피형은 일할 의사도 없는 '비구직 니트족'이다. 함정형은 공무원 시험이나 고시 준비생을 말한다. 이들도 '구직 니트족'에 속한다. 일본형 니트족은 현실 회피형이 많은 반면에 한국형 니트족은 일자리 부족으로 취업 경쟁에서 낙오된 사례가 더 많다.

우리나라의 니트족은 청년층 인구가 감소하고 있는데도 증가한다는 데에 문제의 심각성이 있다. '쉬었음' 인구와 장기 실업자가 지속적으로 증가하고 있다. 니트족의 급증은 머지않아 재정상의 폭탄을 맞게 될지도 모른다.

미국에서 16세에서 24세 연령층의 670만 명에 달하는 청년 실업자가 국가 재정위기를 몰고올 '시한폭탄'이 될 것이라는 내용의 연구 보고서가 나왔다. 보고서에 의하면 청년 실업자 한 명당 연간 3만 7,450달러의 비용이 발생하고, 정부가 청년 실업으로 국민 세금으로 지출해야 할 비용이 1인당 1만 3,900달러에 달한다고 밝혔다(세계일보, 2012. 1. 19). 정부재정으로 지불하는 비용은 세금 면제, 복지수당 제공, 범죄 관리비용 등이다.

청년 실업이 증가하면 사회 불안이 심화되고, 일자리를 찾지 못한 청년이 범죄에 연루되는 비율이 급증한다. 묻지마 살인의 많은 경우가 취업을 못하거나 실직한 사람들에 의해 저질러지고 있다. 기수 열외자의 피해는 당사자뿐만 아니라 사회에도 미치는 것이다. 강화도 해병대 총기 사건이 사회에서 일어나는 셈이다.

그런데 문제는 더 심각하다. 청년 니트족의 문제는 재정 폭탄이나 범죄 증가에 국한되지 않는다. 우리나라의 미래를 짊어질 젊은 세대들이 희망을 잃는다는 점이다. 실업은 소득원이 상실되기 때문에 경제 주체로서의 기능을 하지 못한다. 소득원이 없으니 젊은이들이 연애를 포기하고, 결혼을 포기하고, 출산을 포기하는 소위 3포 세대가 되었다. 그렇잖아도 세계 최저의 저출산 국가인데 연애와 결혼을 포기하다니. 이들이 3포 세대가 된 것은 결코 능력이 부족해서가 아니다. 요즘 젊은이들은 스펙도 우리 세대보다 좋고 어학 능력도 더 뛰어나며 매우 건실한 가치관을 지닌 능력의 소유자들이다. 그런데 대학 졸업 후 직장을 얻지 못해 상심한 채 살아가고 있다. 개인 탓이라기보다 사회 탓이다.

실업이 주는 고통은 물질적 빈곤이 아니다. 의미 있는 활동에서 배제됨에 따른 자존감의 상실과 그로 인해 겪게 되는 심리적 고통이다. 정말 걱정이다. 젊은이들이 희망을 잃고 있다. 청년이 희망을 잃으면 나라의 희망이 없다. 청년이 살아야 나라가 산다. 도산처럼 외치고 싶다. "청년들이여, 낙심 마오!"

기수 열외자 비정규직

우리 사회의 심각한 기수 열외자가 또 있다. 비정규직이다. 비정규직은 저임금과 고용 불안에 시달리고 있는 잠재적 재정폭탄들이다. 이들을 사회에 계속 기수 열외로 방치한다면 한국 사회의 미래는 없다. 사회통합도 없다. 재정이 떠안아야 할 몫이 너무 커진다. 일차적 분배정책으로 반드시 해결해야 할 시대적 과제다.

비정규직의 더 큰 고통은 자식의 비정규직 대물림이다. 비정규직이 비정규직을 낳는 것이다. 사회적 열위가 사회적 열위를 더 심화시키는 마태 효과가 작용한다. 비정규직 부모의 자녀는 정규직이 되기 힘들다. 비정규직 부모의 자녀는 정규직 부모를 둔 사람과의 경쟁에서 열세일 수밖에 없다. 결국 비정규직 부모의 자녀는 대물림으로 비정규직이 될 수밖에 없다. 교육도 취업도 그런 구조다. 부정적 마태 효과의 연을 끊지 않으면 안 된다.

통계청은 비정규직을 ① 한시적 근로자, ② 시간제 근로자, ③ 비전형 근로자로 구분한다. 한시적 근로자란 근로계약 기간을 정한 근로자 또는 정하지 않았으나 계약의 반복 갱신으로 계속 일할 수 있는 근로자와 비자발적 사유로 계속 근무를 기대할 수 없는 근로자를 말한다. 근로계약 기간을 정한 근로자는 '기간제 근로자'라 하며, 이를 제외한 한시적 근로자를 '비기간제 근로자'라 한다.

시간제 근로자란 직장에서 근무하도록 정해진 소정의 근로 시간이 동일 사업장에서 동일한 종류의 업무를 수행하는 근로자의 소정 근로 시간보다 1시간이라도 짧은 근로자를 말한다. 평소 1주에 36시간 미만 일하기로 정해져 있는 경우가 해당한다.

비전형 근로자란 파견근로자, 용역근로자, 특수 형태 근로종사자, 가정 내(재택, 가내)근로자, 일일(단기)근로자로 정의된다. 파견근로자란 파견 사업주가 근로자를 고용한 후 사용 사업주의 사업장에서 사용 사업주를 위해 근무하도록 하는 형태를 의미한다. 용역근로자란 용역업체에 고용되어 이 업체의 지휘 하에 이 업체와 용역계약을 맺은 다른 업체에서 근무하는 형태(청소용역, 경비용역 등)를 의미한다. 특수 형태 근로종사자란 개인적으로 모집, 판매, 배달, 운송 등의 업무를 통해 고객을 찾거나 맞이하여 상품이나 서비스를 제공하고 소득을 얻는 형태를 의미한다. 가정 내 근로자란 재택근무, 가내하청 등과 같이 가정 내에서 근무가 이뤄지는 형태를 의미한다. 일일근로자란 근로계약을 정하지 않고 일거리가 생겼을 경우 며칠 또는 몇 주씩 일하는 형태의 근로자를 의미한다.

〈표 4-7〉 한시적 근로자 규모 및 비중

(단위: 천 명, %)

	임금 근로자	정규직	비정규직			
			전체	한시적 근로	비전형 근로	시간제
2002.8	14,030	10,190(72.6)	3,839(27.4)	2,063(14.7)	1,742(12.4)	807(5.8)
2003.8	14,149	9,542(67.4)	4,606(32.6)	3,013(21.3)	1,678(11.9)	929(6.6)
2004.8	14,584	9,190(63.0)	5,394(37.0)	3,597(24.7)	1,948(13.4)	1,072(7.4)
2005.8	14,968	9,486(63.4)	5,482(36.6)	3,614(24.2)	1,907(12.7)	1,044(7.0)
2006.8	15,351	9,894(64.5)	5,457(35.6)	3,626(23.6)	1,933(12.6)	1,135(7.4)
2007.8	15,882	10,180(64.1)	5,703(35.9)	3,546(22.3)	2,208(13.9)	1,201(7.6)
2008.8	16,103	10,658(66.2)	5,445(33.8)	3,288(20.4)	2,137(13.3)	1,229(7.6)
2009.8	16,479	10,725(65.1)	5,754(34.9)	3,507(21.3)	2,283(13.9)	1,426(8.7)
2010.8	17,048	11,362(66.7)	5,685(33.4)	3,281(19.2)	2,289(13.4)	1,620(9.5)

주: 괄호는 임금근로자에서 해당 범주가 차지하는 비중.
자료: KLI 비정규직 노동통계(2011).

통계청 분류에 의할 경우 우리나라 비정규직은 2010년 기준 568만 명으로 임금근로자의 33.4%에 이른다. 한시적 근로자가 328만 명으로 가장 많고 비전형 근로자 229만 명, 시간제 162만 명 순이다. 비정규직은 IMF 경제위기를 거치며 신자유주의 경제이론이 힘을 얻자 급증하기 시작했다. 2002년 400만 명, 2004년 500만 명을 돌파한데 이어 이제 600만 명에 근접하게 되었다.

비정규직이 문제가 되는 것은 그들이 차별적 임금과 근로 조건을 갖고 있기 때문이다. 어느 신문 보도에 의하면 기아자동차의 정규직과 위탁생산하는 동희오토의 비정규직 하도급 근로자는 평균 연봉 차이가 5,000만 원이 난다고 한다(조선일보, 2011. 8. 3). 기아자동차의 정규직(관리직 포함)은 8,200만 원, 동희오토의 비정규직은 3,300만 원이다. 더욱이 동희오토의 생산 라인 1,200명 근로자 중엔 동희오토가 직접 고용한 사람은 한 명도 없고, 모두 하도급 업체 소속이라고 한다. 그만큼 고용 불안이 심하다고 볼 수 있다. 정규직과 비정규직의 새로운 신분 계급이 만들어진 것이다.

그런데 비정규직 중에는 자발적으로 선택한 경우도 있고, 일부는 전문기술직 등 근로 조건이 양호한 경우도 있다. 비정규직 중 48%는 자발적 선택이며, 17.3%는 전문·기술·행정관리자 등으로 근로 조건이 양호한 것으로 추정한다. 불합리한 차별은 주로 기간제, 시간제, 파견 근로자에서 발생하고 있다.

비정규직의 상대 임금 수준을 살펴보기로 하자. 정규직을 100이라고 할 때 비정규직의 월평균 상대 임금은 2002년 67.1에서 2010년 54.8로 감소했다. 특히 이명박 정부 기간인 2008년 이후 현저히 감소한 것을 확인할 수 있다. 비정규직 상대 임금의 하락은 한시적 근로, 비전형 근로, 시간제 근로 모두에서 공통적으로 관찰된다. 다만 비정규직 근로자의 상대 임금이 하락한 이유는 비정규직 근로자의 근로 시간이 감소한 결과일 수도 있고 비정규직 근로자 중 인적 자본이 낮은 근로자가 증가한 결과일 수도 있다.

〈표 4-8〉 고용 형태별 월평균 상대 임금 추이(정규직=100)

	2002	2003	2004	2005	2006	2007	2008	2009	2010
정규직	100.0	100.0	100.0	100.0	100.0	100.0	100.0	100.0	100.0
비정규직	67.1	61.3	65.0	62.7	62.8	63.5			
한시적 근로	71.3	65.1	69.5	67.2	68.8	71.7			
기간제	72.5	64.5	67.0	68.2	67.7	70.6			
반복 갱신	79.9	88.1	96.2	91.7	93.0	97.0			
기대 불가	54.3	53.4	51.9	50.1	49.8	47.0			
비전형 근로	67.0	58.2	60.3	58.5	54.8	55.4			
파견	78.9	65.8	71.8	71.3	66.1	66.8			
용역	59.2	51.9	52.1	51.4	48.9	51.0			
특수 형태 근로	82.3	75.8	78.5	77.1	69.3				
가정 내 근로	36.4	24.6	31.8	30.7	31.3				
일일근로	54.2	48.0	47.2	46.6	45.7				
시간제 근로	34.3	29.8	30.4	28.3	28.9				

주: '한시적 근로자' 중 '반복 갱신'은 계약의 반복 갱신으로 계속 일할 수 있는 근로자, '기대 불가'는 비자발적 사유로 계속 근무를 기대할 수 없는 근로자를 말함.
자료 : KLI 비정규직 노동통계(2011).

허재준 외(2011: 162)는 표면상 나타나는 월평균 임금 차이와는 달리 근로 시간과 함께 여타 통제 가능한 요소들을 고려하면 정규직과 비정규직의 임금 격차는 크게 줄어든다고 주장한다. 실증적 분석을 해보면 인적 자본 속성을 통제할 경우 임금 격차가 더욱 줄어든다는 것이다.

따라서 비정규직 근로자에게 인적 자본 축적 기회와 직무 능력 향상 기회를 주는 것이 매우 중요함을 시사한다. 그러나 사업체 변수를 통제할 경우 정규직과 비정규직 간 임금 격차가 크고 이것이 대기업 비정규직들이 극단적 저항을 하는 배경의 하나라고 진단한다. 정규직-비정규직 간 임금 격차에 관한 실증분석들은 본질상 평균 임금 비교다. 따라서 평균 임금 격차는 줄어든다고 하지만 개별 근로자 수준에서는 실제로 임금 격차가 크다. 실제로 노동시장이 학력, 경력, 직종, 성 등을 중심으로 분절되어 있다는 점에서 정규직과 비정규직의 임금 격차는 크다고 볼 수 있다.

임금 격차 외에 비정규직 근로자는 사회보험 가입자 비율이 낮다는 점이 문제다. 2011년 8월 현재 국민연금 38.2%, 건강보험 44.1%, 고용보험 42.3% 등으로 정규직 근로자의 약 절반 수준에 그치고 있다. 특히 사회보험 가입률이 20%대인 비전형 근로자나, 10%를 약간 상회하는 시간제 근로자의 경우 사회적 안전망의 보호를 거의 받지 못하고 있다.

결국 비정규직 근로자는 불안정한 고용, 낮은 임금, 취약한 사회안전망이라는 삶의 질을 악화시키는 노동시장 내 취약성의 3대 요소를 모두 가지고 있다. 문제는 그 상태가 개선되기보다는 오히려 악화되고 있는 실정이다. 우리 사회의 기수 열외자 비정규직 문제 해결은 시대적 과제다.

2011년 당시 민주당 대표였던 손학규 대표는 '동일노동 · 동일임금' 실현을 통한 비정규직 철폐와 노동 시간 단축을 강조했다. 그는 일자리와 삶의 질이라는 두 마리 토끼를 잡을 수 있는 고용정책을 주장했다. 올바른 정책 방향이라고 생각한다. '동일노동 · 동일임금'의 원칙을 근로기준법에 명시하고 정규직과 비정규직 간 임금 격차는 사실상 해소해야 한다. 그리고 애당초 비정규직 진입을 억제하는 것도 하나의 방법이다. 기간제 근로계약의 사용 사유를 엄격히 제한하는 정책대안이 좋은 예가 될 것이다.

2011년 한국생산성본부는 '인간 존중 생산성 우수기업'으로 11개 업체를 선정해 발표했다. '인간 존중 생산성'이란 인력과 비용 감축을 중시하던 기존 생산성 개념과 달리 고용 증대, 일터에서의 신뢰 관계, 성과의 공정한 분배 등을 중시하는 개념이라고 생산성본부는 설명했다.

화일약품은 1974년 창사 후 다 한 건의 해고도 없었다. KD운송그룹은 7,600여 명의 직원 모두가 정규직이며 66세까지 정년이 보장된다. 이영산업기계는 7년 근속자와 15년 근속자에게 부부 동반 해외여행 특전을 제공한다. 그 결과 이들 선정 기업은 최근 3년 이상 매출 및 당기순이익 증가세를 유지했으며, 화일약품의 경우 37년간 단 한 해도 적자가 나지 않는 등 생산성 증대 효과가 확연한 것으로 분석됐다(경향신문, 2011. 9. 25).

제 5 장

저출산 · 고령화와 재정

1 정직한 인구시계

인구는 사회통계 중에서 예측이 가장 용이한 통계 중 하나다. 출산율, 사망률 등의 지표를 활용하여 비교적 정확하게 인구를 추계할 수 있다. 저출산 · 고령화 시대를 맞이하여 인구 통계는 정책결정에 적극적으로 고려되어야 한다. 인구는 경제 성장, 복지, 부동산, 금융, 재정 등에 영향을 미치는 중요 변수이기 때문이다. 특히 복지국가 재정전략을 수립하기 위해서는 인구 규모의 추세, 인구구조의 변화를 면밀히 검토하여 정책에 적극 반영해야 한다. 정책에 활용해야 할 인구 규모 및 인구구조의 추세를 살펴보자.

20-50 클럽 가입과 인종자살

우리나라 인구는 2012년 6월 23일 5천만 명을 넘어 세계 일곱 번째로 20-50 클럽에 가입했다. 20-50 클럽이란 1인당 GDP 2만 달러, 인구 5천만 명을 넘는 국가를 지칭한다. 일본(1987), 미국(1988), 프랑스 · 이태리(1990), 독일(1991), 영국(1996)에 이은 일곱 번째이니 강대국 대열에 들어갔다고 자부심을 가질 만하다. 스페인은 소득 기준은 넘어섰지만 인구 기준이 충족이 안 되고, 중국 · 인도 · 러시아 · 브라질 등은 인구 기준은 충족되었지만 소득 기준이 부족하여 이 클럽에 가입하지 못했다. 이렇게 비교해 보면 자부심을 가질 만한 것 같다. 일단 자부심을 갖기로 하자.

우리나라 총인구는 1967년 3천만 명을 넘어선 이후 1983년 4천만 명, 2012년 5천만 명으로 늘어났다. 45년 만에 2천만 명이 늘어난 것이다. 그런데 추계에 의하면 2030년 5,216만 명을 정점으로 감소하여 2045년부터 5천만 명 이하로 줄어든다고 한다.[1] 2045년에는 20-50 클럽에서 탈퇴해야 할 것으로 보인다. 클럽 탈퇴만 되면 좋은데 문제는 조금 더 심각해질지 모른다.

현재의 저출산 추세로 간다면 2050년 4,400만 명, 2100년 1,000만 명, 2200년 80만 명으로 줄어든다고 한다. 그리고 운명의 2305년에는 0명이 된다. 300년 후에는 한민족이 사라진다? 충격적인 소리다. 일본은 2800년에 소멸된다고 하니 우리 민족이 먼저 없어지게 된다. 과연 그런 날이 올까?

롱맨(2009: 19)은 이러한 현상을 '인종자살'이라고 부른다. 인종자살이란 한 인종이나 민족이 아이를 갖지 않으려 하여 결국 출산율이 사망률 이하로 떨어지면서 멸종하는 현상을 말한다. 인종자살이 일어나서는 안 될 것이다. 인구 증감은 수많은 변수에 의해 영향을 받기 때문에 이런 예측을 확신할 수는 없다. 그러나 인구시계는 정직하다는 사실을 상기할 필요가 있다. 눈에 보이지 않게 진행되는 인종자살 현상을 방기할 수는 없다. 정책적 대응이 필요하다. 정치권과 정책결정자들은 보이지

---

1 장래 인구 추계는 출산, 사망, 국제 이동에 대한 가정을 어떻게 하느냐에 따라 달라진다. 통계청은 저위, 중위, 고위의 세 가지 가정을 토대로 예측한다. 출산율 가정을 중위가정인 2060년 1.42명에서 고위가정인 1.79명으로 높이면, 인구가 5천만 명 이하로 감소하는 시점은 2045년에서 2058년으로 13년 정도 늦춰진다. 그러나 2009년 1.15명의 출산율이 지속될 경우 2016년을 정점으로 인구가 감소할 것으로 전망한다.

않는 인종자살을 외면하는 우매함을 보여주고 있다. 그렇다면 왜 이렇게 인구가 줄어드는 것일까?

세계 최저 수준의 저출산

나의 형제는 6남매다. 나의 사촌은 9남매다. 우리 아버지 세대는 보통 6~7명의 자녀를 두고 있다. 실제 1960년 우리나라의 합계 출산율은 6.0명 수준으로 거의 자연출산 상태에 가까운 출산 수준을 보였다. 그러나 1961년 이후 정부의 강력한 산아제한 정책 덕분에 출산율은 급격히 저하하기 시작했다. '딸 아들 구별 말고 둘만 낳아 잘 기르자'는 구호가 아직도 기억에 생생하다. 출산 억제를 위한 가족계획사업의 추진, 경제사회 발전에 따른 의식 수준의 변화, 영아 사망률의 감소, 자녀 가치관의 변화 등으로 출산율은 꾸준히 낮아졌다.

1983년에는 인구 대체 수준인 2.1명에 이르렀다. 대체 출산율 2.1은 의미 있는 숫자다. 2.1은 현재의 인구 규모를 유지하기 위해 여성 1명이 가임 기간(15~49세) 동안 낳아야 하는 평균 아이의 수를 나타내는 합계 출산율이다. 결혼적령기에 이르기 전에 사망하는 확률을 감안하여 부부가 2.1명을 낳아야 하는 것이다. 평균하여 한 부부가 2명보다 약간 많게 낳아야 현재의 인구 규모가 유지되는 것이다.

그런데 우리나라의 출산율은 이후 계속 낮아져 1998년 외환위기 이후 합계 출산율 1.3명 이하의 '초저출산 사회'가 지속되고 있다. 급기야 2005년에는 1.08명으로 세계 최저 수준을 기록했다. 저출산 세계 1위, 별로 반갑지 않은 1위다. 이후 소폭 상승하여 2011년 1.24명을 기록하고 있으나 아직도 최저 수준이다. 최근의 출산율 추이는 약간 상승하고 있는데 이 추이가 지속된다면 합계 출산율은 점진적으로 상승하여 2040년 1.42명 수준에 도달할 전망이다.

그런데 저출산 현상은 출산율을 높여도 인구 증가를 실현하기 어려

〈표 5-1〉 합계 출산율 및 출생아 수(1983-2040)

	1983년	1990년	2000년	2010년	2020년	2030년	2040년
합계 출산율(명)	2.06	1.57	1.47	1.23	1.35	1.41	1.42
출생아 수(천 명)	769	650	635	470	451	409	325

자료: 통계청(2011), 인구동향조사, 장래인구 추계: 2010-2060.

운 면이 있다. 〈표 5-1〉에서 보듯이 2010년 합계 출산율 1.23이지만 출생아 수는 47만 명이다. 반면에 2020년 출산율 1.35, 2030년 1.41, 2040년 1.42로 출산율은 계속 증가하지만 출생아 수는 계속 감소하고 있다. 그 이유는 가임여성 인구(15~49세)가 계속 줄기 때문이다. 우리나라의 가임여성 인구는 2002년을 정점으로 계속 감소하고 있다. 출생아 수를 더 늘리려면 획기적으로 출산율을 높이지 않으면 안 되는 것이다.

출산율 감소는 우리나라만의 현상은 아니다. 지난 30년간 전 세계적으로 출산율이 감소했다. 그 중에서도 신흥 경제성장 국가(BRICs)의 출산율이 선진국보다 더 빠르게 감소하는 추세다. 선진국은 1980~90년대 저출산 추세를 유지하다 2000년 이후 출산율이 상승하는 추세다. 반면에 BRICs는 지난 30여 년간 출산율이 급속히 감소했다. 인도는 1980년 4.47명에서 2010년 2.54명까지 급감했고, 브라질은 1980년 3.8명에서 2005년 이후 대체 출산율 이하 수준으로 감소했다. 중국도 1980년대 2.61명에서 2010년 1.64명으로 감소했다.

그렇다면 왜 이렇게 우리나라의 출산율이 낮은 수준일까? 통계청의 분석에 의하면 1980년대 중반까지의 출산율 감소는 강도 높은 가족계획사업의 영향 때문이라고 본다. 우리 세대는 예비군 훈련장에서 남성의 정관 수술을 해주던 사실을 기억하고 있다. 산아제한 정책의 결과 우리 세대는 두 명의 자녀를 두는 경우가 많다. 최근에는 주변에 1명의 자녀를 두거나 아예 결혼하지 않고 사는 사람들이 많아졌다. 1990년대 후반 이후 출산율 감소는 여성의 경제활동 참가가 늘어나면서 초혼 연령의 상승 및 미혼율 증가가 주요 원인이라고 분석한다.

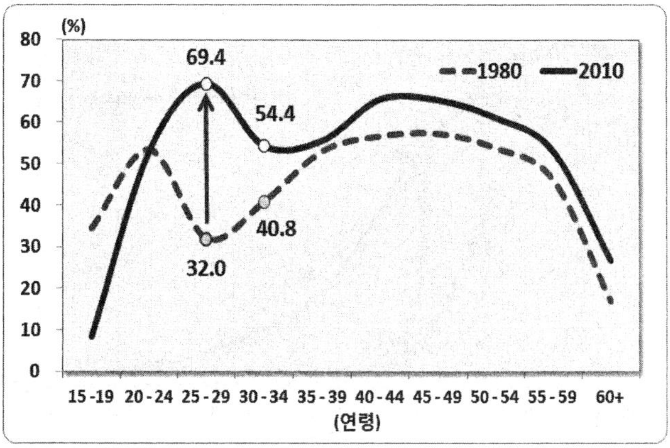

[그림 5-1] 20대 후반과 30대 초반 여성의 경제활동 참가율(구직 1주 기준) (1980~2010)

자료: 통계청(2012), 경제활동인구조사.

1980년 이후 가임기 연령인 20대 후반과 30대 초반 여성의 경제활동 참가율이 급속히 증가했다. 1980년에는 20대 후반 여성의 경제활동 참가율이 32.0%인 반면, 2010년에는 69.4%로 2배 이상 높아졌다. 30대 초반 여성의 경제활동 참가율도 1980년 40.8%에서 2010년 54.4%로 상승했다. 아무래도 여성이 직장을 갖게 되면 아이의 양육도 쉽지 않고 비용도 많이 들기 때문에 자녀 출산을 기피하게 된다. 사회제도 차원에서의 보육 여건이 충분히 갖추어지지 않은 상태에서는 저출산 현상은 더 두드러질 수밖에 없다.

미혼율이 높아진 것도 저출산에 큰 영향을 미치고 있다. 지난 30년간 20대 후반과 30대 초반 여성의 미혼율이 급격히 상승했다. 젊은 여성들이 결혼을 하지 않거나 미룬 것이다. 1980년에는 20대 후반 여성의 14.1%가 미혼이었으나 2010년에는 69.3%로 5배 증가했다. 20대 후반 여성 10명 중 3명만 결혼하고 나머지 7명은 결혼하지 않은 것이다. 30대 초반의 미혼율도 1980년 2.7%에서 2010년 29.1%로 10배 이상 증가했다.

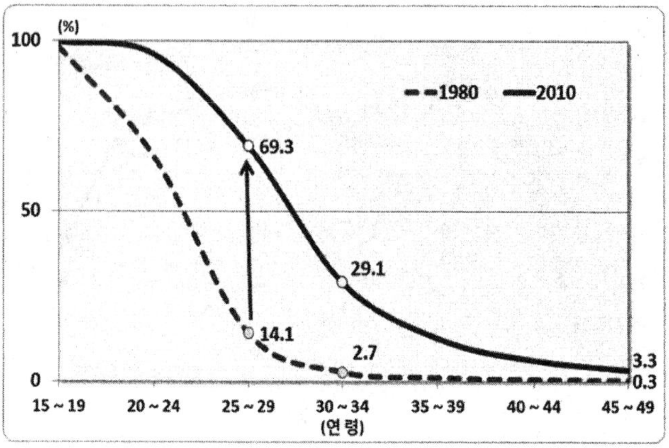

[그림 5-2] 20대 후반 및 30대 초반 여성의 미혼율(1980~2010)

자료: 통계청, 인구주택총조사 각년도.

이렇게 젊은 여성의 미혼율이 높아지면서 초혼 연령 및 출산 연령이 상승하여 출산율을 떨어뜨리고 있다. 1981년에 여성의 평균 초혼 연령은 23.2세였으나, 2010년에는 28.9세로 5.7세 증가했다. 여성의 평균 출산 연령도 1981년 27.1세에서 2010년 31.3세로 드디어 20대에서 30대 첫 출산으로 바뀌었다. 만혼과 만산이 저출산의 한 요인이 되고 있는 것이다.

결혼에 관한 견해도 바뀌고 있다. 요즘 젊은이들은 결혼은 반드시 해야 한다는 생각을 별로 갖고 있지 않은 것 같다. 통계청 사회조사에 의한 15~24세 젊은이들을 대상으로 한 결혼관을 보면 '결혼은 반드시 해야 한다거나 하는 것이 좋다'는 견해에 대해 2002년 61.2%에서 2010년에는 57.5%로 감소했다. 특히 남성(64.7%)보다 여성(50.4%)이 결혼에 대한 선호를 더 적게 갖고 있는 것으로 나타난다. '결혼은 해도 좋고 하지 않아도 좋다'는 생각에 대해서도 여성(43.3%)이 남성(30.1%)보다 더 많이 갖고 있다. 독신주의자들이 아니더라도 결혼의 필요성을 요즘 젊은이들은 예전보다 훨씬 덜 느끼고 있는 것으로 볼 수 있다.

보건사회연구원의 「결혼 및 출산동향조사」에서도 '결혼하겠다'는 응답 비율이 남성은 2005년 82.5%에서 2009년 73.8%, 여성은 75.7%에서 73.1%로 낮아졌다. 출산 욕구는 더욱 낮다. '자녀를 반드시 갖고 싶다'라는 응답 비율이 남성은 2005년 54.4%에서 2009년 24.3%, 여성은 42.1%에서 24.0%로 낮아졌다. 불과 4년 만에 출산 욕구가 절반으로 떨어졌다. 자녀가 없어도 된다고 생각하는 젊은이들이 80%에 육박하고 있는 것이다.

결혼은 해도 후회하고, 하지 않아도 후회한다는 말이 있는데 요즘 젊은이들의 자유분방한 결혼관을 엿볼 수 있다. "결혼한 여자의 가슴 속에는 '식민지'가 들어 있다. 그러나 혼자 사는 여자의 가슴 속에는 '사막'이 들어 있다. 나는 '사막'을 좋아하지 않지만 그러나 '식민지'보다는 '사막'을 택하기로 했다"는 어느 여류 소설가의 말이 생각난다(문정희의 소설 『어디서 무엇이 되어 다시 만나랴』).

외국의 젊은이들은 결혼에 대해 어떤 생각을 갖고 있을까? 2001년 일본 청년연구소에서는 전 세계 여학생들에게 '모든 사람이 다 결혼해야 한다'는 주장에 대한 의견을 물었다. 여기에 일본 여학생은 12%만이 동조했으나 미국 여학생들은 78%가 찬성을 표시했다(롱맨, 2009: 83). 미국 여성들은 우리나라 여성들보다 결혼에 대한 선호도가 훨씬 높은데 반해 일본 여성들은 매우 낮다. 일본도 저출산 문제가 심각한 사회일 수밖에 없음을 보여준다.

그런데 롱맨은 미국 여성들의 미혼율 증가 현상에 대해 재미있는 분석을 하고 있다. 여성의 결혼율이 줄어든 것은 여성들의 학력이 남성들보다 우월해지는 현상과 밀접한 관련이 있다는 것이다. 미국의 어린 세대에서는 여학생이 남학생보다 성적이 뛰어나다고 한다. 이런 현상은 우리나라에서도 일어나고 있다. 여학생들이 남학생들보다 뛰어난 능력을 발휘하는 경우가 도처에서 발견되고 있다. 이런 현상은 학위 취득자 분포에서도 드러난다. 미국에서 학사학위 취득자의 57%, 석사학위 취득자의 58%가 여성이라고 한다. 미국 대학원에 재학 중인 남학생 100명당 여학생 수는 136명인데, 2012년까지 남학생 100명당 여학생 수가 146명으로 늘어날 것으로 전망하고 있다.

여학생들의 학력 우위 현상이 출산율에 영향을 미치고 있다는 것이 롱맨의 분석이다. 여성들의 학력 우위 현상은 여성들의 미혼율을 높여 출산율을 낮추는 작용을 했다는 것이다. 여성들의 학력에 비해 남성 교육 수준의 상대적 저하는 먼저 아프리카계 미국인들 사이에서 나타났다. 그러한 현상은 결혼율의 급락으로 이어졌고 최근에는 출산율의 하락으로 나타났다는 것이다. 아프리카계 미국인 사이에서 40세에서 44세 여성 중 30%가 미혼으로 알려졌다. 그런데 같은 나이의 백인 여성 중에는 9%만이 미혼이다. 이렇게 흑인 여성들의 미혼율이 높은 것은 부분적으로 학력과 경제력이 동등한 흑인 남성이 부족하기 때문이라는 것이다. 여성들은 '낮춰서 결혼'하는 것을 꺼리는 경향이 있고, 남녀 모두 자신의 사회적 지위를 공고히 해줄 결혼 상대를 찾는다는 것이다.

코틀리코프와 번스(2004: 59)도 교육 수준이야말로 여성이 아이를 얼마나 낳을 것인지를 보여주는 가장 유일하고 적합한 지표라고 주장한다. 미국의 중졸 여성들은 평균 3.2명, 고졸 여성은 2.7명, 대졸 여성은 1.6~2.0명(인종에 따라 차이가 있다)의 자녀를 두는 것으로 나타났다. 특히 대졸 여성의 경우 평균적으로 볼 때 비남미계 백인 여성은 1.7명, 비남미계 흑인 여성은 1.6명, 남미계 여성은 2.0명의 자녀를 두는 것으로 나타났다.

이러한 현상은 우리나라에서도 쉽게 발견할 수 있다. 학력이 높을수록 자녀 수가 적다. 내가 재직 중인 대학의 여교수들 중에 결혼하지 않은 사람들이 많고 결혼한 여교수도 자녀 수가 적다. 예전에 싱가포르 이광요 수상이 대졸 여성들에게 아이를 많이 낳으라고 독려한 적이 있다. 우생학 논란이 일면서 비판을 받은 적이 있는데 현실은 반대로 가고 있다. 특히 요즘 젊은 세대들은 취업이 잘 되지 않아 연애 포기, 결혼 포기, 출산 포기라는 3포세대로 불리고 있다. 청년실업은 또 하나의 저출산 요인이 되고 있다.

이제 저출산 문제를 한국 사회가 당면한 좀 더 심각한 문제로 인식할 필요가 있다. 저출산 문제는 비가시적이고 점진적으로 진행된다. 인구 감소 현상은 눈에 보이지 않게 진행되기 때문에 심각한 현상으로 인지하지 않는 경향이 있다. 하지만 저출산 문제로 인해 발생하는 새로운 사회적 위험에 대한 선제적 대응이 비용효과적이란 사실이 밝혀지고 있다. 저출산 문제를 국가 운영전략의 핵심 정책으로 전환할 필요가 있다.

2 인구구조의 변화는 무엇을 얘기해 주나?

빠른 속도로 늙어가는 대한민국

인구 감소와 더불어 사회경제에 커다란 영향을 미치는 것이 인구구조의 변화다. 그 중에서 핵심적인 것이 고령화 현상과 생산 가능 인구의 감소다. 먼저 우리나라의 고령화를 살펴보자.

UN에서는 65세 이상 노인이 전체 인구에서 차지하는 비율에 의해 '고령화사회', '고령사회', '초고령사회'로 구분하고 있다. 고령화사회(aging society)는 65세 이상 노인 인구가 7%, 고령사회(aged society)는 14%, 초고령사회는 20% 이상인 사회를 지칭한다. 고령화사회는 전체 인구에 대비한 노인 인구의 비율이 계속해서 증가하는 상태, 즉 인구의 고령화가 진행 중에 있는 사회를 뜻한다. 고령사회는 노인 인구가 일정 비율로 증가한 어떤 단계에 와서 그 비율이 거의 안정된 상태가 지속되는 상태를 가리킨다. 한편 한 나라의 인구 가운데 65세 이상의 노인 인구 비율이 4% 미만인 나라를 '유년 인구국', 4~7%인 나라를 '성년국', 7% 이상인 나라를 '노년 인구국'이라고 부르기도 한다.

우리나라는 1960년에는 65세 이상 노인 인구가 전체 인구의 2.9%에 불과했다. 그러나 1999년 6.8%, 2000년 7.1%로 증가하여 2000년을 기점으로 고령화 사회로 진입했다. 2010년 현재 65세 이상 고령인구는 545만 명으로 인구의 11.0%를 차지한다. 2018년에 고령사회에 진입하며, 2026년에 초고령사회에 진입한다.

이러한 고령화 속도는 세계 최고다. 그만큼 인구구조의 급격한 변동이 일어나고 있다는 의미다. 프랑스는 이미 150년 전에 가장 먼저 고령화사회에 진입했으며, 미국이 70년 전, 일본은 40여년 전에 진입했다. 이들 나라는 고령화사회에서 고령사회로 도달하는 소요 연수도 24~115년인데 반해 우리나라는 18년이라는 초고속으로 고령사회에 도달할 예정이다. 고령화가 서서히 진행된 선진국들이 고령화에 대비한 적절한 정책대응을 해온 점에 비해 우리나라는 아직 준비가 되지 않은 상태에서 급격한 고령화를 경험하고 있는 것이다.

우리나라의 고령화 속도에 영향을 미치는 요인은 주로 출산과 기대수명이다. 2030년까지는 기대수명 증가, 그 이후부터는 출산 수준 변화가 고령화 속도에 영향을 미칠 것으로 보고 있다. 결국 인구 감소와 고령화 속도를 늦추려면 출산율을 향상시키는 것이 장기적으로 가장 효과적인 대안이라고 볼 수 있다.

인구 고령화를 보여주는 지표는 '65세 이상 고령인구 비율' 외에 '중위연령'이 있다. 중위연령이란 우리나라 국민들을 나이 순으로 줄을 세웠을 때 가장 가운데 서 있는 사람의 나이를 지칭한다. 우리나라 중위연령은 1980년 21.8세에서 2010년 현재 37.9세로 약 16세가량 증가

〈표 5-2〉 국가별 고령화 현황 및 속도

국가별	도달 연도			도달 소요 연수	
	고령화사회 (7%)	고령사회 (14%)	초고령사회 (20%)	고령사회 도달	초고령사회 도달
한국	2000	2018	2026	18	8
일본	1970	1994	2006	24	12
미국	1942	2014	2030	72	16
호주	1939	2012	2028	73	16
독일	1932	1972	2010	40	38
영국	1929	1976	2026	47	50
스웨덴	1887	1972	2014	85	42
프랑스	1864	1979	2019	115	40

자료: 통계청.

했다. 2030년까지 48.5세로 10세 가량 더 상승하고 이후 증가 속도는 둔화되나 2040년에는 52.6세까지 높아져 일본과 함께 가장 늙은 국가가 될 예정이다. 2010년 현재 중위연령이 가장 높은 나라는 일본(44.7세)과 독일(44.3세)이다. 2040년 중위연령이 50세가 넘을 것으로 예상되는 나라는 한국 · 일본(52.6세), 독일(50세)이다. 출산율 저하와 기대수명 향상으로 중위연령은 세계적으로 지속적인 증가 추세를 보일 것이다.

인구구조를 살펴보는 방법 중에 단순히 고령인구 비중만을 보는 것보다 유소년 인구와 비교하는 방법도 정책적으로 유용한 정보가 된다. 이를 보여주는 지표가 '노령화 지수'다. 노령화 지수는 65세 이상 고령인구를 0세에서 14세의 유소년 인구로 나눈 후 백분율화한 것을 의미한다.[2] 우리나라 노령화 지수는 가파른 증가세를 보이고 있으며 증가폭이 점차 커지는 양상을 보이고 있다. 1990년 20.0%에서 2011년 72.8%로 증가했다. 2016년에는 102.4%로 증가하여 유소년 인구보다 고령인구가 더 많아질 것으로 전망된다. 일본은 노령화 지수(169.8%)가 가장 높은 국가로 2015년에 202.0%로 증가할 것으로 예상하고 있다. 우리나라도 2026년에는 198%로 노인 2명당 유소년 1명의 인구구조를 가질 것으로 예상된다.

인구 보너스 잔치는 끝났다

인구 중에서 경제 성장과 직접 관련된 인구는 15~64세의 생산 가능 인구다. 생산 가능 인구는 1960년 1,370만 명(54.8%)에서 지속적으로 증가하여 1980년 2,372만 명, 2010년 3,598만 명(72.8%)이다. 20년 단위로 1,000만 명 정도씩 증가했다. 생산 가능 인구의 지속적 증가는 우리나라 경제 성장의 토대가 되었다. 그런데 생산 가능 인구는 2016년 3,704만 명을 정점으로 감소 추세에 접어들 것으로 전망한다. 2016년은 앞에서

---

2 노령화 지수 = (65세 이상 인구/0~14세 인구) × 100

보았듯이 노령화 지수가 100%를 넘어 유소년 인구보다 고령 인구가 더 많아지는 해이기도 하다. 그런데 경제의 중추 인력인 핵심 생산 가능 인구(25~49세)는 이미 2007년을 정점으로 감소하기 시작했다. 베이비붐 세대가 고령 인구로 진입하는 2020~2028년경에는 생산 가능 인구가 연평균 30만 명씩 급속히 감소하고, 이후 감소 추세가 둔화될 것으로 예측된다.

다른 국가들을 보면 향후 30년간 선진국에서는 생산 가능 인구가 줄어드는 반면 신흥경제 성장국(BRICs) 중 인도와 브라질에서는 늘어날 것으로 전망한다. 2010년 각국의 생산 가능 인구 규모를 100으로 보면, 2040년에 일본 75.5, 독일 78.4, 한국 80.2 수준으로 감소한다. 선진국 중 미국과 영국만이 향후 생산 가능 인구가 2040년까지 지속적으로 증가할 것으로 예측하고 있다. BRICs 중 인도는 생산 가능 인구가 계속 늘어 2040년에 2010년의 140.8 수준까지 성장할 예정이다. 브라질은 2030년에 2010년의 114.3 수준까지 늘어난 후 감소할 전망이다. 중국도 2020년경을 정점으로 생산가능 인구가 감소하여 2040년에는 2010년의 88.5 수준까지 줄어들 것으로 예상하고 있다.

생산 가능 인구의 감소 현상은 잠재적 경제성장률과 밀접한 관련이 있다. 우리나라가 저성장 국면에 접어든 것도 생산 가능 인구의 체감 현상과 고령화 변수가 매우 크게 작용하고 있다. 최근 OECD는 한국의 잠재성장률이 2001～2007년 4.4%에서 2012년 3.4%로 떨어졌고, 2017년까지는 연 3.4%, 2018～2030년에 2.4%, 2031～2050년엔 1%로 주저앉을 것으로 분석한 바 있다. 영국 투자은행인 로열 뱅크 오브 스코틀랜드(RBS)도 한국의 잠재성장률이 2011년 4.2%에서 2023년 3.1%로 하락할 것으로 예상했다. 모두 인구 고령화와 생산 가능 인구의 감소를 잠재성장률 하락의 원인으로 들고 있다.

생산 가능 인구의 감소는 사회경제적 부양비를 증가시키게 된다. 부양비 관련 지표로는 다음의 세 가지 지표가 측정된다. 이 지표들은 백분율로 계산되지만 생산 가능 인구 1백 명당 해당 인구 수를 의미한다.

생산 가능 인구가 분모로 측정되는 것이다.

총부양비 = (0~14세 인구+65세 이상 인구)/15~64세 인구 × 100
유소년부양비 = (0~14세 인구/15~64세 인구) × 100
노년부양비 = (65세 이상 인구/15~64세 인구) × 100

노년부양비는 생산 가능 인구 1백 명당 고령 인구 수를 의미한다. 생산 가능 인구 1백 명이 노인들 몇 명을 부양하는가를 측정하는 것이다. 노년부양비는 1980년 6.1명에서 2010년 15.2명으로 2.5배가량 증가했다. 통계청은 베이비 부머(1955~1963년생)가 고령에 진입하는 2020년에서 2028년까지 노년부양비는 급속히 증가할 것으로 예측한다. 2020년 22.1명에서 2030년 38.6명, 2040년 57.2명까지 증가한다. 선진국과 비교할 때 한국의 노년부양비는 2010년 가장 낮은 수준이나, 2020년 이후 급속히 증가하여 2040년 일본(63.3명) 다음으로 높아질 것으로 예상한다. 유소년부양비는 1970년~1990년대까지 급격히 감소했으며 2010년 22.2명이다. 2019년 18.4명까지 낮아진 후 소폭 증가하여 2030년 20명 수준이 될 예정이다.

총부양비는 생산 가능 인구 백명이 14세 이하 유소년들과 65세 이상 노인들 몇 명을 부양하는가를 측정한다. 총부양비는 1973년 77.8명, 1980년 60.7명, 1990년 44.3명, 2000년 39.5명, 2010년 37.3명으로 계속 감소하여 2012년 현재 36.6명이다. 1970년대와 1980년대에 총부양비가 급격히 감소한 것을 알 수 있다. 이 시기가 고도 성장을 기록한 시기다. 총부양비 감소 추세는 2016년 최저 수준인 36.0명까지 감소했다가 이후 증가 추세로 전환한다. 2020년 40.7명, 2030년 58.6명, 2040년 71.7명으로 증가할 전망이다. 베이비 부머가 고령인구에 진입하는 2020년 이후 2028년경까지 총부양비는 급증한 후 완만한 추세로 증가할 예정이다. 그런데 2040년의 총부양비는 1970년대 초반과 유사한 수준을 보여주지만 1970년대 초반은 피부양 인구의 대부분이 유소년이었으나 2040년대는 고령자인 점이 다르다. 2060년에는 100.2명으로 부양자보다 피부양자가 많아질 것으로 전망한다.

그런데 생산 가능 인구와 총부양비를 지수로 한 재미있는 용어가 있다. '인구 보너스'가 그것이다. 인구 보너스(demographic bonus)란 생산 가능 인구 비중이 상승하고 총부양비가 하락하면서 경제 성장이 촉진되는 현상을 일컫는다. 인구 배당(dividend)이라고도 한다. 저출산으로 유소년부양률은 감소한 반면, 본격적인 고령화는 아직 오지 않아 사회적 부양률이 가장 낮은 시기를 말한다.

알페로비츠와 데일리(2011: 65-66)는 1960년대 일본을 포함한 아시아 국가들의 급격한 경제 성장이 출산율 저하 덕분에 가능했다고 분석한다. 동아시아에서 1965년에서 1990년 사이에 생산 연령 인구는 부양인구에 비해 거의 네 배가량 빠르게 성장하면서 육아에 투입되었을 엄청난 규모와 여성 노동력과 자연자원을 해방시켰다는 것이다. 일본을 포함한 동아시아 국가들이 소위 인구 보너스를 누렸다는 것이다.

현대경제연구원의 『인구보너스 2.0 시대를 준비할 때다』라는 보고서(이준협, 2012)에 의하면 우리나라는 1966~2012년 동안 인구 보너스를 향유했다고 한다. 개발연대를 거쳐 올해까지 50년 가까이 인구 보너스를 향유한 셈이다. 한국전쟁 후 태어난 베이비 부머가 생산 가능 인구로 편입되고 출산율 저하와 아직 본격 도래하지 않은 고령화 덕분에 인구 보너스 기간을 누린 것이다. 실제로 베이비 부머가 생산 가능 인구로 편입된 1970~1989년에 잠재성장률은 연평균 9.2%로 매우 높은 수준을 유지했다.

문제는 2013년부터 인구 보너스가 소멸된다는 점이다. 생산 가능 인구의 절대 규모는 2016년부터 감소 추세에 접어들지만 총인구 대비 생산가능 인구 비중은 2012년에 73.1%로 정점을 기록한 이후 감소한다. 풍부한 노동력을 바탕으로 고도의 경제 성장을 이룬 인구 보너스 시대가 2012년 끝나는 것이다. 그동안 인구 요인이 경제에 크게 기여했는데 이제 악영향을 끼치게 된다. 이찬영 외(2011)는 인구 오너스(onus, 무거운 짐) 시대에 접어들었다고 말한다. 다만 2016년까지 생산 가능 인구의 절대 규모가 증가하기 때문에 2016년까지는 인구 보너스의 덤이 지속될지 모른다.

그러나 출산율 저하가 '인구 배당'을 가져다줄 수 있을지라도 그러한 배당은 결국 갚아야만 한다. 저출산율이 계속되면 생산 노동자의 숫자는 줄어들고 부양해야 할 노인들은 점점 더 많아지는데 노인은 어린아이보다 훨씬 더 많은 자원을 소비한다. 미국의 경우 아이의 소비량은 노동기의 보통 성인에 비해 28% 적지만 노인의 소비는 27% 더 많은데 이는 주로 건강과 관련된 지출이다. 65세 이상의 노인에 대한 정부의 개인당 지출액은 18세 이하의 아이들에 비해 11배나 더 많다고 한다(롱맨, 2009: 66). 코틀리코프와 번스(2004: 45)의 연구에서도 미국 연방정부가 1995년 18세 미만 인구 한 사람에 지출한 비용은 1,693달러로, 65세 이상 노인 1인당 지출액 1만 5,636달러의 10분의 1에 지나지 않는 것으로 밝히고 있다. 미국의 자료이긴 하지만 우리나라도 크게 다르지 않을 것으로 본다. 결국 정부가 지출하는 노인 1인당 비용이 아동 1인당 비용의 10배 정도 될 것으로 추정할 수 있다.

어쨌든 2013~2016년은 우리나라의 인구 보너스가 사라지는 시기다. 이 시기는 차기 정부 집권기다. 우리나라는 저출산과 고령화가 너무 급속하게 진행되기 때문에 경제 및 사회에 미치는 영향이 매우 클 수밖에 없다. 미리 대비하지 않으면 안 된다. 차기 정부의 주요 과제다. 저출산·고령화와 저성장 패러다임을 준비할 때다.

100세 시대의 명과 암

고령화의 또 다른 모습은 수명 연장이다. 인간의 수명은 산업화 이후 급격히 늘어났다. 1800년경 평균수명이 30세였는데 선진국들은 평균 80세에 이르고 있다. 불과 200년 만에 놀라울 정도로 수명이 늘어난 것이다. 미국인의 평균수명이 1850년 38세, 1900년 47세였는데 2009년에는 79세다. 세계 최장수 국가는 일본으로서 82.7세다. 호주 81.5세, 독일 80.5세이며, 우리나라도 OECD 평균 수준인 79.9세다. 평균수명이 80세라는 것은 실제 사망자가 가장 많은 나이인 최빈 사망 연령은 그보다 더 많다는 의미다. 실제로 최빈 사망 연령은 2008년 85세였으나 2020년에는 90세를 넘어 100세 시대에 진입할 전망이다. 성서에 등장하는 인물 중 가장 오래 살았다는 므두셀라는 187세에 라멕을 낳았고, 969세에 세상을 떠났다. 므두셀라만큼 오래 살 수는 없겠지만 백세 시대가 곧 돌아올지도 모른다.

그런데 과연 100세 인생은 축복이라고 볼 수 있는가? 한국보건사회연구원이 2011년 8월 발표한 보고서 '인생 100세 시대 대응 국민 인식 조사 결과'를 보면, 평균수명 연장으로 90세 또는 100세 이상 사는 현상을 축복으로 여기지 않는다는 응답이 43.4%였다. 평균수명 연장이 축복이라고 답한 비율은 28.7%에 그쳤으며 28.0%는 '그저 그렇다'고 답했다. 인간은 장수하길 소망하지만 므두셀라만큼 오래 살기를 바라지는 않는 것으로 보인다. 오래 사는 것을 축복으로 받아들이지 않는 이유로는 '노년기가 너무 길다'(38.3%), '빈곤과 질병, 소외와 같은 노인문제'(30.6%), '자식에게 부담이 될 것 같다'(24.1%)를 꼽고 있다. 국민들이 가장 선호하는 희망 수명은 80~89세(59.3%)로 나타났다. 그 다음은 70~79세(20.9%)가 차지했으며, 100세 이상은 8.2%, 90~99세는 7.8%에 그쳤다. 반면에 보고서에 의하면 수명 연장으로 은퇴 후 경제활동 필요성이 증가하면서 연령과 관계없이 건강이 뒷받침해 줄 때까지 일하기를 바라는 것으로 나타났다. 65~69세까지 일해야 한다는 비율은 31.5%, 60~64세는 25%, 70세 이상은 11.5%였다.

노인들이 직면하는 가장 중요한 문제는 빈곤, 질병, 소외 등이다. 소위 전통적 사회적 위험을 노인들은 그대로 떠안고 있다. 우리나라는 OECD 국가 중 노인빈곤율과 노인자살률이 불명예스럽게 1위다. 그만큼 노인들이 빈곤과 질병, 그리고 외로움으로 고통을 받고 있다는 얘기다. 고령화 사회에 대한 대비가 전혀 되지 않은 상태에서 고령사회를 맞이하고 있기 때문에 발생한 일이다.

얼마나 오래 사는 것이 중요한 게 아니고 어떻게 오래 사느냐가 중요하다. 우리 국민의 평균수명이 80세이지만 건강수명은 아직 71세에 불과하다. 2009년 기준 남성의 건강수명은 68세, 여성은 74세로 집계됐다. 상당수 노인이 인생 말기의 6~12년간 병들어 부양을 받아야 하는 '고령화의 비극'에 빠져 있는 셈이다. WHO는 2011년 5월 스위스 제네바에서 열린 연차총회에서 운동 부족, 잘못된 식습관, 흡연과 음주를 노년기 만성질환의 요인으로 꼽았다. 이 네 가지 위험 요소만 잘 관리해도 뇌졸중·심장병·당뇨병으로 인한 조기 사망의 80%를 예방할 수 있다고 설명한다.

전통적 사회 위험에 빠진 노인들을 구출해야 한다. 우리는 주변에 질병으로 고통받고 치매를 앓아 가족들에게 부담을 주는 많은 노인을 발견할 수 있다. 생활이 어려워 냉난방 시설 없는 열악한 주거환경에서 홀로 지내다 고독사하는 노인들도 많이 보게 된다. 이들을 과연 가족문제로만 방치할 수 있을까? 국가적 책임이 부여되는 것이 복지국가의 임무라고 볼 수 있다.

그런데 기대수명이 늘어나면서 건강하고 활동적인 노인들이 많아진 것이 고령사회의 또 하나의 특징이다. 오늘의 노인은 어제의 노인이 아니다. 노년의 구분을 현재 65세를 기준으로 보고 있지만 앞으로 70세, 더 나아가 80세가 기준이 될지도 모른다. 실제 요즘 노인들의 신체 나이는 자기 나이 x 0.7이라 하며, 75세에 병 등 허약함으로 일할 수 없는 사람은 5% 미만이라 한다. 나머지 노인들은 건강하게 활동하는 노인들이다. 실제 우리나라의 장기요양 서비스의 인정 수급자가 전체 노인의 5.3%로 밝혀지고 있다. 장기요양 인정을 신청한 노인들도 약 13% 정도다. 나머지 85~95%의 노인들은 건강하고 활동적인 노인들이라고 볼 수 있다. 일본에서는 활동적 노인(active senior)을 YO(Young Old) 세대라고 부른다고 한다. YO세대란 55-75세의 건강한 세대를 말한다. 우리나라에도 '노익장'이란 말이 있다. 나이가 들수록 젊어지는 것을 의미한다.

이들 '젊은 노인들'은 시간과 여유가 있기 때문에 사회에 부담이 되는 세대가 아니며, 사회에 크게 기여할 수 있는 인적 자원인 셈이다. 이들의 활동공간을 넓혀주는 정책이 필요하다. 기본적으로 노인 일자리 마련이 필수적이지만 반드시 일자리일 필요는 없다. 이들이 노력 봉사나 재능 기부 등 자원봉사하는 공간을 마련해 주는 것이 더 유익한 정책일 수 있다. 자원봉사는 GDP에는 계산되지 않는다. 성장 망상에 빠져 있는 사람들은 비경제적 활동에 대해서는 크게 관심을 기울이려 하지 않는다. 자원봉사에 관한 정책을 등한시할 수 있다. 그러나 고령화 시대 노인들의 자원봉사 활동은 사회에 활력을 불어넣는 주요 요소가 될 것이다.

노인들이 건강하게 삶을 즐기며 여생을 마감할 수 있는 정책이 필요하다. 노인들이 적어도 하나 이상의 스포츠클럽과 사교클럽에 가입하게 정책적으로 지원할 필요가 있다. 스포츠클럽과 사교클럽 가입은 사회적 관계의 망을 확대함으로써 노인들의 행복과 건강을 증진시키는 강력한 수단이 될 수 있다.

3 저출산·고령화의 경제적 효과

2012년 우리나라의 인구 보너스 기간은 끝났다. 2016년이 되면 생산가능 인구가 정점을 기록하며, 유소년 인구와 노년 인구 비중이 같아진다. 경제의 중추 인력인 핵심 생산가능 인구(25~49세)는 이미 2007년을 정점으로 감소하기 시작했다. 2018년이면 고령화사회에서 고령사회로 진입한다. 평균수명은 80세를 넘어섰으며 계속 길어질 전망이다. 2020~2028년경에는 베이비 붐 세대가 대거 고령 인구로 진입한다. 2026년이면 노년 인구 비중이 유소년 인구의 2배가 되며, 초고령사회로 진입한다. 2030년이면 우리나라의 절대 인구 규모가 감소하기 시작한다. 정직한 인구시계는 째깍째깍 흘러가고 있다.

저출산으로 인한 인구 감소와 고령화는 경제 성장, 재정, 복지, 부동산, 금융 등에 많은 영향을 미친다. 전문가들은 전 세계적으로 '인구지진(agequake)'이라고 할 만한 변화가 올 것으로 예측한다. 복지국가 재정전략을 수립하는 데에도 저출산 · 고령화 문제는 면밀히 검토해야 할 재정환경이다. 여기서는 기존 연구자료를 토대로 재정에 미치는 개략적인 효과를 살펴보기로 하자. 저출산 · 고령화는 직접적으로 노동시장에 영향을 미치며, 이를 통해 경제 성장 등 거시경제적 성과에 영향을 미친다. 노동력의 양이 감소하고 질이 낮아짐으로써 잠재성장률이 저하한다. 재정에도 재정수입과 재정수요 양 측면에서 영향을 미친다. 먼저 노동시장과 거시경제적 성과로서 경제 성장에 미치는 효과를 살펴보자.

노동시장에서는 노동력의 양과 질, 그리고 일자리에 영향을 미친다. 삼성경제연구소에서는 저출산 · 고령화로 인해 노동시장에 노동력 부족(shortage), 생산성 저하(shrinkage), 세대 간 일자리 경합(struggle)이라는 3S를 초래할 것이라고 분석한다(이찬영 외, 2011). 출산율 저하로 인한 인구 감소와 고령화는 노동력의 양적 감소와 질적 저하라는 두 측면의 영향을 미친다. 생산 가능 인구가 2016년을 정점으로 이후 점차 감소하는 것으로 이미 논의한 바 있다. 전체 노동력을 나타내는 경제활동인구는 2018년 정점에 도달한 이후 하락하는 것으로 나타났다. 2010년 경제활동인구를 100으로 가정하면 2018년에는 103.3이고, 2030년에는 95.2가 된다. 특히 남성보다 여성 경제활동인구가 먼저 감소한다. 남성 경제활동인구 규모는 2021년부터 감소하나, 여성은 이보다 5년 빠른 2016년부터 하락할 전망이다.

노동시장의 양적 측면

저출산·고령화는 노동력의 양적 감소를 초래한다. 생산 가능 인구와 경제활동인구를 감소시킨다.[3] 경제활동인구의 증가세가 둔화되거나 감소세로 전환하면 잠재성장률은 지속적으로 하락하는 영향을 받게 된다. 이찬영 외(2011)는 2018년까지 노동력 증가세가 둔화되면서 2011~2018년 잠재성장률은 2000~2010년 성장률(4.1%)에 비해 0.43%p 하락할 것으로 분석한다. 2019년부터는 연평균 노동력이 0.68% 감소하면서 2019~2030년 잠재성장률은 1.08%p 하락하는 것으로 분석하고 있다.

한편 인구 감소와 더불어 고령화는 피부양 인구를 증가시키게 되어 저축률과 자본스톡 증가율이 감소하고 투자가 위축될 것으로 전망한다. KDI(2006)에 의하면 자본스톡 증가율이 2010~2020년 5.69%에서 2040~2050년 0.80%까지 하락할 것으로 전망한다. 총저축률 하락은 금리를 상승하게 하여 투자가 위축되고 소비가 부진해지는 등 실질 국내총생산이 감소하는 영향을 미친다. 또한 인구 감소로 주택 및 교육시장 등에서 수요가 감소하고 내수시장이 위축될 것으로 본다. 국토연구원(2007)에 의하면 주택 건설량이 2008년 471천 호에서 2012년 464천 호, 2020년 451천 호로 꾸준히 감소할 것으로 예측하고 있다. 부동산 시장이 위축될 수밖에 없을 것이다. 다만 노인가구가 임대 및 중소형 주택을 선호함에 따라 이 분야 주택 수요는 증가할 것으로 예측한다. 교육시장

〈표 5-3〉 노동력 규모 변화에 따른 잠재성장률 하락 효과

(단위: %, %p)

구분	총경제활동인구 연평균 증감률	잠재성장률 하락 효과 (2000~2010년 기간 대비)
2000~2010	1.12	-
2011~2018	0.41	-0.43
2019~2030	-0.68	-1.08

주: 근로 시간은 현재 수준이 유지되는 것으로 가정(근로 시간이 단축되면 성장률 하락폭은 더욱 확대).
자료: 이찬영 외(2011: 23).

3 경제활동인구는 생산 가능 인구 중에서 수입이 있는 일에 종사하고 있거나 취업을 하기 위해 구직활동 중에 있는 사람을 지칭한다. 취업자와 실업자가 여기에 포함된다. 비경제활동인구에는 취업이나 구직활동이 전혀 없는 전업주부나 재학생, 구직단념자, 취업준비자 등 다양한 형태가 있다.

도 많은 변화를 초래한다. 학령인구 감소로 교사 인력 및 학교 시설 수요가 지속적으로 감소할 전망이다. 학령인구(6~21세)가 2010년 990만 명에서 2050년에는 460만 명으로 절반 이하로 감소한다. 이에 따라 필요 교사 수도 2010년 40.5만 명에서 2050년에는 절반 정도로 감소하며, 필요 학교 수도 2010년 10,908개에서 2050년 절반 정도로 감소한다.

노동력의 질적 측면

노동력 질적 측면을 보면 고용구조의 고령화는 노동 생산성에 영향을 미친다. 삼성경제연구소는 2000~2010년 고용과 생산성 자료를 이용하여 산업별(8개 산업)로 취업자 중 50세 이상이 차지하는 비중과 생산성 간의 관계를 분석했다. 산업별 패널 분석 결과 50대 이상 취업자 비중이 1%p 상승하면 노동 생산성은 0.21% 하락하는 것으로 나타났다. 산업 자체의 특성과 생산성에 영향을 미치는 자본, 교육 등의 요소를 감안해도 고령화는 노동 생산성에 부정적 효과를 미친다.

2010~2020년간 50세 이상 노동력 비중이 8.9%p 상승함에 따른 노동 생산성 감소 효과는 1.8%로 추정한다. 2020~2030년간 50세 이상 비중이 6.4%p 상승하면서 노동 생산성은 1.3% 하락하는 것으로 추정한다. 생산성 하락 추세와 더불어 임금과 생산성 간 격차도 벌어질 것으로 분석한다. 기업의 지배적 임금 체계가 생산성을 반영하지 않고 연령이나 근속연수를 기본으로 임금을 조정함에 따라 고령 근로자의 임금과 생산성 간에 괴리가 발생한다는 것이다.

국회예산정책처(장인성, 2010)의 보고서에서도 취업인구 고령화로 인한 생산성 하락으로 향후 성장률 하락의 가속화가 진행될 것으로 예측하고 있다. 취업인구의 연령구조를 반영한 생산성은 연령별 고용률이 정체하는 경우, 2011년을 정점으로 하락하기 시작하여 2050년까지 9.8% 하락이 예상된다는 것이다. 이에 따라 우리나라의 실질 GDP 증가율은

〈표 5-4〉 고용구조 고령화로 인한 노동 생산성 감소 추이

(단위: %, %p)

구분	2010~2020년	2020~2030년
50대 이상 취업자 비중	31.8 → 40.7	40.7 → 47.1
생산성 하락폭	-1.8	-1.3

주: 생산성 하락폭은 다른 변수(자본스 톡, 교육연수)의 조건이 동일한 경우를 가정.
자료: 이찬영 외(2011: 42).

2010년대 평균 3.4%에서 점차 낮아져 2020년대 2.0%, 2030년대 1.2%를 기록한 후 2040년대 0.8% 수준까지 떨어질 것으로 예측한다. 일본형 장기 침체 국면을 예상한 셈이다.

롱맨(2009: 79)은 일본의 경제적 침체의 가장 큰 요인으로 지구상에서 가장 고령화한 인구구조를 꼽고 있다. 1980년에서 1990년 사이에 일본에서는 25세에서 44세까지의 핵심 생산 가능 인구가 7% 감소했다. 게다가 이 연령대에서 유례없는 비율이 독신을 고수하며 계속 부모와 함께 생활함으로써 소비가 더욱 위축되었다. 한편 일본에서 청소년층의 공급이 위축되고 있는 동안에도 중년층(45세-64세)은 팽창하여 42%까지 비대해졌다. 중년기는 전형적으로 가정에 대한 부담에서 벗어나는 시기다. 특히 일본의 근검절약하는 문화에서 이들은 퇴직 후를 대비하여 수입에서 점점 더 많은 액수를 저축하기 시작한다. 그래서 급속히 증가하는 중년 인구와 청년층 공급의 감소가 결합되어 야마다 마사히로가 말했듯이 일본은 세계 최초로 '저출산율 경기 침체'를 경험했다는 것이다. 롱맨은 인구문제 하나만으로도 오늘날 일본이 왜 막대한 과잉 저출과 소비 저하, 그리고 느린 경제 성장이라는 문제에 직면하게 되었는지 설명할 수 있다고 말한다. 더욱이 일본이 금융기관 개혁을 꺼리고 신기술 개발에서 뒤처지는 현상 또한 본질적으로는 인구 고령화에서 비롯된 보수주의 및 위험을 회피하려는 태도와 관련되어 있다. 일본의 '저출산율 경기 침체'는 우리의 가까운 미래 모습으로 보인다. 우리의 출산 저하 속도는 일본보다 오히려 빠르다.

어쨌든 일본형 '저출산율 경기 침체'는 막아야 하지 않을까? 2012년 9월 국제신용평가사 피치는 한국의 국가 신용 등급을 A+에서 AA-로 한 단계 올렸다. 이번 신용 등급 조정으로 한국이 A+ 등급인 중국·일본보다 한 단계 높은 등급으로 올라서게 되었다. 관계자는 "한국이 일본의 국가 신용 등급을 앞지른 가장 큰 이유는 국가채무 비율이 상대적으로 낮았기 때문"이라고 밝혔다. 그러면서 한국의 고령화 문제가 추가적인 국가 신용 등급 상향에 부담 요소로 작용할 수 있다고 밝혔다. 우리나라 고령화 문제의 심각성을 일깨운 것이다. 한편 인구 고령화가 한국의 잠재성장률과 공공재정에 영향을 주겠지만 정부가 어떤 정책을 펼치느냐에 따라 상황이 달라질 수 있다고 말했다. 고령화에 대한 정부의 정책적 대응의 중요성을 강조한 것이다. 고령화 시대에 성장잠재력을 제고하기 위해서는 장기적으로 고령 취업자의 생산성 향상이 중요하다. 직업훈련을 비롯한 평생학습의 인프라 강화, 고용 지원 서비스 확대를 통한 재취업의 활성화 및 고령자의 특성에 맞는 일자리의 창출 등이 필요하다. 그리고 과다한 근로 시간을 줄여 자기개발에 투자할 수 있도록 인센티브를 적극적으로 부여해야 할 것이다.

세대 간 일자리 경합

고령화는 일자리를 놓고 세대간 갈등을 유발하는 요인이 되고 있다. 삼성경제연구소에 의하면 20대와 50대의 고용률은 2000년대 중반까지 유사한 흐름을 보였으나 2005년 이후 50대 고용률은 상승세를 보인 반면 20대 고용률은 하락세로 전환되었다. 50대 고용률은 2005년 68.1%에서 2010년 70.9%로 상승한 반면, 20대 고용률은 61.2%에서 58.2%로 하락했다(이찬영 외, 2011). 2005년 이후 50대의 고용률이 상승한 것은 인구구조 변화와 여성 경제활동 참가, 그리고 경제위기 극복을 위한 일자리 나누기와 같은 정부와 기업의 정책대응 때문이라고 볼 수 있다. 양

세대 간 고용률 격차가 점점 확대되는 추세에 있으며, 2010년 12.7%p로 최고 수준을 기록하고 있다. 젊은이들은 갈수록 일자리를 구하지 못하고 고령인구가 늘어남으로써 일자리를 놓고 경합을 벌이는 상황이 되었다.

따라서 정년 연장과 같은 고용 연장 정책을 시행할 경우 청년층의 취업난을 심화시킬 수 있다는 주장이 제기되고 있다. 노동시장의 일자리 규모가 고정되어 있기 때문에 부득이 세대 간 경합이 일어날 수 있다는 것이다. 특히 베이비 붐 세대의 퇴직 규모가 확대되면서 이러한 세대 간 일자리 경합은 더 심해질 것이라는 것이다. 그러나 지금까지의 연구들을 보면 고령층과 청년층 고용 간에 일자리 대체보다는 보완 관계가 많다는 주장이 더 많다. 청년층과 고령층의 일자리 선호 영역이 다르기 때문에 세대 간의 일자리 경합 가능성이 낮다는 것이다. 그러나 최근의 흐름은 일자리 경합이 일어나고 있는 것으로 보인다.

이찬영 외(2011: 56)에 의하면 2000년대 중반 이후 50대와 20대 고용률 사이에 음(−)의 상관관계가 강하게 나타나 세대 간 고용 대체가 발생했음을 시사한다. 분석 기간을 2005년 이후부터 2010년까지 한정할 경우 50대의 고용률이 1%p 상승할 때 20대의 고용률은 0.5%p 하락하는 것으로 나타났다. 연령대를 조정하여 15~29세와 55~64세 연령대의 세대 간 고용 대체 여부를 분석했을 때도 유사한 결과가 도출된 것으로 밝히고 있다. 특히 이러한 고용 대체는 2005년경에 시작되어 금융위기 기간에 가장 심화된 뒤 점차 완화되었다고 분석한다. 금융위기 기간인 2007~2009년 동안 50대 고용률이 1%p 상승할 때 20대의 고용률은 0.84%p 하락하여 일자리 대체가 가장 크게 발생했다.

그런데 산업별, 종사장 지위별, 직업별, 사업체 규모별로 보면 일정 부문에서는 20대 취업자 비중이 50대 비중을 상회하고 있다. 산업별 일자리 대체 관계를 보면 건설업과 제조업은 2005년 이후 일자리 대체 관계에 있으며, 서비스업은 일자리 분리로 경합이 다소 약한 모습을 보인다. 따라서 20대와 50대 고용률의 장기적 추이 변화와 노동시장 특성

등을 분석하여 세대 간 일자리 대체 여부를 판단해야 할 것이다. 세대 간 일자리 경합 문제를 완화하기 위해서는 세대 간 일자리 나누기(work sharing)와 임금피크제 등을 시행할 필요가 있다.

4 저출산 · 고령화에 대한 재정정책적 대응

저출산 · 고령화에 대한 재정투자

저출산 · 고령화 현상은 재정의 지속가능성에 크게 영향을 미치게 될 것이다. 재정의 수입과 지출 양 측면에서 영향을 미치게 된다. 수입 측면에서는 인구 감소와 고령화는 세입 기반을 크게 약화시키게 된다. 그리고 앞에서 논의했듯이 잠재성장률이 낮아짐으로써 세수입 증가율을 크게 제약하게 될 것이다. 반면에 연금 등 사회복지 지출은 크게 증가할 것이다. 결국 세입 기반은 약화되고 사회복지 등의 재정 수요는 급증함으로써 재정 건전성을 훼손할 가능성이 높아진다. 국회예산정책처(2012)의 장기 재정 기준선 전망을 보면 2034년부터 우리 재정은 지속가능성을 상실할 것으로 분석하고 있다.

노무현 정부는 저출산 · 고령화 현상을 심각한 경제사회적 문제로 인식하고 정책의제화 작업을 했다. 그 결실이 2005년 5월 제정된 「저출산 · 고령사회기본법」이다. 그리고 이 법에 근거하여 저출산 · 고령사회위원회를 대통령 소속기구로 설치했다. 이 위원회는 이명박 정부 들어 대통령 소속기구에서 보건복지부 장관 소속으로 변경했다가 2012년에 다시 대통령 소속기구로 변경했다. 대통령 소속일 경우 위원장이 대통령이 되지만 보건복지부 장관 소속일 경우 장관이 위원장이 된다. 위원회의 위상이 달라지는 것이다. 대통령이 직접 챙기느냐 챙기지 않느냐의 문제라고 볼 수 있다. 이명박 정부는 저출산 · 고령화 문제의 심각성을 뒤늦게 인식한 것인가? 토건에 매몰된 대통령 눈에는 저출산 · 고령화 문제가 별로 심각하게 생각되지 않았을 것이다. 복지국가에 대한 그림이 없기 때문이기도 하다. 그리고 동법에 의해 '저출산 · 고령사회 기본계획'을 5개년 계획으로 5년마다 수립하도록 의무화했다.

저출산 · 고령화 시대를 맞이하여 과연 재정 수요가 얼마나 발생할까? 재정 수요를 예측한다는 것은 쉽지 않은 일이다. 여기서는 재정 수요를 예측하기보다 저출산 · 고령화 관련 재정투자계획을 살펴본다. 저출산 · 고령화 관련 재정투자계획은 '저출산 · 고령사회 기본계획'에 제시되어 있다. 제1차 저출산 · 고령사회 기본계획(2006~2010)은 이미 끝났고, 제2차 계획(2011~2015)이 수립되어 시행 중이다.

제1차 저출산 · 고령사회 기본계획은 2006~2010년의 5개년 계획이다. 이 계획에는 저출산, 고령화, 성장 동력, 사회분위기 조성의 4대 분야에 237개 세부사업이 포함되었다. 투자 내용을 보면 2006~2010년의 5년간 42.2조 원을 투입하여 계획을 약간 초과했다. 저출산 분야에 19.7조 원을 투자하여 46.7%를 차지한다. 고령화 분야에는 15.8조 원으로서 37.4%를 차지한다. 저출산 분야에서는 영유아 보육 · 교육 지원, 일-가정 양립 환경 조성 등에 주로 투자되었다. 고령화 분야에서는 기초노령연금과 노인장기요양보험 도입으로 노후 소득보장과 요양 지원에 역점을 두었다. 정부측 평가에 의하면 제1차 5개년계획에 의해 저출산 분야에서는 영유아 보육 · 교육비 지원율이 2005년 21.9%에서 2010년 42.0%로 증가했고, 육아휴직제도 이용률도 26.0%에서 50.2%로 향상되었다고 한다. 고령화 분야에서는 기초노령연금 수급자 비율이 2005년 14.2%에서 70.0%로 증가했고, 노인장기요양 서비스 수혜율도 1.3%에서 6.3%로 증가했다.

제2차 저출산 · 고령사회 기본계획에서는 2011~2015년 동안 총 75.8조 원을 투자하는 것으로 계획되어 있다. 제1차 계획 기간 중 투자 규모 42.2조 원보다 79% 증가한 수준이다. 저출산 분야는 39.7조 원으로 제1차 계획 기간보다 2배가량, 고령화 분야는 28.3조 원으로 제1차 계획 기간보다 1.8배가량 증가했다. 고령화 분야보다 저출산 분야 증가율이 더 큰 것이 특징이다. 연간 14조~16조 원 정도 투자하는 것으로 계획되

〈표 5-5〉 제1차와 제2차 저출산·고령사회 기본계획상 투자계획

(단위: 조 원, %)

구분	제1차 계획		제2차 저출산·고령사회 기본계획					
	계획	예산	계	2011	2012	2013	2014	2015
계	40.3	42.2 (100)	75.8 (100)	14.1	14.6	15.2	15.7	16.2
저출산	19.1	19.7 (46.7)	39.7 (52.4)	7.2	7.6	7.9	8.3	8.7
고령화	15.0	15.8 (37.4)	28.3 (37.3)	5.4	5.5	5.7	5.8	5.9
성장 동력	6.2	6.7 (15.9)	7.8 (10.3)	1.5	1.6	1.6	1.6	1.6

자료: 제2차 저출산·고령사회 기본계획 자료를 재구성함.

어 있다. 이 정도의 투자 규모로 우리나라가 직면하고 있는 저출산·고령화 문제를 어느 정도 해결할 수 있을지는 의문이다. 그러나 점차 투자 금액이 증가하고 있는 것은 저출산·고령화 문제에 적극적으로 대응하려는 의지를 볼 수 있어서 고무적이다.

투자 규모 못지않게 의미 있는 변화는 제2차 계획에서는 제1차 계획보다 더 보편적 복지를 지향하고 있다는 점이다. 저출산 분야에서는 제1차 계획에서 저소득 가정을 대상으로 하던 것을 맞벌이 등 일하는 가정으로 확대했다. 정책 영역도 보육 지원 중심에서 일·가정 양립 등 종합적 접근을 하고 있다. 고령화 분야에서는 65세 이상 저소득 노인을 대상으로 했던 것을 50세 이상 등 베이비 붐 세대로 확대했다. 정책 영역도 소득 보장과 요양보호 중심의 정책에서 새로이 고령층에 진입하는 베이비 붐 세대의 일자리·소득·건강·주거 등 전반적 사회 시스템으로 확장하고 있다.

이러한 변화는 저출산·고령화 문제에 대해 보편적이고 다양한 접근 방식을 택하고 있다는 점에서 바람직한 것으로 보인다. 그러나 관련 사업들의 주관 부처가 보건복지부, 고용노동부, 국토해양부, 여성가족부

〈표 5-6〉 제1차 및 제2차 저출산 · 고령사회 기본계획의 정책 추진 방향

구분		제1차 계획	제2차 계획
저출산	주요 대상	저소득 가정	맞벌이 등 일하는 가정
	정책 영역	보육 지원 중심	일 · 가정 양립 등 종합적 접근
고령화	주요 대상	65세 이상 저소득 노인	50세 이상 등 베이비 붐 세대
	정책 영역	소득 보장, 요양보호	소득 · 건강 · 주거 등 전반적 사회 시스템
공통	추진 방식	정부 주도	범사회적 정책 공조

등으로 분산되어 있고 재정 지원 담당은 기획재정부가 맡고 있어서 일관되고 총괄적인 정책 수립 및 집행의 실효성 확보가 우려된다. 저출산 · 고령사회위원회가 그러한 역할을 잘 할 수 있을지 궁금하다. 고령사회를 위한 정책적 대응을 하기 위해서 영국 · 일본 · 스웨덴 등 선진국의 '활동적 고령화(active ageing)' 정책을 벤치마킹할 필요가 있다.

고령화와 연금재정의 딜레마

고령 인구가 많아지면서 재정에 직접적 영향을 미치는 대표적인 분야는 연금과 의료비 지출이다. 고령화 사회에서 고령자의 소득 보장과 건강 보장을 위한 재정 지출이 급증할 것으로 예측된다. 사회복지 영역을 공공부조, 사회보험, 사회 서비스로 구분한다면 연금은 사회보험에 속한다. 사회보험은 국가의 일차적 사회안전망으로서 노령 · 질병 · 실업 · 산업재해 등의 사회적 위험으로부터 국민생활을 보호 · 안정시키기 위해 가입자 부담 원칙에 기초하여 재원을 조달하는 법적으로 강제되는 보험이다.

우리나라는 복지국가에서 필요한 사회보험제도의 틀을 상당한 정도 갖췄다. 건강보험, 국민연금, 고용보험, 산재보험이 도입되었으며, 최근에는 기초노령연금, 노인장기요양제도 등이 도입되었다. 다만 우리보다 100년 먼저 의료보험을 도입한 독일 등의 선진국에 비해 제도화의

〈표 5-7〉 사회보험제도의 도입 시기

유형	도입 시기	전 국민(전 사업장)으로 확대
건강보험	1977	1989. 7 (도시 자영자까지 확대)
국민연금	1988	1999. 4 (도시 자영자, 5인 미만 사업장 근로자까지 확대)
고용보험	1995	1998. 10 (1인 이상 사업장까지 확대)
산재보험	1964	2000. 7 (1인 이상 사업장까지 확대)
기초노령연금	2008	전체 노인의 70% 수준
노인장기요양보험	2008	

초기 단계에 머물러 있으며 사회보험제도의 정착과 성숙의 과제가 남아 있다.

고령자의 소득 보장을 위한 연금재정은 꾸준히 증가할 것으로 보인다. 연금 가입자는 2014년 1,877만 명을 정점으로 감소하는 반면, 연금 수급자는 계속 증가할 것으로 전망한다. 가입자와 수급자 증가세의 역전으로 연금재정의 지속가능성이 저하할 될 것으로 예측한다. 제2차 저출산·고령사회 기본계획에 의하면 가입자 수 대비 연금 수급자 수 비율인 제도부양비는 2010년 11.1%나, 이후 지속적으로 증가하여 2065년 93.8%로 최고점에 이를 것으로 전망한다. 그에 따라 2044년부터 당년도 수지적자가 발생하고, 2060년부터 적립기금 없이 부과 방식(pay-as-you-go)으로 전환될 것으로 예측한다.

사회보험은 장기재정 추계 작업이 매우 중요하다. 사회보험제도의 확장 유인을 체계적으로 제어할 수 있는 토대가 되기 때문이다. 그러나 장기재정 추계는 쉽지 않은 작업이다. 모형 구성 방법에 따라 추계 결과가 달라질 수 있다. 여러 주체에 의해 다양한 방법으로 추계를 해야 할 필요성이 크다. 현재 5년마다 재정 추계를 시행하고 있는 국민연금을 제외하면 다른 사회보험들의 재정 추계에 대한 정책적 관심이 미미하다. 정기적 재정 재계산이 이뤄지는 국민연금을 제외한 건강보험, 고용보험, 산재보험에 대해서는 적극적인 정보공개와 함께 정기적인 재정 추계가 필요하다.

전병목·이은경(2010)의 추계에 의하면 국민연금 재정수지의 적자 전환이 2050년까지 나타나지 않는 것으로 전망한다. 이는 2008년 정부의 장기재정 전망이 2040년대 중반부터 적자로 전환된다는 추계 결과와 다르다. 추계 결과의 차이는 모형 구성의 차이에서 기인된 것이다. 다양한 방식의 추계가 필요한 이유다. 그런데 장기재정 추계는 단지 참조만 해야 할 정보이며, 그 정보를 토대로 정책결정을 해서는 안 된다. 30년 내지 50년 후의 장기적 미래는 변화의 폭과 정도가 매우 크기 때문에 전망 정보를 그대로 정책결정에 활용하는 데에는 한계가 있다.

고용보험의 경우 실업보험계정의 적립기금은 2012년에 고갈될 것으로 전망했다. 2050년 실업보험계정 적자는 GDP 대비 0.19%, 고용 안정 및 직업능력 개발사업 재정적자는 GDP 대비 0.06%로 예측한다. 이러한 재정 악화는 비교적 최근에 일어난 일이며, 2000년도 후반의 급격한 재정지출 증가에 기인한다.

산재보험의 경우 산업재해율의 하락으로 전반적인 재정 규모 증가는 크지 않을 것으로 전망한다. 2005~2009년의 평균적인 수입/지출 배수인 1.28을 적용할 경우 산재보험의 재정 규모는 2050년 GDP 대비 0.53%에 머무를 것으로 전망한다. 매년 요율 조정을 하고 있지만 재정수지가 큰 폭의 흑자를 기록하고 있는 점을 감안할 때 투명한 정보공개와 합리적 제도 운영이 필요함을 역설한다.

기초노령연금제도는 2007년 국민연금 개정 과정에서 노령층의 연금 사각지대 문제 해결을 위해 도입된 제도다. 윤석명 외(2010)의 연구에 의하면 기초노령연금 수급률을 70%로 그대로 유지한 채 현재 5%인 소득대체율을 2028년까지 국민연금 가입자 평균소득의 10%까지 인상할 경우 2070년경 급여 지출액이 GDP 대비 3.1%에 달할 전망이다. 그들은 향후 도래할 초고령사회에 효과적으로 대처하기 위해 본인 기여 방식의 국민연금제도와 무기여 방식 기초노령연금제도의 관계 설정 및 발전 방향을 명확히 할 필요가 있다고 강조한다.

연금은 재정의 지속가능성 및 재정 건전성을 훼손할 가능성이 높다는 점과 수혜자인 노인들에게 노후 생활보장을 충분히 해주어야 할 당위 간의 딜레마를 안고 있다. 연금재정의 지속가능성도 중요하지만 적정 노후소득보장 역시 매우 중요하다. 최근 국민연금연구원 보고서를 보면 2011년 우리나라 전체 가구 평균소득 대비 노인층 소득 수준이 OECD 30개 국가 가운데 두 번째로 낮은 것으로 나타났다. 아일랜드가 65.9%로 가장 낮았고, 우리는 66.7%에 머물렀다.

그 결과 2000년대 중반 기준 64~77세 우리나라 노인빈곤율은 45.1%로 OECD 국가 중 가장 높았다. OECD 최고 수준의 노인 빈곤율은 최고 수준의 노인 자살률을 초래하고 있다. 노인들의 소득 보장 수준을 좀 더 높여야 할 과제를 안고 있는 것이다. 연금 수혜 수준 제고와 재정 건전성 유지라는 딜레마를 해결하는 것이 연금개혁의 핵심 과제다. 연금은 정치적 민감성이 매우 높기 때문에 제도개혁이 쉽지 않다. 그러나 연금재정은 정부재정에 대한 압박이 매우 크다는 점에서 면밀한 분석을 통한 개혁을 꾸준히 시행해야 한다.

고령화와 의료비 지출 증대

고령자를 위한 재정지출 중에 건강을 위한 지출 부담이 매우 크다. 건강 보장의 중요한 제도는 건강보험제도다. 고령화가 진전되면서 노인 의료비 급증에 따라 건강보험 재정지출 구조도 악화가 예상된다. 2010년 노인 인구 비율이 11%인데 반해 전체 진료비 대비 노인진료비는 31%에 이른다. 이후 노인 인구의 증가율에 비해 노인진료비의 증가율이 더 높아 2030년에는 24%를 차지하는 노인 인구가 총 진료비의 65%를 차지할 것으로 예측된다.

2000년도만 해도 70세 이상 노인과 9세 이하 아동의 총진료비는 각각 1조 3,371억 원과 1조 9,322억 원으로 아동 진료비가 약간 더 많았다. 2009년에는 8조 4,305억 원과 3조 491억 원으로 노인 의료비 지출이 거의 3배 가까이 많아졌다.

노인 의료비와 관련된 제도는 건강보험과 노인장기요양보험제도다. 전병목 · 이은경(2010)은 건강보험 재정을 세 가지 방식으로 추계했다. 첫째, 현재 방식으로 추계할 때 재정적자가 지속되어 2050년에 100조 원(GDP 대비 2%) 이상 증가하는 것을 보였다. 둘째, 건강보험의 보장성을 OECD 수준의 75%까지 확대했을 때 2050년 재정적자가 225조 원으로 2배 이상 확대되고 균형을 맞추기 위해서는 보험료율을 12% 이상 인상해야 한다는 결론을 제시했다. 셋째, 건강보험상 저소득층(건강보험료가 월 1만 원 미만인 세대)에게 건강보험료를 국가가 전액 보조해 주는 경우 최대한 1,300억 원 가량의 재정소요액이 추가로 발생할 것으로 전망한다.

노인장기요양보험제도는 보험료를 통해 대부분의 재원을 마련하며 일부 국고 지원이 병행되고 있다. 노인장기요양보험의 재정 건전성은 보험료 부담 계층의 인구 규모에 의해 좌우될 예정이다. 현재 장기요양보험제도는 국민건강보험제도의 가입자 및 의료급여제도 가입자 모두를 자동적으로 가입시키고 있다. 따라서 저출산으로 인한 생산 가능 인

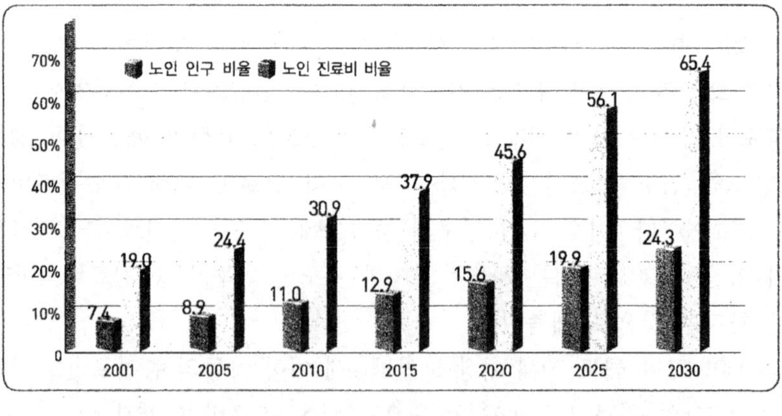

[그림 5-3] 노인 인구 비율 및 건강보험 전체 진료비 대비 노인 진료비 비율

자료: 건강보험공단(2008).

구 감소 현상이 지속될 경우 노인장기요양보험의 재정 불안정이 불가피할 것이다. 장기요양 서비스의 장단기 수요에 대한 예측을 통해 제도의 재정 안정성 및 지속가능성을 지속적으로 평가해야 할 것이다.

고령화가 진전되면 고령 인구가 늘어나고 평균수명이 길어짐으로써 노인성 질환을 앓는 노인들이 많아질 것이다. 이에 따라 노인들에 대한 의료비가 증가한다. 이러한 흐름을 피할 수 없지만 어느 정도 억제할 수 있을 것이다. 건강한 노인은 건강하지 않은 노인보다 의료비를 더 적게 사용한다. 건강한 노인이 많아지게 해야 한다. 단순한 평균수명이 중요한 것이 아니라 건강수명이 중요하다. 건강수명을 늘리기 위해서는 건강한 고령화를 위한 예방적 건강관리 프로그램이 시행될 필요가 있다.

건강한 고령화를 위한 예방적 건강관리 프로그램을 예시해 본다.

- 지속적인 노인 여가 · 건강 · 운동 프로그램 개발
- 보건소를 이용한 사전 예방적 노인건강관리 서비스 제공
- 치매조기검진사업 전국 보건소 확대와 저소득 치매 노인에 대한 본인 부담금 지원
- 노인성 질환 예방에 대한 효과적인 정보 개발
- 40~50대 장년층이 노년기가 되었을 때 급증할 고혈압, 당뇨 등의 만성질환에 적합한 의료 서비스 제공과 지속적 관리
- 주치의 제도의 단계적 도입
- 나트륨 줄이기 운동에의 동참
- 그리고 모든 어르신이 하나 이상의 스포츠클럽이나 사교클럽에 가입하게 하는 것 등

세대 간 회계

세대 간 회계는 우리가 후세대들에게 전가하는 재정적 부담을 정확하게 측정하는 제도다. 전 세계에 약 30개국에서 도입하고 있는 것으로

알려졌다. 코틀리코프와 번스(2004: 97-99)는 세대 간 회계를 쉬운 공식으로 잘 설명하고 있다.

A+B=C+D

A: 미래 여러 세대가 갚아야 하는 순세금의 현재가치

B: 분석이 이뤄지는 시기에 생존하는 모든 사람이 납부하는 순세금의 현재가치
순세금이란 미래의 모든 이전지출을 차감한 미래 모든 세금수입을 의미

C: 정부가 지출하는 모든 재정지출의 현재가치

D: 정부의 자산을 제외한 공식적인 부채

이 공식은 미래 세대가 납부하는 순세금의 현재가치와 현 세대가 납부하는 순세금의 현재가치를 합한 값은 정부의 재정지출과 정부 공식자산을 차감한 정부 부채를 합한 것과 같다는 것을 의미한다.

A=C+D−B

이 공식은 미래 세대가 낼 순세금의 현재가치는 정부 재정지출의 현재가치와 공적 자산을 차감한 공적 부채를 합친 금액에 현 세대들의 순세금의 현재가치를 뺀 금액을 말한다. 미래 세대들에게 전가되는 금액은 정부 청구서 중 현 세대가 지불한 금액을 공제하고 남은 금액을 말한다. 정부가 지불해야 하는 청구서의 규모에 관한 한 현 세대가 지불하는 금액이 적을수록 다음 세대에게 전가되는 부담은 더욱 커진다는 뜻이다.

현 세대들의 순지불액 B를, 그들의 미래 세금 예상치의 현재가치 T에

서 그들의 미래 이전소득 예상치의 현재가치 V를 제한 금액으로 바꿔 보자. 즉, B를 (T−V)로 바꾸어 A=C+D−B 방정식에 대입해 보자. 그러면 다음의 공식이 얻어진다.

$$A=C+D+V-T$$

A: 미래 세대들의 부담액

C: 정부 재정지출의 현재가치

D: 공식 부채

V: 잠재적 부채

T: 현 세대들이 납부하는 세금의 현재가치

미래 세대의 부담액은, 명시적 부채 D에 따라 달라지듯이 '잠재적 부채' V에 따라서도 달라진다. 잠재적 부채는 사회보장제도, 메디케어, 푸드스탬프, 생활보호지원금, 메디케이드 등 베이비 붐 세대와 현재 생존하고 있는 모든 사람에게 약속된 모든 이전지출을 포함한다.

결국 미래 세대의 부담은 정부 재정지출, 공식 부채, 사회보장제도의 잠재적 부채가 클수록 커지며, 현 세대의 세금이 많을수록 부담이 적어진다. 코틀리코프와 번스(2004)가 주장하고자 하는 것은 미래 세대에 부담을 적게 넘겨주기 위해서는 정부의 공식 부채, 사회복지 지출을 줄이고 현세대의 세금 부담을 높여야 한다는 것이다. 그들은 민영화도 미래 세대에의 부담 전가라고 주장한다.

우리나라에서도 국회예산정책처가 처음 세대별 회계에 의한 연령대별 세 부담 분석을 했다. 국회예산정책처(2012)는 『2012~2060년 장기재정전망 및 분석』 보고서에서 2012년 현재의 우리나라 국민들이 기준선 재정 전망이 의미하는 재정 부담을 어떻게 분담하게 되는지를 보여주고 있다.

보고서(2012: 53)에 의하면 현재의 재정구조를 2060년까지 전혀 변경하지 않을 경우 50대 후반 이상 세대, 좀 더 정확히는 1956년 이전 출생자들은 부담보다 혜택이 더 많은 반면, 50대 전반 이하 세대, 즉 1957년 이후 출생자들은 혜택보다 부담이 더 많다고 계산되었다.

그리고 연령별 순부담은 나이가 젊을수록 더 많다. 2012년 현재 50세인 사람의 순조세 부담액은 현재가치로 3,815만 원이고, 현재 대학생인 20세는 2억 9,640만 원, 초등학생인 10세는 3억 2,611만 원이다. 2012년 태어난 신생아는 3억 4,026만 원이나 된다. 생애소득 대비 비율로 볼 때에도 2012년 태어난 신생아의 순조세 부담액은 생애소득의 22.2%에 달하는 반면, 48세인 1967년생은 10.1%, 55세인 1957년생은 1.6%에 불과하다.

이런 결과는 우리나라의 재정제도가 젊은 세대에게 상대적으로 불리한 구조로 되어 있음을 말해준다. 그렇잖아도 취직이 안 되어 슬픈 세대인 젊은 세대가 나이 많은 세대들보다 재정 부담을 많이 한다는 것은 무언가 잘못되어 있다. 재정의 세대 간 불공평 문제를 풀어가야 한다. 그리고 세대 간 회계 계산 기법을 발전시켜 정책관리 정보로서 활용도를 높여야 할 것이다.

제 6 장

재정에서의 진보와 보수

1 재정으로 본 진보국가와 보수국가

진보주의와 보수주의 관점

노무현 전 대통령은 제레미 리프킨이 쓴 『유러피언 드림』과 폴 크루그먼의 『미래를 말하다』를 읽고 '보수의 나라와 진보의 나라', '보수의 시대와 진보의 시대'라는 관점을 발견했다고 말한 바 있다(노무현, 2009: 41). 재정 측면에서 국가들을 비교하면 보수적 국가와 진보적 국가로 구분할 수 있고, 한 국가를 보수 시대와 진보 시대로 구분할 수 있다고 본 것이다. 그는 OECD 국가를 재정 규모와 복지비 비율의 크기 순으로 나열하면 보수의 나라와 진보의 나라 스펙트럼이 나올 것이라고 말한다. 더 나아가 30%대, 40%대, 50%대 정부로 구분을 해보자고까지 제안한다. 재미있는 발상이다. 여기서 보수와 진보의 구분은 재정 규모와 복지비 비율이 클수록 진보적 국가, 작을수록 보수적 국가로 보는 시각일 것이다.

그런데 보수와 진보의 이념적 스펙트럼은 재정으로만 구분되는 것은 아니다. 인간관, 가치관, 시장과 정부에 대한 관점, 선호하는 정책 등에 따라 구분할 수 있다. 보수주의는 자신의 이익을 추구하는 '합리적 경제인'의 인간관을 갖는 반면에 진보주의는 인간의 비현실적인 냉혹함과 계산 방식 때문에 경제인(homo-economicus)의 인간관을 부정하고, 협동과 오류 가능성이 있는 인간관을 갖는다. 진보와 보수 모두 자유를 옹호하지만 그 내용은 다르다. 진보는 평등을 증진시키기 위한 자유지만 보수는 정부로부터의 자유를 의미한다.

시장관을 보면 보수주의자는 자유시장에 대한 굳은 신념을 가지고 있는 반면에 진보주의자들은 자유시장의 잠재력을 인정하되, 시장의 결함과 윤리적 결여도 인정한다. 보수주의자의 정부관은 기본적으로 자유시장을 신봉하고 정부를 불신한다. 정부는 개인의 자유를 위태롭게 할 뿐만 아니라 경제 조건을 악화시키는 전제적 횡포라고 믿는다. 진보주의자의 정부관은 많은 영역에서 정부의 적극적인 역할을 지지하고, 더

〈표 6-1〉 진보주의와 보수주의의 관점의 차이

구분	진보주의	보수주의
인간관	• 욕구, 협동, 오류 가능성 여지가 있는 인간관 • 경제인 인간관 부정	• 합리적이고 이기적인 경제인
가치판단	• 자유를 열렬히 옹호 • 평등을 증진시키기 위해 실질적인 정부개입 허용	• 자유 강조: 자유 = 정부로부터 자유를 의미 • 기회 평등과 경제적 자유를 강조 • 소득, 부(富) 또는 기타 경제적 결과의 평등은 경시
시장과 정부 관점	• 효율과 공정, 번영과 진보에 대한 자유시장 잠재력 인정 • 시장 결함과 윤리적 결여 인지함. 시장실패는 정부 치유책에 의해 수정 가능	• 자유시장에 대한 신념 • 정부 불신, 정부는 개인 자유를 위태롭게, 경제 조건을 악화시키는 전제적 횡포
선호 정책	• 소외집단을 위한 정책 • 공익 목적의 정부 규제 • 조세제도를 통한 소득재분배	• 소외집단 지원정책 비선호 • 경제적 규제 완화, 시장 지향 정책 • 조세 감면, 완화
비고	• 복지국가, 혼합자본주의, 진보주의, 규제된 자본주의, 개혁주의	• 자유방임적 자본주의

자료: 이종수 · 윤영진 외(2012: 31).

많은 정부 지출과 규제를 선호한다.

진보주의자들은 소외집단, 소수민족, 여성들을 위한 정책을 선호한다. 또한 소비자 보호와 환경 보호 등을 위한 정부 규제와 조세제도를 통한 소득재분배 정책을 선호한다. 반면에 보수주의자들은 경제문제에 대한 정부개입을 지속적으로 반대하며 자유방임적 자본주의를 옹호한다. 또한 기업 성장을 저해하는 조세제도를 선호하지 않고 감세정책을 지향한다. 진보와 보수 간 관점의 차이는 〈표 6-1〉에 정리되어 있다.

재정에 대한 진보주의와 보수주의의 지향점은 정부(재정) 규모, 조세 및 재정지출 구조, 소득 재분배 역할 등에서 다르다. 진보주의 재정전략은 큰 정부(재정 규모), 증세 및 누진세 강화, 재정지출 특히 복지지출 확대, 소득 재분배 기능 강화 등의 특징을 갖는다. 반면에 보수주의 재정전략은 작은 정부(재정 규모), 감세 및 누진세 완화, 재정지출 특히 복지지출 통제, 소득 재분배 기능 중립 등의 특징을 갖는다.

여기서는 재정에 국한하여 OECD 국가를 진보국가와 보수국가로 구분해 보자.[1] OECD 국가의 재정을 유형화함으로써 우리나라 재정의 위상을 더 잘 이해할 수 있을 것이다. 노무현 전 대통령이 궁금해 했던 재정 관점에서의 진보-보수의 스펙트럼을 살펴보자. 노 전 대통령은 진보와 보수를 구분하는 핵심 기준으로 분배와 복지를 꼽았다. 이를 토대로 "국가가 분배에 얼마나 깊이 개입할 것인가? 세금을 얼마나 거둬 복지 지출을 얼마나 하고, 사회보장을 어느 수준으로 할 것인가"의 기준을 제시한 바 있다. 재정 측면에서 볼 때 재정 규모, 조세 부담, 복지

1 OECD는 1960년 9월 30일 설립된 경제협력개발기구로서 세계화 시대에 당면한 경제, 사회, 환경문제의 해결을 위해 회원국들과 함께 논의하는 협력의 장이다. 동시에 다자간 협력 증진을 위해 비교자료 분석 및 예측 결과를 제공하는 공급자로서의 역할을 수행하고 있다. 현재 34개 국가가 회원국으로 가입되어 있으며, 우리나라는 1996년 가입했다. OECD는 전세계 국민총소득(GNI)의 76%, 국제무역의 84%, 세계 인구의 14%, GDP 성장률 2.6%, 세계 발전 공공지출의 97%, 세계 에너지 생산의 34%, 세계 전기 소비의 60%를 차지하고 있는 거대한 협력체다(http://www.oecd.org/dataoecd/1/53/38484866.pdf).

〈표 6-2〉 재정에 대한 진보주의와 보수주의 전략의 차이

	진보주의 전략	보수주의 전략
정부(재정) 규모	큰 정부	작은 정부
조세	증세	감세
누진세	강화	완화
재정지출	(복지)지출 확대	(복지)지출 통제
소득 재분배	강화	중립

지출 규모 등의 총량 지표를 통해 구분하자는 것이다.

그러나 이들 총량 지표 외에 조세 구성 및 누진도, 재정지출의 배분 유형 및 이전지출의 구성, 그리고 재정(조세 및 재정지출)의 분배 개선도 등을 살펴보아야 한다. 이들 지표가 모두 보수와 진보를 구분해 주는 것들이기 때문이다. 그런데 이들 지표의 어느 기준선을 두고 진보와 보수로 구분할 것인가의 문제는 쉽지 않은 일이다.

여기서는 너무 어려운 작업은 피하고 총량 기준으로 진보와 보수의 스펙트럼을 보는 데에 그치고자 한다. 총량지표로서 재정 규모, 조세 부담, 복지재정 규모를 중심으로 볼 것이다.

재정 규모로 본 진보국가와 보수국가

먼저 재정 규모를 통해 진보적 국가와 보수적 국가를 구분해 보자. 재정 규모가 크다는 것은 그만큼 정부가 국민의 복지를 위해 많은 일을 하고 있음을 의미하며, 재정 규모가 작다는 것은 정부보다는 민간 부문(시장)에 맡기는 부분이 많음을 의미한다. 전자는 진보적 국가, 후자는 보수적 국가로 분류할 수 있다. 그런데 역시 어느 수준을 기준으로 진보와 보수를 구분할 것인가의 문제는 사실상 불가능한 작업이다. 오히려 노무현 전 대통령이 생각했던 방식으로 50%대 정부, 40%대 정부 등으로 구분하는 것이 적절할지 모른다.

재정 규모는 재정수입과 재정지출 규모로 파악할 수 있는데 '일반정부 지출 규모'가 가장 적합한 측정치다. 재정 규모를 논할 때 문제가 되는 것은 재정 범위 문제다. 이것은 곧 정부 범위 문제이기도 하다. 재정 구조가 국가별로 다르기 때문에 비교를 위해 IMF GFS에는 '일반정부(general government)' 개념을 창안해냈다. 일반정부에는 중앙관서(기획재정부, 외교통상부 등)와 같은 정부 단위 외에 국민건강보험공단, 국민연금공단 등의 비영리공공기관이 포함된다. 여기서는 OECD 국가의 일반정부 지출 규모에 대한 2008~2010년의 3년 평균값을 구해 순위를 매겼다. 2010년 한해 규모를 비교할 수도 있지만 최근 3년 평균이 더 적절할 것으로 판단했다.

일반정부 지출 규모를 유형화하는 기준이 임의적이긴 하지만 여기서는 크게 네 가지 유형으로 구분한다. 먼저 OECD 평균(43.6%) 수준을 기준으로 그 이상의 규모(Ⅰ과 Ⅱ유형)와 그 이하의 규모(Ⅲ과 Ⅳ유형)로 구분한 다음 각각을 다시 두 유형으로 구분한다. Ⅰ유형은 일반정부 지출이 GDP 대비 50%대 국가군, Ⅱ유형은 OECD 평균(43.6%) 수준을 넘는 40%대 국가군, Ⅲ유형은 OECD 평균 이하의 40%대 국가군, Ⅳ유형은 30%대 국가군이다. 굳이 유형별 명칭을 붙인다면, Ⅰ유형은 '매우 큰 정부', Ⅱ유형은 '큰 정부', Ⅲ유형은 '작은 정부', Ⅳ유형은 '매우 작은 정부'라고 부르고자 한다.

먼저 Ⅰ유형은 일반정부 지출(General government expenditures)이 GDP 대비 50%대 국가군으로서 가장 진보적 국가에 속하는 그룹이다. 이들 국가는 재정을 통해 보육, 교육, 일자리, 노령연금, 고용보험 등의 많은 사업을 하고 있기 때문에 진보국가로 분류하는 것이다. 여기에 속하는 국가군을 보면 노르딕 국가인 덴마크, 핀란드, 스웨덴, 아이슬란드가 1, 3, 4, 5위를 차지하고 있다.[2] 그리고 프랑스(2위)를 비롯한 아일랜

---

2 스칸디나비아 국가는 엄밀하게는 덴마크, 스웨덴, 노르웨이 3국을 지칭하지만 흔히 핀란드까지 포함한다. 그런데 노르딕 국가에는 스칸디나비아 3국 외에 핀란드와 아이슬란드가 추가된다(신필균, 2011: 19).

드, 벨기에, 오스트리아, 그리스, 이태리 등의 유럽 국가들이 그 뒤를 잇고 있다. 아일랜드는 특이하게 2008년과 2009년 40%대 국가였으나 2010년 67%로서 재정 규모가 가장 큰 나라가 되었다. 재정위기를 겪고 있는 그리스와 이태리가 이 유형에 포함되어 있다.

Ⅱ유형은 OECD 평균 수준을 넘는 40%대 국가군이다. 여기에는 영국, 네덜란드, 포르투갈, 독일, 노르웨이, 스페인 등의 유럽 국가와 헝가리, 슬로베니아, 체코, 폴란드 등의 동구권, 그리고 이스라엘이 포함된다. 그런데 영국, 네덜란드, 포르투갈은 2010년 기준으로 50%를 넘는 국가이기 때문에 사실상 '매우 큰 정부'로 분류할 수도 있다. 사회주의를 경험한 동구권 국가들의 재정 규모가 상대적으로 크며, 노르딕 국가인 노르웨이가 OECD 평균 수준인 것이 특이하다.

Ⅲ유형은 OECD 평균 이하의 40%대 국가군으로서 보수적 국가 그룹으로 분류할 수 있다. 여기에는 캐나다, 뉴질랜드의 영연방 국가와 미국, 일본, 그리고 에스토니아와 룩셈부르크가 포함된다.

Ⅳ유형은 30%대 국가군이다. 재정 규모가 가장 작은 그룹으로서 가장 보수적인 국가에 속한다. 여기에는 슬로바키아, 스위스의 유럽 국가와 호주, 터키, 그리고 우리나라가 포함된다. 멕시코와 칠레 자료가 누락되었지만 이들 국가의 재정 규모도 우리나라와 비슷하거나 더 작은 그룹에 속한다. 특히 우리나라는 정부의 권한 및 기능 측면에서 큰 정부로 인식되는 경우가 있지만 양적인 재정 규모를 기준으로 볼 때 OECD 국가 중 최하위 수준이다. 이렇게 작은 재정 규모로 국민을 위해 무엇을 얼마나 충족시켜줄 수 있을까?

〈표 6-3〉 일반정부 지출: GDP 대비 비율(%)

유형	순위	국가명	2008	2009	2010	3년 평균	이념
	1	덴마크	51.9	58.4	58.2	56.2	진보
	2	프랑스	52.9	56.2	56.2	55.1	↑
	3	핀란드	49.3	56.2	55.1	53.5	

Ⅰ유형: 매우 큰 정부	4	스웨덴	51.7	55.2	53.1	53.3	
	5	아이슬란드	57.6	51.0	50.0	52.9	
	6	아일랜드	42.8	48.2	67.0	52.7	
	7	벨기에	50.2	54.1	53.1	52.5	
	8	오스트리아	49.5	53.1	53.0	51.9	
	9	그리스	49.7	52.9	49.5	50.7	
	10	이태리	48.8	51.8	50.6	50.4	
Ⅱ유형: 큰 정부	11	영국	47.4	51.2	51.0	49.9	
	12	네덜란드	46.0	51.4	51.2	49.5	
	13	헝가리	48.8	50.2	48.6	49.2	
	14	포르투갈	44.7	49.8	50.7	48.4	
	15	슬로베니아	44.1	49.0	49.0	47.4	
	16	독일	43.8	47.5	46.7	46.0	
	17	이스라엘	46.0	45.6	45.5	45.7	
	18	체코	42.9	45.9	45.2	44.7	
	19	폴란드	43.2	44.6	45.8	44.5	
	20	노르웨이	40.6	46.4	46.0	44.3	
	21	스페인	41.3	45.8	45.0	44.0	
		OECD 평균	41.4	44.9	44.5	43.6	
Ⅲ유형: 작은 정부	22	캐나다	39.8	44.1	43.8	42.6	
	23	뉴질랜드	41.9	42.8	43.0	42.6	
	24	에스토니아	39.9	45.2	40.0	41.7	
	25	미국	39.0	42.2	42.3	41.2	
	26	룩셈부르크	36.9	42.2	41.2	40.1	
	27	일본	37.2	42.0	40.7	40.0	
Ⅳ유형: 매우 작은 정부	28	슬로바키아	35.0	41.5	41.0	39.2	
	29	터키	34.2	39.4	37.1	36.9	
	30	호주	34.2	33.1	36.3	34.5	
	31	스위스	32.2	33.7	33.7	33.2	↓
	32	한국	30.4	33.1	30.9	31.5	보수

주: 멕시코와 칠레 자료 없음.

자료: OECD Factbook 2011: Economic, Environmental and Social Statistics.

복지 지출로 본 진보국가와 보수국가

진보국가와 보수국가를 구분하는 또 하나의 총량지표는 복지 지출 지표다. 복지 지출에 대한 통계치는 OECD에서 잘 정립된 개념에 근거하여 발표되고 있다. OECD는 복지 지출을 사회지출(social expenditure) 개념으로 발표한다.[3] 이것은 좀 더 다양한 개념으로 개발되어 있다. '사회지출', '총사회지출(gross social expenditure)', '순사회지출(net social expenditure)', '공공사회지출(public social expenditure)', '민간사회지출(private social expenditure)' 등이다. '총'과 '순', '공공'과 '민간'의 부가적 용어를 잘 이해할 필요가 있다.

이 개념들의 관계를 보면 '총사회지출'은 '공공사회지출'과 '민간사회지출'을 포함한다. 공공사회지출에는 정부 단위 지출과 사회보험급여가 포함된다. 민간사회지출에는 법정 민간급여와 자발적 민간급여가 포함된다. 그냥 '사회지출'이라고 할 때에는 '공공사회지출'과 법정 민간급여를 합한 개념이다.

총사회지출과 순사회지출의 차이는 조세 부담과 조세 혜택을 포함하느냐의 여부다. 총사회지출은 조세 부담과 조세 혜택을 전혀 고려하지 않은 총계 개념의 지출이고, 순사회지출은 이들을 가감한 순계 개념의 지출이다. 따라서 순사회지출은 수급자가 부담하는 세금은 공제하고, 세제 혜택은 더해 얻은 실제 받는 사회적 급여를 의미한다. 복잡한 것처럼 보이지만 이들 개념 간 관계에 대해서는 [그림 6-1]을 참조하면 이해가 쉬울 것으로 본다.

---

3 사회지출에는 ① 노령, ② 유족, ③ 무능력 관련 급여, ④ 보건, ⑤ 가족, ⑥ 적극적 노동시장 프로그램, ⑦ 실업, ⑧ 주거, ⑨ 기타 영역이 포함된다. 보건과 적극적 노동시장 프로그램 등이 포함되어 좀 더 광의의 개념인 '사회지출'이라는 표현을 사용하는 것으로 보인다.

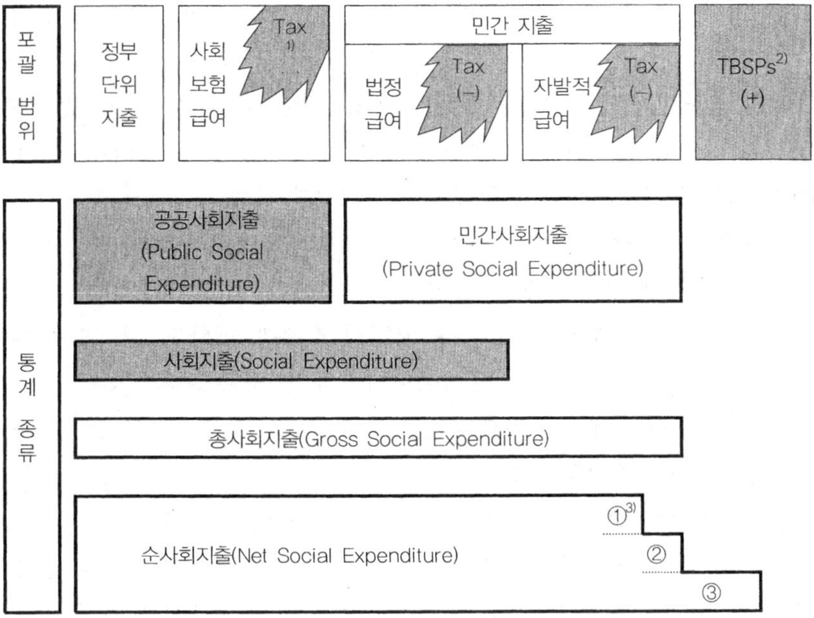

[그림 6-1] OECD 사회지출 통계의 포괄 범위 비교

주: 1) Tax: 이전소득자가 부담하는 직·간접세

2) TBSPs(Tax Breaks for Social Purposes): 이전소득자 및 사회복지 서비스 공급기관에 대한 조세 혜택

3) ①은 Tax > TBSPs, ②는 TBSPs = Tax, ③은 TBSPs > Tax임.

자료: 고경환 외(2003).

국제 비교에 많이 이용되는 통계는 '사회지출'과 '공공사회지출'이기 때문에 이 개념만 다시 한 번 확인하면 될 것이다. '사회지출'은 '공공사회지출'과 '법정 민간급여(mandatory private social expenditure)'를 합한 통계다. 그리고 '공공사회지출'은 정부 단위 지출과 사회보험급여를 합한 통계다. 쉽게 말해 공공사회지출은 정부의 재정을 통한 사회지출이라고 보면 된다. 여기서는 재정을 통한 사회지출로서의 공공사회지출 개념을 기준으로 분류한다.

GDP 대비 공공사회지출 비율을 대상으로 역시 네 가지 유형으로 구분한다. Ⅰ유형은 공공사회지출이 GDP 대비 25%를 넘는 국가군, Ⅱ유형은 OECD 평균(19.5%) 이상 25% 미만 국가군, Ⅲ유형은 15% 이상 OECD 평균 미만의 국가군, Ⅳ유형은 15% 미만 국가군이다. 각 범주별 명칭을 붙인다면, Ⅰ유형은 '초고복지', Ⅱ유형은 '고복지', Ⅲ유형은 '중복지', Ⅳ유형은 '저복지' 유형이라고 부르고자 한다.

Ⅰ유형은 공공사회지출이 GDP 대비 25% 이상 되는 국가군으로서 복지 지출이 가장 많은 가장 진보적 국가에 속하는 그룹이다. 여기에 속하는 국가군을 보면 스칸디나비아 국가인 스웨덴, 덴마크, 핀란드와 프랑스, 오스트리아, 벨기에, 독일, 이태리의 유럽 국가들이다. 이들 '초고복지' 국가군에는 에스핑 안데르센이 분류한 사민주의 유형과 보수주의 유형 국가들이 포함되어 있다.

Ⅱ유형은 OECD 평균(19.5%) 이상 25% 미만의 '고복지' 국가군이다. 역시 진보적 국가 그룹에 해당된다. 여기에는 포르투갈, 룩셈부르크, 스페인, 그리스, 노르웨이, 영국, 네덜란드 등의 유럽 국가와 헝가리, 슬로베니아, 폴란드 등의 동구권이 포함된다. 영국과 네덜란드는 OECD 평균 수준에 가깝지만 민간사회지출 비중이 6~8% 수준으로 다른 나라들보다 높은 편이다.

Ⅲ유형은 15% 이상 OECD 평균(19.5%) 이하의 '중복지' 국가군으로서 보수적 국가 그룹으로 분류할 수 있다. 여기에는 스위스, 아일랜드, 아이슬란드 등의 유럽 국가와 체코, 슬로바키아의 동구권, 뉴질랜드, 캐나다, 호주의 영연방 국가, 그리고 일본, 미국, 이스라엘이 포함된다. 이들 국가 중에서 스위스와 미국은 민간사회지출이 각각 8.3%, 10.2%로서 OECD 국가 중 가장 높으며, 공공사회지출과 민간사회지출을 합한 비율은 OECD 평균 수준을 상회한다. 이들 국가는 국가복지보다 민간복지에 많이 의존하고 있음을 시사한다.

Ⅳ유형은 15% 미만 국가군으로서 '저복지' 유형이다. 복지 지출이 매우 미흡한 가장 보수적 국가 그룹에 속한다. 여기에는 우리나라를 비롯한 에스토니아, 칠레, 터키, 멕시코의 개발도상국이 포함된다. 특히 우

리나라는 OECD 국가 중 꼴찌에서 두 번째로 복지 지출 규모가 작은 저복지 국가다. 이래도 복지국가라고 칭할 수 있을까?

〈표 6-4〉 공공 및 민간 사회지출 비교: GDP 대비 비율(%)

	순위	국가명	공공사회 지출				민간사회 지출				이념
			2005	2006	2007	3년 평균	2005	2006	2007	3년 평균	
	1	프랑스	29.0	28.6	28.4	28.7	3.0	3.0	2.9	3.0	진보
	2	스웨덴	29.1	28.4	27.3	28.3	3.0	2.9	2.9	2.9	↑
	3	오스트리아	27.4	27.0	26.4	26.9	1.9	1.8	1.8	1.8	
Ⅰ유형: 초고복지	4	덴마크	27.2	26.6	26.1	26.6	2.6	2.5	2.6	2.6	
	5	벨기에	26.4	26.4	26.3	26.4	4.5	5.3	4.7	4.8	
	6	독일	27.2	26.1	25.2	26.2	3.0	2.9	2.9	2.9	
	7	핀란드	26.0	25.8	24.8	25.5	1.1	1.1	1.1	1.1	
	8	이태리	25.0	25.1	24.9	25.0	2.0	2.1	2.1	2.1	
	9	헝가리	22.6	22.9	22.9	22.8	0.1	0.2	0.2	0.2	
	10	포르투갈	22.9	22.9	22.5	22.8	1.9	1.9	1.9	1.9	
	11	룩셈부르크	23.0	21.8	20.6	21.8	1.1	1.0	0.9	1.0	
	12	스페인	21.4	21.4	21.6	21.5	0.5	0.5	0.5	0.5	
Ⅱ유형: 고복지	13	슬로베니아	21.9	21.5	20.3	21.2	1.1	1.1	1.0	1.1	
	14	그리스	21.0	21.3	21.3	21.2	1.7	1.6	1.5	1.6	
	15	노르웨이	21.7	20.4	20.8	21.0	2.1	2.0	2.0	2.0	
	16	폴란드	21.0	20.8	19.8	20.5	–	–	–	–	
	17	영국	20.6	20.4	20.5	20.5	6.1	6.1	5.8	6.0	
	18	네덜란드	20.7	20.3	20.1	20.4	8.2	7.0	6.9	7.4	
		OECD 평균	19.8	19.5	19.2	19.5	2.5	2.5	2.5	2.5	
	19	스위스	20.2	19.2	18.5	19.3	8.4	8.2	8.3	8.3	
	20	체코	19.5	19.1	18.8	19.1	0.4	0.4	0.4	0.4	
	21	일본	18.6	18.4	18.7	18.6	3.0	2.9	3.6	3.2	
	22	뉴질랜드	18.1	19.0	18.4	18.5	0.4	0.5	0.4	0.4	
	23	캐나다	17.0	16.9	16.9	16.9	5.5	5.5	5.3	5.4	
Ⅲ유형: 중복지	24	호주	16.5	16.1	16.0	16.2	2.9	2.9	3.8	3.2	
	25	미국	15.8	16.0	16.2	16.0	10.0	10.2	10.5	10.2	
	26	슬로바키아	16.3	16.0	15.7	16.0	1.0	0.9	1.0	1.0	
	27	아일랜드	15.8	15.8	16.3	16.0	1.5	1.5	1.5	1.5	
	28	이스라엘	16.5	15.9	15.5	16.0	0.4	0.5	0.5	0.5	
	29	아이슬란드	16.3	15.9	14.6	15.6	4.9	4.9	5.1	5.0	

Ⅳ유형: 저복지	30	에스토니아	13.2	12.8	13.0	13.0	-	-	-		↓
	31	칠레	11.2	10.5	10.6	10.8	1.4	1.3	1.2	1.3	
	32	터키	9.9	10.0	10.5	10.1	-	-	-		
	33	한국	6.4	7.4	7.6	7.1	2.3	2.5	2.6	2.5	
	34	멕시코	6.9	7.0	7.2	7.0	0.2	0.2	0.2	0.2	보수

주: 순위는 공공사회 지출 기준이며, 3년 평균값이 같을 때에는 2007년도 비중이 큰 국가를 높은 순위에 배치함.

자료: OECD Factbook 2011: Economic, Environmental and Social Statistics.

재정지출 규모와 공공사회지출 간 관계를 보면 대체로 정비례 관계에 있다. 재정지출 규모가 클수록 공공사회지출 규모는 크다. 정부재정에서 복지 지출 비중이 크기 때문이다. 매우 큰 정부에 공공사회지출이 큰 초고복지 국가에 프랑스, 덴마크, 스웨덴, 벨기에, 오스트리아, 핀란드, 이태리가 포함된다. 큰 정부에 고복지 국가군에는 헝가리, 포르투갈, 노르웨이, 슬로베니아, 폴란드, 영국, 네덜란드, 스페인이 있다. 작은 정부에 중복지 국가군에는 뉴질랜드, 캐나다, 일본, 미국이 포함된다. 매우 작은 정부에 저복지 국가군에는 터키, 한국, 멕시코가 포함된다.

재정지출 규모와 공공사회지출 간 관계에서 비례적 관계를 약간 벗어난 국가들이 있다. 매우 큰 정부 국가로서 고복지 국가군에 그리스, 중복지 국가군에 아일랜드, 아이슬란드가 포함된다. 이들 나라는 재정지출 규모는 매우 큰 편인데 복지 지출 외에 다른 부문에의 지출이 많다는 것을 시사한다. 큰 정부 국가 중에는 독일처럼 초고복지 국가가 있는 반면에 체코와 이스라엘처럼 중복지 국가도 있다. 작은 정부 국가 중에는 룩셈부르크처럼 고복지 국가가 있는 반면에 에스토니아처럼 저복지 국가도 있다. 스위스, 슬로바키아, 호주는 매우 작은 정부이면서 중복지 국가에 속한다.

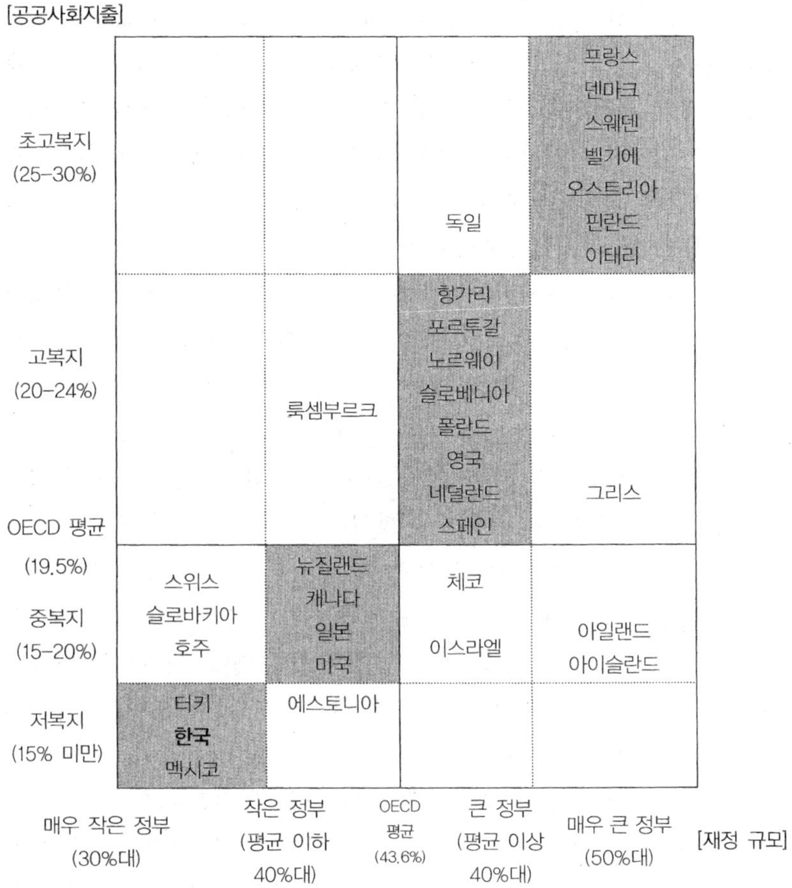

[그림 6-2] 재정지출 규모와 복지 지출 간 관계

주: 가운데 실선은 OECD 평균 수준을 표시함.

조세 부담으로 본 진보국가와 보수국가

재정 규모가 크다는 것은 그만큼 국민들의 부담이 크다는 것을 의미한다. 국민 부담은 주로 조세에 의해 이뤄진다. 조세는 정부가 경제 자원을 통제하는 정도를 표시해 준다. OECD는 총조세수입(total tax revenue) 통계를 발표하고 있다. 그런데 여기에는 소득, 이윤, 재화와 용역 등에 대한 세금뿐만 아니라 사회보장기여금(social security contributions)을 포함하고 있어서 사실상 국민 부담을 지칭한다. 여기서의 총조세 부담률은 국민부담률을 의미한다. 다시 말해 총조세수입은 조세부담과 사회보장기여금을 포함한다.

GDP 대비 비율로 표시되는 총조세수입 비중을 역시 네 가지 유형으로 구분한다. Ⅰ유형은 총조세수입이 GDP 대비 40%대 국가군, Ⅱ유형은 OECD 평균(34.2%) 수준을 넘는 30%대 국가군, Ⅲ유형은 OECD 평균 이하의 30%대 국가군, Ⅳ유형은 20%대 및 그 이하 국가군이다. 각 범주별 명칭을 붙인다면, Ⅰ유형은 '초고부담', Ⅱ유형은 '고부담', Ⅲ유형은 '중부담', Ⅳ유형은 '저부담' 유형이라고 부르고자 한다.

Ⅰ유형은 총조세수입이 GDP 대비 40%대 국가군으로서 국민 부담이 매우 큰 가장 진보적 국가에 속하는 그룹이다. 여기에 속하는 국가군을 보면 스칸디나비아 국가인 덴마크, 스웨덴, 노르웨이, 핀란드와 벨기에, 이태리, 프랑스, 오스트리아 등의 유럽 국가들이다. 이들 '초고부담' 국가군은 대부분 재정 규모가 매우 큰 국가군과 일치한다. 즉, 재정 규모가 크다는 것은 국민들의 부담이 크다는 것을 의미한다.

Ⅱ유형은 OECD 평균(34.2%) 수준을 넘는 30%대 국가군이다. 역시 진보적 국가 그룹에 해당된다. 여기에는 네덜란드, 독일, 룩셈부르크, 아이슬란드, 영국 등의 유럽 국가와 헝가리, 슬로베니아, 체코 등의 동구권이 포함된다. 큰 정부에는 역시 국민들의 고부담이 따른다. 사회주의를 경험한 동구권 국가들의 국민 부담이 상대적으로 큰 것을 알 수 있다.

Ⅲ유형은 OECD 평균 이하의 30%대 '중부담' 국가군으로서 보수적 국가 그룹으로 분류할 수 있다. 여기에는 에스토니아, 폴란드, 스페인, 포르투갈, 그리스 등의 유럽 국가와 캐나다, 뉴질랜드의 영연방 국가, 그리고 이스라엘이 포함된다.

Ⅳ유형은 20%대 및 그 이하 국가로서 '저부담' 국가군이다. 총조세수입이 가장 작은 그룹으로서 가장 보수적인 국가에 속한다. 여기에는 스위스, 슬로바키아, 아일랜드의 유럽국가와 일본, 호주, 미국 등의 선진국 그리고 우리나라를 비롯한 터키, 칠레, 멕시코의 개발도상국이 포함된다. 선진국 중 일본, 호주, 미국이 이 유형에 포함된다는 것은 정부의 역할에 대해 다시 한 번 생각하게 만드는 사례라고 볼 수 있다.

〈표 6-5〉 총조세수입: GDP 대비 비율(%)

유형	순위	국가명	2008	2009	2010	3년 평균	이념
Ⅰ유형: 초고부담	1	덴마크	48.1	48.1	48.2	48.1	진보 ↑
	2	스웨덴	46.4	46.7	45.8	46.3	
	3	벨기에	44.1	43.2	43.8	43.7	
	4	이태리	43.3	43.4	43.0	43.2	
	5	프랑스	43.5	42.4	42.9	42.9	
	6	노르웨이	42.9	42.9	42.8	42.9	
	7	핀란드	42.9	42.6	42.1	42.6	
	8	오스트리아	42.8	42.7	42.0	42.5	
Ⅱ유형: 고부담	9	헝가리	40.1	39.9	37.6	39.2	
	10	네덜란드	39.1	38.2	..	38.7	
	11	슬로베니아	37.0	37.4	37.7	37.4	
	12	독일	36.4	37.3	36.3	36.7	
	13	룩셈부르크	35.5	37.6	36.7	36.6	
	14	아이슬란드	36.7	33.9	36.3	35.6	
	15	체코	36.0	34.7	34.9	35.2	
	16	영국	35.7	34.3	35.0	35.0	
		OECD 평균	34.6	33.8	..	34.2	
Ⅲ유형: 중부담	17	에스토니아	31.7	35.9	34.0	33.9	
	18	폴란드	34.2	31.8	..	33.0	
	19	이스라엘	33.8	31.4	32.4	32.5	
	20	뉴질랜드	33.6	31.5	31.3	32.1	
	21	스페인	33.3	30.6	31.7	31.9	

	22	캐나다	32.2	32.0	31.0	31.7	
	23	포르투갈	32.5	30.6	31.3	31.5	
	24	그리스	31.5	30.0	30.9	30.8	
Ⅳ유형: 저부담	25	스위스	29.1	29.7	29.8	29.5	
	26	슬로바키아	29.4	29.0	28.4	28.9	
	27	아일랜드	29.1	27.8	28.0	28.3	
	28	일본	28.3	26.9	..	27.6	
	29	호주	27.0	25.9	..	26.5	
	30	한국	26.5	25.5	25.1	25.7	
	31	미국	26.3	24.1	24.8	25.1	
	32	터키	24.2	24.6	26.0	24.9	
	33	칠레	22.5	18.4	20.9	20.6	
	34	멕시코	20.9	17.4	18.1	18.8	보수

주: 2011. 11. 30 최종 업데이트함.
자료: OECD(2011), Revenue statistics: Comparative tables, OECD Tax Statistics(database).

재정지출 규모와 조세 부담 간 관계도 비례적 관계에 있다. 재정지출 규모가 클수록 국민들의 조세 부담이 클 수밖에 없다는 것은 당연하다. 매우 큰 정부로서 초고부담 국가군에는 덴마크, 스웨덴, 프랑스 등의 국가들이 있다. 큰 정부-고부담 국가군에는 독일, 영국, 헝가리 등이 있다. 작은 정부-중부담 국가군에는 뉴질랜드, 캐나다 등이 포함된다. 그리고 매우 작은 정부-저부담 국가군에는 스위스, 호주 등과 우리나라를 포함한 터키, 멕시코 등이 있다. 선진국 중 스위스와 호주가 재정지출 규모와 조세부담률이 가장 낮은 그룹에 속한다는 것이 특이하다.

그런데 색칠해진 비례관계를 보여준 국가군 오른쪽 편에 있는 국가들은 상대적으로 재정지출에 비해 조세 부담이 적은 국가들이다. 이들 나라를 보면 그리스, 아일랜드, 스페인, 미국, 일본 등과 같이 재정위기를 겪고 있거나 국가채무가 많은 국가다.

복지 지출과 조세 부담 간의 관계도 대체로 비례적 관계에 있다. 정부의 복지 지출이 많을수록 조세 부담도 클 수밖에 없다. 그런데 색칠

[총조세수입]	매우 작은 정부 (30%대)	작은 정부 (평균 이하 40%대)	큰 정부 (평균 이상 40%대)	매우 큰 정부 (50%대)
초고부담 (40%대)			노르웨이	덴마크 스웨덴 핀란드 프랑스 오스트리아 벨기에 이태리
고부담 (평균 이상 30%대)		룩셈부르크	헝가리 네덜란드 슬로베니아 독일 체코 영국	아이슬란드
중부담 (평균 이하 30%대)		에스토니아 뉴질랜드 캐나다	폴란드 이스라엘 스페인 포르투갈	그리스
저부담 (20%대)	스위스 슬로바키아 호주 **한국** 터키 칠레 멕시코	일본 미국		아일랜드

OECD평균 (34.2%) / OECD 평균 (43.6%) / [재정 규모]

[그림 6-3] 재정지출 규모와 조세 부담 간 관계

주: 가운데 실선은 OECD 평균 수준을 표시함.

해진 비례관계를 보여준 국가군 오른쪽 편에 있는 국가들은 복지 지출에 비해 상대적으로 조세 부담이 낮은 국가들이다. 그리스, 스페인, 포르투갈, 아일랜드 등 최근 재정위기를 겪고 있는 나라들이 여기에 포함되어 있다. 재정위기의 직접적 원인이라고 볼 수는 없지만 재정구조상 세입과 세출의 괴리가 야기될 수 있음을 보여준다. 일본과 미국도 오른편에 위치하고 있는데 그만큼 재정 압박을 받을 수 있음을 시사한다.

[총조세수입] \ [공공사회지출]	저복지 (15% 미만)	중복지 (15-20%)	고복지 (20-24%)	초고복지 (20-30%)
초고부담 (40%대)		아이슬란드	노르웨이	스웨덴 덴마크 프랑스 핀란드 오스트리아 벨기에 이태리
고부담 (평균 이상 30%대)		체코	헝가리 네덜란드 슬로베니아 룩셈부르크 영국	독일
OECD평균 (34.2%)		OECD 평균 (19.5%)		
중부담 (평균 이하 30%대)	에스토니아	에스토니아 뉴질랜드 캐나다	폴란드 스페인 포르투갈 그리스	
저부담 (20%대)	**한국** 터키 칠레 멕시코	스위스 슬로바키아 아일랜드 일본 호주 미국		

[그림 6-4] 복지 지출과 조세 부담 간 관계

주: 가운데 실선은 OECD 평균 수준을 표시함.

총량재정 지표로 본 국가 유형

지금까지 재정 규모, 조세 부담, 공공사회 지출의 총량지표를 중심으로 OECD 국가들을 유형화했다. 이들을 다시 종합하여 유형화하면 또 하나의 분류가 가능해진다. 분류 기준이 임의적이긴 하지만 진보와 보수의 축을 중심으로 재미있는 국가 유형을 찾아낼 수 있다. 약간의 예외적인 것을 무시한다면 크게 네 가지 유형으로 구분해 볼 수 있다. 즉, '가장 진보적 국가군', '진보적 국가군', '보수적 국가군', '가장 보수적 국가군'이다.

먼저 '매우 큰 정부(50%대)'–'초고복지(25% 이상)'–'초고부담(40%대)' 유형의 '가장 진보적인 국가군'이다. 여기에 스웨덴, 덴마크, 핀란드의 스칸디나비아 국가와 프랑스, 오스트리아, 벨기에, 이태리의 유럽 국가들이 포함된다. 독일은 '초고복지' 유형이지만 '큰 정부'–'고부담' 국가로 분류된다. 노르딕 국가의 하나인 노르웨이는 '초고부담' 국가이지만 '고복지'–'큰 정부' 유형이며, 아이슬란드는 '매우 큰 정부'–'초고부담'–'중복지' 유형으로 재정 규모는 크지만 복지 지출 수준이 상대적으로 낮은 편이다.

다음 많은 비중을 차지한 유형이 '큰 정부(평균 이상 40%대)'–'고복지(평균 이상 25% 미만)'–'고부담(평균 이상 30%대)' 유형으로서 '진보적 국가군'이다. 여기에는 영국, 네덜란드와 헝가리, 슬로베니아의 동구권 국가가 포함된다. 포르투갈, 폴란드, 스페인은 '큰 정부–'고복지'이면서 '중부담' 국가군에, 그리스는 '매우 큰 정부–'고복지'이면서 '중부담' 국가군에 속한다. 룩셈부르크는 '고부담'–'고복지'로서 '작은 정부' 유형에 속한다. 최근 재정위기를 겪고 있는 그리스와 스페인의 경우 '매우 큰 정부/큰 정부–고복지'이면서 중부담 국가인 점에서 위기의 단초를 추정할 수 있을 것 같다. 총재정 지출과 복지 지출은 많은 편인데 총조세 부담 수준은 낮아서 구조적으로 재정위기를 맞을 수밖에 없는 구조로 되어 있는 것이다.

선진국 중 '보수적 국가군'으로 분류할 수 있는 그룹이 '작은 정부(평균 이하 40%대)'-'중복지(15% 이상 평균 미만)' 유형이다. 이 중에서 '고부담' 국가로 캐나다, 뉴질랜드가 있으며, 미국과 일본은 '저부담(20%대/이하)' 국가로 분류된다. 체코와 이스라엘은 '큰 정부-'중복지' 유형에 속하는데 체코는 '고부담', 이스라엘은 '중부담' 국가로 분류된다. 슬로바키아, 호주, 스위스는 '중복지'이면서 '저부담'-'매우 작은 정부' 유형에 속한다. 그리고 아일랜드는 '중복지'-'저부담' 유형이지만 '매우 큰 정부'에 속하는 특이함을 보여준다. 아일랜드의 재정 규모는 2008년과 2009년에는 40%대였는데 2010년에 67%로 급증한다. 글로벌 금융위기를 극복하는 과정에서 재정의 역할이 커진 데 따른 것으로 보인다.

마지막으로 '가장 보수적 국가군'에 속하는 그룹이다. '매우 작은 정부

〈표 6-6〉 재정 규모, 공공사회지출, 총조세 부담으로 본 국가 유형

재정 규모	공공사회 지출	총조세 부담	해당 국가
매우 큰 정부 (Ⅰ)	초고복지(Ⅰ)	초고부담(Ⅰ)	스웨덴, 덴마크, 핀란드, 프랑스, 오스트리아, 벨기에, 이태리
	고복지(Ⅱ)	중부담(Ⅲ)	그리스
	중복지(Ⅲ)	초고부담(Ⅰ)	아이슬란드
		저부담(Ⅳ)	아일랜드
큰 정부 (Ⅱ)	초고복지(Ⅰ)	고부담(Ⅱ)	독일
	고복지(Ⅱ)	초고부담(Ⅰ)	노르웨이
		고부담(Ⅱ)	영국, 네덜란드, 헝가리, 슬로베니아
		중부담(Ⅲ)	포르투갈, 스페인, 폴란드
	중복지(Ⅲ)	고부담(Ⅱ)	체코
		중부담(Ⅲ)	이스라엘
작은 정부 (Ⅲ)	고복지(Ⅱ)	고부담(Ⅱ)	룩셈부르크
	중복지(Ⅲ)	중부담(Ⅲ)	캐나다, 뉴질랜드
		저부담(Ⅳ)	미국, 일본
	저복지(Ⅳ)	중부담(Ⅲ)	에스토니아
매우 작은 정부 (Ⅳ)	중복지(Ⅲ)	저부담(Ⅳ)	호주, 스위스, 슬로바키아
	저복지(Ⅳ)	저부담(Ⅳ)	터키, **한국**, 칠레, 멕시코

(30%대)'–'저복지(15% 미만)'–'저부담(20%대/이하)' 유형으로서 터키, 한국, 칠레, 멕시코가 속한다. 그리고 에스토니아는 '저복지' 국가로서 '작은 정부'–'고부담' 유형에 속한다. 개발도상국들이 이 유형에 속한다고 하지만 복지국가를 지향하는 우리나라가 과연 '매우 작은 정부'–'저복지'–'저부담' 유형에 계속 머물러야 할지는 숙고해야 할 일이다.

이들 국가 유형을 종합하여 크게 네 가지 그룹으로 분류하면 노무현 전 대통령이 진보국가와 보수국가로 구분하고자 했던 개략적 그림이 그려진다. 가장 진보적 국가군에는 노르딕 국가와 프랑스, 독일, 오스트리아 등의 유럽 대륙국가, 진보적 국가군에는 영국, 네덜란드와 스페인 등의 남부유럽 국가, 그리고 헝가리, 폴란드 등의 동구권 국가가 포함된다. 보수적 국가군에는 호주, 뉴질랜드 등의 영연방 국가, 미국, 일본, 스위스 등이 포함되고, 한국, 터키 등의 개발도상 국가들은 가장 보수적 국가군에 포함된다.

〈표 6-7〉 진보-보수의 이념 축으로 구분한 국가 유형

가장 진보적 국가	진보적 국가	보수적 국가	가장 보수적 국가
〈노르딕 국가〉 스웨덴, 덴마크, 핀란드, 노르웨이, 아이슬란드, 〈유럽 대륙〉 프랑스, 오스트리아, 벨기에, 이태리, 독일	〈유럽〉 영국, 네덜란드, 룩셈부르크, 포르투갈, 스페인, 그리스, 〈동구권〉 헝가리, 슬로베니아, 폴란드	〈영연방국가〉 호주, 캐나다, 뉴질랜드, 〈기타〉 미국, 일본, 이스라엘, 스위스, 아일랜드, 체코, 슬로바키아	터키, **한국**, 칠레, 멕시코, 에스토니아

조세와 이전지출 체제의 국가 유형

앞에서 재정 규모, 공공사회지출, 총조세 부담의 총량지표를 통해 OECD 국가 유형을 진보와 보수의 축에서 분류해 보았다. 이제 재정의 세부 내용을 중심으로 국가의 특성을 비교해 보자.

최근 OECD는 재미있는 보고서를 작성하여 발표했다. 저마드 등

(Joumard et. al., 2012)은 〈낮은 불평등과 높은 성장, 양립 가능한가?〉 시리즈 제3편에서 조세와 이전지출 체제를 통해 OECD 국가들을 네 가지 유형으로 분류했다. 분류 기준으로 조세 및 이전지출의 규모, 구성(mix), 누진성에 대한 19개의 정책지표를 이용했다. 규모 지표로는 조세, 이전지출, 현물 서비스의 대 GDP 비율이 사용되었다. 구성 지표로는 총이전 지출에서 노령연금, 장애인, 가족과 실업이 차지하는 비중, 소비세, 개인소득세, 재산세의 총조세에서의 비중, 총현물 지출에서 차지하는 교육과 보건 비중 등이다. 누진성 지표는 가계 총조세와 총이전지출의 누진율 지수, 그리고 노령연금, 실업, 개인소득세 및 사회보장기여금의 개별 누진율 지수다.

이들 지표를 중심으로 분류한 네 가지 유형의 국가군을 보면 앞에서 분류한 진보-보수 국가군 분류와 대체로 일치한다. Ⅰ유형과 Ⅱ유형은 총량지표인 현금이전지출 규모와 조세부담률이 크며, Ⅰ유형은 조세와 이전지출의 재분배 효과가 OECD 평균 이상인 반면 Ⅱ유형은 누진성이 평균 이하이거나 제한적인 성격을 갖는다. OECD의 동일한 시리즈의 보고서인 소득 불평등의 유형에 관한 홀러 등(Hoeller et al., 2012)의 보고서에 의하면 Ⅰ유형과 Ⅱ유형이 Ⅲ유형과 Ⅳ유형보다 소득 불평등 정도가 낮다. 이들 보고서는 Ⅰ유형 국가군인 노르딕 국가들이 보편적 현금이전지출 및 높지 않은 조세 누진도를 갖고 있지만 지출 및 조세의 규모가 크기 때문에 재분배 효과가 큰 것으로 평가한다.

Ⅲ 유형은 비교적 적은 규모의 현금이전지출과 낮은 조세부담률, 그리고 재산세와 개인소득세의 역할이 큰 유형이다. 다만 현금이전지출의 특성에 따라 다시 두 그룹으로 분류하고 있다. 노령연금의 비중이 비교적 적고, 자산조사(means-tested) 기준을 적용하여 매우 누진적인 국가군으로 호주, 뉴질랜드, 영국 등을 들고 있다. 노령연금 비중이 크고 덜 누진적인 국가군으로 미국, 일본, 캐나다, 우리나라 등을 들고 있다. 마지막 Ⅳ 유형으로 현금이전지출 규모가 비교적 작으며, 노령연금 비중이 크고 누진적이지 않은 국가군으로 칠레, 멕시코, 터키를 들고 있다.

〈표 6-8〉 조세와 이전지출 체제의 4가지 유형

국가 유형	조세 및 이전지출의 특징
Ⅰ유형(8) 스칸디나비아국가(덴마크, 핀란드, 노르웨이, 스웨덴), 벨기에, 헝가리, 네덜란드, 스페인	- 가계에 대한 현금이전지출 규모가 크며, 노령연금이 지배적이지는 않고 OECD 평균 이상으로 누진적 성격을 띤다. - 조세부담률이 높고(스페인은 예외), 소비세 비중이 낮은 반면에 개인소득세의 역할이 큰 재분배 기능이 강한 조세구조를 가졌다. 근로소득세는 상당히 누진적이다. - 스페인을 제외하고 전반적으로 조세와 이전지출의 재분배 효과가 OECD 평균 이상이다.
Ⅱ유형(10) 유럽 대륙국가(오스트리아, 프랑스, 독일, 그리스, 이태리, 룩셈부르크, 포르투갈) 동구권(체코, 슬로바키아, 슬로베니아)	- 가계에 대한 현금이전지출 규모가 크며, 조세부담률이 높다. - 현금이전지출에서는 노령연금이 지배적이지만, 전반적 누진성은 OECD 평균 이하의 경향이 있다. - 개인별 재분배보다는 생애주기에 대해 재분배되는 이전지출이 지배적인 복지 체제다. - 조세 분야에서는 개인소득세가 총조세에서 한계적 역할(marginal role)을 하며(독일과 이태리는 예외), 근로소득세의 누진성은 비교적 제한적이다.
Ⅲ-1유형(6) 호주, 아이슬랜드, 아일랜드, 이스라엘, 뉴질랜드, 영국	- 공통점: 비교적 적은 규모의 현금이전지출과 낮은 조세부담률, 그리고 재산세와 개인소득세의 역할이 크다. - 전체 현금이전지출에서 노령연금의 비중이 비교적 적으며, 현금이전지출은 자산조사(means-tested) 기준을 적용하여 매우 누진적이다.
Ⅲ-2유형(5) 캐나다, 일본, **한국**, 스위스, 미국	- 공통점: 비교적 적은 규모의 현금이전지출과 낮은 조세부담률, 그리고 재산세와 개인소득세의 역할이 크다. - 현금이전지출에서 노령연금이 지배적이며, 〈Ⅲ-1〉 그룹보다 덜 누진적이다.
Ⅳ유형(4) 칠레, 멕시코, 폴란드, 터키	- 가계에 대한 현금이전지출 규모가 비교적 작으며(폴란드는 예외), 노령연금 비중이 크고 크게 누진적이지 않다. - 두 가지 추가적인 특징이 복지체제의 재분배 효과를 제약하는데, 그것은 현물서비스(대부분 교육과 보건)에 대한 공공지출의 대 GDP 비중이 작으며, 소비세가 총조세에서 지배적인 역할을 수행한다는 점이다.

주: 에스토니아는 조세 자료가 누락되어 있기 때문에 군집분석에 포함시키지 않음.
주: 재분배 효과는 조세와 이전지출의 전후 집중계수(concentration coefficient)의 하락 정도로 측정.

2 미국 정치의 중심 세제개혁

미국의 공화당과 민주당의 세제개혁

조세는 정치 이념의 최전선에 있다. 각 정당의 조세정책을 보면 정치적 이념을 판단할 수 있다. 미국의 민주당과 공화당의 정강정책 중 세제개혁 부분이 가장 극명하게 대비된다. 미국의 민주당 출신 오바마 대통령과 공화당 대통령 후보 롬니 간에 극적으로 대비되는 지점도 세제개혁이다.

오바마는 부유한 극소수 상층부 위주의 불공정한 미국 사회를 중산층이 제대로 대접받는 공정한 사회로 바꾸겠다고 공약하면서 세제개혁을 제시했다. 공화당 후보인 갑부 롬니의 소득세율이 13.9%에 불과하다는 걸 겨냥하여 연소득 100만 달러 이상 부자들에게는 적어도 30%의 세율을 적용해야 한다는 이른바 '버핏세' 도입을 주장했다. 공개된 자료에 의하면 오바마 대통령의 소득세의 실효세율은 20.5%인 반면에 소득이 29배나 많은 롬니 전 매사추세츠 주지사의 실효세율은 15.4%에 불과하다. 실효세율이란 실제소득 대비 세금을 낸 금액의 비율이다. 롬니는 2011년 2,090만 달러의 소득을 올렸으나 낸 세금은 320만 달러에 불과해 실효세율이 15.4%였던 것이다.

미국에서는 선거 때마다 세제 개혁과 관련하여 민주당과 공화당 간에 첨예하게 대립한다. 공화당은 매번 감세 정책을 선거 공약으로 내세운다. 반면에 민주당은 부자들에 대한 증세나 중산층에 대한 감세 정책을 내세우는 경우가 많다. 레이건 행정부와 클린턴 행정부의 조세정책을 보면 극명하게 대비되는 것을 알 수 있다. 레이건 행정부는 1981년 소득세 한계세율을 70%에서 50%로 인하한 후 다시 1986년에 28%로 인하했다. 5년 만에 70%에서 28%로 낮췄다는 것은 엄청난 부자 감세다. 법인세율도 최고세율을 46%에서 34%로 인하했다. 부자들의 세금 부담을 지속적으로 내려준 것이다. 이때 이론적 배경이 된 것이 공급 중시

경제학이다. 기업과 개인의 세금을 내려주면 투자와 소비가 활성화되어 경제도 활력을 찾고 세금도 더 걷힌다는 논리다. 이것이 소위 '래퍼 효과'다. 그러나 결과는 오히려 재정적자가 확대되어 국채 발행으로 인한 민간 부문의 투자를 위축시키는 소위 '구축 효과(crowding-out effect)'를 초래한 바 있다.

반면에 클린턴 행정부는 개인소득세의 한계세율을 36%에서 39.6%로 인상하고 법인세율도 34%에서 35%로 인상했다. 건강보험세의 한도를 삭제하고 사회보장세 징수 대상의 소득을 확대했다. 레이건 행정부의 감세정책과 클린턴 행정부의 증세정책은 재정 건전성 면에서 확연하게 다른 성과를 보였다. 약 1,000억 달러 정도의 무역적자와 재정적자의 쌍둥이 적자를 안고 있던 레이건 행정부는 G-R-H 법을 제정하여 재정적자를 감축하려 했으나 결국 실패하고 말았다. 반면에 클린턴 행정부는 지출통제정책으로서 재량적 지출은 한도액을 설정하고 의무적 지출은 PAYGO 준칙을 도입하여 1998년부터 4년간 재정흑자를 실현했다. 클린턴 행정부의 재정흑자 실현은 1990년대 10년 장기 호황이 크게 기여한 것은 사실이다. 그러나 이러한 재정 성과의 밑바탕에 감세와 증세 정책이라는 세금정책이 깔려 있음은 당연한 일이다.

이러한 정책 성과를 보면서도 공화당의 부시 행정부는 여전히 감세정책을 지속했다. 2001년 최고소득세율을 39.6%에서 35%로 다시 인

〈표 6-9〉 레이건 행정부의 주요 감세정책

연도	법안	주요 내용
1981	Economic Recovery Tax Act	- 소득세 한계세율(70→50%) 등 세율 인하 - 특별소득세율 인하
1982	Tax Equity and Fiscal Responsibility Act	- 소득세 감세 연장
1986	Tax Reform Act	- 개인소득세율 인하(최고세율 50→28% 인하) - 법인세율 인하(최고세율 46→34% 인하)

자료: 기획재정부 보도참고자료(2012. 1. 26). 미국 재정적자 동향 및 시사점.

<표 6-10> 클린턴 행정부의 주요 증세 조치

연도	법안	주요 내용
1993	the Omnibus Budget Reconciliation Act	- 개인 및 기업 한계소득세율 상향 조정 (각각 36→39.6%, 34→35%) - 건강보험세 한도 삭제 - 사회보장세 징수 대상 소득 확대
1997	Balanced Budget and Taxpayer Relief Act	- 교통세, 담배세 등 인상

자료: 기획재정부 보도 참고자료(2012. 1. 26). 미국 재정적자 동향 및 시사점.

하하고, 2003년엔 자본소득세율을 20%에서 15%로 인하했다. 부시 행정부는 감세정책과 더불어 아프가니스탄, 이라크와의 전쟁을 치르면서 재정적자가 급속히 확대되는 결과를 초래했다. 국가채무가 늘어난 것도 당연하다. 누적된 국가채무와 재정적자의 해결은 결국 오바마 대통령의 몫으로 넘겨지게 되었다.

미국 세제개혁의 시대적 변천

미국의 사례는 민주당과 공화당의 조세정책의 차이도 흥미롭지만 역사적 변천 과정을 보면 더욱 시사적이다. 특히 정치가 얼마나 중요한지를 보여준다. 복지는 정치다. 조세도 정치다. 재정도 정치다. 이런 관점에서 우리에게도 시사적인 미국의 세제개혁 변천을 살펴보자. 미국의 세제 변화를 보는 데에는 경제사학자들이 분류한 시대 구분이 유용한 도구 역할을 한다. 도금 시대, 대압착 시대, 신도금 시대의 구분이다.

도금 시대와 세제개혁

도금 시대(Guilded Age)는 대체로 1870년부터 1900년까지의 기간을 말한다. 1900년까지로 지칭한 것은 1901년 대통령으로 당선된 시어도어 루스벨트의 정책이 이전 정책과 차별적이기 때문이다. 역사가들은 1900

년경 도금 시대에서 진보주의 시대로 넘어갔다고 말한다. 그러나 폴 크루그먼(2009: 33)은 1870년대부터 뉴딜정책이 등장한 1930년대까지를 하나로 묶어 '길었던 도금 시대'라고 부른다.

도금 시대라는 표현이 참 재미있다. 도금 시대란 표현은 소설가 마크 트웨인과 찰스 워너가 작명한 것이다. 그들의 신랄한 소설은 탐욕스럽고 자기 이익만 생각하는 사람들이 욕심 많고 어수룩한 사람들을 먹이로 삼는 정치적 과정을 그리고 있다. 영화 〈데어 윌 비 블러드〉에서의 주인공 플레인뷰를 연상시킨다. 도금 시대의 특징은 부와 권력 불평등이 만연하고 부유한 경제적 엘리트들이 정계를 장악했다는 것이다. 1900년경 미국의 불평등이 극에 달하고 이 불평등 상태가 재즈 시대(Jazz Age)인 1920년대까지 지속되었다.[4] 도금 시대는 미국이 19세기 후반 시작된 산업혁명으로 급속히 경제 규모가 확대된 시기다. 1900년 당시 미국의 공업 총생산액은 영국과 프랑스를 합친 액수를 넘어서고, 면화, 철, 석유 등의 중요 1차 생산물 생산량 역시 세계 생산량의 3분의 1에 달했다고 한다.

1900년 미국에는 22명의 억만장자가 있었는데 1925년에는 32명으로 늘었다.[5] 도금 시대의 억만장자들은 철도·제조·석유나 석탄 등의 자원채취산업으로 부자가 된 불법을 마다하지 않았던 자본가들이었다. 마크 트웨인은 이들을 '노상강도 귀족'이라 불렀다. 금융계와 산업계의 거

4 재즈는 1900년 전후 뉴올리언즈에서 크레올과 흑인들에 의해 처음 시작되었다. 1917년 뉴올리언즈 스토리빌의 홍등가를 폐쇄하면서 재즈 뮤지션들이 대거 시카고로 이동하여 시카고와 뉴욕을 중심으로 재즈가 유행했다. 특히 1917년 뉴올리언즈의 백인 밴드가 뉴욕에서 재즈음반을 취입하여 백만 부가 판매되면서 대히트했다. 이후 갑자기 재즈에 열광하여 재즈 시대에 돌입했다. 그런데 이 시기는 미국 금주법(1920–1933년)이 발효된 시기란 점이 아이러니하다.

5 J. 브레드퍼드 드롱에 의하면, 억만장자의 정의는 미국의 평균 노동자 2만 명의 연간 총소득보다 더 많이 버는 이들을 말한다. 오늘날로 치면 20억 달러 정도라고 한다(크루그먼, 2009: 34). 크루그먼에 의하면, 미국 억만장자의 수는 1957년에는 16명으로 줄고 1968년에는 13명으로 줄었는데, 이는 뉴딜정책의 힘이라고 분석한다.

물들이 주로 냉혹하고 무자비한 수단을 동원해 막대한 부를 쌓아 올렸기 때문이다. 우리에게도 잘 알려진 존 D. 록페러(석유), 앤드류 카네기(철강), J. P. 모건(금융), 헨리 포드(자동차) 등이 그들이다. 도금 시대는 자유주의가 팽배한 시기로서 시장에 대한 제약 조건이 없고 부의 분배는 신경쓰지 않던 시기다. 그야말로 약육강식의 경제관이 횡행하는 시대라고 볼 수 있다. 소득세도 없고, 독점제한법도 없고, 노동 3권도 제대로 보장되지 않았던 당시는 부자들의 황금 시대였다.

그런데 도금 시대에 부의 불평등이 매우 심했지만 일반 도시 노동자들의 삶의 질은 크게 향상되었다. 식생활과 건강이 개선되었고, 주택에도 실내 배관과 전기가 기본으로 제공되었으며, 대중교통 수단이 등장했다. 이른바 절대소득이 늘어나고 생활의 기본 인프라가 갖춰진 시기라고 볼 수 있다. 그러나 다른 한편 빈곤도 매우 심각하여 1920년대 말 미국 노동자들은 극심한 생활고에 시달렸다. 사회보장제도가 제대로 갖춰지지 않은 시기이기 때문에 그들의 고통은 더욱 심각했다. 1880년대에 독일의 비스마르크가 노인연금, 실업보험, 국민의료보험제도를 도입했던 것과 대비되는 부분이다.

도금 시대의 또 하나 흥미로운 부분은 금권정치가 만연했으며, 보수적 정당인 공화당이 지배한 시기란 점이다. 공화당은 처음에 자유로운 노동자들을 위한 정당의 기치를 내걸었으나 1870년대 들어 대기업과 부자들을 위한 정당으로 바뀌었다. 크루그먼에 의하면, 남북전쟁 때부터 대공황까지 16번의 대통령 선거에서 무려 12번이나 공화당이 승리했으며, 상원과 하원에서도 패권을 차지했다고 한다. 이렇게 부자들을 위한 정당인 공화당이 오래 지배할 수 있었던 것은 당시 가난한 집단이었던 시민권 없는 이민자들과 남부 흑인들에겐 선거권이 없었기 때문이다. 막대한 선거자금과 선거 부정 등도 보수주의자들이 집권하게 한 요인이다.

그렇다면 불평등이 공화당으로 하여금 집권하게 했을까, 아니면 공화당이 집권했기 때문에 불평등이 심화되었을까? 크루그먼(2009: 22)은

"역사는 경제적 불평등과 정치적 양극화가 하나가 되어 일종의 춤을 춰왔다는 것을 보여준다"는 정치학자의 말을 인용하고 있다. 그의 결론은 정치적 양극화 현상이 소득 격차를 확대했다는 것이다.

이제 도금 시대의 세금정책을 살펴보자. 세금정책을 알아보기 위해서는 도금 시대 두 대통령의 정책노선을 살펴볼 필요가 있다. 가장 극명하게 대비되는 대통령은 제25대 윌리엄 매킨리와 제26대 시어도어 루스벨트다. 둘 다 공화당이다. 매킨리는 자본가들에게 유리한 정책을 폈을 뿐 아니라 검은 돈을 받고 재벌에게 유리한 법안을 만들어 주는 정경유착을 조장함으로써 도금 시대의 단면을 가장 잘 대변하는 대통령이다. 그는 불행하게도 1901년 9월에 버팔로에서 무정부주의자에 의해 암살되었다. 당시 대표적 재벌 중 하나였던 J. P. 모건은 매킨리의 암살 소식을 듣고 "이렇게 슬픈 소식은 처음이야!"라고 말했다고 한다. 그만큼 매킨리와 재벌들은 서로 유착 관계에 있었던 것이다.

매킨리가 갑자기 암살당하자 부통령이 대통령직을 승계했는데 그가 바로 시어도어 루스벨트다. 루스벨트는 하버드대 출신으로 해군부 차관을 하면서 정치적 두각을 나타내긴 했으나 크게 정치적 입지를 얻지 못했다. 그런데 1898년 미국-스페인 전쟁이 일어나자 해군부 차관을 사임하고 자원병 연대를 이끌고 참전했다. 이 부대는 쿠바의 산 후안 전투에서 스페인군에 대승을 거뒀으며, 이로써 국가적 영웅이 되어 그 후광으로 뉴욕 주지사에 선출되었다. 그는 공화당원이었지만 공화당 대통령 후보를 지지하지 않는 '머그웜프' 활동을 한 적이 있어 공화당 간부들과 사이가 좋지 않았다고 한다. 그런 관계로 당시 매킨리가 대통령에 출마할 때 부통령 후보로 선정되었다. 당시 부통령은 실권이 거의 없는 명예직이면서 정치 경력의 종착지로 여겨졌다고 한다. 다시 말해 대통령의 꿈을 접어야 했다. 그러나 행운은 루스벨트에게 찾아온 것이다.

루스벨트가 대통령이 되자 분위기는 일변한다. 매킨리의 친재벌 정책을 하루아침에 뒤집고 스탠더드 오일을 비롯한 트러스트들의 목을 죄는 정책을 일관성 있게 추진했다. 그는 뉴욕 주지사 때부터 독점기업들에 세금을 신설하는 등 '반재벌' 정책을 펴왔고, 대통령 취임 직후에도 "우리는 재산권은 존중하지만 부패는 존중하지 않는다"며 '노상강도 귀족'들과 타협하지 않겠다는 태도를 분명히 했다. 당시 정치인들 중에 재벌들의 검은 돈을 안 받은 사람이 없을 정도여서 개혁 세력을 모으기가 힘들었다고 한다. 그런데 언론이 그의 편을 들어주었다. 언론은 재벌들이 어떻게 어마어마한 부를 축적했는지, 그 이면에 얼마나 많은 지저분함과 잔인함이 있었는지 속속들이 파헤침으로써 국민의 반재벌 의식 형성에 크게 한몫했다.

루스벨트는 재벌의 리베이트 관행을 저지하는 엘킨스법(1903), 철도회사 운임의 독점적 결정을 막는 헵번법(1906), 식품업체들의 비리를 차단하는 육류검사법 및 식품의약규제법(1906) 등을 입법했다. 1902년에는 무연탄 광산의 파업에 개입해 노동자들의 편에 서서 재벌을 굴복시켰다. 그는 반재벌 정책 외에도 국립공원 등의 환경보호운동의 본격화, 노동권 강화, 부패 척결 등의 많은 공로를 세웠다. 또한 해군력 강화, 파나마 운하 건설 등의 외교국방 분야에서도 많은 업적을 남겼다. 우리에게는 미국과 일본 간 가쓰라-태프트 밀약을 맺음으로써 일본의 조선 침탈을 인정해 준 좋지 않은 인상을 남긴 인물이다.

루스벨트 대통령의 반재벌적 정책으로의 전환은 도금 시대를 마감하고 진보주의 시대로의 진입을 의미한다. 도금 시대를 1900년까지로 보는 이유다. 보수적 공화당 출신의 대통령인데도 반재벌적 진보주의 정책을 폈다는 것이 아이러니다. 이러한 변화는 세제개혁에도 영향을 미쳤다. 미국에서는 헌법에 연방정부에 과세권이 있다는 규정에도 불구하고 1913년까지 소득세 징수는 헌법 위반이었다. 1862년 링컨 대통령이 최초의 소득세법을 만든 적이 있으나 남북전쟁 당시 전쟁 목적의 임시적인 것으로 그쳤다.

도금 시대에는 정부 규모가 아주 작아서 재정 규모도 크지 않았다. 국민들의 세금 부담도 매우 큰 부자들을 제외하고 다른 국민들로부터 거둔 세금 수입은 극히 미미했다. 크루그먼(2009: 37)에 의하면 1920년대 중반 1만 달러는 지금의 12만 달러와 같은데, 그 시대의 연간 1만 달러를 버는 사람은 소득 분포에서 상위 1%에 속했다. 그러나 그들의 소득세는 소득의 1%도 안 됐으니, 지금 12만 달러를 버는 사람들이 20%의 소득세를 내는 것과 비교하면 부자가 되기에 아주 좋은 시기였음에 틀림없다. 반면에 현재 운영되는 소득지원제도는 미국 빈민 소득의 5분의 1을 충당한다. 따라서 아무런 지원이 없었던 1920년대의 빈민들은 지금보다 훨씬 혹독한 가난을 겪었을 것이다.

부의 불평등이 극에 달했던 도금 시대에 시어도어 루스벨트와 진보주의자들은 부의 집중이 민주주의의 이상을 위협하고 있다고 판단하고 누진과세의 필요성을 역설했다. 진보주의 시대 이후 미국민들 사이에는 상속세를 포함한 누진세야말로 도덕적으로 공정한 과세제도라는 폭넓은 공감대가 형성되었다. 이를 반영하여 루스벨트는 혁신적인 누진세제를 주장했고 우드로 윌슨 대통령 재임 기간에 법률로 제정되었다.

루스벨트와 윌슨의 관계도 재미있다. 1909년에 대통령에서 물러난 루스벨트는 태프트를 후계자로 점찍어 두었지만 나중에는 둘의 관계가 나빠졌다. 루스벨트는 1912년의 선거에서는 태프트의 재선을 돕지 않고 공화당을 탈당하여 진보당을 결성해 직접 후보로 나섰다. 결국 공화당이 분열되어 민주당의 우드로 윌슨이 제28대 대통령에 당선되는 어부지리를 안겨주었다. 그런데 루스벨트는 윌슨을 매우 싫어했다고 한다. 두 사람의 정당이 서로 다르고 관계도 아주 안 좋았지만 누진세 도입 등의 정책에서 두 사람의 노선은 유사했다는 것이 아이러니다.

이후 16차 개정헌법(1913)과 그 뒤를 이은 누진소득세와 상속세, 증여세, 그리고 부와 권력의 집중을 방지하는 정책을 시행했다. 그러나 당시에 점증하는 세금 부담에 반대하는 보수적 지식인들의 반발도 만만치 않았다. 그들은 과세가 경제에 악영향을 끼치고 불평등을 완화시키려는 어떠한 노력도 무책임한 행동이라고 비판했다. 그때나 지금이나 보수적 지식인들의 주장은 한결같음에 놀라지 않을 수 없다. 그러나 시대는 뉴딜 시대를 기다리고 있었다.

대압착 시대와 세제개혁

대압착(Great Compression) 시대란 표현은 경제사가인 클라우디아 골딘과 로버트 마고가 1920~50년대 미국에서 소득 격차가 줄어드는 현상을 가리켜 표현한 말이다. 부유층과 노동자 간, 그리고 노동자 사이에도 소득의 차이가 줄어든 현상을 일컫는다. 이 표현은 대공황(Great Depression)이라는 말과 대비되는 의도를 가진 표현이라고 한다. 대압착 시대는 한마디로 '중산층 시대'를 의미한다고 볼 수 있다.

부의 불평등이 극에 달하던 도금 시대에 우드로 윌슨이 대통령이 되고 난 후 좀처럼 민주당이 집권하지 못했다. 1920년대 미국은 부의 불평등이 심하긴 했지만 일찍이 겪어본 적 없던 호황을 누리고 있었다. 제1차 세계대전도 미국 경제 호황에 크게 기여했다. 이러한 시대적 분위기를 등에 업고 1928년 허버트 후버가 대통령에 당선되었다. 후버의 인생은 아메리칸 드림 그 자체였다. 아홉 살에 고아가 된 후버는 숙부 밑에서 간신히 대학을 졸업한 뒤 광산 일로 큰 돈을 벌었다. 그가 대통령 선거전에서 내건 구호는 "모든 냄비에 닭고기를, 모든 차고에 자동차를 약속합니다!(I will promise you a chicken in every pot and a car in every garage)"였다. "모두 부자 되세요!"라는 광고 문구를 연상케 한다. 모든 사람에게 닭고기와 자동차를 주겠다는데 누가 싫어하겠는가? 그 덕분에 후버는 큰 표 차이로 대통령에 당선되었다.

그러나 재갈 물리지 않은 욕망의 전차는 결국 운명의 1929년 10월 24일을 맞이한다. 뉴욕 월스트리트의 주가가 폭락했다. 그것이 대공황의 시작이었다. 기업은 도산하고 실업자들이 넘쳐났다. 그러나 모두를 부자로 만들어주겠다고 약속했던 후버 대통령은 실업자를 위해 아무런 대책도 내놓지 않았다. 오히려 그는 연방실업청을 설치하자는 법안에 거부권을 행사했고, 실업자들을 위한 공공사업과 직접 원조를 내용으로 하는 법안을 의회에서 부결시켰다. 그는 조금만 기다리면 경제가 좋아질 것이라는 낙관론만 되풀이했다. "고용 대박"이라고 자화자찬하던 우리의 장관을 떠올리게 한다. 후버 대통령은 정부가 실업자를 지원하면 그들이 더 이상 일하지 않을 것이라고 생각했다고 한다. 실업자 지원책은 실업자들을 도덕적으로 타락시키고 재정적인 손실만 가져올 뿐이라는 것이 그의 믿음이었다.

1929년 세계를 휩쓴 경제 대공황은 마침내 민주당의 프랭클린 루스벨트 대통령이 출현하게 만들었다. 그것은 미국인들의 올바른 선택이었다. 그에 의해 미국의 평화로운 혁명이 시작되었다. 그는 시어도어 루스벨트의 먼 친척뻘이라고 한다. 1933년 3월 루스벨트가 대통령에 취임했을 때 미국은 최악의 불황을 겪고 있었다. 실업자가 1,500만 명에 이르러 실업률 30퍼센트를 기록했다. 거의 모든 집마다 실업자가 있었고, 생필품을 타기 위해 날마다 긴 줄을 서야 했다. 대부분의 공장과 은행이 문을 닫았고 200만 명의 사람이 집 없이 거리를 떠돌고 있었다. 미국의 국민총생산은 1929년에서 1932년 사이에 25퍼센트가 감소했다.

루스벨트가 해결해야 할 첫 번째 과제는 1천 5백만 명에 이르는 실업자를 구제하는 것이었다. 두 번째는 경제를 정상적으로 작동할 수 있게 경기를 부양하는 것이었다. 세 번째는 지금까지 잘못된 경제제도를 개혁하는 것이었다. 이때 등장한 것이 뉴딜(New Deal) 정책이다. 뉴딜 정책은 케인스 이론에 근거를 두고 있다. 케인스가 말한 정부 재정지출에 의해 유효 수요를 창출하기 위한 정책이 추진되었다. 테네시 강 유역 개발공사(TVA)와 컬럼비아 강의 그랜드쿨리 댐 건설을 비롯해 대규모 토목공사가 정부 주도로 추진되었다. 일자리를 창출하고, 기업을 움직이게 하고, 구매력을 높이려는 목적이었다. 또한 민간자원관리공사를 세워서 실업 상태의 청년들에게 일자리를 마련해 주고, 국가재건공사에 노동자와 기업을 중재해서 서로 양보하게 만들었다. 협동 농업을 촉진하는 농업조정법과 정부가 농민에 대한 대출을 돕는 농업대출법은 황폐해진 농촌에 다시 활력을 불어넣었다. 은행법을 개정하여 부실 은행들을 퇴출시키고, 은행과 증권거래소에서 무절제한 투자가 성행하지 않도록 금융거래를 규제하는 법률을 만들었다.

루스벨트는 또한 노동권 보장과 사회보장제도를 확립했다. 노동자들에게 노조결성권, 단체교섭권, 단체행동권을 주었다. 은퇴자 연금, 실업보험, 장애자 급여, 빈곤층 급여 등의 사회보장제도를 만들었다. 그리고 소득세, 법인세, 상속세, 초과이윤세 등을 대폭 인상했다. 이러한 정책들은 정부 역할이 강화된 새로운 패러다임에 근거한 것들이다.

루스벨트는 시장과 개인의 자유를 중시하는 자유주의자였으나 우드로 윌슨의 정책을 계승했다. 대기업과 금융자본의 횡포를 규제하고 경제가 중소기업과 서민 투자자의 이익을 배려하는 쪽으로 돌아가야 한다고 믿었다. 그리고 그런 목표를 이루려면 경제를 자유방임으로 두어서는 안 되고 정부가 적극적으로 나서야 한다고 생각했다. 뉴딜 정책은 결국 정부 역할을 확대하고 대통령의 권한을 강화했다. 이를 두고 정치행정학자들은 '제왕적 대통령제(imperial presidency)'의 등장이라고 부른다.

일부에서는 뉴딜 정책에 대해 비판적으로 보기도 한다. 정부가 창출한 일자리는 임시적인 것에 지나지 않아 근본적인 실업 대책이 되지 못했고, 농촌 진흥책도 대부분의 소작농에게는 혜택이 돌아가지 않았다는 것이다. 결국 뉴딜 정책이 성공하게 만든 것은 제2차 세계대전이었다. 전쟁을 치르면서 국가가 경제를 본격적으로 통제하고 확실한 수요에 맞춰 산업을 가동시킴으로써 비로소 경제가 회복 물결을 타게 되었다.

대압착 시대에는 소득과 부의 재분배를 극적으로 성공시켜 미국을 도금 시대보다 훨씬 평등한 사회로 만들었다. 1920~50년대 소득 격차가 크게 준 이유 가운데 하나는 부유층 소득이 줄었기 때문이다. 미국 최고 부유층 1%의 세후 실질소득이 1950년대 중반에는 전 세대보다 20~30% 정도 줄었다. 반면에 중산층 가정의 실질소득은 1929년 이후 두 배 정도로 늘었다. 노동자들의 생활은 1920년대보다 1950년대 들어 훨씬 윤택해졌다. 노동자들의 황금기였다고 볼 수 있다. 동시에 중산층의 황금기였다. 이들이 황금기를 누린 가장 큰 이유는 노동조합의 부활에서 찾을 수 있다. 노동자들의 생활이 나아진 것은 노조를 통한 임금 인상이 큰 영향을 미친 것이다. 한편 사회보장제도의 확립이 작용한 측면도 있다.

무엇보다도 대압착 시대와 도금 시대가 차이 나는 부분은 최고 부자들의 소득이 급감했다는 점이다. 1950년대 최고 부자들의 소득이 급감한 것은 바로 '세금' 때문이었다. 1920년대에는 부자들에게 세금이란 중요한 요소가 아니었다. 그만큼 세금 부담이 크지 않았기 때문이다. 소득세의 상한선이 24%에 그치고 상속세는 20% 정도로 미미해서 부자들은 자신들의 왕국을 유지하는 데 아무런 문제가 없었다. 그러나 뉴딜 정책 이후 부자들은 1920년대와 비교해서도, 그리고 현재의 기준으로도 어마어마한 세금을 부담하게 되었다. 소득세 상한은 루스벨트 대통령의 첫 번째 임기 때는 63%까지 올라갔고, 두 번째 임기 때는 79%까지 올랐다. 1950년대 중반 미국은 냉전 비용 충당을 위해 91%까지 세금을 올렸다. 91% 소리를 들으면 우리나라 부자들은 기절할 사람이 나올지 모르겠다. 상속세의 상한율은 20%에서 45%로, 그리고 60%, 70%, 결국 77%까지 올랐다. 기업 이익에 대한 평균 연방세도 1929년에 14%도 안 됐지만 1955년에는 45%까지 올랐다(크루그먼, 2009: 68).

부자들의 엄청난 세금 부담에 대해 정치적으로 어떻게 헤쳐 나갔는지 궁금하기 짝이 없다. 부자들의 조세 저항이 대단했을 텐데 그런 정책을 실현한 리더십을 높이 평가할 만하다. 이러한 세금정책 때문에 미국의 부가 상당한 정도 분산되었다. 1929년 미국의 부유층 상위 0.1%는 국부의 20%를 소유했지만, 1950년대에는 10% 정도에 그쳤다.

대압착 시대는 용어가 표현하듯이 빈부 격차가 현저히 줄어든 시기다. 최고 부유층의 부와 소득 비중이 줄고 중산층의 소득이 늘어난 시기다. 전형적 '중산층 시대'라고 부를 수 있다. 대압착을 이룬 것은 뉴딜 정책 덕분이다. 뉴딜 정책은 기업과 부유층에 무거운 과세를 하고, 노조의 성장을 촉진하고, 사회보장제도를 확립하여 소득 불균형을 해소하는 정책이었다.

뉴딜 정책 이후에도 이러한 정책 방향이 지속될 수 있었던 것은 1948년 민주당 트루먼 대통령의 당선이 큰 도움이 되었다. 이후 공화당 아이젠하워가 당선되었지만 루스벨트 행정부 때보다 더 높은 세금을 기업과 부유층에 부과했다고 한다. 그런데 대압착은 미국 역사상 가장 큰 경제호황으로 이어졌다. 크루그먼에 의하면, 전후 경기 호황기(1947~73년)에 일반 가정의 실질소득이 거의 두 배 상승하고, 매년 평균 2.7% 증가했다고 한다. 통계와 상관없이 이 시기 미국인들의 삶의 질이 비약적으로 향상되고 번영을 누렸다고 단언한다. 기업과 부유층에 무거운 과세를 하고, 노조의 성장을 촉진하고, 사회보장제도를 확립하여 소득 불균형을 해소한 뉴딜 정책 덕분이다. 세금을 올리면 나라가 망할 것처럼 얘기하는 사람들이 경청해야 할 부분이다.

신도금 시대와 세제개혁

1980년 레이건 대통령의 등장은 미국 사회에 보수주의자들이 다시 득세하는 계기를 만들었다. 보수주의운동으로 시작한 신보수주의자들은 대중의 지지 기반과 경제계 및 지식인의 지지를 확보하면서 활동 영역을 넓혔다. 특히 지식인 중에는 밀턴 프리드먼(Milton Friedman)이 주축이 된 시카고학파 경제학자들과 어빙 크리스톨(Irving Kristol) 중심의 사회학자들이 신보수주의 이념의 핵심 역할을 했다. 밀턴 프리드먼은 1960년대 초반 완전 자유시장 원리주의에 근거한 이론을 발표했다. 그는 대공황은 시장 붕괴가 아니라 정부정책 실패로 야기되었다고 주장했다. 이에 대해 크루그먼은 "프리드먼의 주장은 설득력이 부족했고, 내 생각에는 지적인 양심과 비양심 사이에서 아슬아슬한 줄타기를 하는 것과 같았다"고 말한다.

레이건은 보수주의 운동 진영에서 나온 최초의 대통령이다. 보수주의 운동이 공화당을 장악한 결과다. 레이건 대통령의 취임은 이전 공화당 대통령인 아이젠하워나 닉슨과는 다른 신자유주의 정책의 시작을 알리는 것이었다. 같은 공화당이지만 닉슨은 진보주의적 정책을 추진했다. 전국민 의료보험 제안, 최저임금보장법안 추진, 최저한도세(alternative minimum tax) 도입 등이 그런 정책들이다. 특히 1969년에 도입한 최저한도세는 탈세를 위해 조세피난처에 투자할 수 있는 부유층을 겨냥한 제도였다. 최저한도세란 각종 공제 후에도 소득의 최소 10%의 세금을 내야 하는 규정을 말한다. 이러한 제도가 보수적 공화당에서 나왔다는 게 흥미롭다.

그러나 신보수주의의 본색은 레이건 대통령으로부터 드러난다. 레이건 행정부 관리예산처(OMB) 처장이었던 데이비드 스톡먼(David Stockman)은 사회보장제도를 불필요한 사회주의 제도라고 생각했다. 예산을 총괄하는 장관이 사회보장제도를 부정적으로 본다는 것은 미국이 복지 후진국가가 될 수밖에 없는 단초를 시사한다. 무엇보다 신보수주의 정책의 색깔을 가장 극명하게 보여주는 정책은 세금정책이다. 그중에서도 부유층을 겨냥한 세금정책이다. 레이건은 앞에서 보듯이 임기 초반에 개인소득세와 법인세에 대한 세율을 대폭 인하했다. 이런 세제 개혁은 이전에 높은 소득세율을 부담해야 했던 고소득층 가구에게만 혜택이 편중되는 현상을 가져왔다.

레이건과는 반대로 클린턴은 최고 소득층에 적용되는 소득세율을 높이고, 원천 징수에서 메디케어의 상한선을 없애버려 레이건이 행한 조세 감면의 주요 수혜자들이던 경제적 엘리트 그룹에게 타격을 주었다. 부시는 2001년과 2003년 두 번에 걸쳐 세금을 인하했다. 첫 번째 세금 인하는 최고소득세율을 대폭 인하하고 양도세를 없애 부유층에만 그 혜택이 돌아갔다. 두 번째 세금 인하는 배당금과 자본이득에 대한 세금을 인하하여 역시 고소득층에게 주로 그 혜택이 돌아갔다. 한편 공화당은 상속세 폐지를 최우선 과제로 삼고 추진했다. 상속세를 낼만큼 재산이 많은 사람은 미국민의 2%에 불과하다고 한다. 역시 부유층을 위한 정책이다.

공화당 행정부에 의한 신보수주의 정책은 지속적인 부유층에 대한 감세정책과 사회복지제도의 무력화를 통해 도금 시대로의 회귀를 꿈꾸고 있는 셈이다. 그들은 부유층만을 위한 세상을 꿈꾸는 듯하다. 끝없는 탐욕의 행진이라고 할까? 이러한 정책에 힘입어 단순 부자가 아닌 슈퍼 부자가 등장하고 있다. 상위 0.1%의 소득은 1973년에 비해 5배나 증가했고, 상위 0.01%의 소득은 7배나 증가했다. 슈퍼 부자와 빈곤대국 미국이라는 두 얼굴이 오늘의 미국이다. 99 대 1의 시민혁명의 배경이 되고 있다. 이러한 양극화는 정치와 정책이 크게 영향을 미치고 있음을 깨우쳐준다. 역시 "문제는 정치야!"다. 결국 소득 양극화는 정치와 정책에 의해 초래된 것이며, 그 문제 해결의 핵심은 부자들에 대한 과세다.

3 지식 유산 시대의 재분배 전략

왜 부자들이 세금을 더 많이 내야 할까?

이명박 정부가 소득세와 법인세의 세율 인하라는 감세정책을 시행했다. 그런데 개인소득세 최고세율 구간(8,800만 원 이상)은 35%에서 33%로 2%p 인하하려는 당초 계획을 야당 등의 반대로 결국 철회했다. 철회한 이유는 부자 감세라는 정치적 비판을 감당하기 어려웠기 때문이다. 국민들은 부자 감세에 대해 비판적이다. 부자들은 마땅히 세금을 더 내야 한다고 생각한다. 부자들은 왜 세금을 더 많이 내야 할까? 많은 사람이 가난한 사람들은 세금을 적게 내고 부자들은 많이 내는 것이 사회정의에 부합한다고 생각할 것이다. 소위 정의론에 근거한 주장이다. 조세이론에는 부자일수록 세금을 더 많이 내야 한다는 공평 과세에 관한 다양한 이론이 존재한다.

그런데 부자들이 세금을 더 많이 내야 하는 논거에 대해 흥미 있는 통찰력을 보여준 사람들이 있다. 『불공정한 보상(*Unjust Deserts*)』[6]을 저술한 가 알페로비츠와 루 데일리다. 알페로비츠는 미국 메릴랜드대학교 석좌교수이며 민주주의 연대(Democracy Collaborative)의 초대 이사장을 지냈다. 데일리는 공공정책을 연구하는 비정당 조직 '데모스(Demos)'의 선임연구원으로 있다. 그들이 제시하는 논리를 요약하면 이렇다. "오

6 한국 번역서는 『독식 비판』(2011)이라고 번역하고 있다.

늘날 부(富)는 개인 노력이 아닌 사회적으로 축적된 지식의 열매다. 부의 원천인 축적된 지식은 대가를 지불하지 않는 불로(不勞) 선물이며, '공짜 점심'이다. 따라서 불로 선물인 지식을 통해 부를 축적했다면 그 과실이 특정인에게 독식되어서는 안 된다."

그렇다면 우리가 가진 부의 상당 부분이 과거의 공짜 선물이 가져다 준 지식 생산물이라면 누가 그 혜택을 받을 자격이 있으며, 자격이 있다면 얼마 정도여야 하며, 그 이유는 무엇인가?" 좀 더 자세히 논리를 살펴보자.

세계적 갑부 워런 버핏은 이렇게 말한다. "내가 번 것 중에 아주 많은 부분은 사회에서 나온 것이다." 버핏이 번 돈이 버핏 개인의 능력이나 노력에 의해서만 만들어진 것이 아님을 실토한 것이다. 버핏은 빌 게이츠 부부와 함께 2010년 '기부 서약(The Giving Pledge)' 운동을 시작했다. 이후 미국 부호들 약 90여 명이 여기에 동참을 선언하고 기부 약속을 했다. 이들은 자신의 재산 가운데 절반 이상을 살아 있는 동안 혹은 죽은 후 사회에 기부하기로 약속했다. 워런 버핏과 빌 게이츠 등이 이타적이고 휴머니스트적이기 때문에 그런 말을 하고 사회에 자기 재산을 기부했을까? 물론 그런 측면을 부인할 수 없다. 그러나 그들은 그들의 축재 과정에 대해 매우 진실한 사람이라고 보아야 한다. 그들의 재산은 그들의 능력과 노력에 의해 형성된 부분도 있지만 자신의 능력 범위를 벗어난 부분도 있음을 고백한 것이다. 컴퓨터 바이러스 분야에서 우리 사회에 크게 기여한 안철수 교수도 말한다. "내 인생을 관통하는 키워드는 '사회에 대한 부채 의식'이다." 자신의 능력 범위를 벗어난 사회에 대한 부채는 무엇을 말하나?

재미있는 비유가 있다. '만약' 빌 게이츠가 미국이 아닌 다른 개발도상국에서 태어났다면 오늘의 그가 되어 있을까? 그가 지식과 기술이 후진적인 다른 나라에서 태어났다면 마이크로소프트 회사를 세계 최고 기업으로 만들 수 없었을 것이다. 그는 미국 사회에 과거로부터 사회적으로 축적된 지식과 기술의 혜택을 누렸기 때문에 오늘의 그가 되었다.

그렇다면 사회적으로 축적된 지식은 어떤 역할을 하나? 1987년 노벨 경제학상 수상자인 로버트 솔로(Robert M. Solow)는 성장의 주요 원천인 생산성 향상의 원인에 대해 새로운 사실을 제기했다. 그는 생산성 향상을 노동과 자본 같은 전통적 투입 요소의 공급량 변화로는 도저히 설명할 수 없는 산출량의 새로운 변화, 즉 생산함수의 상향 이동에서 찾았다. 그것을 '솔로의 잔차(residual)'라고 부른다. 잔차는 역사적으로 축적된 지식, 그것이 부의 산출에 미치는 총체적 효과를 일컫는 개념이다. 솔로는 1909년에서 1949년까지 생산성 성장에서 약 88% 정도는 잔여 요소인 '기술 변화' 덕분이라고 계산했다. 노동과 자본의 공급, 즉 노동자와 자본가가 기여한 것은 대량의 기술 발전이라는 '잔차'에 비하면 거의 부차적인 것으로 분석했다. 잔차로 측정되는 지식의 성장, 즉 '기술 진보'가 새로운 부를 창조했던 것이다. 새로운 부를 창조한 기술이란 과거로부터 축적된 지식을 말한다.

빌 게이츠가 마이크로소프트를 통해 부를 창조한 것은 그의 능력과 노력도 어느 정도 작용했지만 사회적으로 축적된 지식의 영향을 크게 받았다고 볼 수 있다. 그가 형성한 부의 상당한 정도는 그의 능력 범위를 벗어난 사회적 지식 덕분인 것이다. 그렇다면 여기서 다시 한 번 '만약'이라는 가정법을 도입해 보자. '만약' 빌 게이츠가 없었다면 컴퓨터 운영 체제가 만들어지지 않았거나 더 늦추어졌을까?

알페로비츠와 데일리(2011: 229)는 그들의 책 주석에서 빌 게이츠의 마이크로소프트사의 PC 운용 체제 개발에 관해 상세한 소개를 하고 있다. 컴퓨터 회사 IBM사는 처음에 당시 가장 광범위하게 사용되었던 운용 시스템 Control Program/Microcomputer(CP/M)을 개발한 게리 킬달을 스카우트하려고 했다. 만약 IBM사가 그때 게리 킬달을 스카우트했다면 오늘날의 빌 게이츠는 없었을 것이다. 킬달이 빌 게이츠가 되어 있었을 것이다. IBM사와 마이크로소프트사의 PC 운용 체제에 관한 거래 계약은 마이크로소프트 제국의 출발점이 되었다. 그런데 1980년대에 IBM사가 게이츠에게 도움을 요청했을 때, 그는 시애틀 컴퓨터의 팀 패터슨이 개발한 또 다른 운영 체제인 큐도스(QDOS)의 사용권을 사들인 상태였다. 이후 QDOS는 마이크로소프트의 PC-DOS(후에 MS-DOS로 명칭이 바뀜)가 되었지만 CP/M의 얄팍한 위장 모방품으로 여겨졌다고 한다. 실제로 당시 킬달의 운영 체제 CP/M은 마이크로소프트사의 것보다 우수했으며, 특히 동시 처리 능력이 뛰어났다고 한다. 이에 대해 "미국에서 동시 처리 능력은 IBM-마이크로소프트사의 헤게모니 때문에 10년간 뒤처졌다"는 지적까지 나왔다.

빌 게이츠가 IBM사와의 거래 계약에서 어떻게 킬달보다 한 수 위였나 하는 이야기는 잘 알려져 있지 않다고 한다. 해럴드 에번스는 킬달이야말로 "진정한 PC 혁명의 창시자이며 PC 소프트웨어의 아버지"라고 부르면서, 게이츠가 킬달의 운영 체제를 효과적으로 훔쳤으며, 만약에 그때 현행 법률 기준이 존재했더라면 저작권을 침해하는 그의 행보도 멈췄을 것이라고 주장한다. '만약' 당시 IBM사가 빌 게이츠가 아닌 킬달과 거래 계약을 맺었다면 게이츠 대신 킬달이 세계 최고 갑부가 되었을 것이다.

그런데 알페로비츠와 데일리는 게이츠나 킬달 또는 패터슨이 1980년대 PC 운영 소프트웨어의 경쟁에서 누가 승리했는가와는 상관없이, 어떤 식이든 이 기술은 대략 같은 시간대에 출현했을 것이 확실하다고 주장한다. 그 이유는 언제든 이용할 수 있는 지식과 현존하는 컴퓨터 문화가 이를 실현시키고 확장 일로에 있는 시장의 수익성을 보장할 수 있기 때문이다. 지식과 시장 수요가 의미 있게 변화되지 못했거나 심지어 느리게 움직였더라면 빌 게이츠는 나타나지 못했을 것이다.

알페로비츠와 데일리(2011: 71)는 또 하나의 사례를 소개하고 있다. 우리가 전화기 발명가로 알고 있는 알렉산더 그레이엄 벨의 이야기다. 우리는 벨만이 전화기를 발명한 것으로 알고 있다. 그러나 벨이 전화기를 발명할 무렵 이미 여러 사람이 전화기를 발명했다고 한다. 다만 벨이 특허를 먼저 획득했을 뿐이다. 1876년 2월 14일 벨은 전화기 가능성을 보여준 몇 가지 전신 아이디어를 특허서류로 만들어 특허사무실에 제출했다. 그런데 같은 날 음성을 전신으로 전달하는 장치에 대한 특허를 얻기 위해 엘리샤 그레이도 도착했다. 그날 등록번호는 벨이 5번, 그레이가 39번이었다. 운명의 장난인 셈이다. 결국 벨은 그레이 등 다른 여러 특허권 신청자들과 몇 년간의 법정 소송 끝에 최초로 법적 전화기 발명가로 등극했다. 실제로 벨의 최초 특허권에 항의하여 권리 신청을 한 숫자만 해도 수백 건이 되었다고 한다. 이미 당시에는 전화기가 발명될 수밖에 없는 사회적 지식과 기술이 축적되어 있었던 것이다.

'공짜 점심'의 몫은 누구에게?

여기서의 사례에서 보듯이 특정 개인의 천재성이 기술 변화를 주도하는 사실을 부정할 수는 없지만 그 시점에는 이미 사회적 지식과 기술이 축적되어 있었다고 보아야 한다. 더욱이 축적된 지식 생산의 가장 큰 투자자는 공공 부문이다. 기초연구의 대부분은 공공 부문에 의해 투자되었다. 이렇게 축적된 지식과 기술은 이른바 유산으로 물려받은 '공짜 점심'이다.

그렇다면 기술 진보의 보상은 누구에게 돌아가야 할까? 기술 진보의 주역인 특정인이 보상을 독식해도 되는 걸까? 결론은 독식해서는 안 된다는 것이다. 다시 말해서 기술 진보의 열매를 빌 게이츠나 알렉산더 그레이엄 벨이 독식해야 할 일은 아닌 것이다. '공짜 점심' 몫은 사회에 환원해야 할 몫이다. "내가 번 것 중에 아주 많은 부분은 사회에서 나온 것이다"라고 말한 워런 버핏의 말을 다시 한 번 상기할 필요가 있다.

그런데 개인의 몫과 사회의 몫에 관련된 이론은 일찍이 여러 학자에 의해 주장되었다. 이러한 이론의 지적 계보는 '근로소득'과 '불로소득'의 구분으로부터 시작한다. 경제생활에서 '노력의 대가(earned)'와 '부당한 보수(unearned)' 그리고 '응당한 보상(deserved)'과 '부당한 보상(undeserved)'의 문제에 관한 철학사상이 여기에 해당한다. 차액지대론을 주장한 리카도는 "불로 지대는 개인적 기여는 물론 외부 요소에 의해서도 창조된다"고 말한다. 로크도 "개인은 실제로 자신이 유일하게 기여해서 창조한 것에만 권리를 갖는다"고 주장한다. 존 스튜어트 밀도 개인적 기여와 무관한 이득은 분배적 정의라는 관점에서 특별히 고려 대상이 되어야 한다고 말한다. 알페로비츠와 데일리는 "사회는 수많은 가치를 창조하며, 그런 가치에 대해서 사회는 잔여 청구권자여야 한다"고 주장한다. 결국 불로소득이나 부당한 보상은 사회의 몫이라는 것이 이들 선구적 학자들의 견해다. 사회의 몫은 사회가 청구할 수 있는 권리를 갖는다.

그렇다면 '근로소득'에 의한 개인의 몫과 '불로소득'에 의한 사회의 몫은 얼마나 될까? 노벨 경제학상 수상자인 허버트 사이먼(Herbert Simon)은 미국 정치학회(APSA)의 2000년 가우스(Gaus) 상 수상 연설에서, 사회적 기여가 계속적으로 증가하는 세계에서 이제는 개인의 정당한 소유권 문제를 직접 다뤄야 한다고 주장하면서 구체적 비율을 제시했다. 사이먼은 말한다. "우리가 자신에게 매우 관대하다 하더라도, 우리는 (소득의) 5분의 1 정도가 '노력에 대한 응분의 보상'이라 주장할 수 있을지 않을까 생각합니다." 그렇다면 나머지 5분의 4는 사회적 몫이라는 얘기다. 이 비율이 어떻게 결정된 것인지는 모르지만 개인의 몫이 사회적 몫보다 크지 않은 것은 분명해 보인다. 워런 버핏과 빌 게이츠가 시작한 '기부 서약(The Giving Pledge)' 운동에서도 자신의 재산 가운데 절반 이상을 사회에 기부하기로 약속한 것을 보면 사회적 몫이 절반 이상임을 시사한다.

알페로비츠와 데일리(2011: 148)는 개인의 몫과 사회적 몫의 배분 비율이 사이먼 등이 제시한 것처럼 협애한 경제적 공식을 기준으로 결정해서는 안 되며, 정치적 과정을 통해 결정되어야 할 가치의 문제임을 주장한다. 정치 과정을 통해 결정해야 할 가치 문제라는 점에 대해 전적으로 동의한다.

'공짜 점심'은 어떻게 사회에 환원하나?

개인의 몫이 아닌 사회의 몫은 사회에 환원하는 것이 마땅하다. 그렇다면 사회 몫을 어떻게 사회에 돌려줄 수 있을까? 최근 사회의 몫을 돌려주기 위한 기본소득 운동 내지 정책이 시도되고 있다. 기본소득의 사회 환원은 두 가지 방식이 제안되고 있다. 하나는 매월 지급하는 방식이고, 다른 하나는 일정 연령에 이르면 한꺼번에 지급하는 방식이다. 전자의 방식에는 필리페 반 파레이스(Philippe van Parijs)의 '기본소득 급여이론'이 있다. 기본소득 급여는 모든 시민이 빈곤선 이상의 생활 수준을 유지할 수 있을 만큼 일정 정도의 현금급여를 매달 지급하는 방안이다. 자산조사를 하지 않고 근로 등 의무 조건도 없이 보편적으로 지급할 것을 주장한다. 이 이론은 어느 누구도 빈곤해서는 안 되며, 빈곤하지 않을 권리는 기본 인권이라는 관점에서 출발한다.

후자의 방식에는 브루스 액커만(Bruce Ackerman)과 앤 알스톳(Anne Alstott)의 '사회적 지분 급여이론'이 있다. 이는 성인이 된 시점에 있는 모든 성인이 공평한 기회를 갖고 동일선상에서 성인으로서의 삶을 시작할 수 있도록 일시금을 지급하는 방안이다. 이 이론의 논거는 국가는 국민의 기회 평등을 보장할 근본적 책임이 있으며 사회적 지분 급여를 통해 부모의 재산에 상관없이 누구나 기회의 평등을 누릴 수 있어야 한다고 주장한다(액커만 외, 2010). 그들이 제안한 일시금으로 지급하는 사회적 지분 급여액은 8만 달러다.

'21세기 홈스테드법'을 만들자는 주장을 펴는 사람도 있다(롱맨, 2009: 268). 이것은 뉴 아메리카 재단의 로이 보사라가 주창하고 있다. 홈스테드법은 미국 서부 개척을 위해 서부에 들어오는 모든 미국인에게 5년 동안 보유 경작하는 조건으로 160에이커의 땅을 나눠 준 1862년의 법을 말한다. 영화 〈파 앤드 어웨이(Far and Away)〉(1992)를 보면 광활한 벌판에 깃발 꽂는 곳까지 땅을 준다는 조치 때문에 아일랜드에서 이민 온 두 주인공 톰 크루즈와 니콜 키드먼이 말을 타고 열심히 달려가 깃발을 꽂는 장면이 나온다. 영화 보면서 "무슨 저런 나라가 다 있나?"라고 생각했었다. 그러나 실제 있었던 일이다. '21세기 홈스테드법'도 황당한 주장이 아니라 현실적으로 가능한 정책대안이다. 이 법은 기본적으로 미국에서 태어나는 모든 아기에게 6,000달러의 '자산위탁 계좌'를 기부하자는 것이다. 이 기부금을 계좌로 입금시켜주고 연간 7%의 수익을 내는 상대적으로 안전한 유가증권에 투자한다면 아이가 고등학교를 졸업할 때 20,000달러 이상으로, 30세가 될 때 45,000달러로 늘어날 것이라고 주장한다. 결코 영화의 한 장면이 아니다.

기본소득 개념을 정책에 반영하려는 시도도 추진되고 있다. 예컨대 브라질 PT당의 수플리시 상원의원이 추진하는 시민 기본소득 정책이 그러한 예다. 재산의 많고 적음이나 취업 여부에 상관없이 모든 사회 구성원에게 최소한의 소득을 보장해 주는 것이 사회복지적 측면에서뿐만 아니라 경제 성장을 위해서도 도움이 된다는 관점에서 제안한다. 그는 모든 국민에게 매월 40헤알(우리돈 약 3만 원)을 지급하자고 제안한다.

기본소득이론은 재정지출 측면에서 제기한 정책대안이다. 그러나 기본소득의 재원은 '공짜 점심'을 정부가 회수하여 마련하는 것이 바람직하고 현실적이다. 정부가 회수한다는 것은 곧 과세하는 것이다. 개인의 몫이 아닌 사회의 몫에 대해서는 세금을 통해 정부가 회수하여 사회적 지식의 축적에 기여한 사람들에게 분배되어야 한다. 그것이 바로 정의다.

그러나 지식 유산의 몫을 특정 개인이 독식해서는 안 되고 사회에 환원해야 한다는 주장에 대해 비판이 있을 수 있다. 여러 관점에서의 비판이 있을 수 있지만 주요 비판은 지식 유산 독식자들로부터 사회적 몫을 빼앗는 것은 경제 활력을 저해하여 경제 성장에 해악을 끼칠 것이라는 논리다. 경제 발전의 원동력을 확보하기 위해서 특정인에게 인센티브를 과도하게 부여해도 상관없고 오히려 그렇게 해야 한다고 주장할지 모른다.

그러나 역사적 경험을 되돌아보면 이러한 비판은 타당하다고 볼 수 없다. 알페로비츠와 데일리(2011: 157)에 의하면 미국에서 연간 생산성 성장률이 최고조에 달했던 1951년부터 1963년에 한계세율이 가장 높았다. 1957년에는 40만 달러 이상의 소득에 대해 91% 한계세율이 적용됐으며, 10만 달러 소득의 한계세율은 75%였다. 법인세의 비중도 매우 컸다. 반대로 감세와 규제 완화가 시행됐던 지난 30년 동안 생산성에서 오히려 혼미한 상황이 빚어졌다. 성장률이 1.5% 이하로 둔화되거나 2~3%를 오가는 정도에 그쳤다.

이러한 논의를 바탕으로 알페로비츠와 데일리는 과세에 대한 분명한 입장을 밝힌다. "상위 1~2%에 대한 과세 증가, 사회보장세의 상한액 인상, 법인세 증액, 대규모 토지에 대한 상속세 인상" 등을 주장한다. 여기서 발생하는 재정 수입이 "연구, 교육, 건강, 노동의 질, 숙련 기술의 수준, 경제 일반의 기술 역량, 특히 노동력에 영향을 미치는 다른 요인들을 고양시키는 데 사용"된다면 "경제 성장을 높이는 것은 당연할 것"이라는 진단이다. 아울러 새로운 조세 수입은 "보편적 건강 의료부터 국가의 취약한 인프라 유지와 개발까지 다양한 공공 목적에 배분될 것"이며, "저소득과 중위소득 계층에 대한 지원 기반을 좀 더 광범위하게 구축하게 될 것"이라고 주장한다.

제 7 장

복지국가 건설을 위한 재정전략

1 복지국가 재정전략의 기본 모형

재정전략의 전제와 기본 방향

복지국가란 결국 모든 국민이 다 함께 행복하게 잘사는 것이며, 정부가 일차적 책임과 의무를 지는 국가를 말한다. 재정은 복지국가 건설에 대한 정부의 책임을 완수하는 중요한 수단이다. 복지국가 재정전략을 수립하기 위해서는 앞에서 논의한 내용들을 토대로 몇 가지 사실에 대한 합의가 필요하다.

첫째, 현재의 재정구조는 개발연대 패러다임에서 크게 벗어나지 못하고 있다. 복지국가 지향 패러다임에 근거한 새로운 재정구조를 설계해야 한다. 개발연대 재정구조는 성장지상주의에 근거한 것이다. 물적 자본에 대한 투자와 기업 등 민간 부문에의 이전지출이 강조되는 구조다. 그 결과 인적 자본과 복지에 대해서는 투자가 부족했다. 이러한 구조에서 아직도 완전히 탈피하지 못하고 있다. 양극화, 저출산·고령화 등 새로운 재정환경을 맞이하여 이에 적극적으로 대응할 복지국가 지향 재정구조를 설계해야 한다. 새로운 재정구조는 사람·지식 중심 복지모형을 구축하는 데에 필요한 방향으로 설계되어야 한다.

둘째, 재정으로 해결해야 할 과제를 최소화하기 위해 1차적 재분배 정책을 시행해야 한다. 1차적 재분배 정책이란 재정 수단을 사용하기 전 단계의 불평등 구조에서 나오는 복지재정 수요를 줄이기 위한 정책을 말한다. 원칙적으로 비재정적 정책을 통해 복지재정 수요를 줄이는 것이다. 1차적 재분배정책의 핵심은 불평등 구조의 원인이 되고 있는 비정규직과 실업문제 등에 대한 정책이다.

셋째, 이념적으로는 진보주의 재정전략을 지향한다. 조세 및 재정은 '이념상의 최전선'에 위치하고 있다. 진보와 보수 어느 편에 서느냐에 따라 재정구조는 달라질 수밖에 없다. 복지국가 건설이라는 시대적 소명을 염두에 둔다면 진보주의 전략만이 해법이 될 수 있다. 최근 보수적 정당인 새누리당에서조차 진보주의적(?) 전략을 제시하는 걸 보면 시대적 과제임은 분명하다. 과연 재정에 대한 이념적 전략 면에서 어느 전략이 현 시대의 복지국가 건설에 적실성을 갖는지는 명약관화하다. 진보주의 재정전략을 택할 수밖에 없다.

넷째, 앞에서 노무현 전 대통령이 생각했던 재정으로 본 진보국가와 보수국가를 분류할 때 우리나라는 '가장 보수적 국가' 그룹에 속했다. 재정지출 규모도 OECD 국가 중에서 최하위 수준이고, 복지 지출과 총조세 부담도 최하위 수준이다. 그러나 우리나라의 경제사회환경 및 재정환경은 현재의 '저부담-저복지-매우 작은 정부'의 틀로써는 해결의 단초를 잡을 수 없다.

소득 및 부의 불평등과 빈곤, 저출산 및 고령화라는 재정환경을 헤쳐나가기 위해서는 지금보다 더 큰 정부와 더 많은 재정 규모, 더 많은 복지 지출, 그에 따른 조세부담률 제고가 필연적이다. '중부담-중복지-작은 정부'의 단계를 거쳐 '고부담-고복지-큰 정부'의 단계로 나아가야 한다. 이를 외면하거나 등한시할 때는 더 큰 대가를 치를지 모른다. 복지국가 건설을 위한 중장기적 계획을 수립하여 단계적으로 차근차근 추진해야 한다. 이러한 변화는 재정 패러다임의 변화이며, 정부 역할의 변화를 수반한다. 새로운 패러다임의 정립이 필요한 이유다.

여기서는 복지국가 건설을 위한 재정전략의 구체적 방향을 다음과 같이 제시하고자 한다.

첫째, 조세-재정지출 연계모형을 정립해야 한다. 조세 따로 재정 지출 따로 보는 시각을 탈피하여 조세와 재정 지출을 통합하여 보는 체제론적 접근이 필요하다.

둘째, 재정의 소득 재분배 기능을 강화해야 한다. 이를 위해서는 조세의 수직적 공평성을 높이고 복지 지출을 확대해야 한다.

셋째, 조세전략으로 '넓은 세원과 적정 세율' 원칙을 천명하고, '선(先) 부자 증세, 후(後) 보편 증세' 전략을 제시한다.

넷째, 복지재원 마련을 위해 다중 접근법을 구사해야 한다. 추가적 복지재원을 마련하는 방법으로 하나의 조세제도를 개편하는 방식의 단일 접근으로는 한계가 있다. 다양한 재원 마련 방안을 동시에 또는 순차적으로 시행해야 한다.

다섯째, 정치적 실현가능성을 고려한 대안을 제시해야 한다. 조세 및 재정 배분은 이익정치의 대표적 사안이다. 아무리 좋은 정책대안이라도 정치적으로 실현할 수 없을 때에는 의미가 없다.

조세-재정지출 연계모형

복지국가 재정전략을 논하기 위해서는 조세와 재정 지출을 통합적으로 접근해야 한다. 조세제도와 재정 지출은 별개의 독자적 영역으로 보아서는 안 되고 서로 연계하여 판단해야 한다. 조세와 재정 지출을 통합해 보는 체제론적 관점이다. 특히 조세제도는 복지 지출의 수준 및 방향성과 연계하여 판단할 필요가 있다.

조세제도와 복지 지출의 관계를 연계할 때 〈표 7-1〉과 같은 네 가지 유형이 만들어진다.

첫째 유형(Ⅰ)은 조세의 소득 재분배 기능이 약하고 보편주의 복지제

〈표 7-1〉 조세-복지지출 연계모형

구분		복지제도 유형	
		보편주의 복지제도	선별주의 복지제도
조세의 소득 재분배 기능	약함	Ⅰ	Ⅱ
	강함	Ⅲ	Ⅳ

도를 갖춘 경우다.

둘째 유형(Ⅱ)은 조세의 소득 재분배 기능이 약하고 선별주의 복지제도를 갖춘 경우다.

셋째 유형(Ⅲ)은 조세의 소득 재분배 기능이 강하고 보편주의 복지제도를 갖춘 경우다.

넷째 유형(Ⅳ)은 조세의 소득 재분배 기능이 강하고 선별주의 복지제도를 갖춘 경우다.

보편주의 복지제도를 갖춘 나라들은 대체로 Ⅰ유형에 속한 경우가 많다. 스웨덴 등 북유럽의 경우 조세의 누진도가 상대적으로 낮은 편이지만 보편주의 복지제도로 재정 지출에서 소득 재분배를 강조함으로써 균형을 이루고 있다. 홀러 등(Hoeller et al., 2012)에 의하면, 노르딕 국가들이 보편적 현금이전지출 및 높지 않은 조세 누진도를 갖고 있지만 지출 및 조세의 규모가 크기 때문에 재분배 효과가 큰 것으로 평가한다.

미국의 경우 전형적인 Ⅳ유형에 속한다. 선별주의 복지제도를 유지하고 있지만 누진적 소득세제와 높은 직접세 비중, 근로장려세제(EITC) 등으로 조세에서 소득 재분배 기능을 강조함으로써 나름대로 균형을 이루고 있다. 이 경우 재정에서의 효율성을 강조하면서 복지 지출이 취약한 모습을 보여준다. 하지만 조세의 소득 재분배 기능과 복지 지출 유형 간의 관계가 균형을 이룬다고 말했지만 재정의 전반적 소득 재분배 기능을 보면 조세보다 복지 지출의 분배 효과가 큰 것을 알 수 있다. 재정의 소득 재분배 기능에 대해서는 다음 절에서 논의한다.

재정의 소득 재분배 기능 강화

소득 유형과 재분배의 측정

중산층 중심의 복지국가를 건설하기 위해서는 재정의 소득 재분배 기능을 강화하는 것이 매우 중요하다. 미국의 대압착 시대를 상기할 필요가 있다. 여기서는 먼저 소득 재분배 기능을 설명하고 넘어가고자 한다. 재분배란 A라는 분배 상태를 B라는 분배 상태로 개선하는 것을 말한다. 이때 개선의 정도는 일반적으로 지니계수의 변화율로 측정한다. 지니계수는 수치가 1에 가까울수록 불균등하고 0에 가까울수록 균등하기 때문에 개선도는 감소율로 측정된다.

그런데 재정(조세와 재정지출)의 소득 재분배 효과를 측정하기 위해서는 재정 이전의 소득과 이후의 소득을 구분해야 한다. 단계별로 보

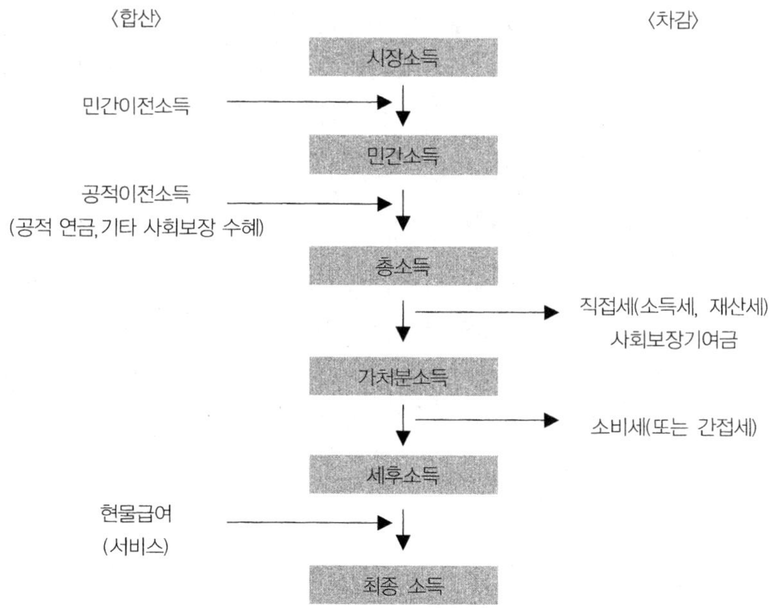

[그림 7-1] 단계별 소득의 유형

는 소득의 유형은 [그림 7-1]과 같다. 정부가 개입하지 않은 원초적 분배 상태는 '시장소득'에 반영되어 있다. 시장소득은 민간이전소득이 더해져 '민간소득'이 된다. 민간소득은 연금 및 사회복지 지출 등의 공적 이전소득이 더해져 '총소득'이 된다. 총소득에서 소득세 등의 직접세와 사회보장기여금을 공제하면 '가처분소득'이 된다. 다시 여기서 소비세 등의 간접세를 공제하면 '세후소득'이 되고, 사회 서비스 등 현물급여를 받게 되면 '최종 소득'이 된다.

단계별 소득 유형을 이용해 소득 재분배 효과를 측정하기 위해서는 두 유형의 소득의 지니계수를 비교하면 된다. 엄밀하게 조세와 재정지출을 포함한 재정의 소득 재분배 효과를 측정하기 위해서는 민간소득과 최종 소득 간 지니계수를 비교해야 한다. 조세의 소득 재분배 효과를 측정하기 위해서는 총소득과 세후소득의 지니계수를 비교해야 한다. 그러나 연구 목적이나 자료 수집 가능성 등을 고려하여 다른 유형의 소득을 비교할 수도 있다. 일반적으로 재정의 소득 재분배 효과를 측정할 때에는 시장소득과 가처분소득의 지니계수를 비교하는 방식을 많이 사용한다. 다만 재정의 기능이 파악되기 위해서는 공적이전소득과 직접세 등의 조세가 포함되어 비교되어야 할 것이다.

재정의 소득분배 개선 기여도

필자가 계산한 OECD 28개 국가의 재정에 의한 소득분배 개선 기여도는 〈표 7-2〉와 같다. 소득분배 개선 기여도는 시장소득과 가처분소득의 지니계수를 비교하는 방식으로 계산되었다. 연금 및 복지 지출 등의 공적이전지출과 직접세 및 사회보장기여금이 포함된 재정의 소득 재분배 효과가 계산된 것이다.[1]

---

1 여기에는 민간이전지출에 의한 소득분이 포함되고 사회 서비스 등 현물급여가 제외되었다.

〈표 7-2〉 OECD 국가 재정의 소득 재분배 개선 기여도(2008년)

국 가	시장소득 Gini 계수	가처분소득 Gini 계수	개선 기여도(%)	순위
스웨덴	0.432	0.234	45.8	1
벨기에	0.494	0.271	45.1	2
덴마크	0.417	0.232	44.4	3
체코	0.473	0.268	43.3	4
룩셈부르크	0.454	0.258	43.2	5
프랑스	0.482	0.281	41.7	6
슬로바키아	0.459	0.268	41.6	7
헝가리	0.497	0.291	41.5	8
독일	0.507	0.298	41.2	9
오스트리아	0.433	0.265	38.8	10
이태리	0.557	0.352	36.8	11
노르웨이	0.433	0.276	36.3	12
네덜란드	0.423	0.271	35.9	13
폴란드	0.568	0.372	34.5	14
호주	0.458	0.301	34.3	15
핀란드	0.386	0.269	30.3	16
그리스	0.454	0.321	29.3	17
뉴질랜드	0.473	0.335	29.2	18
포르투갈	0.542	0.385	29.0	19
일본	0.443	0.321	27.5	20
캐나다	0.436	0.317	27.3	21
영국	0.460	0.335	27.2	22
아이슬란드	0.368	0.280	23.9	23
스위스	0.352	0.276	21.6	24
아일랜드	0.416	0.328	21.2	25
미국	0.457	0.381	16.6	26
한국	0.338	0.312	7.7	27
스페인	0.338	0.319	5.6	28
OECD 평균	0.448	0.311	30.6	

주: 개선 기여도 = -(가처분소득 Gini 계수 - 시장소득 Gini 계수)/시장소득 Gini 계수 x 100

자료: OECD Factbook 2010: Economic, Environmental and Social Statistics에서 계산.

〈표 7-2〉에서 시장소득과 가처분소득의 지니계수 변화로 측정한 소득분배 개선 기여도를 보면 OECD 국가 중 스웨덴이 45.8%로 1위다. 역시 모범적인 복지국가인 스웨덴의 재정 소득 재분배 기능이 가장 크다. 보편주의 복지제도가 재분배 효과에 크게 기여한 결과다. 조세의 누진도는 약하지만 조세부담률이 높은 것도 하나의 영향 요인이라고 볼 수 있다. 스웨덴도 복지국가 형성 초기 단계에는 부유층에 대한 누진적 조세 체계를 갖고 있었다. 부유세를 1910년에 신설하여 2007년까지 97년 동안 유지했었다. 그러나 보편주의 복지제도가 완성된 이후 소비세 인상 등의 보편 증세 전략으로 선회했다. 어쨌든 재정의 소득 재분배 기능은 OECD 국가 최고 수준임을 기억할 필요가 있다.

미국은 재정의 소득 재분배 개선 기여도가 OECD 국가 중 최하위 수준이다. 28개 국가 중 26위다. 우리나라 바로 위 순서다. 미국 재정의 재분배 기능이 미흡한 가장 큰 이유는 복지 지출 수준이 낮은 데 있다. 그러나 조세의 소득 재분배 기능도 큰 편이 아니다. 성명재(2011)에 의하면, 지니계수 변화율로 측정한 미국의 조세 재분배 효과가 5.9%로서 캐나다 8.9%, 영국 7.7%보다 낮은 수준이다. 거기에 현금 수혜의 재분배 효과도 이들 나라보다 낮아 전체적인 재정의 소득 재분배 효과가 낮은 것이다.

그렇다면 우리나라는 어떨까? 앞의 조세-복지지출 연계모형에서 어느 유형에 속할까? 우리나라의 경우 조세와 재정지출 양 분야에서의 소득 재분배 기능이 절대적으로 미약하여 어느 유형에 포함시키기가 민망한 수준이다. 시장소득과 가처분소득의 지니계수 변화로 측정한 우리나라의 소득분배 개선 기여도는 7.7%로서 OECD 28개 국가 중 27위다. OECD 평균(30.6%)의 4분 1 수준에 불과하다. 스웨덴, 덴마크, 프랑스, 독일 등이 40% 이상의 개선 기여도를 기록한 것에 비하면 우리나라는 재정의 소득 재분배 기능이 현저하게 떨어진다. 바로 앞 순위(26위)인 미국은 16.6%로서 우리보다 2배 이상의 개선 기여도를 갖고 있다. 비교 자체가 부끄러운 수준이다. 다행히 시장에 의한 1차적 소득분배 상태가 그나마 양호하기 때문에 재정의 소득 재분배 정책을 거친 후 불평등도가 OECD 국가 중 중하위권에 속하고 있다.

우리나라의 재정에 의한 소득분배 개선 기여도가 극히 미흡한 이유는 우선 사회복지 지출 비중이 최하위권에 속하기 때문에 비롯된 측면이 강하다. 그러나 조세 분야에서의 재분배 기능이 취약한 것도 영향을 미치고 있다. 사회복지 지출의 확대와 조세의 소득 재분배 기능을 강화하는 것이 중산층 중심의 복지 공동체 건설의 핵심이다. 재정의 재분배적 기능을 강화하지 않고서는 마태 효과가 심화되는 결과를 가져올 것이다. 재정의 소득 재분배 기능이 미흡할 경우 그것은 결국 복지재정 수요 증가라는 악순환이 될 수 있다.

재정의 소득 재분배 측면에서 보면 유럽식 체제 또는 미국식 체제 어느 쪽에도 속하지 못한 한국적 양극화 체제를 지니고 있다. 따라서 현 단계에서 한국의 조세 및 재정정책이 미국식과 유럽식 중 어느 체제를 지향할 것인가에 대해 언급하는 것은 적절치 못하다. 우리나라 재정정책의 기본 방향은 조세 및 재정지출 양 분야에서 소득 재분배 기능을 강화하는 방향으로 설정될 필요가 있다.

한국 사회는 양극화와 빈곤, 중산층 붕괴, 저출산으로 인한 인구 감소, 고령화로 인한 저성장 등의 재정환경을 맞고 있다. 이러한 재정환경은 재정수입을 감소시키고 재정지출 수요는 확대하여 재정수지를 악화시키는 여건을 만들고 있다. 재정의 지속가능성을 심히 훼손할 가능성이 있는 것이다. 그렇다고 재정 건전성을 유지해야 한다는 명분에 집착하여 사회적 열패자로 몰리고 있는 중산층과 고령자들을 방치할 수 없다. 한국형 복지국가 모형을 만들어야 한다. 일부에서는 정치권의 무분별한 복지 요구를 복지 포퓰리즘으로 매도하고 있다. 한국형 복지모형을 재정구조에 반영하기 위해서는 정부 역할에 대한 재조명과 재정정책 및 운용의 방향을 새롭게 정립할 필요가 있다.

성명재(2011)는 조세·재정지출의 소득 재분배 효과에 대해 OECD 6개국을 비교했다. 민간소득과 가처분소득 간 지니계수 변화율로 측정한 재정의 소득 재분배 효과는 〈표 7-3〉과 같다. 우리나라 재정의 소득 재분배 효과는 8.4%로서 역시 비교 국가들 중 최하위다. 영국의 4분의 1, 미국의 2분의 1 수준에 불과하다. 다만 이 연구에서의 비교 국가들이 재정의 보수적 국가군에 속한 영미권 국가와 일본뿐이란 점이 아쉬운 생각이 든다. 스칸디나비아 국가와 프랑스, 독일 등의 유럽 대륙국가들은 재정의 소득 재분배 효과가 영미권 국가보다 훨씬 더 컸을 것이다.

복지 지출로서의 현금 수혜와 조세의 재분배 효과를 보면 우리나라는 현금 수혜 분야에서 재분배 효과가 극히 미흡함을 알 수 있다. 사회복지지출 비중이 낮은 것과 관련이 있다. 조세의 재분배 효과도 약한 편이다. 비교 대상 국가들은 조세보다 재정 지출의 재분배 효과가 더 큰 것을 알 수 있다.

그런데 여기서 재미있는 사실은 재정 지출의 재분배 효과가 상대적으로 약한 캐나다(17.1%)와 미국(9.3%)의 경우 조세의 재분배 효과가 다른 국가보다 상대적으로 더 크다는 점이다. 재정의 소득 재분배 기능과 관련해 조세와 재정 지출이 균형을 이루는 경향이 있음을 보여준 것이다. 이런 사실은 다른 연구에서도 나타난다.

성명재(2011)는 소득 단계별로 재정정책 수단별 소득 재분배 효과를 계산하고 있다. 소득 재분배 효과가 가장 큰 항목은 현물급여로서 6.30%p

〈표 7-3〉 재정의 소득 재분배 효과(지니계수 변화율)의 국제 비교

(단위: %)

	계(A+B)	현금 수혜(A)	조세(B)
영국	34.6	26.9	7.7
캐나다	26.0	17.1	8.9
일본	25.3	22.9	2.5
뉴질랜드	18.6	14.0	4.7
미국	15.2	9.3	5.9
한국	8.4	4.3	4.1

주: 각국의 자료는 국가별로 2005~2009년의 자료를 분석에 이용하고 있음.
자료: 성명재(2011: 89).

다. 현물급여는 사회복지 중 사회 서비스가 중심을 이룬다. 사회 서비스를 위한 재정지출의 재분배 효과가 가장 큼을 보여준다. 다음 소득세 2.99%p, 공적 연금 2.52%p, 기타 사회보장 수혜 1.80%p 순이다. 소비세의 재분배 효과는 0.19%p로서 가장 미미한 수준이다.

사회복지 지출의 유형 분류가 불확실하긴 하지만 현물급여의 재분배 효과가 크다는 사실을 보여준다. 이것은 사회복지 지출 비중을 늘리고 그 중에서도 사회 서비스 중심의 복지정책을 시행하는 것이 재분배 측면에서 효과적임을 의미한다. 소득세의 재분배 효과는 3%p에 이르지만 그 효과가 크다고 볼 수 없다.

〈표 7-4〉 소득 단계별 소득 재분배 효과(2009년)

소득 유형	지니계수	재정정책 수단	개선 효과(%)
시장소득	0.35982		
⇩		⇒ 민간이전소득	4.48
민간소득	0.34439		
⇩		⇒ 공적 연금	2.52
총소득1	0.33572		
⇩		⇒ 기타 사회보장 수혜	1.80
총소득	0.32952		
⇩		⇒ 소득세	2.99
가처분소득1	0.31923		
⇩		⇒ 기타 직접세	1.12
가처분소득	0.31537		
⇩		⇒ 소비세	0.19
세후소득	0.31472		
⇩		⇒ 현물급여	6.30
최종 소득	0.29301		

주1: 총소득1=민간소득+공적 연금, 가처분소득1=총소득-소득세.

주2: 소득재분배 효과는 민간소득 지니계수를 분모로 하여 단계별로 측정한 지니계수 변화율로 계산.

자료: 성명재(2011: 88) 그림을 재구성함.

재정 건전성: 목표와 제약 조건

복지국가 트릴레마는 소득 형평성 달성 및 고용 증가와 함께 재정 건전성을 든다. 재정 건전성은 복지국가의 목표이자 제약 조건이다. 복지국가 건설을 위해서 재정 규모와 복지지출을 늘린다면 재정 건전성이 훼손될 수 있다. 재정 건전성을 유지한 상태에서 복지국가 건설을 해야 한다. 이 점에서 재정 건전성 유지는 복지국가에서 달성해야 할 목표이면서 제약 조건으로 작용한다. 그리고 재정과 복지의 지속가능성을 결정짓는 주요 변수가 된다.

재정 건전성을 판단하는 주요 지표로 재정수지와 국가채무를 든다. 유량(flow) 개념의 재정수지와 저량(stock) 개념의 국가채무는 EU를 비롯한 여러 나라에서 재정준칙의 중심 지표로 활용되고 있다. EU 국가의 마스트리히트 조약과 유로존의 안정 및 성장협약(Stability and Growth Pact)에는 재정수지 3%, 국가채무 60%라는 재정준칙이 정해져 있다.

우리나라는 그동안 재정적자 및 국가채무의 비중이 상대적으로 낮아 재정 건전성이 높다는 평가를 받아왔다. 2012년 예산 기준 통합재정수지는 GDP 대비 1.4%의 흑자이며, 관리대상수지는 △1.1%의 적자로서 EU 재정준칙 기준인 3% 이하를 기록하고 있다. 관리대상수지는 통합재정수지에서 사회보험성기금 수지를 제외한 재정수지다. 제외되는 사회보험성기금은 국민연금기금, 사립학교교직원연금기금, 고용보험기금, 산업재해보상보험 및 예방기금이다. 일반적으로 통합재정수지는 국민경제 영향, 관리대상수지는 재정 건전성을 좀 더 정확히 판단하기 위한 지표로 사용된다.

국회예산정책처(2012)의 재정수지 기준선 전망을 보면 2012년에서 2060년까지 통합재정은 총지출 증가율이 총수입 증가율을 계속 앞지름에 따라 재정수지가 시간이 갈수록 악화되는 모습으로 전망되었다. 통합재정수지는 2013년 GDP 대비 1.40%까지 흑자폭이 늘어나지만 이후 감소를 시작하여 2021년부터 적자로 전환된다. 그리고 일단 적자로 전환된 뒤부터 통합재정수지는 한 번도 흑자로 돌아오지 못한 채 매년 적자폭이 확대된다고 한다.

국가채무는 2012년 예산 기준으로 445.9조 원으로 GDP 대비 33.3%로서 건전한 수준을 유지하고 있다. 33.3% 수준은 다른 나라와 비교할 때 양호한 편에 속한다. 2011년 현재 독일 87.3%, 영국 88.5%, 프랑스 97.3%, 미국 101.1%, 일본 212.7%다. 우리나라는 이렇게 양호한 재정 건전성 덕분에 신용평가회사로부터 신용 등급을 올리는 등 긍정적 평가를 받은 바 있다. 다만 국가채무의 증가 속도가 매우 빠르다는 점에 대해 많은 사람이 우려를 표명하고 있다.

국회예산정책처(2012)의 국가채무 기준선 전망을 보면 GDP 대비 국가채무는 2010년대 중반까지 안정세를 보이다가 2020년부터 급격하게 증가하기 시작한다. 2012년 GDP 대비 34% 수준이던 국가채무는 2021년 40%, 2027년 50%, 2031년 60%, 2043년 103.5%, 2060년 218.6%로 증가한다고 전망한다. 이러한 국가채무 증가는 기본적으로 인구 고령화 때문이며, 국가채무 누증에 따른 이자비용 증가가 국가채무에 연쇄적으로 추가되는 것도 중요한 요인이라고 분석한다.

그런데 일부에서 우리나라 국가채무는 정부가 발표한 채무 규모보다 훨씬 더 많다고 주장한다. 국가채무 계산이 잘못되었다는 것이다. 가령

〈표 7-5〉 통합재정수지 및 관리대상수지와 국가채무

(단위: 조 원, %)

	2009결산	2010예산	2011예산	2012예산
통합재정수지	△ 17.7	△ 2.0	5.3	18.1
(GDP 대비)	(△ 1.7)	(△ 0.2)	(0.4)	(1.4)
관리대상수지	△ 43.2	△ 30.1	△ 25.0	△ 14.3
(GDP 대비)	(△ 4.1)	(△ 2.7)	(△ 2.0)	(△ 1.1)
국가채무	359.6	407.2	435.5	445.9
(GDP 대비)	(33.8)	(36.1)	(35.1)	(33.3)

자료: 기획재정부.

이한구 의원은 2010년 국정감사에서 국가채무 규모가 정부 발표 360조 원보다 4.5배 많은 1,637조 원에 이른다고 주장했다. 그가 말한 국가채무는 정부 발표 채무 외에 정부보증채무, 4대 공적 연금 책임준비금, 통화안정증권 잔액, 준정부기관 및 공기업 부채 등을 포함한 광의의 국가채무임을 밝히고 있다. 옥동석(2009)은 2007년 말 현재 정부 발표 국가채무는 GDP 대비 33.2%인데, 국제 비교를 위한 일반정부 총금융부채는 76.3%에 이른다고 주장한다. 이렇게 국가채무 통계를 제멋대로 발표해서는 국민들을 혼란에 빠뜨릴 뿐만 아니라 재정관리 및 재정정책 운영에도 심대한 영향을 미칠 수 있다.

혼란스런 국가채무 통계는 국가채무 개념을 잘못 이해한 데서 비롯된다. 국가채무의 효율적 관리를 위해서는 국가채무에 관한 통계 인프라가 정확하고 체계적으로 구축되어야 한다. 포르투갈이 2001년 유로존에 가입하기 위해 재정수지 및 국가채무 통계를 왜곡하여 경제 현황을 제대로 인식하지 못함으로써 많은 정책실패를 경험한 사례를 반면교사로 삼아야 한다.

국가채무 통계의 혼란을 막고 효율적 채무관리를 위해 국가채무 개념을 새롭게 정립할 필요가 있다. 나는 국가채무에 대해 다음과 같은 개념 모형을 제시하고자 한다(윤영진, 2012: 388-391). 우선 국가채무 개념 모형을 설정하기 위해 다음과 같은 원칙을 적용한다.

첫째, 국가채무 관리를 목적으로 한 국가채무 개념 모형을 단일 지표가 아닌 다중 지표로 구성한다. 이것은 통화량 지표를 금융자산의 포괄 범위에 따라 본원 통화, M1, M2 등으로 작성하는 방식이다.

둘째, 금융부채에 대응한 금융자산 정보를 연계하여 순채무 정보를 산출한다. 순채무는 금융부채에서 금융자산을 공제한 금액이다. 국가채무 상환 능력은 순수하게 조세 부담으로 하는 경우보다 연계된 금융자산이 있는 경우 더 높아진다. 금융자산 대신 유동성 금융자산을 공제할 수도 있다. 유동성 금융자산이 지불 능력을 분석하는 데에 더 유용하기 때문이다.

셋째, 일반정부 외에 공기업 부문을 포함한 공공 부문 채무정보를 생산한다. 특히 우리나라는 공기업 채무가 심각하다는 점에서 공공 부문 순채무 지표를 관리해야 한다.

넷째, 정부 재무제표 상의 부채에서 설정된 공식적 국가채무 외에 암묵적 부채와 우발부채에 관한 정보를 별도로 공시한다. 암묵적 부채 관련 정보로서 연금보고서와 사회보험보고서 등이 필수보충정보로 생성된다. 우발부채로서 국가보증채무관리계획이 작성되어 국회에 제출된다. 이들 정보가 총체적 국가채무정보로 관리 및 분석될 필요가 있다.

이러한 기본 원칙을 토대로 〈표 7-6〉과 같은 재정 건전성 지표로서의 국가채무 개념 모형을 제시한다.

이 모형에 의하면 현재 정부가 발표하는 공식적 국가채무 규모는 'D-1' 모형이다. 그러나 OECD 등의 국제기관에서 국가 간 비교 목적으로 발표하는 국가채무는 '일반정부 총금융부채' 개념이다. 이 개념은 'D-2' 모형이다. 정부의 공식적 국가채무에 재무제표(재정상태표) 상 금융부채를 포함한 규모다. 이러한 금융부채에는 미지급금, 선수

〈표 7-6〉 재정 건전성 지표로서 국가채무 개념 모형

국가채무 개념 모형		설명
D-1 모형	일반정부 총채무	공식적 국가채무 규모
	(D-11) 국가재정법상 채무	A : 국채, 차입금, 국고채무부담행위
	(D-12) 국가회계기준상 금융부채	B : A + 미지급금, 선수금 등의 금융부채
	(D-13) 국가회계기준상 부채	C : B + 공무원 · 군인연금 충당부채
D-2 모형	일반정부 순채무	총채무에서 금융자산을 공제한 규모
	(D-21) 금융자산 공제 순채무	금융부채에서 금융자산 공제
	(D-22) 유동성 금융자산 공제 순채무	금융부채에서 유동성 금융자산 공제
D-3 모형	공공 부문 순채무	일반정부와 공기업 합산 순채무 규모
	(D-31) 공기업 순부채	공기업 부문 금융부채에서 금융자산 공제
D-4 모형	재정상태표 외 부채	재정상태표에 표시되지 않은 부채
	(D-41) 연금충당부채	국민연금 · 사학연금 충당부채
	(D-42) 정부보증부채	구조조정채권, 보증차관 등

자료: 윤영진(2012).

의금 등이 포함된다. 앞으로 'D-2' 모형에 의한 국가채무 규모를 정부의 공식적 국가채무 규모로 발표해야 한다. 그러면 지금의 국가채무 규모보다 약간 더 늘어날 것이다. 우리나라는 2011년도 결산부터 중앙정부, 2007년 결산부터 지방정부에 복식부기·발생주의회계가 도입되어 정부 재무제표가 만들어진다. 통계 산출에는 아무런 문제가 없다.

그리고 채무관리 목적으로서의 채무 지표는 '공공 부문 순채무' 'D-3' 모형이 되어야 한다. 공기업 채무가 재정의 지속가능성을 판단하는 데에 매우 중요한 정보이기 때문이다. 순채무로 관리해야 하는 이유는 금융부채와 금융자산이 연계되어 관리되어야 하기 때문이다.

최근 공기업 부채가 심각하다는 점에서 공기업을 포함한 공공 부문 채무관리의 중요성이 커지고 있다. 한국토지주택공사(LH)의 부채는 2007년 66.9조 원에서 2009년 109.2조 원으로 증가했다. 매년 30% 내외의 증가율을 기록하여 공기업 부채 증가의 큰 비중을 차지하고 있다. 한국토지주택공사의 부채는 경제자유구역사업, 행정중심복합도시개발, 보금자리주택건설사업 등의 정부정책사업 대행에 따른 외부 차입 증가 때문이다.

한국수자원공사의 부채는 더욱 심각하다. 4대강 사업을 하면서 수자원공사의 부채 비율은 2007년 16.0%에서 2011년에 116.0%로 급증했다. 무려 100%나 더 증가한 것이다. 국회예산정책처는 '2011 회계연도 공공기관 결산 평가'에서 수자원공사의 2011년 말 기준 4대강 관련 금융부채 잔액이 6조 3,509억 원에 이르고, 이자비용도 2,343억 원에 이른다고 밝혔다. 이자비용이 2009년 5억 8,000만 원, 2010년 846억 원이었던 것에 비하면 엄청난 규모다. 정부는 2010년 700억 원, 2011년 2,550억 원의 이자비용을 수자원공사에 지원해 주었다고 한다. 2012년 예산에 책정한 수자원공사 이자비용 지원액도 3,558억 원에 이른다. 앞으로도 이자비용이 연간 약 4,000억 원에 이를 것이라고 한다. 엄청난 이자 부담이다. 4대강 사업이라는 토건족의 잔치에 국민들은 이자 갚아주느라고 허리가 휘청거리고 있다.

2 복지국가 조세전략

이상적인 조세제도

영국의 멀리스 리뷰(*The Mirrlees Review*)는 이상적인 조세제도의 요건으로 '체계성', '중립성', '누진성'의 세 가지 요건을 들고 있다(김재진, 2012).[1] 일반적으로 이상적 조세제도로 '중립성'과 '누진성'의 두 가지 조건을 제시하는데 멀리스 리뷰는 여기에 '체계성'을 추가하고 있다.

체계성(considering system as a whole)이란 세제개혁 시 조세제도를 하나의 큰 틀로 보고 접근해야 함을 의미한다. 세제개혁을 논할 때 개별 세금 하나하나에 집착하지 말고 전체 조세 체계를 하나의 그림으로 보자는 것이다. 나무보다 숲을 보면서 세제개혁을 하자는 의미다. 조세제도는 전체적인 공공지출 수요를 충족시키는 데 목적이 있기 때문에, 특정 목적과 세수를 연계한 목적세는 가급적 회피해야 된다. 모든 조세 항목이 항상 특정한 목적을 가지고 있을 필요는 없으며, 조세제도가 전반적으로 누진적인 형식을 갖추고 있다면 모든 조세 항목이 누진적인 성격을 가지고 있지 않아도 된다고 주장한다.

중립성(neutrality)은 경제 왜곡을 발생하지 않는 조세제도를 지칭한다. 일반적으로 조세의 초과 부담이 최소화되는 제도가 바람직하다고 본다. 경제 효율성을 저해하지 않는 조세가 바람직하다는 것이다. 담배나 술 소비와 같이 소비 억제를 위한 과세나, 연금저축과 같이 인센티브를 부여하는 과세의 경우 중립성의 원칙에서 벗어난다. 이때에는 과세에서 얻는 장점과 경제 왜곡이라는 단점을 철저히 비교하여 결정해야 한다.

---

1 멀리스 리뷰(*The Mirrlees Review*)는 'The Meade Report'(1978) 발간 30주년을 맞이하여 노벨경제학상 수상자인 멀리스(James Mirrlees)를 편집 책임자로 하여 전 세계의 석학들로 연구진을 구성하고 장기간에 걸쳐 연구한 결과를 집대성하여, 영국의 조세제도가 21세기 개방경제 환경에 부합하기 위해 그 개편 방향을 제시한 종합 보고서다. *Dimensions of Tax Design*(2010)과 *Tax by Design*(2011)의 두 권으로 구성되어 있다.

누진성(progressivity)은 부담 능력이 클수록 조세 부담을 더 많이 해야 한다는 의미다. 한마디로 부자들이 세금을 더 많이 내어 소득 재분배 기능이 강화되도록 조세구조를 설계해야 한다는 것이다. 조세제도에서 적용되는 세율은 해당 국가경제의 소득 분배구조나 소득 구간별 조세와 정부보조금의 변화에 대한 민감성을 최대한 반영해야 한다고 주장한다. 가장 이상적인 누진세율은 납세자의 단기적 소득구조가 아닌 일생의 자원에 기반을 두는 것이다. 하지만 납세자의 일생의 자원 변화를 정확히 측정하는 데 어려움이 있기 때문에 효율적인 누진성을 이루기 위해 소득과 소비의 조합을 신중히 고려하여 세율을 디자인해야 한다고 주장한다.

그런데 현실적으로 조세 체계를 설계할 때 앞에서 논의한 체계성, 중립성, 누진성 기준보다 좀 더 구체적 목표가 설정되어야 한다. 체계성, 중립성, 누진성이란 용어는 너무 학문적인 용어다. 여기서는 조금 더 쉬운 표현으로 구체적 목표를 다음과 같이 제시하고자 한다.

첫째, 조세수입 증대다. 어느 정도 조세수입을 증가시킬 수 있을 것인가는 추가적 복지재정 수요를 충족하고 재정 건전성을 확보하는 차원의 중요한 목표다.

〈표 7-7〉 이상적인 조세제도의 특징

특징	내용
체계성	– 이상적인 조세제도는 조세개혁 시 하나의 큰 틀로 인지해야 함. • 사회의 전체적인 공공지출을 충족시켜야 하며, 특정 공공지출 항목을 위한 특목세의 지정은 최대한 피해야 함.
중립성	– 비슷한 목적의 경제활동에 대해서는 동일한 조건으로 적용되어야 함. 유사 목적의 경제활동에 다른 조세 조건이 적용된다면 세 부담이 상대적으로 낮은 경제활동으로의 활성화 등의 왜곡이 생김.
누진성	– 국가경제의 소득분배 구조나 민감성을 고려한 세율을 통해 누진성을 이뤄야 함. • 납세자의 연소득에 기초한 세율이 아닌 납세자의 일생의 자원에 기반을 두어야 함.

자료: The Mirrlees Review: Conclusions and Recommendations for Reform(2011): 김재진(2012: 25)에서 재인용.

둘째, 경제적 성과의 향상이다. 과세를 통해 소비, 투자, 고용에 긍정적 효과를 얻고 경제 성장에 기여하는 것을 목표로 한다.

셋째, 조세의 소득 재분배 기능의 강화다. 조세의 부담 능력에 근거하여 과세하는 것은 조세 정의에 부합한다. 과세를 통해 1차적 분배 상태의 개선이 이뤄져야 한다.

넷째, 정치적 실현가능성이 높아야 한다. 조세는 이해관계가 얽혀 있는 이익정치의 대표적인 정책에 해당한다. 조세 부담이란 국민들의 희생(비용)을 의미하기 때문에 정치적 실현가능성이란 기준을 통과해야만 한다.

조세제도를 설계할 때 고려해야 할 목표 간에는 상충되는 측면도 있다. 특정 목표를 추구하다보면 다른 목표를 희생해야 될 수도 있다. 경제적 성과를 증진시키기 위해 법인세 등을 감세할 경우 조세수입 감소를 초래하여 복지재정 마련이 어렵게 될 뿐만 아니라 재정 건전성에도 부정적 영향을 미친다. 그렇다면 결국 목표의 선택은 우선순위의 결정이라고 볼 수 있다. 어느 목표에 최우선을 두고 순차적으로 다른 목표를 추구하느냐의 문제다. 목표의 우선순위 결정은 현재 한국 사회가 처한 상황과 미래 복지국가 건설을 어떻게 할 것인가의 문제와 연결된다.

〈표 7-8〉 조세제도 설계의 주요 목표

주요 목표	내용
조세수입 증대	- 추가적 복지재정 수요의 충족 - 재정 건전성 확보
경제적 성과	- 소비, 투자, 고용에 긍정적 효과 - 경제 성장에 기여
소득 재분배	- 누진성 강화로 소득 불균등 완화 - 부자 증세를 통한 추가 재정수요 재원 마련
정치적 실현가능성	- 국민들의 동의를 통한 과세 방법 결정 - 국회의 입법 가능성

지금까지 제시된 조세전략 유형

'무상급식'이라는 김상곤 효과가 복지 논쟁, 특히 보편적 복지 논쟁을 불러일으키면서 그에 부응하는 재정전략도 정치계와 학계 및 시민사회에서 활발히 논의된 바 있다. 여기서는 그동안 제시된 조세전략을 중심으로 정리해 본다. 제시된 조세전략을 분류하면 (1) 감세론, (2) 부유층 증세론, (3) 보편적 증세론, (4) 조세대체론 등을 들 수 있다.

감세론

감세론은 지출통제 전략과 함께 보수주의자들의 재정전략이다. 진보주의자들이 증세론을 주장하는 것과 대비된다. 세금 문제는 각 정당의 노선과 정체성을 가장 선명하게 구분짓는 영역이다. 어떤 사람은 세금이야말로 '계급전쟁'과 '정치의 최전선'에 있는 민감한 정책 이슈라고 말한다. 진보와 보수가 갈리는 이정표에 해당한다. 우리는 각 정당이 내거는 세금에 대한 이정표를 잘 살펴야 한다. 보수주의자들은 '대규모 감세를 통한 경기 부양'을 주장한다. 진보주의자들은 '증세와 재정지출 확대를 통한 복지 확대'를 주장한다. 두 이념 간에는 정부 재정 운영 방식에서 근본적 차이가 존재한다. 정부 역할에 대한 생각도 다르다.

① 회의적인 감세의 경제적 효과

감세론의 대표 주자는 역시 이명박 정부다. 2008~2010년 이명박 정부의 세제개편은 역대 가장 대규모의 감세정책이다. 소득세, 법인세, 종합부동산세 등의 감세는 감세정책의 종합판이라고 볼 수 있다. 이명박 정부는 출범 이후 첫 세제개편 작품으로 '소득세율 일률적 2%p 인하, 양도소득세율 9~36%에서 6~33%로 인하, 상속·증여세율 10~50%에서 6~33%로 인하, 법인세율 단계적 인하, 종합부동산세의 대폭 완화' 등의 감세정책을 발표했다. 법인세율, 소득세율 등의 인하를 통한 감세는 기업 투자와 소비를 진작시켜 경제성장률을 높이며, 이는 낙수 효과를 통해 하위계층에게도 혜택이 돌아간다는 논리에 근거하고 있다. 장기적으로는 조세수입도 늘어나 재정 건전성도 달성할 수 있다고 주장한다.

과연 그럴까? 우선 감세정책을 추진한 시기를 한번 짚어보자. 국내적으로는 정치권에서 복지정책 논의가 활발하게 전개되고 복지재원을 어떻게 마련할 것인가를 두고 논쟁을 벌이는 시점이다. 국외에서는 그리스 등 재정위기가 발생하여 구제금융 필요성과 재정지출 축소 논의를 하고 있는 시점이다. 복지 논쟁은 복지재정 수요를 충당할 추가적 재원을 어떻게 마련할 것인가의 문제 제기를 하고 있다. 글로벌 재정위기는 재정적자와 국가채무 해결책에 대한 문제 제기를 하고 있다. 추가적 복지재원과 재정적자 문제를 감세정책으로 해결할 수 있을까?

다시 한 번 앞에서 분석한 OECD 국가에서 차지하는 우리나라 재정의 위상을 상기해 보자. 우리나라는 '매우 작은 정부-저복지-저부담' 국가 그룹에 속해 재정 규모, 복지재정, 조세 부담 모두 최하위 수준이다. 우리가 이 수준에 머물러 있을 수는 없다. 새로운 복지국가 위상을 그려야 할 시점임은 분명하다. 우선 단순하게 생각하더라도 최소한 '중복지-중부담' 수준으로 나아가야 한다. 이명박 정부의 감세정책은 이 정책 방향에 부합하지 않는다.

추가적 복지재원과 재정적자 문제, 그리고 복지국가의 설계라는 측면에서 보면 감세정책은 목적-수단 간 정합성이 매우 떨어진다. 그럼에도 불구하고 왜 감세정책을 밀어붙였을까? 우선 감세정책의 경제 논리는 분명하다. 감세정책은 개인과 법인의 관련 세율을 인하하여 근로 의욕과 투자 의욕을 고취함으로써 소비 진작과 기업 투자를 제고한다는 것이다. 그리하여 경제를 활성화하고 성장잠재력을 확충하며 세수 증대도 꾀할 수 있다는 것이다. 앞에서 논의한 세제개혁 목표 중 '경제적 성과 제고'와 '조세수입 증대' 목적을 달성할 수 있다고 본 것이다. 감세론은 기본적으로 복지국가 건설을 도외시한 경제 성장 지상주의에 근거하고 있는 논리다.

감세의 경제적 효과에 대해서는 학자들 간에도 논쟁을 해 온 주제다. 감세의 경제적 효과에 대해 부정적 견해와 긍정적 견해가 엇갈린다. 실증적 연구 결과도 차이가 있다. 감세정책의 긍정적 측면의 경제적 효과는 경제 성장 증대 효과와 세수 증대 효과를 들 수 있다.

세수 증대 효과에 대해서는 공급경제학의 래퍼곡선(Laffer curve)이 논거로 제시된다. 래퍼곡선이 만들어진 비화를 보면 재미있다. 1970년대 후반 어느 날 저녁에 래퍼 교수는 월 스트리트 저널의 편집장 로버트 바틀리와 함께 저녁식사를 하는 중에 냅킨 위에 곡선 하나를 그렸다. 바틀리는 이 곡선에 감명을 받고 이를 월 스트리트 저널을 통해 확산시켰다. 이 곡선이 훗날 래퍼곡선으로 알려진 것이라고 한다(번즈, 2004: 199). 이 아이디어는 이후 들불처럼 번져갔고 특히 고납세자들 사이에 급속도로 펴져갔다. 후에 대단하지 않은 것으로 밝혀진 이론이 당시에 대단한 이론으로 받아들여졌다는 것이다.

공급경제학에서는 세율 인하가 단기적으로 조세수입의 감소와 재정적자를 유발하지만 장기적으로는 세율 인하가 기업의 투자와 노동 공급을 확대하여 조세수입을 증가시킨다고 주장한다. 래퍼곡선은 세율과 조세수입 간의 관계가 역U자 형태를 띠어 세율이 증가할수록 세수입이 증가하지만 일정 세율을 넘어서면 세율이 증가할 때 세수입이 감소하는 현상을 보여준다. 따라서 일정 세율을 넘어선 세율의 경우 세율을 낮추면 세수입이 증가한다는 것이 이들의 논리다.

그러나 세수입이 최대가 되는 적정 수준의 세율(t*)을 알 수 없고, 대부분의 국가는 적정 수준 이하에서 세율이 정해진 경우가 많다고 보아야 한다. 실제로 1980년대 레이건 행정부와 2001년 부시 행정부가 감세정책을 추진했으나 조세수입 증가로 연결되지 않고 오히려 재정적자가 확대된 바 있다. 세율 인하가 조세수입 증가로 이어진다는 래퍼 효과에 대해서는 학자들도 인정하지 않고 있는 흐름이다.

감세정책과 경제 성장과의 관계는 어떠한가? 소득세의 세율 인하는 가처분소득 증가로 소비 진작으로 이어져 경제성장률을 높일 수 있는가? 그런데 소득세 과세 대상을 보면 근로자의 약 45%, 자영업자의 50% 가량은 면세자로서 과세 대상이 아니다. 이들은 아예 소득세를 내지 않는

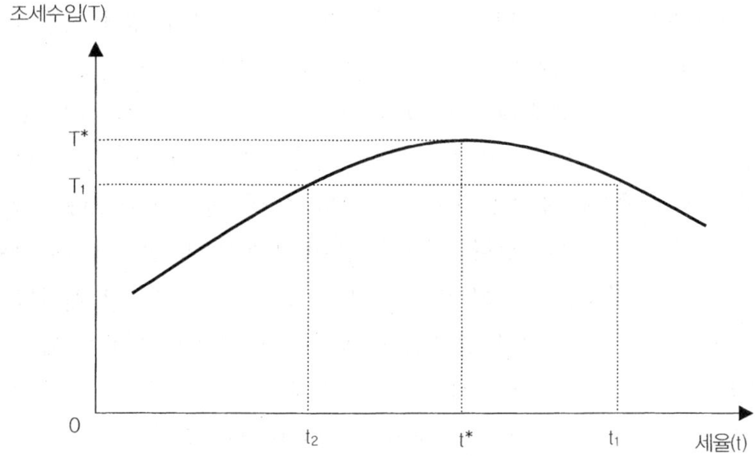

[그림 7-2] 래퍼곡선(Laffer curve)

것이다. 이는 소득세를 인하해도 하위 50%에게는 가처분소득 증가라는 혜택이 돌아가지 않는다는 뜻이다. 대부분의 감세 혜택은 상위 10%에게 돌아간다. 부자들의 (한계)소비 성향이 낮기 때문에 내수 진작을 통한 경제 성장 증대 효과는 기대하기 어렵다. 부자들은 세금이 적어져서 특별히 고급 상품을 더 사거나 하지 않는다.

법인세 세율 인하는 경제 성장에 어떠한 영향을 미칠까? 감세정책 옹호론자들은 특히 법인세 인하를 통한 기업의 투자 확대로 경제 성장 증대 효과를 거둘 수 있음을 적극 주장한다. 그런데 법인세 감세 효과의 실증적 분석 결과들을 보면 경제성장률 증대 효과가 극히 미미한 것으로 밝혀지고 있다. CGE모형을 이용하여 법인세율 인하가 투자 및 경제 성장에 미치는 효과에 대해 실증분석을 한 이인실 외(2002)의 연구 결과에 의하면 법인세수를 20% 감소시키고 가계에 대한 보조금 삭감으로 세수 감소를 보전하면 장기적으로 연 0.066%p 경제 성장률 상승 효과가 있다고 밝히고 있다. 전영준(2003)의 CGE모형을 이용한 법인세의 성장 효과에 관한 연구도 극히 미미한 것으로 나타난다. 법인세 평균 세율을 25.7%에서 20%로 하향 조정하는 경우 연 0.013%p 경제 성장 효과가 있다고 한다. 이들의 연구는 효과가 아주 미미함을 밝히고 있다.

그런데 안종범(2009)의 연구에 의하면 법인세율을 25%에서 22%로 3%p 인하 시 투자율은 1.47% 증가하고, 취업 유발 113,907명, GDP 증가율은 0.48~0.59%에 이른다고 주장한다. 앞의 연구 결과보다는 훨씬 효과가 큰 것으로 나타난다. 김승래 · 류덕현(2010)의 연구에서도 2008년 이후 추진 중인 5%p 규모의 법인세 감세는 향후의 "적자 재정의 보완 수단이나 시행 시기와 상관없이" 모든 시나리오에 걸쳐 경제 성장(GDP)에 미치는 효과가 대체로 긍정적으로 나타나고 있다. 특히 법인세 감세는 정부의 이전지출 축소(transfer offset)와 병행하는 것이 가장 효과적으로, 이 경우 중장기적으로 투자를 2~3% 정도 촉진하고 GDP를 0.4~1.2% 정도 증가시킬 수 있는 것으로 나타나고 있다. 재미있는 것은 이명박 정부의 감세정책 추진 시기에 나온 연구 결과들이 그 전 연구 결과들보다 경제 성장에 미치는 효과가 크다고 분석한 점이다. 그러나 이들의 연구는 추정 효과를 얘기하는 것일 뿐 실증적 결과라고 보기는 어렵다.

법인세의 감세 효과는 기업의 투자 확대 효과가 중요한 매개 역할을 하여 경제 성장에 기여한다고 주장한다. 그런데 과연 법인세율 인하로 기업의 투자가 확대되는가? 현대경제연구원에서 발표한 보고서에 의하면 상장제조업체의 2007년 말 내부 유보율이 전년 대비 64.8% 증가했는데도 기업들의 투자가 부진하다고 지적하고 있다. 모 여당 의원 발표에 의하면 특히 10대 그룹 내부 유보율은 외환위기 이후 꾸준히 상승해 2004년 말 600%를 돌파한데 이어, 2007년 700%, 2008년 900%, 2009년 1,000%, 2010년 1,200%에 달해 사상 최고치를 기록했다. 그러나 높은 내부 유보율에도 불구하고, 더욱이 대통령이 기업 투자를 독려했지만 투자로 이어지지 않았다. 이렇게 사내 유보자금이 늘었지만 투자가 늘지 않는다는 것은 기업의 돈이 부족하여 투자를 못하는 것이 아님을 의미한다. 법인세 감면액의 70%가 돈이 풍부한 상위 0.3% 대기업에 돌아가는 현실에서 법인세 감세가 투자 확대로 이어질 가능성은 그다지 크지 않다. 법인세 감세의 경제적 효과를 과대평가하고 있다고 볼 수 있다.

감세정책의 부정적 효과는 미국 레이건 행정부의 경우에서도 증명되었다. 레이건 행정부는 1981년 '경제회복'이라는 명목으로 전면적 감세를 시도했다. 당시 개인소득세 최고세율을 70%에서 50%로 내렸고, 1986년에는 다시 28%까지 인하했다. 법인세 최고세율도 50%에서 34%로 인하했다. 그런데 대폭적인 감세정책에도 불구하고 투자와 소비가 살아나지 않고 경제 활성화는 이뤄지지 않았다. 오히려 재정적자가 눈덩이처럼 불어났고 소득 불평등도 심화되었다. 재정적자 목표치를 설정해 이를 감축하고자 제정했던 G-R-H법은 재정적자가 계속 확대된 바람에 목표치를 수정한 수정G-R-H법을 다시 제정해야 했다. 그나마 그것도 재정적자 감축에 실패하고 말았다. 더욱이 감세정책은 복지정책의 후퇴를 가져와 미국이 복지 후진국에 머무는 기능을 했다.

미국 브루킹스연구소 윌리엄 게일과 피터 오르차그는 감세정책이 장기적 관점에서는 경제 성장을 약화시킬 수 있다고 결론지은 바 있다. 조세 삭감으로 대규모 적자가 계속되면 정부는 민간 금융시장에서 계속 자본을 차입해야 한다. 하지만 그 자본은 민간기업에 투자해야 하는 돈이다. 결국 민간 투자로 가야 할 자본이 정부 적자를 메우기 위해 상대적으로 효율성이 낮은 정부부채 상환에 동원되면서 경제 성장에 부정적으로 작용한다는 것이다(윤영진 외, 2007: 429).

② 감세의 소득 재분배 효과

감세의 경제적 효과를 논의할 때 세수 수입과 경제 성장에 대한 효과만이 아니라 소득 재분배 측면과 재정적자에 미치는 영향에 대해서도 검토해야 한다. 현재 우리나라에서는 이 부분의 경제적 효과가 더 중요한 의미를 갖는다.

앞에서 우리나라 재정의 소득 재분배 기능이 매우 미흡함을 보았다.

재정의 소득분배 개선 효과가 7.7%로서 OECD 국가 평균 30.6%의 4분의 1 수준에 불과하고 28개 국가 중 맨 꼴찌에서 두 번째였다. 복지 지출 비중이 매우 낮은 데에서 비롯된 측면이 크지만 조세의 소득 재분배 기능도 선진국에 비해 매우 낮은 수준이다. 재정의 소득 재분배 기능이 미흡할 경우 그것은 결국 복지재정 수요 증가라는 악순환이 될 수 있다.

이명박 정부는 소득세 세율을 소득 단계별로 동일한 2%p 인하한다는 계획을 발표하면서 소득세 감세가 저소득층에 더 많은 혜택이 돌아간다고 주장했다. 동일한 2%p 인하라면 저소득층보다는 부유층에 더 혜택이 돌아갈 것 같은데 상식적으로 이해가 가지 않는 주장을 편 것이다. 그러나 내용을 보면 통계적 착시를 이용한 국민들의 눈 속이기 행태였다. 정부 측의 주장은 이렇다. 2009년 4인 가족의 경우 총급여 2천만 원인 가구는 43.2%의 세금 감소 효과가 있고, 총급여 1억 원인 가구는 7.3%의 세금 감소 효과가 있다는 것이다. 43.2 대 7.3이라는 수치로만 보면 저소득층인 2천만 원 가구가 1억 원 가구보다 훨씬 큰 혜택을 보는 것으로 보인다.

그러나 불편한 진실은 이렇다. 2천만 원 가구는 세부담액이 10만 원에서 6만 원으로 4만 원이 줄어든 것이고, 1억 원 가구는 1,351만 원에서 1,252만 원으로 99만 원 줄어든 것이다. 1억 원 가구가 2천만 원 가구에 비해 소득 수준은 5배인데 소득세 감세의 절대액은 25배다. 감세 혜택이 4만 원 대 99만 원이다. 누가 더 혜택을 많이 보았다고 할 수 있을까? 굳이 비율로 비교하자면 총급여 대비 감세액의 비율을 비교해야 한다. 2천만 원 가구의 경우 4만 원이 줄었으니 총급여 대비 0.2%의 감세 효과가 있다. 반면에 1억 원 가구의 경우 99만 원이 줄었으니 총급여 대비 1%의 감세 효과가 있다. 총급여 대비 감세액 비율을 비교하면 1억 원 가구가 2천만 원 가구의 5배에 해당하는 감세 혜택을 보는 셈이다. 결국 소득세 감세는 저소득층보다 부유층에 혜택이 돌아간 것이다. 정책결정자들은 국민들에게 조금 더 진실해질 필요가 있다. 통계적 착시를 이용하여 국민들을 현혹한다면 정부에 대한 불신만 키우게 된다. 국민들에게 진실을 알리고 국민들을 설득하는 게 정치인과 정책결정자들의 도리다.

법인세의 소득 재분배 효과는 어떠할까? 김승래 · 류덕현(2010)은 이명박 정부의 법인세 감세로 경제 전반적 소비자잉여와 생산자잉여 증가분의 합은 7.78조 원으로 추정한다. 이 중 소비자잉여 변화는 1.23조 원, 생산자잉여 변화는 6.55조 원이다. 법인세율 인하는 연간 기준으로 최소한 소비자보다는 대부분 생산자에게 혜택이 귀속된 것으로 평가한다. 소비자보다 생산자에게 5배 이상의 혜택이 돌아간다는 것이다. 자본과 노동 요소에 대한 귀속이라는 기능별 귀착 효과를 보면, 노동에 대한 귀속은 약 0.72조 원, 자본에 대한 귀속은 5.83조 원 정도로 생산자잉여 증가 6.55조 원의 혜택이 노동에 9.2%, 자본에 75% 정도 돌아가는 것으로 나타난다. 노동보다 자본에 8배 이상의 혜택이 돌아간다. 결국 법인세 감세는 소비자보다는 생산자, 생산자 중에서는 노동자보다 자본가에게 훨씬 더 큰 혜택이 돌아간 것으로 분석하고 있다.

또한 법인세의 5%p 감세에 따라 지니계수의 변화를 보면 경상소득 기준으로 0.340766에서 0.341421로 0.19% 정도 증가하여 소득 불평등도가 다소 심화되는 것으로 평가한다. 법인세 감세는 소득 불평등을 약간이나마 심화시키는 것이다. 그런데 그들은 법인세 감세에 따른 약간의 형평성 악화는 저소득층 및 취약계층에 대한 정부의 직접적 재정 지원 확대로 충분히 보완할 수 있을 것으로 평가한다. 참 편리한 논리다. 법인세수가 감소하여 취약계층에 대한 재정 지원이 오히려 줄어들 수 있는데 말이다.

법인세율 인하로 기업의 실질적 세 부담은 얼마나 줄었을까? 앞에서 법인세 세율 인하는 소비자보다는 생산자에게, 생산자 중에서는 노동보다는 자본에 대한 귀속분이 컸다는 점을 보았다. 이명박 정부의 법인세율 인하로 인해 2010년 법인세를 신고한 법인들의 실제 부담한 세율은 16.6%로 전년보다 3%p 낮아진 것으로 집계됐다. 또 높은 세율이 적용되는 과세표준 2억 원 초과 법인들의 실효세율도 17.0%로 전년보다

3.1%p 하락했다.[2] 법인세 실효세율이란 법인세 총부담세액을 과세표준으로 나눈 것으로 한 기업이 실제로 부담한 법인세 세율을 뜻한다. 이명박 정부의 감세정책에 따라 법인세 실효세율은 2006년 19.9%에서 계속 떨어져 2009년 19.6%, 2010년에는 16.6%로 최근 2년 동안 3.9%p 낮아졌다. 삼성전자의 실효세율은 2007년 14.0%에서 2011년 말 12.7%로 1.3%p 낮아졌고, 현대자동차 5.1%p, 포스코 1.6%p 각각 감소했다. 법인세율 인하로 기업들의 실질적 세 부담이 대폭 줄어든 것이다. 비즈니스 프렌들리 정책의 결과다.

감세정책은 재정적자에는 어떤 영향을 미칠까? 래퍼곡선에서 보았듯이 세율 인하로 인해 세수 증대가 이뤄진다는 실증적 결과는 나타나지 않고 있다. 글로벌 경쟁이 치열해지면서 자본 유치와 기업의 경쟁력 강화라는 명분하에 최근 법인세율을 인하하는 추세에 있다. 그러나 법인세 감세는 세수 감소를 가져오기 때문에 세수 감소분을 보전하기 위한 대체 세원 마련이 필요하다. 각국은 법인세 감세로 인한 재정 악화를 보전하기 위해 소비세 또는 부가가치세 등의 간접세 인상을 통해 보전하는 경향이 있다. 독일은 법인세를 낮추는 대신 부가가치세율을 3%p 올렸다. 싱가포르도 소비세를 2%p 인상했다. 그러나 우리나라는 법인세 감세를 보전하기 위해 부가가치세율을 인상한다는 것은 정치적으로도 어려운 결정이지만 바람직하지도 않다. 현 시점에서 우리나라 법인세율 인하의 논거는 약하다.

시장주의자들은 법인세율 인하를 지속적으로 주장한다. 기업의 국제 경쟁력을 높이기 위해서는 법인세율을 인하해야 한다는 것이 그들의 주장이다. 그러나 법인세율 인하만이 능사는 아니다. 현재 우리나라의 명목 법인세율은 높은 편이 아니다. 더욱이 기업의 실효 법인세율은 2010년 기준 16.6%로서 명목세율보다 훨씬 더 낮은 수준이다. 선진국 기업들과 비교할 때도 낮은 수준이다. 법인세율이 높아서 기업 경쟁력이 제고되지 않는다는 주장은 받아들이기 어렵다.

---

2 매일경제 인터넷 신문, 2011.9.26.

법인세율 인하로 인해 소득분배 상태가 악화되고 재정수지에 불리한 영향을 미친다면 이를 적극 고려해야 한다. 법인세 감세로 대기업이 큰 혜택을 보고 소득분배가 악화된다면 사회적 비용을 초래하게 된다. 법인세 감세로 극히 미약하지만 경제성장률이 증가했다고 해도 그 과실이 결국 대기업에 돌아간다면 성장 효과가 얼마나 큰 의미를 가질 수 있을지 의문이다. 더욱이 감세로 서민들을 위한 복지 지출에 차질이 생긴다면 얻는 것보다 잃는 것이 더 많을 것이다. 법인세 고세율 구간인 '과표 2억 원 이상' 구간의 세율을 25%에서 20%로 낮출 경우 법인세는 3조 2,000억 원 줄어든다. 감세 혜택은 대부분 대기업의 몫이 되고, 이만큼 취약계층 복지 지출이 감소한다면 양극화는 더욱 심화될 것이다.

그럼에도 불구하고 경제 성장을 위해 법인세율을 낮춰야 한다고 주장한다면 성장 망상 체계에 빠진 안톤의 실명자들이다. 세금은 그래도 돈 많은 부자들 곳간에서 나와야 하지 않을까? 앞에서 보듯이 우리나라의 조세 및 재정의 소득 재분배 기능은 OECD 국가 중 최하위 수준이다. 우리나라의 조세구조는 소득 재분배 기능을 더 강화해야 할 시대적 소명을 갖고 있다고 보아야 한다.

③ 공무원은 영혼이 없다?

이명박 정부가 처음 출범할 때 '공무원은 영혼이 없다'는 말이 회자된 적이 있다. 정권이 교체되면서 공무원들이 한 입에서 두 말을 하는 변신을 보면서 나온 말이다. 감세정책과 관련된 기획재정부의 입장 표명은 전형적인 사례에 속한다.

이명박 정부 출범 이후 첫 세제개편안을 발표하면서 기획재정부는 감세가 투자와 소비 증가를 촉진해 고용 증대와 경제 성장으로 이어질 것이란 장밋빛 전망과 관련 자료를 내놓았다. 기획재정부는 조세연구원의 연구 결과를 인용해 법인세율 5%p 인하하는 경우 0.6%p의 경제성장률 상승 효과와 10조 원 이상의 투자 증가, 그리고 18만 명의 취업자가 증가할 것이라는 주장을 폈다. 또한 소득세율 인하로 가처분소득이 증가함으로써 소비는 0.5%p 정도 증가할 것으로 예상된다고 했다. 감세를 하면 경제성장률이 제고되고 일자리도 확보되는 요술 방망이라도 되는 양 발표했다.

그런데 노무현 정부 때인 2005년 11월 재경부와 기획예산처는 '감세 논쟁 주요 논점 정리'라는 문건을 통해 감세정책에 대해 상반된 견해를 밝힌 바 있다. 감세의 경기 진작 효과에 대해 외국 및 국내 연구 결과를 인용하여 미미함을 강조했다. 이명박 정부 때와 다른 당시의 주장 내용은 다음과 같다.

- 감세는 소비 성향이 낮은 부유층의 감세 혜택이 많아 단기적인 경기 부양 효과는 크지 않고 정부의 재정적자와 물가 상승만 야기할 가능성이 크다.
- 감세정책은 소득 증가에 거의 기여하지 못하며, 고용 창출 효과도 매우 미약하다.
- 일본의 감세정책도 경기 부양 효과가 크지 않았다. 일본은 경기 불황 타개를 위해 1990년대에 지속적으로 감세정책을 시행했으나 당초 의도했던 소비 확대 등의 성과는 나타나지 않았다.
- 감세보다 재정지출 확대가 경제 성장에 미치는 효과가 더 크다.
- 우리나라는 소득세·법인세·부가가치세 세율이 경쟁 상대국이나 OECD 평균보다 높지 않은 수준이기 때문에 감세정책 채택이 곤란하다.
- 대부분의 근로자나 자영사업자의 경우 감세 조치를 하더라도 소비 증대 효과는 미미할 것으로 전망된다.
- 우리나라의 소득세율은 노동시장 참가율에 거의 영향이 없다.
- 법인세율 인하가 단기간에 기업 투자의 증가를 유발하지 아니하는 것으로 분석된다. 또한 현재와 같이 저금리, 풍부한 유동성 등으로 자금 면에서는 투자 여건이 양호한 상황에서 법인세율 인하가 기업 투자의 증대로 이어질지는 불확실하다.

세제와 경제를 다루는 동일한 부처에서 전혀 다른 견해를 표명한 것을 보면 '공무원은 영혼이 없다'는 말이 실감난다. 고위직 관료들은 대통령의 정책 방향과 코드를 일치시켜야 하는 입장에 있음을 이해 못하는 것은 아니다. 그러나 동일한 기관에서 하나의 정책에 대해 완전 다른 견해를 표명하는 것은 국민들을 혼란스럽게 하는 일이다. 나아가 정부에 대한 신뢰를 실추시키는 일이다. 그만큼 정책에 대한 신뢰도 떨어질 것이다. 또다시 정권이 교체될 때 그러한 행태를 보이게 될지 궁금해진다. 관료제는 무게 중심을 잘 유지해야 한다.

세제개편과 같은 재정정책은 국가가 처한 특수 상황을 면밀히 검토하여 정책대안을 선택해야 한다. 추구해야 할 정책목표, 재정적자와 국가채무 수준, 대외의존도, 금융 발전 정도, 기업 행태와 소비 성향 등을 종합적으로 고려하여 결정할 사안이다. 그리고 단기적 경제 효과보다는 장기적 경제 효과를 고려하여 정책 선택을 해야 한다.

부유층 증세론

새로운 복지국가 건설에 필요한 추가적 재정 소요는 증세를 통해 재원을 마련해야 한다는 시각에서 진보주의 시각의 하나다. 세금을 더 거둘 수 있는 계층을 부유층에 한정한다는 점에서 보편적 증세론과 차이가 있다. 부유층 증세론에도 다양한 정책대안이 제시되고 있다. 최고세율 구간을 설정하는 방안, 부유세를 도입하는 방안, 사회복지세를 도입하는 방안 등이다.

① 최고세율 구간 설정 방안

최고세율 구간 설정은 부자들이 세금을 조금 더 내라는 의미다. 개인과 기업이 돈을 많이 벌었다면 세금을 조금 더 내는 것이 정의에 부합한다는 취지다. 이 점에서도 진보와 보수는 생각이 다르다. 최고세율 구간을 설정하는 방안은 민주당과 참여연대에서 주장한 정책대안이다.

2011년 민주당 경제민주화특위는 소득세와 법인세의 최고 구간을 신설하는 안을 제시했다. 소득세 최고 구간은 1억 5천만 원 초과 대상에 대해 40%, 법인세는 100억~1,000억 원 대상에 25%, 1,000억 원 초과 대상에 30%를 부과하는 안이다. 추정 법인세 세수 증대 규모에 대해서는 언급이 없지만 소득세에서는 연 1조 원의 세수 증대를 예상하고 있다.

2012년 8월에는 민주통합당이 부자 증세와 중산층 및 빈곤층의 감세를 내용으로 한 세법 개정안을 내놓았다. 소득세 세율 구간을 과세표준이 1억 5,000만 원 초과 구간에 대해 최고 세율인 38%를 적용하기로 했다. 현재 소득세율 38%는 과세표준이 3억 원이 넘는 사람에게만 적용되고 있다. 민주통합당안이 실현되면 최고 세율 적용 대상은 전체 소득자의 0.16%인 3만 1,000명에서 0.74%인 14만 명으로 늘어난다. 이에 따라 연간 1조 2,000억 원의 세수 증대 효과가 있을 것으로 전망했다.

법인세는 과세표준이 2억 원 이상 500억 원 이하인 기업에는 22%, 과세표준이 500억 원이 넘는 기업에 대해서는 25%의 법인세율을 적용하는 안을 마련했다. 이로 인해 법인세수를 연간 3조 원 정도 늘릴 수 있을 것으로 전망했다. 그리고 세액 공제를 축소하여 기업이 감면 혜택을 받더라도 최소한 꼭 내야 하는 최저한세는 1%p씩 올릴 계획이다. 과세표준액이 100억 원 미만인 기업은 11%, 100억 원에서 1,000억 원 사이인 기업은 12%, 1,000억 원 이상인 기업은 15%의 최저한세를 적용한다는 구상이다.

참여연대는 2011년 소득세 최고 구간은 1억 2천만 원 초과 대상에 대해 42%, 법인세는 100억~1,000억 원 대상에 25%, 1,000억 원 초과 대상에 27%를 부과하는 안을 제시했다. 여기서 추정한 세수 증가액은 소득세 1조 8,258억 원, 법인세 7조 3,371억 원으로 합계 9조 1,629억 원이다.

2012년 8월에는 소득세 과세표준 구간 5단계 중 8,800만 원 이하 3단계 구간은 그대로 두되, 상위 2구간인 8,800만 원 초과 3억 원 이하 구간, 3억 원 초과 구간의 과세표준을 8,800만 원 초과 1억 2,000만 원 이하 구간, 1억 2,000만 원 초과 구간으로 수정하고 최고 세율도 38%에서 42%로 수정할 것을 제시했다. 법인세는 과세표준 1,000억 원 초과 부분에 대해 27%의 최고 세율 신설을 주장한다. 구체적으로는 현행 3단계 과세표준 구간에 적용되는 10%, 20%, 22%의 법인세율을 10%, 22%, 25%, 27%의 법인세율로 수정할 것을 제안하고 있다. 또한 기업의 최저한세에 대해 과세표준이 100억 원 초과 법인은 11%, 1,000억 원 초과 법인은 14%로 되어 있는 최저한세율을 각각 15%, 20%로 상향 조정할 것을 제안하고 있다.

민주노동당 이정희 의원도 소득세 1억 2천만 원 초과 구간 40% 신설, 법인세 1,000억 원 초과 구간 30% 신설을 담고 있는 법안을 2011년에 발의한 바 있다. 특이하게 2011년 한나라당 김성식 의원도 소득세 최고 구간 신설을 주장했다. 1억 5천만 원 초과 대상에 38% 또는 2억 원 초과 대상에 40% 부과안을 제시했다. 추정 세수 규모는 약 연 1조 원이다.

2012년 8월 새누리당은 고소득자 증세를 하고 서민 세 부담은 줄이되, 중산층 내에선 계층별로 미세 조정을 하는 소득세 종합 개편을 정부에 주문했다고 언급했다. 최고 구간 세율을 40%로 인상해 소득 수준이 높은 일부에 대해 세금을 많이 내도록 하는 방안을 검토 중이라는 말을 덧붙이고 있다. 그러나 새누리당안은 명확하게 제시되지 않았다. 아마 아직도 검토 중이고 앞으로도 검토 중일 것 같다.

② 부유세 도입 방안

부유세를 도입하자는 안은 민주노동당이 2002년 대통령 선거와 2004년 국회의원 선거에서 주요 경제정책 공약으로 주장한 바 있다. 최근에는 2010년 민주당 정동영 의원이 재원 조달 수단으로서 부유세 신설을 주장했다.

부유세는 주로 유럽의 OECD 국가들을 중심으로 70여 년 이상 시행된 역사를 갖고 있는 조세다. 현재 부유세를 시행하고 있는 국가는 프랑스, 노르웨이, 스위스, 스페인, 아이슬란드의 5개국이다. 부유세를 시행해 본 국가는 덴마크, 스웨덴, 독일 등 9개국에 이른다.[3] 덴마크, 스웨

3 부유세는 내용은 약간씩 다르지만 아시아권에서는 인도 · 스리랑카 · 파키스탄이,

〈표 7-9〉 순부유세 도입 및 도입 경험 국가(2011년 현재)

부유세 시행 중 (5개국)	부유세 경험국 (9개국)	부유세 미경험국
노르웨이(1914~)	덴마크(1903~1996)	미국, 영국, 호주, 뉴질랜드, 캐나다, 이태리, 벨기에, 포르투갈, 그리스, 터키, 한국
아이슬란드(1970~)[1]	스웨덴(1910~2007)	
스페인(1978~)[2]	룩셈부르크(1913~2006)	
프랑스(1982~)[3]	핀란드(1920~2006)	
스위스(1998~)	독일(1922~1996)	
	오스트리아(1923~1993)	
	일본(1950~1953)	
	아일랜드(1975~1978)	
	네덜란드(1982~2000)	

주1) 아이슬란드는 2006년 폐지했으나 2009년 재도입.
주2) 스페인은 2008년 폐지했으나 2012년 재도입.
주3) 프랑스는 1987년 폐지했으나 1989년 재도입.
자료: 노정훈(2012: 13) 참조.

덴, 노르웨이, 핀란드, 독일 등의 나라들은 70~100년 가까이 부유세를 시행했다.

부유세를 도입했거나 도입 경험이 있는 국가의 가장 큰 목적은 '부의 불균등 완화'다. 그런데 2008년 세계 금융위기 이후 국가채무 및 재정적자 문제의 해결을 위한 대안으로 부유세가 새롭게 관심을 받고 있다.

부유세제도는 나라마다 약간씩 다르지만 시행 국가들에서 공통적으로 발견되는 특징만을 모아보면 다음과 같다(노정훈, 2012: 9). 첫째, 중앙정부가 (자진신고 납부 방식으로) 매년 과세하는 국세로서,[4] 둘째, 개인소득세와 밀접한 연계성을 가지며, 셋째, 부부 또는 가구가 소유한 총자산액에서 부채를 차감한 순부(순재산가액)를 과세표준으로 하여 인세(人稅, personal tax)로 과세하는 방식을 택하며, 넷째, 부를 구성하는 과세 대상 자산이 상당히 포괄적이라는 기본 특성들을 갖고 있다. 또한 그 주된 과세 목적과 기능으로 ① 조세의 수직적 형평성을 제고하거나

중남미에서는 콜롬비아·우루과이가, 그리고 일본도 잠시 시행해 본 경험이 있다.
4 스위스는 지방세 형태이며, 스위스 연방을 구성하는 Canton별로 과세된다.

② 국세로서의 개인소득세를 세제 및 세정적 차원에서 보완하기 위한 것이라고 명시적 또는 묵시적으로 밝히고 있다.

프랑스의 부유세를 들여다보자. 프랑스는 1982년 사회당의 집권 이후 최초로 부유세를 도입한 이래 사회당과 보수연합 간의 정권 교체에 따라 1987년의 폐지와 1989년의 부활을 거듭한 역사를 갖고 있다. 기본적으로 고소득자에 대한 과세 강화를 목적으로 하는 좌파 정치철학을 대변하는 세제라고 볼 수 있다. 프랑스 부유세는 국세로서 개인에게만 부과하고 법인에는 부과하지 않는다. 대상 자산은 사업용 자산, 부동산, 금융자산, 보석, 선박 등 일부 동산 등이며, 세대당 80만 유로를 초과하는 순자산액에 대해 0.55%~1.80%의 누진세율 구조로 되어 있다. 원거주자에 대해 30% 공제를 허용하고, 소득세와 부유세 합계액이 전년도 연간 총소득의 50%를 초과할 수 없게 과세 상한을 설정하고 있다.

정동영 의원이 제안한 부유세는 부동산·증권 등 자산에 부과하는 세금이다. 순자산(자산에서 부채를 뺀 수치) '30억 원 이상의 개인'과 '1조 원 이상의 기업'이 대상이다. 개인과 기업 둘 다 과세 대상이다. 부유세를 내야 하는 개인은 전체 소득자 중 상위 0.58%, 기업은 90여 개(40만여 개 법인 중)로 추산한다. 정 의원은 부유세로 10조 원 정도가 걷힐 것으로 예상한다.

최근 세계 재정위기가 확산되면서 국제노동기구(ILO)는 2011년 국제노동기구 보고서에서 세계 여러 나라의 가상 부유세 계산 수치를 발표한 바 있다. 국제노동기구는 "전 세계의 가장 부유한 10% 계층이 부의 70% 이상을 소유하고 있다"며, "이들에게 3% 세율의 부유세를 매기면 2010년 기준으로 세계적으로 4조 달러의 세수가 걷힌다"고 밝혔다.

국가별로 예상되는 부유세 수입 규모는 2010년 기준 미국이 1조 1,630억 달러로 가장 많고, 일본 4,470억 달러, 중국 4,510억 달러, 프랑스 2,580억 달러, 독일 2,340억 달러, 영국 2,320억 달러로 예상됐다. 한국의 부유세 수입 규모는 550억 달러로 추정되었는데 우리 돈으로 약 66조 원에 이른다(경향신문, 2012. 1. 10). 부유세에 대한 구체적 설계

내용을 알 수 없지만 부유세 도입으로 세수 증대 목적을 상당한 정도 달성할 수 있음을 보여준다.

보고서는 "부유세를 통한 추가 세수는 고용에 악영향을 거의 끼치지 않고 국가채무 감소에 지대한 영향을 줄 것"이며, "부유세는 훌륭한 재분배 도구로 활용될 수 있다"고 덧붙였다. 그리고 자본이득세와 금융거래세가 추가 세수 증대에 좋은 수단이라고 언급하고 있다.

우리나라에서 복지 지출의 추가 재원 마련이나 국가채무 또는 재정적자 축소를 위한 세입 증대 목적으로 부유세를 신설할 필요성이 있다. 그러나 부유세를 도입하기 위해서는 자본이득, 자산소득 그리고 재산보유에 대한 각종 조세의 공평성 및 비효율성 측면의 문제점이 충분히 고려되어야 한다. 또한 독일에서 위헌 판결을 받은 과세 대상 자산의 평가 균일성 문제를 어느 정도 해결할 수 있는지 여부도 검토되어야 한다.

③ 사회복지세 도입 방안

사회복지세를 도입하는 방안은 진보신당과 민주노동당에서 제시한 정책대안이다. 사회복지세는 고소득 개인 및 대기업 등에 부가적으로 부과하는 세금이란 점에서 부유세에 해당한다. 그러나 앞에서 말한 부유세와의 차이점은 사회복지세는 기존 세금에 부가하는 부가세 형태이며, 지출 용도가 사회복지 지출에 한정되는 목적세란 점이다.

진보신당의 조승수 의원이 2011년 제안한 사회복지세는 400만 원 이상의 소득세 · 상속증여세 · 종합부동산세 등을 내는 고소득 개인, 5억 원 이상의 법인세를 내는 대기업 등에 납부 세금의 15~30%를 추가로 부과하는 일종의 부가세(surtax) 체계다. 한국에서 소득세 400만 원 이상 인구는 전체 소득자의 5%, 5억 원 이상 법인세를 납부하는 기업은 5,000여 개로 추산되며, 모두 20조 원 정도를 징수할 수 있을 것으로 추정한다. 조 의원은 부자 증세를 거쳐 보편 증세로 나아가야 한다고 주장했다.

2007년에 민주노동당이 제시한 사회복지세 역시 진보신당 사회복지세와 유사하게 소득세, 법인세, 상속증여세, 특별소비세 등에 누진적 부가 세율을 적용하는 방안을 제시한 바 있다. 진보신당과 달리 과세 대상을 직접세를 내는 모든 납세자로 삼아 보편 증세의 성격을 띠었으며, 매년 13조 원의 세수를 기대했다.

보편적 증세론

진보주의 시각으로 제시된 또 다른 정책대안으로 보편적 증세론이 있다. 세금을 더 거둘 수 있는 계층을 중산층 이상으로 확대하자는 안이다. 보편적 복지에 부응하는 세금 부담 방안임을 강조한다. 대표적인 주창자는 사회공공연구소의 오건호 실장이다.

그는 복지국가 증세를 위한 3대 원칙으로 복지 증세, 부자 증세, 보편 증세를 제시한다. 복지 증세는 복지 지출 목적으로 한정된 증세를 하자는 것이다. 우리나라에서는 재정 지출에 대한 국민들의 불신을 감안할 때, 세입과 복지 지출을 결합하는 복지 증세가 효과적이라는 것이다. 지출 목표가 복지로 정해진 복지 목적세의 도입을 주장한다. 부자 증세는 소득 재분배 효과가 극대화되도록 상위계층이 복지재원에 대해 실질적으로 책임지도록 하자는 것이다. 보편 증세는 보편복지 흐름에 맞춰 가능한 많은 사람이 증세에 참여하는 것이 바람직하다고 보는 주장이다. 중간계층 이상이 복지재정 부담을 하자는 안이다. '내라!' 방식이 아닌 '내자!' 방식으로 전환하여 일반 시민들이 복지운동의 주체로 나서자는 것이다. 중간계층이 복지재원 마련에 상징적으로 참여해야 부자들에게 더 많은 책임 이행을 압박할 수 있기 때문이라고 주장한다.

그런데 부자 증세와 보편 증세는 약간 모순된 정책대안이다. 과세 대상의 범위가 다르기 때문이다. 부자 증세는 과세 대상자가 부유층에 한정되지만 보편 증세는 중산층까지 확대된다. 다만 그의 의도는 부자들의 더 많은 세금 징수를 압박하기 위해 중산층도 조금씩 복지재원을 부담하자는 의견으로 보인다.

실제로 그는 보편 증세는 '중산층에 대한 세금 직격탄'과 성격이 다르다고 말한다. 그리고 '건강보험 하나로' 모델을 예로 들고 있다. 예컨대 현행 건강보험 시스템은 직장 가입자가 10원을 더 내면 기업과 국가도 10원을 갹출하도록 법제화되어 있다. 즉, 가입자가 '내자!'고 한 10원은 복지 재원 확충은 물론 추가 재원 10원을 더 끌어낼 수 있는 값진 돈이다. 이렇게 가입자들이 더 낸 6조 2,000억 원(1인당 평균 1만 1,000원)과 국가·기업의 6조 2,000억 원으로 모두 12조 4,000억 원의 건강보험 재정을 확충해서 '보편적 의료복지'를 실현하자는 것이다. 더욱이 하나로 모델에서 1인당 보험료 1만 1,000원은 평균 수치이므로 최하위 5%는 3,000원, 최상위 5%는 3만 원을 더 내는 식으로 설계되어 있다. 따라서 모든 시민이 능력에 따라 세금(보험료)을 내고 복지 수혜는 보편적으로 받는 시스템이 될 수 있다는 것이다. 최하위층 3,000원과 최상위층 3만 원의 보험료는 10배의 차이가 나지만 모든 시민이 재정 부담을 했기 때문에 보편 증세와 부자 증세라는 모순적 정책대안을 실현할 수 있다고 본 것이다.

그런데 비용 부담과 서비스 혜택이 연계되는 사회보험의 보험료와 세금과는 성격이 약간 다르다. 세금은 비용 부담과 혜택이 직접 연계되지 않는다. 보편복지를 제공하더라도 비용과 혜택이 직접적으로 연계되지 않는 것이 세금의 특성이다. 그리고 건강보험료는 피보험자와 정부가 매칭으로 부담하는 제도로 세금과 다르다. 오건호의 보편 증세의 구체적 대안은 제시되지 않았기 때문에 보편 증세의 실상을 알 수 없다. 어떤 세목을 대상으로 보편 증세를 실현하자는 것인지는 밝혀지지 않고 있다. 다만 건강보험료를 보편 증세의 대표적인 예로 들고 있는 것으로 보인다.

보편 증세의 구체적 대안으로는 부가가치세 등의 간접세 인상을 들 수 있다. 부가가치세는 10% 단일세율로 되어 있기 때문에 소비자 모두가 재정 부담에 참여하여 비교적 용이하게 재원 동원이 가능한 방법이다. 그러나 간접세는 역진적 성격을 갖기 때문에 소득 재분배 기능을 희생해야 한다. 아니면 소득세 과세 대상자를 확대하고 모든 소득 구간에서 일률적으로 세율을 인상하는 방안도 보편 증세 대안 중 하나다. 그러나 이 경우 정치적 실현가능성 면에서 심각한 문제에 직면하게 될 것이다.

보편 증세는 일면 이상적인 제도인 것 같지만 정치적 실현가능성에서 많은 문제를 지니고 있다. 정치적 실현가능성을 가장 중요한 판단 기준으로 삼아야 한다. 일본이 소비세 세율을 5%에서 10%로 인상하면서 정치 과정을 돌파하게 된 것은 소비세 인상분을 고령층의 복지재원과 연계시켰기 때문이다.

국민들은 세금에 대한 투표를 결정할 때 부자 증세와 같은 정의론적 관점에서 결정하는 것이 아니라 자기 자신이 얼마의 세금을 더 내게 되는가에 집착하는 경향이 있다. 따라서 보편 증세가 실현되기 위해서는 국민들 개개인이 국가로부터 충분한 복지 혜택을 누린다는 의식이 확실하게 자리 잡고 있어야 한다. 스웨덴과 같이 보편적 복지 시스템을 확실하게 정착한 나라에서는 누진적 소득세보다 소비세와 같은 간접세 인상으로 방향이 변하고 있다. 그러나 스웨덴도 복지국가 건설 초기 단계에 부유세를 도입하여 97년간 유지했다는 점을 상기할 필요가 있다. 저부담-저복지 유형의 우리나라로서는 보편 증세는 아직 요원한 일이다.

조세대체론

진보주의적 재정전략 중 흥미 있는 제3의 전략이 등장하고 있다. 토지 정의를 추구하는 사람들이 주장하는 조세대체론이 바로 그것이다. 남기업(2010)에 의하면 조세대체론은 토지보유세를 지속적으로 높이면서 경제에 부담을 주는 기타 세금을 그만큼 감면하는 것을 골자로 하고 있다. 소위 증세와 감세의 혼합 전략이다. 토지보유세는 증세하고 법인세, 소득세 등은 감세하자는 주장이다.

증세의 대상을 토지보유세로 삼은 이유는 이 세금이 토지 투기의 원인인 토지 불로소득을 가장 효과적으로 환수할 수 있는 세금이기 때문이다. 우리나라는 토지 분배의 불평등이 매우 심각하다. 토지 소유 상위

10% 계층이 전체 토지의 76.3%를 차지하고 있다. 상위 20% 계층까지 확대하면 토지의 90.3%를 소유하고 있다. 하위계층 1분위에서 6분위까지 다 합쳐도 1.4%밖에 되지 않는다(김윤상 외, 2012: 150). 극단적 토지 분배 상태다. 토지 분배의 극단적 불평등은 오늘날 한국 사회의 심각한 경제사회 문제를 유발하고 있다. 또한 대기업 재테크의 큰 비중을 차지하는 것도 토지로부터의 불로소득이다.[5] 토지보유세를 강화해야 할 이유에 해당한다.

토지보유세는 또한 징수하기 간편한 세금이다. 토지 가격이 공시되어 있기 때문에 징수하는 인력만 있으면 되고 세무 당국의 횡포와 부패, 납세자의 탈세와 사기의 가능성이 거의 없다. 이에 반해서 소득세의 과세표준은 총수입에서 그 수입을 얻기 위해 지출하는 비용을 뺀 나머지인데 그것을 파악하기가 쉽지 않다. 수입 총액을 파악하는 것도 쉽지 않지만, 특히 모든 지출액 중에서 어느 것이 '그 수입을 얻기 위해 지출된 비용'인지를 판별하는 것은 본인이나 세무 당국 모두 어렵다.

그리고 토지보유세는 경제 왜곡이 적은 중립적(neutral) 성격을 띠며, 토지 투기를 억제하고 토지의 효율적 사용을 유도하는 세금이다. 이 세금이 중립적인 이유는 토지의 공급이 고정되어 있기 때문이다. 공급이 탄력적인 상품에 세금을 부과하면 공급이 줄지만 공급이 완전 비탄력적인 토지는 세금이 부과되어도 공급이 줄지 않는다. 토지에서 발생하는 지대(rent)에 세금을 매긴다면 경제 왜곡이 발생하지 않는다. 한국 사회는 그동안 사회문제의 핵심 중 하나가 부동산 문제였다. 부동산에서 발생하는 불로소득이 경제 왜곡과 부의 불평등을 초래하는 주요 원인이었다. 토지 보유에 세금을 매긴다면 조세 정의에도 부합한다.

조세대체론은 토지보유세를 지속적으로 높이고 다른 세금을 그에 상

---

5 2004년 현재 삼성전자는 18조 7,007억 원의 부동산을 소유하고 있는데 2002년 대비 22% 증가했으며, 토지는 3,984억 원, 건물은 3조 1억 원 증가했다. 현대자동차는 토지가 1,419억 원, 건물은 8,333억 원 증가해 모두 9,752억 원이 늘어났다. LG의 2004년 부동산 보유 현황은 6조 1,567억 원으로 2002년에 비해 12% 증가했다. 호텔 롯데는 6,397억 원 증가했다(『국민일보』, 2005. 9. 25).

응하여 감면하자는 주장이다. 그러면 경제에 부담을 주는 다른 세금을 감면하는 순서를 어떻게 해야 할까? 조세대체론자들은 경제 효율의 왜곡이 큰 세금부터 줄이자는 주장을 편다. 아마 토지보유세 인상은 소득(부) 재분배 기능이 강화된 정책이기 때문에 중립성 기준을 주요 기준으로 생각한 듯하다.

중립성 기준과 관련하여 조세의 초과 부담 분석을 한 연구가 있다. 김승래 · 김우철(2007)은 세금을 1원 더 거둘 때 자원 배분의 왜곡 효과 등으로 사회가 부담하는 추가적인 비용을 의미하는 조세의 한계효율비용을 계산했다. 2004년 기준 조세의 한계효율비용은 법인세 등의 자본과세 0.298, 노동소득과세 0.212, 일반소비과세 0.155로 추정했다. 자원배분의 왜곡을 초래하는 세금 순서를 보면 법인세가 가장 많은 왜곡을 초래하고 노동소득과세와 일반소비과세가 그 뒤를 잇고 있다. 따라서 재산세와 종합부동산세를 토지보유세 중심으로 재편해서 증세하는 경우, 한계효율비용이 가장 큰 법인세를 우선적으로, 그 다음은 소득세, 부가가치세 순으로 감세하는 것이 조세 대체의 방향이 되어야 한다고 주장한다.

조세대체론자들은 토지보유세를 강화하면 토지의 효율적 이용이 가능하다고 주장한다. 효율적으로 이용된다는 것은 토지가 투기의 대상이 아니라 생산 활동의 대상이 된다는 것을 의미한다. 우리나라의 부자는 외국과 달리 현금이나 다른 자산에 비해 부동산을 아주 많이 갖고 있다. 그런데 실제 사용하지 않는 부동산을 많이 갖고 있다. 실제 거주하지 않는 주택과 사용하지 않는 토지를 뜻하는 거주 주택 외 자산의 비율이 부자 계층인 10분위에서는 총자산의 약 50%를 차지하고 있다고 한다(김윤상 외, 2012: 149). 토지보유세를 강화할 때 투기 목적의 토지가 생산활동에 활용되는 효율적 이용이 가능함을 보여준다.

또한 토지보유세 강화가 땅값을 낮춰 신규 기업의 시장 진출을 용이하게 하는데도 상당한 도움이 된다고 본다. 그리고 토지보유세를 더 많이 내는 대신 개인은 소득세, 법인은 법인세를 감면받기 때문에 감세론자들이 주장하는 경제적 효과를 얻을 수 있다고 주장한다. 즉, 소득세 인하로 인한 소비 진작 효과, 법인세 인하로 인한 투자 증대 효과를 얻을 수 있다는 것이다. 조세대체론자들은 조세 대체가 감세와 증세를 창조적으로 결합함으로써 진보가 바라는 빈부 격차를 완화시키면서 보수가 바라는 경제 활성화를 기할 수 있다고 주장한다.

토지문제가 한국 사회 갈등의 핵심 문제임을 감안할 때 토지보유세 강화를 주장하는 것은 의미 있는 정책대안 제시라고 볼 수 있다. 토지는 가계부채, 빈부 격차, 창업의 어려움, 공직자 부정부패, 토건사업 편향 정책, 금융 시스템 마비 등의 원인이 될 수 있다. 토지문제는 저출산·고령화 시대 한국 사회가 꼭 짚고 가야 할 문제다. 이명박 정부가 종합부동산세를 사실상 무력화시킨 사실을 상기할 때 조세대체론은 더욱 의미를 갖는다. 그러나 현재 토지 보유에 관한 과세는 대부분 지방세 또는 지방재정 수입으로 되어 있는 점에서 지방재정과의 관계 속에서 설계되어야 한다.

복지국가 조세전략 설계

선 부자 증세, 후 보편 증세

앞에서 복지국가 건설을 위한 조세 전략으로 감세론, 부유층 증세론, 보편적 증세론, 조세대체론을 살펴보았다. 각 전략의 특성이 다르고 사회경제적 효과가 다르기 때문에 현 시점에서 복지국가 건설에 가장 정합성이 높은 전략을 선택해야 한다.

나는 여기서 '선 부유층 증세론, 후 보편 증세론'을 주장하고자 한다. 선 부유층 증세론을 주장하는 것은 우리나라 재정의 소득 재분배 기능이 OECD 국가 중 최하위 수준이고, 양극화가 심화되는 상황에서 세금 부담을 부유층에 지우는 것이 세제 공평성 및 재원 동원에 적합하다고 보기 때문이다.

〈표 7-10〉 조세 전략의 특성

전략 유형		과세 대상자	소득 재분배 기능	재원의 목적
감세론		부유층-중산층	역진적	일반재원
부유층 증세론	최고 세율 구간 설정	부유층	강함	일반재원
	부유세 도입	부유층	강함	일반재원
	사회복지세 도입	부유층	강함	목적세(복지)
보편적 증세론		부유층-중산층	약함	일반재원
조세대체론		부유층-중산층	강함	일반재원

부유층 증세론을 정책 방향으로 설정할 경우 세부 전략 세 가지 형태 중 어느 대안을 선택할 것인가의 문제가 있다. 가장 먼저 고려해야 할 조건은 정치적 실현가능성이다. 정치적 실현가능성이 가장 높은 대안은 최고 세율 구간 설정 방안이다. 소득세와 법인세의 최고 구간을 설정하는 방안이 필요하다.

소득세의 경우 정부는 2011년 연말 소득세법 개정을 통해 과세표준 3억 원 이상에 대해 최고 세율을 38%로 설정했다. 부자 감세에 대한 국민들의 저항에 직면한 정부와 여당의 선택이었다. 하지만 과세표준 3억 원 이상의 소득계층은 국민 중 0.17%로 연간 추가 세수도 5,000억 원에 불과한 것으로 추정된다. 여기서는 소득세의 세율 구간에 대해 참여연대에서 제시한 안을 따르고자 한다. 재정 수요의 충족과 과세 형평성을 위해 현행 5단계인 종합소득세 과세표준 구간 중 8,800만 원 이하 3단계 구간은 그대로 두되, 상위 2구간인 8,800만 원 초과 3억 원 이하 구간, 3억 원 초과 구간의 과세표준을 8,800만 원 초과 1억 2,000만 원 이하 구간, 1억 2,000만 원 초과 구간으로 수정하고, 최고 세율도 38%에서 42%로 수정할 것을 제안한다(강병구, 2012). 개인적 의견으로는 세율 구간을 6단계로 만들어 3억 원 초과 구간에 대해 51%의 최고 세율을 신설하는 것이 필요하다고 생각한다.

기존 소득세 과세 체계는 1996년 설정한 이후 16년째 변화가 없었다. 그러나 지난 10년 사이 연간 소득 수십억~수백억 원인 '슈퍼 부자'들이 대거 등장했다. 2010년 말 현재 1억 원 이상 연봉자만 28만 명에 달하고 종합소득액이 5억 원이 넘는 부자도 9,558명이다. 하지만 8,800만 원 이상 소득자들에게는 35% 세율을 똑같이 적용했던 것이다. 슈퍼 부자들의 소득세 부담을 더 높이는 구조를 갖춰야 한다.

법인세의 경우에도 참여연대안을 따르기로 한다. 수익 창출이 어려운 중소기업의 적정한 성장 지원을 위해 낮은 과세표준 구간의 세율은 그대로 유지하되, 과세표준 1,000억 원 초과 부분에 대해 27%의 최고 세율을 신설하는 안이다. 구체적으로는 현행 3단계 과세표준 구간에 적용되는 10%, 20%, 22%의 법인세율을 10%, 22%, 25%, 27%의 법인세율로 수정할 것을 제안한다.

이명박 정부는 비즈니스 프렌들리 정책과 감세정책의 일환으로 무리하게 법인세율을 낮췄다. 일부에서는 경제가 어려운 상황에서 법인세 최고 구간 세율 인상은 적절치 않다고 주장할지 모른다. 그러나 경제가 어렵기 때문에 최고 구간 세율 인상이 필요하다. 사회 안전망과 내수 확대를 위한 복지 지출을 위해서도 기업의 추가적 세 부담이 요구되는 것이다.

우리나라의 법인세 비중이 다른 나라에 비해 크다고 주장하지만 개별 기업의 실효세율은 다른 나라 기업보다 더 낮다. 대기업 실효세율이 13% 수준이다. 기업의 경쟁력은 법인세 총량 비중이 좌우하는 것이 아

〈표 7-11〉 소득세의 세율 체계

현행		참여연대안	
1,200만 원 이하	6%	1,200만 원 이하	6%
1,200만 원 초과~4,600만 원 이하	15%	1,200만 원 초과~4,600만 원 이하	15%
4,600만 원 초과~8,800만 원 이하	24%	4,600만 원 초과~8,800만 원 이하	24%
8,800만 원 초과~3억 원 이하	35%	8,800만 원 초과~1억 2천만 원 이하	33%*
3억 원 초과	38%	1억 2천만 원 초과	42%

주: 참여연대안은 8,800만 원 초과~1억 2천만 원 이하의 세율을 35%로 제시했으나 세율구조의 일관성을 갖는 33%로 수정함.

니라 개별 기업의 실효세율이 더 중요하다. 법인세 명목세율도 다른 나라에 비해 결코 높지 않다. 법인세 최고세율을 보면(2011년 기준) 우리나라는 22%인데 일본 39.5%, 미국 39.2%, 프랑스 34.4, 독일 30.2%, 영국 26.0%다.

소득세와 법인세의 최고 구간 신설 방안을 제시했지만 복지지출 수요의 증가세를 감안하여 부유세 도입 방안을 적극 검토할 필요가 있다. 오늘날 복지국가의 모범을 보이고 있는 스칸디나비아 국가와 독일 등 북유럽 국가들은 복지국가 초석을 다질 때에 모두 부유세를 도입한 바 있다.

우리나라는 현재 '저부담-저복지' 국가 유형(Ⅳ유형)에 속한다. 총조세부담률(국민부담률)의 2008~2010년 3년 평균을 보면 우리나라는 25.7%에 불과하다. '중부담-중복지' 국가로 나아가기 위해서는 중부담 국가 유형(Ⅲ유형)의 총조세부담률 평균 32.2% 수준으로 높이는 노력이 필요하다. OECD 평균은 34.2%다.

이를 위해서는 최고 구간 신설 외에 부유세의 한시적 도입을 적극 검토할 필요가 있다. 현행 복지제도가 정착 및 성숙되는 과정을 살피면서 그 시기를 정할 수 있을 것이다. 복지국가 건설 중장기 계획에 근거하여 부유세 도입의 시기와 방법을 정하는 것이 바람직하다.

다만 사회복지세는 개인적으로 반대한다. 목적세 형태는 칸막이 재정을 부추겨 재정 운용의 효율성을 떨어뜨릴 수 있다. 그리고 중부담 국가로 가는 과정에 국민연금과 건강보험 등의 사회보험료는 개별 사회

〈표 7-12〉 법인세의 세율 체계

현행		참여연대안	
2억 원 이하	10%	2억 원 이하	10%
2억 원 초과~200억 원 이하	20%	2억 원 초과~100억 원 이하	22%
200억 원 초과	22%	100억 원 초과~1,000억 원 이하	25%
		1,000억 원 초과	27%

자료: 강병구(2012).

보험 개혁 차원에서 인상 여부가 결정되어야 한다. 사회보험제도는 각 제도별로 개혁을 추진해야 한다.

'선 부자 증세, 후 보편 증세' 전략에서 보편 증세 도입 시기는 언제로 볼 것인가의 문제가 있다. 스웨덴 등 복지 선진국의 보편 증세 전환 시기는 복지제도가 성숙된 시기라고 볼 수 있다. 덴마크와 독일의 부유세 폐지 시기는 1996년이며, 스웨덴은 2007년에 부유세를 폐지했다. 부유세 폐지로 감소되는 재정 보전은 소비세 등의 인상을 통해 이뤄지고 있다.

그렇다면 우리나라의 보편 증세 전환 시기는 언제가 적절한가? 현재 '저부담-저복지' 유형(Ⅳ유형)에서 '중부담-중복지' 유형(Ⅲ유형)을 거쳐 '고부담-고복지' 유형(Ⅱ유형)에 진입하는 시기가 적절하다고 본다. 2005~2007년 3년 평균 복지 지출 비중(GDP 대비)이 중복지 유형(Ⅲ유형)의 국가들은 17.1%이고, 고복지 유형(Ⅱ유형)은 21.4%다. OECD 평균은 19.5%다. 그렇다면 복지지출 비중이 20% 정도 필요한 시점에 보편 증세로 전환하는 것이 적절하다고 생각한다. 저출산·고령화 시대 장기 재정 추계를 지속적으로 하는 가운데 보편 증세 도입 시기를 결정해야 할 것이다.

경주 최부자와 워런 버핏 그리고 발렌베리 가문

경주 최부자 이야기를 독자들은 알고 있을 것이다. 조선판 노블리스 오블리주의 전형을 보여준 집안이다. 경주 최씨네는 12대 300년 동안을 만석꾼으로 내려온 집안으로 가훈이 국민들에게 훈훈한 마음을 불러 일으킨다. 지금도 새겨볼 만한 여섯 가지 가훈을 요약하면 다음과 같다.

① 진사(제일 낮은 벼슬) 이상의 벼슬을 하지 말라.

② 재산은 1년에 1만 석(약 5천 가마니) 이상을 모으지 말라.

③ 과객(손님)을 후하게 대접하라.

④ 흉년에는 남의 논밭을 사지 말라.

⑤ 며느리들이 시집오면 3년 동안 무명옷을 입혀라.

⑥ 사방 100리 안에 굶어죽는 사람이 없게 하라.

사방 100리 안에 굶어죽는 사람이 없게 하라는 것은 이웃 사랑과 배려를 통한 공생의 원리를 보여준다. 흉년에 남의 논밭을 사지 말라는 것도 공생의 원리다. 찾아오는 과객(손님)은 신분의 귀천을 구분하지 않고 후하게 대접했다고 한다. 손님이 많을 때는 사랑채에 100명이 넘을 때도 있었다고 한다. 최부잣집의 1년 소작 수입은 쌀 3,000석 정도였는데, 이 가운데 1,000석을 손님 접대에 썼다. 손님이 떠날 때면 과메기 두 마리와 하루 분의 양식을 쥐어보냈다. 단순히 사랑이 넘쳐서 그런 호의를 베풀었다고 보지 않는다. 가문의 부가 자기들만의 몫이 아니라고 믿었을 것이다.

특히 최부잣집은 재산을 모으되 만 석 이상은 모으지 말라는 철칙도 갖고 있었다. 논을 더 사더라도 재산이 1만 석을 넘지 않으려면 소작료를 낮춰 받을 수밖에 없다. 소작인들은 최부잣집의 논이 늘어나면 그만큼 소작료가 떨어지기 때문에 최부자네가 논 사는 걸 배 아파하기는커녕 자기 일처럼 기뻐했다고 한다. 불현듯 골목 상권을 누비고 다니는 대기업들의 문어발 행태가 생각난다.

미국이 심각한 재정적자에 허덕이는 가운데 2011년 억만장자 워런 버핏이 뉴욕타임스 기고문에서 "미국이 재정위기에서 벗어나려면 '가진 자'들에게서 세금을 더 걷는 수밖에 없다"며 부자들에 대한 증세를 주장했다. 그는 "지난해 나는 소득의 17.4%를 연방 세금으로 냈으나 내 사무실의 부하 직원 20명의 세율은 33~41%로 모두 나보다 높다"며 "미국인 대다수가 먹고 살기 위해 아등바등하는 동안 나 같은 슈퍼 부자들은 비정상적인 감세 혜택을 계속 받고 있다"고 지적했다. 자본소득세가 39.9%에 달했던 1976~77년에도 "세금이 무서워 투자를 꺼렸던 사람은 단 한 명도 없었다"고도 말했다. 그는 세율이 낮아진 2000년대 이후 일자리 창출이 훨씬 줄었다며, 중산층·빈곤층의 급여세 감면 혜택은 그대로 두고 부유층한테는 즉각 세금을 늘릴 것을 제안했다. 그는 "돈으로 돈을 버는 사람이 노동으로 돈을 버는 사람보다 세금을 적게 내는 것은 정상이 아니다"라며 부자 증세를 주장한 것이다.

이후 버핏의 주장에 마이크로소프트 창업자 빌 게이츠, 페이스북 창업자 마크 저커버그, 헤지펀드 대부 조지 소로스, CNN 설립자 테드 터너 등 부자들도 동조했다. 그들은 2011년 11월 '재정 강화를 지지하는 애국적 백만장자들'이라는 단체를 통해 감세 조치 중단 촉구 성명을 발표했다. 이 단체 대변인 찰리 핑크는 "부자들이 세금을 더 내려는 것은 어려운 사람을 돕고 만족을 얻자는 자선 차원이 아니다. 미래에 우리(부자들)에게 닥쳐올 위기를 방지하자는 '계몽적 이기심'"이라고 말했다. 부자 증세란 결국 부자들의 이익에 도움에 된다는 그들의 논리다.

프랑스의 부호들도 '부자 증세'를 요구하고 나섰다. 화장품업체 로레알의 최대 주주인 릴리안 베탕쿠르와 소시에테 제네랄 은행의 프레데리크 우데아 CEO, 에어프랑스의 장시릴 스피네타 CEO 등 프랑스 부호 16명도 국가의 재정적자 감축 노력에 동참하기 위해 부자들이 더 많은 세금을 내야 한다는 내용의 기고문을 프랑스 주간지 「누벨 옵세르바퇴르」에 냈다. 베탕쿠르 등은 기고문에서 "우리는 프랑스와 유럽 경제 시스템의 혜택을 많이 받아왔다"며 "유럽의 국가부채로 인해 장래가 어두워지는 상황에서 부자들이 특별히 나서서 기여해야 한다"고 주장했다.

반면에 부유세 납부 의무를 피하기 위해 벨기에 국적을 신청한 베르나르 아르노 루이뷔통 회장은 언론으로부터 강한 비판을 받았다. 좌파 성향인 리베라시옹은 1면에 여행 가방을 들고 있는 아르노 회장의 사진을 싣고 그 위에 "꺼져, 돈 많은 멍청아!"라는 제목을 붙였다. 이 제목은 니콜라 사르코지 전 대통령이 2008년 자신과 악수하기를 거부한 어느 시민에게 "꺼져, 한심한 멍청아!"라고 한 것을 패러디한 것이다. 2012년 대통령에 당선된 프랑수아 올랑드 대통령은 한 해 100만 유로 이상을 버는 고소득자에게 75%의 소득세율을 적용하겠다고 공약한 바 있다. 미국 뉴딜정책 시대의 세율이다. 도망갈 부호는 도망가도 좋다는 올랑드 대통령의 결단이다. 아르노 회장은 "나는 프랑스의 납세자이고 앞으로도 납세 의무를 이행할 것"이라며 "이중 국적을 신청한 건 개인적인 이유 때문"이라고 한 발 물러섰다. 아르노 루이뷔통 회장처럼 이기주의적 행태를 보인 사람도 있지만 최근 글로벌 재정위기를 맞이하면서 부호들이 애국적 또는 자선적인 행동을 보여주는 사례가 많아지고 있다. 우리나라에는 아직 그런 기업인이 안 나타나고 있지만.

또 하나 세계적으로 모범적 기업이라고 평가받는 스웨덴의 발렌베리 그룹을 얘기하지 않을 수 없다. 발렌베리 그룹은 매출액이 약 1,100억 달러(2010년 기준)로 스웨덴 국내총생산의 30%(2010년 기준)를 차지하며 스웨덴 인구의 약 4.5%가 고용되어 있는 거대기업이다. 스웨덴 경제에서 막강한 비중을 차지하고 있는 기업이다. 발렌베리는 150여년 전 금융업으로부터 시작하여 현재 통신장비(에릭슨), 전자(일렉트로룩스), 방위산업(사브) 등 스웨덴을 대표하는 기업 19곳을 포함해 100여 개 기업의 지분을 소유하고 있다. 5대째 세습되어 온 가족경영 기업이다. 가족 세습 기업이 어떻게 국민들의 존경을 받고 세계적 모델 기업으로 자리매김했을까?

발렌베리 그룹은 과거 나치에 적극적으로 협력했다는 사실이 알려지며 한때 경영권의 위기를 맞기도 했다고 한다. 그러나 이후 다양한 사회 공헌 활동을 보이며 국민적 기업으로 거듭났다. 발렌베리 가문이 이렇게 존경받게 된 배경에는 두 가지 가르침 때문이다.

"벌면 반드시 사회에 환원하라."
"존재하지만 튀거나 드러내지 말라."

경주 최부자의 가훈을 닮았다. 발렌베리는 기업의 이익을 사회 공헌에 아낌없이 쏟아붓는 것으로 유명하다. 가문의 재산 증식보다는 스웨덴 사회의 보편적 가치를 위한 사업에 투자하는 것이다. 창업자의 증손자 피터 발렌베리의 재산이 199억 원에 불과하다고 한다. 우리나라 재벌 총수들의 재산이 수조 원에 이르고 한해 배당소득이 500억 원을 넘는 것과 너무 대비된다. 경주 최부자의 "재산은 1년에 1만 석 이상을 모으지 말라"는 가훈과 상통하는 부분이다. 소작인들이 소작료 인하 때문에 경주 최부자의 재산 증식을 오히려 반겼듯이 발렌베리의 기업 이익이 많을수록 스웨덴 국민들은 환영할 수밖에 없다. 그들만의 독식구조가 아닌 사회 환원 때문이다.

지주회사 인베스터가 자회사로부터 받은 배당이익은 공익재단으로 보내고 재단은 수익금을 스웨덴 과학 기술 발전에 지원한다. 공익재단은 과학자, 공학자, 의학자들의 든든한 후원자인 것이다. 이들에 대한 든든한 지원은 스웨덴이 과학 기술 및 의료 분야에서 세계를 재패하는 밑거름이 됐다.

인베스터의 최고 경영자가 되는 조건은 세 가지라고 한다. "혼자의 힘으로 명문대를 마칠 것, 부모의 도움 없이 해외 유학을 다녀올 것, 해군장교로 복무할 것." 이들 조건을 갖춘 사촌들 가운데 경쟁을 통해 경영자를 결정한다. 해군장교 출신 조건이 들어간 것은 창업자가 해군장교 출신이기 때문인 것으로 보인다. 해군장교 출신인 나로서도 괜히 반갑다. 경영 능력 검증 없이 자녀들에게 경영권을 자동 승계해 주는 우리나라 재벌들과 비교된다.

스웨덴의 기업지배권을 가진 경영자연합은 한때 기업이익금의 85%를 법인세로 내자고 결의한 바 있다. 상상할 수 없는 엄청난 세율을 기업들이 스스로 내자고 결정한 것이다. 이 엄청난 세금을 피해 다른 재벌들은 스위스 탈출을 시도했다. 그러나 발렌베리 가문은 노벨재단보다 더 큰 규모의 공익재단을 만들어 사회 공헌과 첨단과학기술에 아낌없이 지원했다. 결국 발렌베리의 사회 공헌 활동은 스웨덴에도 도움이 되고 스스로도 존경받는 지속 가능한 기업으로 자리매김하게 만들었다. 2003년 삼성 이건희 회장이 발렌베리를 방문했다는데 무엇을 배우고 왔을까?

기업은 왜 지금보다 세금을 더 내야 하나?

경주 최부자와 미국 및 프랑스와 스웨덴 부호들의 이야기는 노블리스 오블리주나 부호들의 선행을 주장하기 위한 것이 아니다. 복지국가 건설이라는 시대적 소명을 달성하기 위해서 기업들은 지금보다 더 많은 세금을 내야 함을 강조하기 위해서다. 왜 더 많이 내야 할까?

일반적으로 세제개혁을 논할 때 바람직한 개혁 방향으로 '넓은 세원, 낮은 세율'을 제시한다. 물론 타당한 주장이다. 그러나 더 타당한 주장은 '넓은 세원, 적정 세율'이다. '넓은 세원'에 대해서는 모든 사람이 동의한다. 소득이 있고 과세 근거가 있는 곳에 세금을 부담시켜야 한다. 세원을 넓히는 것은 과세 기반을 강화하는 것이다. 과세 기반의 강화를 통해 특정 수입 형태로의 전환을 통한 조세 포탈의 가능성을 억제할 수 있으며, 면세 소득에 대한 범위를 축소하여 효과적인 실효세율을 달성할 수 있다. 우리나라는 소득세 등 세원이 그리 넓지 않은 편이다. 법인세 등에서도 많은 조세 감면이 이뤄지고 있다. 과세 기반 강화를 위한 세원 확대는 지속적으로 이뤄져야 할 것이다.

그런데 '낮은 세율'은 자칫 감세 옹호 논리로 받아들일 수 있다. 증세 논리를 교묘하게 피하는 방법이기도 하다. 누구나 세금 부담이 많은 것을 좋아할 리 없다. 그러나 낮은 세율이 꼭 바람직한 것은 아니다. 앞에서 논의했듯이 고소득자와 대기업들은 세금 부담을 더 많이 하는 것이 조세 정의에 부합한다. '낮은 세율'이 아닌 '적정 세율'이 맞는 말이다.

조세의 소득 재분배 기능을 강화하는 것은 우리의 시대적 과제다. 기업들, 특히 대기업이 지금보다 세금을 더 많이 내야 하는 논거는 다음과 같다.

첫째, 수직적 과세 공평을 실현하는 것이 조세 정의에 부합한다. 세금은 돈 많은 사람들로부터 걷는 것이 정의롭다. 경제 성장의 과실이 대기업에 집중되었음을 상기할 필요가 있다. 제2장에서 평균 개념의 함정을 얘기하면서 만약 빌 게이츠가 어떤 술집에 들어가면 그 술집 고객의 평균소득은 급상승하지만 그 술집에 이미 앉아 있던 고객들이 실제로 더 부자가 된 것은 아니라고 말한 적이 있다. 우리나라 술집을 가상해 보자. 2011년 초 510억 원의 배당금을 받은 이건희 회장이 우리들 술 먹는 술집에 들어왔다고 가정해 보자. 갑자기 술집 손님들의 평균소득이 급상승했다. 술값을 계산하는 데 각자 똑같은 금액을 분담하는 더치 페이로 정하는 것과 이건희 회장이 술값을 더 많이 부담하는 것 중 어느 것이 더 정의로울까?

핀란드의 예를 보자. 핀란드의 한 재벌 아들이 교통법규를 위반하여 교통 범칙금을 우리 돈으로 2억 6,000만 원 냈다고 한다. 노키아 부사장은 교통 범칙금으로 1억 8,000만 원가량 냈다고 한다(선대인, 2011: 32). 우리는 교통 범칙금 10만 원을 똑같이 내고 있는데.

둘째, 대기업의 실질적 세 부담을 나타내는 실효세율(총부담세액/과세표준)이 너무 낮다. 2009년 삼성전자, 현대자동차, 포스코 등 법인세 납부액이 5,000억 원을 웃도는 3개 기업의 실효세율은 12.8%에 그쳤다. 반면에 20만 개가 넘는 전체 중소기업의 실효세율은 13.1%로 대기업보다 오히려 더 높다. 그런데 현행 법인세의 최저한세율은 최고 14%다. 정부가 2012년 8월 발표한 세법 개정안과 민주통합당안을 보면 최저한세율의 최고 세율을 14%에서 15%로 상향 조정하기로 되어 있다.

최저한세율이란 조세 공제·감면을 받더라도 법인 소득의 일정액 이상을 세금으로 내도록 하는 제도다. 기업은 '조세 감면 전 과세표준 × 최저한세율(%)'에 해당하는 세금을 최소한 내도록 하는 제도다. 현재 중소기업은 7%, 100억 원 이하 일반기업은 10%, 100억 원 초과 1,000억 원 이하 일반기업은 11%, 1,000억 원 초과 일반기업은 14%의 최저한세율이 정해져 있다.[6] 기업들이 조세 감면을 받더라도 최소한 이 세율 이상의 세금을 내야 한다. 가령 과세표준 5,000억 원(비과세·감면 전 산출 세액 1,100억 원)인 일반법인이 R&D투자 등으로 공제 대상 세액이 500억 원 발생한 경우 최저한세가 없는 경우 산출세액에서 공제 대상 세액을 제외한 600억 원을 납부한다. 그러나 최저한세를 적용할 때에는 669억 원의 세금을 납부한다. 69억 원을 추가 납부하는 것이다. 최저한세율 제도는 기업들이 정부재정의 상당한 부담을 져야 한다는 기본 취지가 들어 있는 셈이다. 그런데도 대기업들에 대한 각종 조세 감면을 통

6 중소기업 최저한세율 7%는 4년 유예 기간 동안 그대로 유지하고 그 이후 1~3년차 8%, 4~5년 9%로 인상하게 되어 있다.

해 경제 활성화라는 미명 하에 기업들의 세금 부담을 줄이려 하고 있다.

대기업의 실효세율이 최저한세율보다 낮은 것은 이의 적용을 받지 않는 공제 · 감면 혜택이 많기 때문이다. 대표적인 것이 연구 및 인력개발비 세액공제와 외국 납부 세액공제 등이다. 2007~2010년 전체 공제 · 감면액이 32.4% 증가한 반면, 최저한세율의 적용을 받지 않는 공제 · 감면액은 75.2%로 증가했다. 정말 비즈니스 프렌들리하다. 최저한세율의 적용을 받지 않는 공제 · 감면액이 많다는 것은 최저한세율 제도를 무력화하는 것이다. 최저한세율 제도가 조세 감면을 받더라도 일정액 이상이 세금을 내라는 제도인데 최저한세율 적용을 받지 않는 공제 · 감면을 해준다는 것은 이율배반이다. 최저한세율 미적용 공제 · 감면제도는 없애야 할 것이다. 그리고 과세표준 1,000억 원 초과 법인에 대해 14%로 되어 있는 최저한세율을 20%로 상향 조정해야 할 것이다.

10대 재벌들의 GDP 대비 매출 비중은 노무현 정부 5년간(2003~2007년) 52.6%인데 반해 이명박 정부 4년간(2008~2011년)은 69.1%로 증가했다. 10대 재벌의 계열사는 노무현 정부 시절 312개에서 379곳으로 21.5% 증가했는데 비해 이명박 정부에서는 581곳으로 53.3%나 증가했다(연합뉴스, 2012. 9. 16). 비대해진 재벌들이 세금을 더 낼 만한 충분한 여력을 갖고 있다. 우리나라 법인세의 명목세율도 선진국에 비해 높지 않다. 법인세 부담이 많아 기업의 경쟁력이 떨어진다는 얘기는 실효법인세율 수준을 볼 때 부적절한 주장임을 확인할 수 있다.

셋째, 법인의 총비용에서 법인세비용의 비중은 1.16%(2010년)에 지나지 않는다. 투자자를 대상으로 한 설문조사 결과에 의하면 투자를 결정하는 데 조세는 중요하지 않은 것으로 나타난다. 조세가 투자에 영향을 미치는 요인 중의 하나이지만 중요 요인은 아니라는 것이다. 이는 국내외의 다른 많은 연구에서 일관되게 나타나는 결론이다.[7] 워런 버핏이 자본소득세가 39.9%에 달했던 시기에도 "세금이 무서워 투자를 꺼렸던 사람은 단 한 명도 없었다"고도 말한 것을 상기할 필요가 있다.

7 2012년 8월 21일 참여연대 세법개정안에 대한 토론회에서 김유찬의 토론문.

넷째, 법인세율과 소득세 최고세율(38%)의 차이가 크면 대주주는 법인에 이익을 유보시키고 실질적 재산권을 행사할 가능성이 높다. 두 조세 간의 세율 차이가 클 경우 조세 회피 현상이 발생하는 것이다. 영국의 멀리스 리뷰(*The Mirrlees Review*)에서도 경제구조의 왜곡을 방지하고 효율성을 제고하기 위해 근로, 개인자영업, 소규모 법인회사에서 발생한 소득에 대해 동일한 세법 규정이 적용되어야 함을 주장한다. 세법상 차등 대우는 자국의 경제구조에 많은 영향을 미치며, 경우에 따라서는 왜곡된 시장구조를 야기하는 요인으로 작용한다는 것이다. 예컨대 개인자영업자의 개인소득세가 배당소득세보다 세부담이 높다고 가정하면, 사업자는 법인회사 설립을 통해 투자에 대한 소득을 배당금의 형태로 취할 것이다. 효율적인 조세제도를 설계하기 위해서는 개인소득세와 법인세 간의 조화가 필요함을 역설한다.

다섯째, 우리나라 기업은 경제 개발 과정에서 엄청난 인위적 지대(rent)를 누렸다. 인위적 지대란 정부개입에 의해 발생한 기회비용을 초과한 수입을 말한다. 말하자면 정부로부터 받는 각종 특혜를 말한다. 해방 이후 적산기업 인수에서부터 시작하여 공정 환율 하에서의 환차익, 특혜성 정책금융과 세제 및 재정 지원, 중화학공업 육성할 때의 진입규제 등을 통해 정부로부터 엄청난 인위적 지대를 향유했다. 정부의 특혜는 경제 성장이라는 미명 하에 대기업이 독식하다시피 했다. 우리의 대기업들은 공정한 몫 이상의 몫을 챙긴 셈이다. 이 부분은 사회에 환원해야 할 몫이다.

여섯째, 앞에서 지식 유산 시대의 분배전략에서 논의했듯이 대기업이 과실(果實)로 챙긴 몫은 사회적으로 축적된 지식으로부터 발생한 부분이 매우 크다. 기업이 이룬 부는 기업 혼자 이룩한 것이 아니라 사회적으로 축적된 지식의 열매다. 부의 원천인 축적된 지식은 대가를 지불하지 않는 불로 선물이며, '공짜 점심'이다. 따라서 불로 선물인 지식을 통해 부를 축적했다면 그 과실이 기업에게 독식되어서는 안 된다. 사회에 환원해야 할 몫이다. 더욱이 거기에는 노동자의 피와 땀의 몫도 포함되어 있다. 또한 오랜 기간의 학교교육과 가정교육을 통해 육성된 인재를 공짜로 기업들은 취했다. 정부와 사회와 가정이 한 사람에게 투자한 과실을 기업이 공짜로 획득한 셈이다. 이들 몫은 사회에 환원해야 한다. 기업이 세금을 더 많이 내야 하는 이유다.

일곱째, 많은 국민이 부자 증세에 대해 지지하고 있다. 2012년 1월 민주통합당 원혜영 의원과 참여연대가 우리 리서치에 의뢰해 국민 1,000명을 대상으로 설문조사를 한 결과를 보면 부자 증세가 필요하다고 응답하고 있다. '대기업을 중심으로 하는 증세'를 골자로 한 법인세법 개정안에 대해 응답자 75.1%가 찬성했다. 응답자들의 다수인 69.5%가 대기업 총수 일가의 주된 상속 방식인 상장주식 양도차익에 대해서도 과세해야 한다는 데 동의했다. 반대 의견은 19.4%에 머물렀다.

복지재원 마련의 다중 접근

추가적 복지재원을 마련하는 일은 한두 개의 세목을 조정하는 것만으로 해결할 수 없다. 다양한 방식의 재원 마련이 필요하다. 세제개혁, 재정지출의 재배분, 재정지출 낭비 억제 등 다양한 방안을 마련해야 한다.

앞에서 '선 부자 증세론'의 일환으로 소득세와 법인세의 최고세율 구간 설정 및 세율 인상안을 제시했다. 또한 복지지출 수요를 감안하여 중기적으로 부유세 도입을 검토해야 함을 주장했다. 그 밖에도 다양한 복지재원 마련 방안이 있다.

① 사회보험제도의 개혁

국민 부담을 늘리는 방법에는 증세를 하는 방법과 사회복지 기여금을 증대하는 방법이 있다. 연금 갹출료 및 건강보험료와 같은 사회복지 기여금은 각각의 제도 개혁 차원에서 접근해야 한다. 증세와 같은 차원에서 복지재원 마련 방법을 논하는 것은 문제가 있다. 연금제도와 건강보험제도의 개혁이라는 차원에서 접근하는 것이 필요하다.

② 주식 양도차익에 대한 과세

조세 분야에서 추가 재원을 마련하는 방법에는 주식 양도차익에 대한 과세 방법이 있다. 정부는 2012년 8월 유가증권시장에 한해 주식 양도차익이 과세되는 대주주 범위를 확대하겠다고 했다. OECD 국가들 중 우리나라와 같이 대주주냐 개인이냐에 따라 과세를 달리하는 국가는 없다. 주권 상장법인 및 코스닥 상장법인의 주식과 출자 지분에 대해 예외적으로 부과되던 양도소득세 과세를 일반화해야 한다. 일정 수준의 양도차익에 대해서는 소득공제 혜택을 주면서, 주식 거래에 대해 전면적으로 양도소득세를 부과하는 것은 주식시장의 활력을 해치지 않으면서 동시에 과세 형평성 및 주식 거래의 투명성을 제고할 수 있을 것이다(강병구, 2012). 아울러 선물과 옵션의 파생상품 거래세를 과세하되 3년간 시행 유예를 두기로 한 정부 방침을 수정하여 유예 기간 없이 시행할 필요가 있다.

③ 조세지출제도의 개혁

조세 분야에서 빼놓을 수 없는 논의가 조세지출, 즉 조세 감면 문제다. 소득 구간의 신설 등 조세수입을 증대하는 것도 중요하지만 특혜성 조세 감면을 없애는 것은 더 중요하다. 조세지출의 중요한 목적은 사회적 형평성을 달성하기 위해 사회적 약자에 대한 조세 혜택을 부여하거나 특정한 산업정책의 목적을 위해 혹은 외부 효과로 인한 비효율성이 존재할 때 경제적 효율성을 제고하기 위한 것이다. 조세지출의 축소 문제는 재원 동원 논의를 할 때마다 끊임없이 제기되는 사안이다. 그런데 조세지출 축소는 이해관계자의 이해가 얽혀 있기 때문에 정치적 실현 가능성에 제약을 받는다.

우리나라의 국세 감면액 추이를 보면 국세 감면 비율이 2000년 13.8%에서 2007년 12.5%까지 감소했으나 이명박 정부 들어 2009년 15.8%까지 증가했다가 다시 약간 감소하는 추세다. 국세 감면 비율을 1% 정도 축소하면 1조~2조 원가량 추가 재원을 마련할 여지가 있다. 그러나 조세지출의 목적을 잘 고려하여 감면 여부를 판단해야 한다.

조세지출제도를 합리적으로 평가하기 위해서는 다음의 사항에 유의해야 한다. 첫째, 조세지출 자체의 문제와 조세지출 운용상의 문제를 구분해서 평가할 필요가 있다. 둘째, 조세지출의 타당성에 대한 평가는 개별 사안별로 이뤄질 필요가 있으며, 특정 정책목표를 달성하기 위해 정책 수단으로서 직접 지출, 금융 지원, 조세지출 중 어떤 방식이 더 타당한지가 검토되어야 한다. 특히 정치적 실현가능성을 잘 판단해야 한다.

조세 감면과 관련하여 가장 논란이 되고 있는 부분이 고용창출 투자세액 공제제도다. 고용창출 투자세액 공제제도는 설비 투자에 대해 일률적으로 지원하는 임시투자 세액공제를 2011년 폐지하고 고용의 증감에 비례하여 투자세액공제를 받을 수 있도록 하는 제도다. 투자와 고용간 연계를 강화하기 위한 목적으로 도입되었다.

현행 고용창출 투자세액 공제는 기본 공제를 일반기업 3~4%, 중소기업 4%를 하고, 고용 증가에 비례하여 추가 공제를 일반기업 2%, 중소기업 3%를 하게 되어 있다. 정부는 2012년 8월 개정안에서 중소기업은 그대로 두고 일반기업은 기본 공제 1%p씩 낮추고 추가 공제는 1%p씩 높이는 내용을 제안하고 있다.

임시투자 세액공제제도를 고용창출 투자세액 공제제도로 변경한 것은 '고용친화적 성장전략'을 택한 점에서 바람직하다고 생각한다. 그러나 그동안 임시투자 세액공제를 폐지하자는 주장이 지속적으로 제기되었던 사실을 상기할 필요가 있다. 임시투자 세액공제를 폐지하는 것을 전제로 한다면 기본 공제는 폐지되는 것이 마땅하다. 정부 개정안은 일반기업에 대해 기본공제율은 인하하고 고용 증가와 관련 있는 추가공제율은 인상하는 내용을 담고 있다. 기업의 성장이 일자리 창출 효과를 제고하기 위해서는 일반기업의 기본 공제를 매년 1%p씩 인하하여 2~3년 내에 완전한 고용 증가 비례 세액공제로 전환하는 것이 타당하다고 생각한다. 다만 중소기업은 기본 공제를 유지하되 고용 증가 비례 추가 공제를 확대하는 것이 필요하다.

〈표 7-13〉 고용창출 투자세액 공제제도 내용

현행

□ 투자세액 공제율

구분	일반기업		중소기업
	수도권 내	수도권 밖	
기본 공제 (고용 감소 시 배제1)	3%	4%	4%
추가 공제 (고용 증가 비례 2)	2%	2%	3%
합계	5%	6%	7%

1 고용이 감소하지 않은 기업에 대해 투자 금액의 3%, 4% 세액공제

2 추가공제 한도: 고용증가 인원 × 1,000만 원(마이스터고 등 2,000만 원, 청년 1,500만 원)

개정안

□ 공제율 조정

구분	일반기업		중소기업
	수도권 내	수도권 밖	
기본 공제 (고용 감소 시 축소 1)	2%	3%	4%
추가 공제 (고용 증가 비례 2)	3%	3%	3%
합계	5%	6%	7%

1 투자 금액에 기본공제율을 곱한 금액에서 감소 인원 1명당 1,000만 원 공제 금액 축소

2 (좌동)

* 2013.1.1. 이후 투자분부터 적용

④ 세제개혁 시 고려할 사항

마지막으로 조세전략과 관련하여 지적하고 싶은 것은 조세제도를 특정 조세와 다른 조세 간의 연계성을 염두에 두고 전략을 수립해야 한다는 것이다. 영국 멀리스 리뷰에서 체계성이라고 말한 부분이다. 체계성이란 세제개혁 시 조세제도를 하나의 큰 틀로 인지하여 접근해야 함을 의미한다. 세제개혁을 논할 때 개별 세금 하나하나에 집착하지 말고 전체 조세 체계를 하나의 그림으로 보자는 것이다. 나무보다 숲을 보면서 세제개혁을 하자는 의미다.

오스턴 굴스비(Austan Goolsbee)는 부자 과세에 대해 우리에게 시사적인 연구 결과를 발표했다. 부자들 소득에 부유세를 높게 때리면 그들은 소득원을 자산으로 얼른 바꿔버린다는 것이다. 가령 채권이나 임대소득을 많이 받아 소득세 폭탄이 떨어지면 그것들을 팔아버리고 땅이나 건물 금 같은 걸로 대체한다. 세율이 낮은 외국으로 재산을 갖고 튀어버리는 경우도 많다. 그러므로 소득에만 부유세를 과세하겠다는 발상

은 어리석다(매경 김세형 칼럼, 2011. 11. 30). 소득이 아닌 자산에 대한 과세가 필요함을 역설한 부분이다.

비슷한 논리로 프레드 해리슨(Fred Harrison)은 미국 레이건 정부가 단행한 감세의 이익은 결국 토지 소유자에게로 돌아갔다는 것을 지적한다. 법인세와 소득세 감면이 토지 수요 증가로 이어질 것이 예상되자 지가가 먼저 상승했고, 여기에 투기 세력까지 가세하여 결국 기대했던 투자와 소비 증가는 이뤄지지 않고 지가 상승으로 토지 과다 소유자만 엄청난 불로소득을 향유했다는 것이다. 체계성의 관점에서 볼 때 특정 세목의 개혁이 다른 세목에 영향을 미친 사례를 지적한 것이다.

이러한 체계성 관점에서 보면 조세대체론이 상당한 설득력을 갖는다. 만약 기업의 경쟁력 강화와 투자 촉진을 위해 법인세율을 인하하거나 현 수준을 유지하고자 한다면 그에 상응한 토지 등 자산에 대한 과세를 강화하는 패키지 세제개혁을 추진해야 한다.

3 복지국가 재정지출전략

재정으로 본 정부의 역할

이미 앞에서 우리나라 재정에 대해 '매우 작은 정부-저복지-저부담' 국가 유형이라고 말한 바 있다. OECD 국가들 중 재정 규모, 복지 지출 규모, 총조세 부담 수준이 최하위 그룹인 매우 보수적 국가 유형에 속한다. 재정 규모를 보면 2008~2010년의 3년 평균 일반정부 총지출 규모가 GDP 대비 31.5%로서 최하위권이다. 가장 재정 규모가 큰 덴마크의 56.2%, 프랑스 55.1%, 스웨덴 53.3%에 비하면 재정의 비중이 너무 작다. OECD 평균 43.6%나 선진국 중 비교적 재정 규모가 작은 편에 속한 미국 41.2%, 일본 40.0%에 비교할 때에도 우리의 재정 규모는 10% 정도 차이가 난다. 다른 나라에 비해 정부가 재정을 통해 국민들을 위해 많은 일을 못하고 있다는 반증이기도 하다.

그렇다면 우리나라의 재정 규모를 일본, 미국 수준 또는 OECD 평균 수준에 근접하도록 GDP 대비 10% 정도를 올린다면 어떻게 될까? 2011년 경상 GDP 규모는 1,200조 원이기 때문에 120조 원 정도가 더 증가한 재정 규모를 갖게 될 것이다. 2012년 중앙정부 재정 규모가 325조 원이므로 약 중앙재정의 1/3 정도 증가된 수준이다. 최근 논란이 되고 있는 복지재정의 추가 재원을 쉽게 마련할 수 있는 돈이다. 그만큼 재정 규모를 당장 확대할 수는 없지만 재정 규모가 지금보다 더 확대되어야 함은 당위로 보아야 한다. 추가적 재정 수요는 재정 규모의 확대를 통하지 않고는 한계에 봉착할 수밖에 없기 때문이다. 더욱이 재정 수요는 꾸준히 증가하는 추세를 보여준다. 성장 잠재력과 고용 기반 확충의 필요성, 양극화와 저출산·고령화 사회에의 대응, 남북관계 진전과 통일에 대비한 잠재적 재정 수요 등이 앞으로 재정 규모를 확대할 수밖에 없는 재정환경이다.

정부가 재정으로 국민을 위해 무엇을 해야 하는가의 문제를 다시 생각해 볼 필요가 있다. 재정 규모의 크기 문제는 곧 정부 역할의 문제이기도 하다. 정부가 재정을 통해 무슨 일을 하는지는 재정지출의 배분 내역을 보면 자세히 알 수 있다. 여기서는 OECD 국가의 재정지출의 배분 내역을 중심으로 우리나라의 위상을 보기로 하자.

〈표 7-14〉에서 보듯이 우리나라 재정의 역할은 사회복지 분야는 OECD 국가 중 꼴찌 수준이며, SOC를 포함한 경제사업 분야가 OECD 평균의 두 배 수준으로 가장 큰 비중을 차지하고 있다. 국방비 지출도 이스라엘, 미국에 이어 세 번째로 높은 편이다. 반면에 선진국들은 재정의 절반 이상을 보건과 사회복지 분야에 사용하고 있다. 재정의 50% 이상(2008년 기준)을 보건 및 사회복지 분야에 지출하는 국가를 나열하면 다음과 같다. 즉, 스칸디나비아 국가 4개국(덴마크, 핀란드, 스웨덴, 노르웨이), 유럽 대륙국가 5개국(독일, 프랑스, 룩셈부르크, 오스트리아, 벨기에), 유럽 남부국가 2개국(이태리, 포르투갈), 그리고 일본과 아일랜드의 13개 국가다. 영국은 50%를 넘지 않지만 근접한 수준이다. 미국

〈표 7-14〉 OECD 국가 재정의 기능별 분류(2008년)

(단위: %)

	일반행정	국방	경제사업	교육	보건	사회복지
독일	13.6	2.4	7.6	9.3	14.3	45.1
덴마크	13.1	2.9	5.2	13.4	14.9	43.3
룩셈부르크	10.8	0.7	11.4	11.8	12.0	42.1
프랑스	13.6	3.3	5.4	11.1	14.8	41.4
핀란드	13.4	3.0	9.5	12.0	14.3	41.3
오스트리아	13.1	2.0	10.0	10.9	15.9	40.9
스웨덴	14.8	2.8	8.2	13.2	13.3	40.7
스위스	12.0	2.6	12.8	17.1	5.4	40.7
이태리	18.3	2.9	7.8	9.3	14.6	38.5
노르웨이	10.8	3.9	9.2	13.0	16.9	38.2
그리스	19.8	6.2	11.4	8.3	11.4	36.5
헝가리	18.8	1.8	12.0	10.7	10.0	36.2
폴란드	12.6	3.2	11.5	13.3	11.7	36.1
포르투갈	16.1	2.8	6.5	14.3	14.4	35.9
슬로베니아	11.6	3.2	10.7	13.8	13.8	35.9
벨기에	16.9	2.2	10.8	11.9	14.7	35.6
네덜란드	16.1	2.9	10.7	11.6	12.7	35.2
일본	12.8	2.5	10.0	10.5	20.1	35.0
스페인	11.3	2.5	12.6	11.2	14.7	33.9
영국	9.5	5.4	10.2	13.5	15.8	33.5
아일랜드	7.9	1.2	13.8	12.6	18.3	32.3
호주	10.1	4.2	11.4	14.1	18.1	30.8
체코	10.4	2.6	16.8	10.9	16.8	30.0
에스토니아	7.3	4.4	12.1	16.9	13.1	29.4
슬로바키아	10.5	3.8	14.4	9.9	19.7	29.0
뉴질랜드	13.3	2.6	10.5	18.6	16.6	25.8
이스라엘	12.7	16.4	6.1	16.7	12.4	25.5
캐나다	18.6	2.6	8.6	18.3	18.7	23.4
미국	12.7	11.9	10.6	16.6	20.5	19.4
아이슬란드	11.3	0.1	33.8	14.5	13.7	15.5
한국	14.1	8.9	21.8	16.3	13.0	12.4
OECD(31) 평균	13.1	3.8	11.4	13.1	14.7	33.5

주1) 기능 중 공공질서와 안전, 환경보호, 주택 및 지역개발, 여가 · 문화 · 종교 분야는 생략함.
주2) 칠레, 멕시코, 터키 자료 없음. 캐나다는 2006년, 뉴질랜드는 2005년 자료임.
주3) 국가별 순서는 사회복지(social protection) 규모 순임.
자료: OECD. Government at a Glance 2011, National Accounts Statistics.(2011. 2. 28 자료 추출).

은 40% 수준에 머물고 있다. 우리나라는 그 절반인 25% 수준이다. 선진국들은 대부분 국민들로부터 거둔 세금으로 절반 이상을 보건과 복지 분야에 사용하고 있는 것이다.

만약 우리나라에서 재정의 절반 이상을 보건 및 복지 분야에 사용한다면 경제 성장을 위한 투자에 쓰지 않고 그런 소비성 지출에 사용해서야 되겠느냐는 비난이 쏟아질 것이다. "무상급식을 막지 못한다면 퍼주기식 소비성 지출의 물꼬를 터주게 될 것이며, 낙동강 전선이 무너지는 것"이라며 서울시장직을 버린 오세훈 시장 사례에서 우리는 이미 목격했다. 복지 지출을 '망국적 복지 포퓰리즘'이라고만 매도하는 사람들의 시대 의식은 한심하기 짝이 없다. 안톤의 실명자들인 셈이다. 그렇다면 과연 선진국들은 국민들 세금을 퍼주기식 소비성 지출에만 사용하고 있는 것인가?

이제 토건잔치는 그만!

한국조세연구원은 2009년 재정지출과 관련하여 의미 있는 연구보고서를 출간했다(박형수 · 류덕현, 2009). 1990~2007년 재정을 중심으로 복지, 보건, 교육, 연구개발(R&D), 기반시설(SOC), 공공질서 및 안전, 일반공공행정, 환경 보호 등 8개 분야의 재정 투입과 그 효과를 분석해 OECD의 회원국들과 비교했다.

분석 결과 우리나라는 대형 토목공사들이 주축을 이루는 SOC 분야 재정 투입 비율이 OECD 국가들 중 가장 높았지만 효율성은 가장 낮았다. GDP 대비 SOC 재정 투입은 OECD 국가(28개) 중 지표별로 1~2위였고, 효율성 지수는 25~28위였다. SOC 분야 효율성은 항공 · 도로 · 철도 수송량(화물 및 승객) 등을 기준으로 분석했다. 반면에 교육 · 복지 · 보건 분야는 재정 투입 비율은 최하위권이었지만 재정 효율성은 높았다. 복지 재정 투입은 OECD 국가(25개) 중 가장 낮았으며, 효율성은 대다수 분야에서 2~4위를 차지했다. 복지재정 효율성은 지니계수(양극화 지표), 빈곤율 등을 기준으로 따졌다. 보건 분야도 재정 투입은 30개국 중 26~30위였지만, 효율성 지수는 1~6위였다. 홍역 면역률, 인구 1,000명당 의사 수 등이 효율성 지표로 사용됐다. 교육은 OECD 국가(30개) 중에 재정 투입은 지표별로 19~27위였지만 효율성은 1~4위였다. 문맹률, 교사 대비 학생 수, 진학률 등을 효율성 기준으로 삼았다.

정부가 2000년 이후 8년간 도로 항만 등 사회간접자본(SOC)에 130조 원이 넘는 돈을 쏟아부었지만 SOC 재정 투자의 효율성은 OECD 회원국 가운데 동유럽 2개국을 빼고는 최하위였다. 예비타당성도 거치지 않은 채 22조 원이 넘는 돈을 쏟아 부은 4대강 사업의 효율성은 새삼 논의할 가치도 없다. '무상복지'를 탓하는 안톤의 실명자들은 '무상 4대강 사업'과 '무상 SOC 사업'의 문제를 직시할 필요가 있다. 복지가 무상이라면 4대강 사업도 무상인 것이다. 재정은 국민들의 세금으로 이뤄진 돈이기 때문에 재정지출에 무상이란 있을 수 없다. 무상급식을 반대하는 사람들은 부자들의 자녀에게 왜 무상급식을 하느냐고 외친다. 그렇다면 4대강 사업은 왜 부자 기업들에게 무상으로 돈을 쏟아붓는가?

『프리라이더』의 저자 선대인(2011: 282)은 4대강 턴키 1차 사업의 발주 규모가 약 4조 원인데 이 중 약 30%인 1조 2,000억 원이 재벌 건설업체들의 배를 불리는 데 낭비되었다고 주장한다. 이 돈은 건설비용이라기보다 그냥 무상으로 재벌 건설업체에 퍼준 것이다. 퍼준 것으로 보는 이유는 턴키 입찰 방식과 재벌 건설업체들의 가격 담합 때문이다. 턴키 입찰 방식은 예산 낭비와 건설업체 간 담합 구조의 핵으로 자리잡고 있다. 턴키 입찰 방식은 최저가 낙찰제 대상에서 제외될 뿐만 아니라 설계에 들어가는 거액의 선투자 비용을 통해 시장 진입장벽으로 활용되고 있다. 그 결과 상위 10개 재벌 건설사들이 턴키 입찰 물량을 싹쓸이해 왔다. 재벌 건설사들은 턴키 입찰에서 가격 담합을 통해 경쟁입찰에 비해 평균 30%가량 높은 금액인 추정 공사비의 95~98% 수준에서 공사를 수주했다. 경쟁입찰보다 높은 30% 부분이 부자 건설업체들이 무상으로 가져간 돈이다.

정부는 4대강 사업에 22조 원 이상을 투자하면서 고용 효과 운운했다. 국민들은 많은 사람이 일자리를 얻어 주머니를 채울 수 있을 것으로 기대했다. 그런데 공사 현장을 보면 덤프 트럭들만 부지런히 오갈 뿐 일하는 사람들은 별로 보이지 않았다. 선대인이 제시한 자료를 보면 현장 덤프 트럭 기사들이 하루 받는 일당은 36만 원이다. 일당 36만 원이면 많은 것처럼 보이지만 일당 가운데 80% 이상이 유류비와 차량 유지관리비 등으로 빠지므로 손에 쥐는 돈은 빈약하기 짝이 없다. 80%를 빼면 기사들은 7만여 원을 손에 쥔다. 그런데 정부가 이들 기사가 하는 일에 대해 책정한 예산액은 112만 8,330원이다. 부풀려진 표준 품셈 때문에 이렇게 책정되었다. 그럼 그 차액 768,330원은 누가 가져갔나? 책정된 예산액의 68%인 그 돈은 원도급 업체와 하도급 업체 등이 중간에서 가져갔다. 재정으로 돈을 풀었는데 덤프 트럭 기사에게는 30% 남짓 돌아가고 나머지 70%는 재벌 건설업체 등의 금고로 들어간 것이다. 건설업이 왜 고용 증대 효과가 없고 내수 진작에 기여하지 못하는지를 적나라하게 보여주는 사례다. 건설업은 이미 2005년부터 고용탄성치가 마이너스로 돌아섰다. 다시 말해 건설업은 성장을 할수록 고용이 아예 감소하는 것이다. 이제 경기 진작을 위해 삽질하자는 소리는 그만 했으면 좋겠다.

미국 루스벨트 대통령이 TVA 공사를 통해 대공황을 극복했다. 소위 뉴딜 정책이다. 뉴딜 정책은 공공투자라는 유수정책(pump priming policy)을 통해 케인스가 말한 유효 수요를 창출하여 대공황을 극복했다. 그러나 이제 케인스 이론은 수정되어야 한다. 요즘에는 정부가 공공공사를 일으켜도 유효 수요를 창출하지 못한다. 정부가 푼 돈이 재벌들 금고로 들어가 버리기 때문이다. 2011년 국정감사에서 여당의 이혜훈 의원은 2010년 국내 대기업의 잉여자금 내부 유보율이 1,200%에 달해 사상 최고치를 기록했으나 기업 투자로 이어지지 않았다고 지적한 바 있다. 정부가 푼 돈이 기업 투자로 이어져 지속적 부가가치를 창출하고 서민들

호주머니로 들어와 구매력을 높여야 하는데 이러한 메커니즘이 전혀 작동하지 않고 있다. 소위 낙수 효과가 거의 없는 것이다. 수출의 성장 기여도는 높지만 일자리 창출과 내수 확대에 크게 기여하지 못하고 있다는 것과 같은 맥락이다.

이제 경제 불황을 타개한답시고 토건족들의 토건잔치에 휩쓸려서는 안 된다. 이제 토건족과 건설족들의 경기 부양 논리는 더 이상 통하기 어렵다. 고용 효과는 건설 부문보다 사회 서비스 부문이 훨씬 더 큰 것으로 나타난다. 토건사업이 경기 부양에 예전만큼 크게 도움을 주지 못한다. 오히려 토건사업은 재정 규모가 크기 때문에 채무를 증가시키고 재정 건전성을 해치는 요인이 된다. 서울시의 경우 이명박, 오세훈 두 시장 시기에 시행된 토건사업으로 인해 산하기관 채무가 10조 원 이상 증가했다. 그 결과 2012년 서울시 SH공사가 지불하는 이자가 하루 21억 원, 한 달 630억 원에 이른다고 한다.[8] 1년이면 7,500억 원에 이르는 돈을 이자 부담에 지출하고 있는 것이다. 서울시 학교 무상급식 전체 예산 2,850억 원의 2.7배, 서울시 부담분 30%인 570억 원의 13배가 넘는 돈이다. 이자 부담에 대한 재정지출은 과거 지향적 지출이다. 과거 지향적 지출은 최소화될수록 바람직하다. 미래 지향적 투자인 무상급식에는 벌벌 떨면서 그 몇 배가 넘는 이자 지출에는 무덤덤한 시각이 답답할 뿐이다. 재정지출을 새로운 시각에서 재정립해야 할 때다.

'총이나 빵이냐' 아니면 '삽이냐 빵이냐'

재정지출에 사용할 자원은 한정되어 있다. 따라서 재정지출의 재배분은 어느 쪽에 쓸 자원을 다른 쪽에 전환하는 문제다. 그렇다면 어느 쪽 자원을 줄이고 어느 쪽 자원을 늘려야 할까? 재정지출의 배분과 관련하여 '총과 빵'의 논쟁이 있다. 즉, 국방비와 사회복지비의 상쇄관계(trade

8 2012년 7월 20일 서울시 주요 핵심사업 점검보고회에서의 SH공사 사장의 발언.

off)의 논쟁이다. 사회복지비를 늘리기 위해서 국방비를 줄이거나, 반대로 국방비를 늘리기 위해 사회복지비를 줄여야 하는 관계를 말한다. 국방비와 사회복지비 간 관계에 대해서는 상쇄관계가 있다는 주장과 없다는 주장이 맞서 있다. 몇몇 학자의 연구 결과를 보기로 하자(윤영진 외, 2006: 114 참조).

돔크 등(Domke et al., 1983)은 정교한 3개의 구조방정식을 통해 나토(NATO) 4개국인 미국, 영국, 프랑스, 독일을 분석했다. 1948년 이후 이들 나토 연맹국의 지출 행태를 연구한 결과 지출 항목의 비중에서 장기적인 관점에서는 경쟁 관계가 확인되지만 단기적인 관점에서는 쉽게 확인되지 않았다. 데거(Deger, 1986)는 국방비가 증대하면 물가 상승이 유발되거나 조세 증대를 통해 이를 뒷받침해야 하고 따라서 잠재적으로 복지비의 증대를 방해하는 요인이 된다고 지적한다. 더욱이 미국은 다른 선진국에 비해 국방비의 비중이 높고 복지비의 비중이 낮기 때문에 직접적인 효과뿐만 아니라 이러한 간접적인 효과까지 고려해야 한다는 것이다. 러셋(Russet, 1969)은 국방비가 증가할 때 불균형적으로 더 많은 부담을 져야 하는 계층은 누구인가라는 것에 문제 의식을 갖고 분석했다. 따라서 단순히 예산구조뿐만 아니라 공적인 지출과 사적인 지출을 포함한 국가경제적인 영향까지 분석함으로써 방위비의 증대는 복지비의 감소를 수반한다고 주장했다. 퍼로프 등(Peroff et al., 1979)은 행정부 요구액, 국회 의결액, 부처의 집행액을 구분하여 분석했다. 실제 의회 승인액에서는 국방비와 의료비 지출 사이에 상쇄관계가 발견되지 않았으나, 행정부 요구액에서는 상쇄관계가 발견되었다. 클레이턴(Clayton, 1976)은 미국 연방정부의 재정지출 구조에서 국방비와 복지비의 관계를 분석하고 경쟁 관계가 통계학적 유의미성을 갖지 못한다고 지적했다. 학자들의 견해를 보면 국방비와 복지비 간 상쇄관계가 있다는 견해가 더 우세한 것으로 보인다.

재정지출의 배분과 관련하여 '삽과 빵'의 관계도 상쇄관계로 나타나는 경우가 많다. 경제사업비와 사회복지비 간 상쇄관계다. '총과 빵'의

〈표 7-15〉 OECD 국가 재정의 기능별 변화율(2000～2008년)

(단위: %)

	국방	경제사업	보건	사회복지
일본	0.0	-4.0	3.5	6.6
포르투갈	-1.0	-4.6	-0.8	6.6
아일랜드	-0.8	1.1	0.8	5.0
헝가리	-0.6	-1.5	-0.4	4.9
한국	-2.9	-0.7	3.1	3.3
호주	-0.1	-0.8	2.0	1.8
프랑스	-0.7	-0.9	1.0	1.5
덴마크	-0.1	-1.1	2.7	1.3
노르웨이	-0.5	-2.3	0.6	1.2
슬로바키아	-0.5	-6.8	9.7	1.2
이스라엘	-0.6	0.0	0.9	1.0
벨기에	-0.3	1.4	1.9	1.0
이태리	0.5	1.9	1.6	0.6
스페인	-0.3	0.5	1.3	0.5
오스트리아	0.2	1.7	0.1	0.4
룩셈부르크	0.0	0.3	1.1	0.4
캐나다	-0.2	0.1	4.3	0.3
그리스	-2.4	-1.4	3.0	0.0
미국	2.5	-0.3	2.3	-0.1
에스토니아	0.5	1.5	1.3	-0.2
핀란드	0.1	-0.3	2.4	-0.6
슬로베니아	0.8	-0.3	0.0	-1.2
스웨덴	-1.4	1.5	2.3	-1.4
체코	-1.5	-0.8	3.1	-2.0
네덜란드	-0.8	0.9	4.3	-2.4
독일	-0.3	-1.6	0.7	-2.5
아이슬란드	0.1	17.6	-5.4	-2.9
영국	-1.0	5.3	1.3	-4.4
폴란드	0.5	3.5	1.9	-5.3
OECD(29) 평균	-0.4	0.4	1.7	0.5

주1) 칠레, 멕시코, 뉴질랜드, 스위스, 터키 자료 없음.

주2) 캐나다는 2008년 대신 2006년, 폴란드는 2000년 대신 2002년 자료임.

주3) 국가별 순서는 사회복지(social protection) 증가율 크기 순임.

자료: OECD. Government at a Glance 2011, National Accounts Statistics.(2011. 2. 28 자료 추출).

논쟁만큼 통계적으로 분석한 자료가 많지 않지만 '삽과 빵'의 관계도 상쇄관계에 있음을 부인할 수 없다. 특히 우리나라는 4대강 사업, 한강르네상스 사업 등 토건사업과 복지지출 간 논쟁이 특히 정치권에서 이뤄진 바 있다.

여기서는 OECD에서 발표한 2000~2008년 동안의 회원국 재정의 기능별 변화율에 대한 자료를 검토하기로 한다. 〈표 7-15〉에서 보듯이 9년 동안의 OECD 국가의 기능별 재정 변화를 보면 분야간 상쇄관계를 찾아볼 수 있다.

먼저 '삽과 빵' 간의 상쇄관계를 보자. 2000-2008년 사이에 보건과 사회복지 지출이 가장 많이 증가한 국가는 10.1% 증가한 일본이다. 일본과 포르투갈은 사회복지비가 가장 많이 증가했으며, 반면에 경제사업비는 가장 많이 감소했다. 슬로바키아는 보건비 증가율이 가장 높은 반면에 경제사업비 감소율은 가장 크다. 호주, 프랑스, 덴마크, 노르웨이, 헝가리 등은 사회복지비 증가에 대응하여 경제사업비와 국방비가 감소했다.

반대로 아이슬란드와 영국, 폴란드는 경제사업비 증가율이 가장 높은 편이며 그에 상응하여 사회복지비 감소율이 매우 높다. 이들 국가는 방향은 서로 다르지만 경제사업비와 사회복지비 간 상쇄관계가 있음을 보여준다. 소위 '삽과 빵' 간의 상쇄관계다.

'총과 빵'의 상쇄관계를 보자. '총과 빵'의 상쇄관계를 보여주는 국가로는 이스라엘, 벨기에, 스페인 등을 들 수 있다. 이들 국가는 사회복지비가 약간 증가 추세이며, 국방비가 약간 감소했다. 체코는 보건 분야가 증가한 반면 사회복지비, 국방비, 경제사업비는 감소했다. 그리고 미국은 국방비와 보건비가 증가한 반면에 경제사업비와 사회복지비가 감소했다.

우리나라는 사회복지비 증가율이 29개 OECD 국가 중 5번째로 높은데 경제사업비(-0.7%)보다 국방비(-2.9%) 감소율이 더 크다. 2000~2008년 기간 동안 경제사업비보다는 국방비를 축소하면서 사회복지비를 늘린 것으로 볼 수 있다. '총과 빵'의 상쇄관계 패턴을 보여준 것이다. 이것은 그동안 군사정부 하에서 국방비 비중이 제일 높은 편이었는데 점차 감소하는 현상을 반영한 것이다. 앞으로는 사회복지비가 증가하는 추세를 보이는 반면, 경제사업비가 더 많이 감소하게 될 것으로 예측된다.

역대 정부별로 보면 박정희 정부(3 · 4공화국) 하에서는 국방과 경제 분야가 가장 큰 비중을 차지했으며, 복지 분야는 비중이 가장 낮았다. 전두환 정부 들어 경제 분야가 대폭 줄고 복지와 교육 분야가 확대되었다. 가장 큰 비중을 차지한 분야는 역시 국방이다. 당시 SOC 투자가 줄어 병목 현상이 발생하면서 전두환 정부 후반기 들어 SOC에 대한 투자가 강조되었다. 노태우 정부에서는 국방비가 줄고 복지비가 크게 증가했다. 소위 '총과 빵'의 상쇄관계가 두드러진다.

김영삼 정부에서는 경제사업비가 다시 증가하고 국방비가 대폭 감소했다. 그리고 가장 큰 비중을 차지하던 국방비가 경제사업비에 최대 지출 분야를 내주었다. 문민정부라는 명칭에서 보듯이 군사정부의 틀에서 벗어나려는 노력의 결과라고 볼 수 있다. 김대중 정부에서도 국방비

〈표 7-16〉 분야별 재정지출의 비중

(단위: %)

	3 · 4공화국	전두환 정부	노태우 정부	김영삼 정부	김대중 정부	노무현 정부
국방	28	27	21	16	12	12
경제	27	20	20	24	24	22
복지	8	13	18	18	22	24
교육	15	17	16	17	16	16

자료: 고영선, 재정 운영의 현황과 과제, 2005.

〈표 7-17〉 주요 재원 배분 방향

	전두환 정부	노태우 정부	김영삼 정부	김대중 정부	노무현 정부
▪ 최대 지출 분야	국방	국방	경제	경제	복지
▪ 중점 확대 분야	교육	복지	경제	복지	복지
▪ 축소 분야	국방·경제	국방·교육	국방	국방	경제

자료: 고영선, 재정 운영의 현황과 과제, 2005.

는 대폭 줄고 복지비가 대폭 늘었다. 역시 '총과 빵'의 상쇄관계 패턴을 보여준다. 그런데 아직도 경제사업비가 가장 큰 비중을 차지한다. 노무현 정부에서는 복지비가 느는 대신 경제사업비가 줄었다. 소위 '삽과 빵'의 상쇄관계 패턴을 보여준다. 그리고 그동안 재정에서 경제 분야가 가장 큰 비중을 차지했는데 노무현 정부 들어 복지 분야가 가장 큰 비중을 차지하게 되었다.

우리나라의 재원 배분 비중을 OECD 국가와 비교하면(2008년 기준) 국방비(8.9% 대 3.8%)와 경제사업비(21.8% 대 11.4%)가 OECD 평균을 훨씬 상회하고 있다. 두 분야의 비중이 OECD 평균의 2배 수준이다.

국방 분야는 남북관계 대치 등의 안보적 상황을 염두에 둔다면 이해할 수 있다. 그러나 경제사업비 비중이 OECD 국가 중 최고 수준이란 점에서 우리나라의 재정구조는 아직도 물적 자본 투자에 역점을 두는 개발연대 시기의 패턴에 갇혀 있다. 교육 분야(16.3% 대 13.1%) 비중도 OECD 평균을 넘는다. 반면에 사회복지(12.4% 대 33.5%)와 보건(13.0% 대 14.7%) 분야는 OECD 평균 이하 수준에 머물러 있다. 특히 사회복지 분야는 OECD 평균의 3분의 1 수준에 불과하다. 재정지출의 배분 상태를 볼 때 정부 역할을 재정립해야 할 시점이 되었음을 알 수 있다.

재정전략을 논하기 전에 우선 현재의 재정구조 및 제도 하에서의 재정지출 추세를 예측해 볼 필요가 있다. 최준욱 등(2005)은 ICGE 모형을 이용해 우리나라가 향후 외국의 추세를 따른다는 가정 하에 재정지출 구조와 규모의 변화 가능성에 대해 검토한 바 있다. 연구 결과를 보면 총재정지출은 2030년까지는 현재보다 GDP 대비 비중이 3~6% 포인트 정도 증가하는 것으로 나타나고 있다. 분야별 지출 추세를 보면 장기적으로 복지 지출은 큰 폭으로 증가하고 경제 부문 지출은 크게 감소하는 것으로 분석되었다. 모두 예측할 수 있는 내용이다.

국회예산정책처의 2012년~2016년 재정 전망을 보면 총지출은 연평균 4.8%의 증가율을 보이고, 의무 지출은 연평균 7.2%, 재량 지출은 연평균 2.7% 증가하는 것으로 전망하고 있다. 재량 지출에 비해 의무 지출이 2.7배 더 빠르게 증가하는 것이다. 의무 지출에는 교부세 등의 지방재원이전, 공공부조, 사회보험, 공적 연금 등의 복지 관련 지출, 그리고 이자 지출 등이 포함된다.

의무 지출 중에서도 공적 연금(연평균 8.9%)과 사회보험(연평균 8.2%)이 의무 지출 평균 증가율 7.2%를 상회하고 있다. 이들이 의무 지출 증가율을 선도하고 있는 셈이다. 복지 관련 지출 중 공공부조는 정부가 어느 정도 통제 가능하지만 사회보험과 공적 연금은 제도개혁을 하지 않는 한 비재량성의 정도가 크다. 복지 관련 의무 지출은 2012년 53.7조 원에서 2016년 73.2조 원으로 19.5조 원 증가하며, 이 중 3.6조 원(19%)은 노령인구 증가에 기인한 것으로 분석한다.

재정지출의 전략적 배분이라는 측면에서는 재정 수요의 변화뿐만 아니라 정부의 정책 의지나 정책철학이 반영된 배분구조를 구축해야 한다.

노무현 정부는 집권 후반기인 2006년에 「비전 2030: 함께 가는 희망 한국」이라는 미래 전략보고서를 마련한 바 있다. 그 내용을 보면 정부는 2005년 기준 총재정지출의 25.2%를 차지하는 복지 지출을 2006년부터 2030년까지 연평균 9.8%씩 증가시켜 2030년에는 총재정지출의

〈표 7-18〉 2012~2016년 총지출 전망

(단위: 조 원, %)

항목	2012	2013	2014	2015	2016	연평균 증가율
의무 지출	148.6	159.9	173.0	185.3	196.4	7.2
공공부조	7.0	7.4	7.8	8.2	8.7	5.5
사회보험	14.5	16.0	17.4	18.7	19.9	8.2
공적 연금	29.8	31.6	34.8	38.2	41.9	8.9
이자 지출	17.7	19.8	21.6	22.1	22.5	6.3
기타 의무 지출	8.1	8.4	8.7	9.0	9.3	3.3
지방재원이전	71.5	76.7	82.8	89.1	94.2	7.1
재량 지출	176.8	181.6	186.6	191.7	196.5	2.7
총지출	325.4	341.5	359.7	377.0	392.9	4.8

자료: 국회예산정책처(2012).

40% 수준으로 확대하는 내용을 담고 있다. 그에 따라 GDP 대비 복지 지출 규모는 2019년에는 2001년의 미국 수준인 15%, 2024년에는 일본 수준인 17%에 도달하며, 2030년에 21%로 OECD 평균 수준(2001년 기준)이 될 예정이다. 경제 분야에 대한 재정지출은 2005년 19.9%에서 2030년 10% 수준으로 감소되어 OECD 평균인 9.1%에 근접할 것으로 예측하고 있다. 비전 2030은 복지 분야의 재정지출 확대를 전망하면서 경제 분야의 지출과 상쇄관계로 보고 있다. 소위 '삽에서 빵'으로의 재정배분 전환을 도모한 것이다. 그러나 비전 2030을 달성하기 위한 1,100조원의 추가 재원을 어떻게 조달할지에 대해선 구체적 계획이 제시되어 있지 않다.

재정지출전략

재정은 무상으로 누구에게 돈을 주는 것이 아니다. 재정은 투자다. 재정은 국민들에게 행복을 나눠주는 것이며, 꿈을 심어주는 것이다. 무상급식이 아니라 급식에 대한 투자다, 무상보육이 아니라 보육에 대한 투자다. 급식과 보육에 대한 재정지출을 통해 국민들에게 행복을 나눠주는 것이다.

투자에는 크게 세 가지 유형이 있다. 첫째, 물적 자본에 대한 투자, 둘째, 인적 자본에 대한 투자, 셋째, 기술혁신을 위한 투자다. 과거 개발연대 시절에는 물적 자본에 대한 투자에 역점을 두었다. 노동과 자본의 요소 투입형 성장전략에 따라 물적 자본 투자가 크게 성장했다. 1970~2000년의 기간에 1인당 물적 자본 축적이 12.5배 증가했다. 반면에 기술 및 인적 자본 축적은 각각 1.7배 및 1.4배에 불과했다. 급속한 물적 자본의 증가로 인해 2000년 우리나라의 1인당 물적 자본은 미국의 93% 수준에 이르렀지만, 생산성 수준은 1990년대 초까지 미국의 50% 수준까지 도달한 이후 격차를 못 좁히고 있다(윤영진 외, 2006: 76). 물적 자본은 한계에 왔으며, 이제 사람에 대한 투자를 할 때다. 인적 자본과 기술혁신을 위한 투자는 곧 사람에 대한 투자다. 보육과 교육에 대한 재정지출은 곧 인적 자본에 대한 투자다. 연구개발(R&D)도 사람에 의해 행해지고 지식 스톡 역시 사람에 의해 만들어지므로 재정은 사람에 투자되어야 한다.

재정지출 전략을 논할 때에는 재정지출 하나만 보고 논할 수 없다. 재정 규모와의 관계, 조세와의 관계 속에서 논의되어야 한다. 즉, 체계성의 관점에서 논의되어야 한다. 그러나 일단 여기서는 재정배분에 한정하여 논의를 하고자 한다. 재정지출의 배분구조를 어떻게 바꿀 것인가의 문제에 초점을 맞추는 것이다. 재정지출의 배분은 시대의 요구에 부응하는 재정 수요를 반영하기 마련이다. 그러나 재정 운용 목표와 방향에 부응하는 전략적 재정 배분이 중요한 의미를 갖는다. 재정은 곧 정책 의지를 표명한 투자 우선순위의 조정이 핵심이기 때문이다.

재정지출의 전략적 배분의 초점은 증가 추세에 있는 복지 지출의 재원을 어떻게 마련하느냐의 문제로 귀결된다. OECD 국가들의 경험을 보면 복지 지출의 증가는 전체 재정 규모의 확대와 더불어 복지재정에 대한 재원 배분이 증가되었다. 복지 지출의 추가적 재원은 재정 규모의 확대를 통해 마련하는 것이 정치적 실현가능성을 높이는 방법이다. 재정 규모의 확대를 위한 조세 부담 증대 방안에 대해서는 앞에서 논의했다.

여기서는 상쇄관계에 의한 전략적 재원 배분에 대해 살펴본다. 복지 지출을 늘리기 위해서는 상쇄관계에 있는 분야의 지출을 축소하는 전략이 필요하다. 복지비와 상쇄관계에 있는 분야는 경제사업 분야다. 소위 '삽과 빵'의 상쇄관계를 전제하는 것이다. 우리나라는 경제 성장 과정에서 정부 주도형 개발전략을 채택한 결과 재정이 경제 분야에 많은 영향을 미쳤다. 당시에는 민간자본이 축적되어 있지 않은 상황이기 때문에 외국 자본과 정부재정이 경제 성장의 동력 역할을 한 것이다. 그러나 과거에는 SOC 투자 등이 경제 성장에 주요한 요인이었으나 최근 적정 규모를 초과하고 있어 SOC의 확대를 통한 성장은 한계에 이르렀다.

개발연대 패러다임에서 벗어나 인적 자본과 R&D 지출에 역점을 두어야 한다.

인적 자본에 대한 투자의 핵심은 교육과 복지다. 그런데 교육에 대한 재정지출은 2008년 현재 GDP 대비 16.3%로서 OECD 평균(13.1%)을 넘어선다. 그러나 복지 지출 수준은 OECD 국가 중 최하위 수준이다. 우리나라의 정치, 경제, 사회적 수준에 맞지 않는 수준이다. 산업화, 민주화에 이어 복지국가 건설이 우리나라의 시대적 과제다. '저부담-저복지-매우 작은 정부'의 틀에서 벗어나야 한다.

전략적 재정 배분과 관련하여 복지비 지출을 늘리기 위해서는 경제사업비를 줄여야 한다. '삽과 빵'의 상쇄관계를 적용하는 것이 타당한 정책 방향이다. 경제사업에 대한 재정지출을 축소해 나가는 것이 시장원리에 적합할 뿐만 아니라 정부 역할의 재정립이라는 차원에서 바람직하다. '경제는 작은 정부, 복지는 큰 정부'라는 정부 역할의 재정립이 필요하다.

경제사업비를 점진적으로 축소하고 복지비를 확대해 나가기 위해서는 국가재정 운용계획과 예산 총액 자율편성(top down) 제도에 반영할 필요가 있다. 총지출 증가율을 기준으로 하여 부문별 예산증가율을 지출한도액(cap)으로 설정하여 전략적 배분을 하는 방식으로 실행할 수 있다. 복지비와 상쇄관계에 있는 분야는 경제사업 분야 외에 국방비도 관련된다. 국방비도 상쇄관계 측면에서 검토되어야 할 것이다.

'총과 빵' 그리고 '삽과 빵'이라는 상쇄관계를 말함으로써 빵만이 우리가 지향하는 재정 배분 방향이라고 오해할 수 있다. 그러나 우리는 빵만으로 살 수 없다. 빵 이상의 가치가 필요하다. 켄 로치 감독의 〈빵과 장미〉(2000년)라는 영화가 있다. 이 영화는 1990년 4월 미국 로스앤젤레스 청소 노동자들의 파업 투쟁을 스크린에 재현한 영화다. 멕시코에서 미국으로 넘어온 이민 노동자들의 생존을 위한 투쟁을 그린 영화다. 영화에서 시민운동가인 샘이 열변을 토하는 장면이 나온다. "우리는 빵을 원하지만 장미도 원합니다. 삶의 모든 아름다운 것들을 원합니다. 저

현수막 보이죠? 'We want bread but roses too!' 저건 1912년 매사추세츠 로렌스에서 나온 겁니다. 대부분 여성인 수만 명의 이민 노동자가 저임금에 맞서 싸워야 했습니다. 길고 힘든 싸움을 … 그리고 이겼습니다. 아무도 거저 장미를 주지 않습니다. 언제 장미를 얻는 줄 아십니까? 구걸을 멈추고 단결할 때입니다." '빵'은 생존을 위한 밥이며, '장미'는 인간으로서의 존엄을 누릴 권리를 의미한다.

나는 샘이 말한 '삶의 모든 아름다운 것들'을 인간 존엄성에 한정하지 않고 좀 더 넓은 개념으로 이해하고 싶다. 장미를 문화적 풍성함으로 확대 해석하고 싶다. 최근 K 팝과 싸이의 강남 스타일이 세계인의 새로운 아이콘으로 등장하고 김기덕 감독의 〈피에타〉가 베니스 영화제 황금사자상을 수상했다. 만약 재정이 이러한 문화적 풍요로움에 기여할 수 있다면 마땅히 그 방향으로 가야 한다. 더 중요한 것은 엘리트 문화인의 문화적 성취라기보다 대중들의 문화적 풍성함이다. 국민 모두의 문화적 품격을 높이는 것이 더 중요하다. 4대강 자전거길이나 세빛둥둥섬이 아닌 우리의 마음을 풍족하게 해줄 수 있는 문화공간을 넓히는 것도 재정의 역할이다.

나는 내 친구 이성복과 황지우의 시를 좋아한다. 그들의 시어를 읽고 있으면 마음이 맑아지고 때로는 가슴이 두근거린다. 그들의 책을 쉽게 구해 읽을 수 있으려면 도서관이 가까운 생활공간이 되고 책들을 구매해 주어야 한다. 역시 재정의 역할이다. 나는 재즈를 좋아한다. 마일즈 데이비스의 찢어지는 트럼펫 소리를 좋아하고 덱스터 고든의 테너 색소폰 음색을 좋아한다. 그러나 1세대 재즈 디바 박성연이 운영하는 재즈바 야누스 경영이 어려워 소유하고 있던 LP판을 모두 팔았다는 이야기를 듣고 가슴이 아팠다. 재정이 국민들의 문화적 욕구를 충족시켜줄 수 있다면 그 길로 열심히 나아가야 한다. 이러한 영역은 그렇게 큰 돈이 들어가지도 않는다. 22조 원이 넘는 4대강 사업의 일부만 할애해도 국민들은 풍성한 문화적 혜택을 향유할 수 있다.

복지국가와 사회 서비스

지금까지 복지재정을 분야별 상쇄관계에서만 파악했는데 복지재정 내에서의 재원 배분 구성도 재조정해야 한다. 복지재정에는 크게 보건 분야와 사회복지 분야로 나뉜다. 사회복지 분야는 다시 공공부조, 사회보험, 사회 서비스 분야로 구분된다. 이 중에서 공적 연금 등의 사회보험 분야 비중이 가장 크다. 현재 군인연금은 정부 예산으로 충당하고 있고 공무원연금도 상당액을 정부가 보전한다. 국민연금 및 특수직역연금의 합리적 개혁을 통해 이 부분에 대한 재정지출을 줄이게 되면 그만큼 복지재정을 확보할 수 있다는 얘기다.

복지재정의 추가적 국민 부담을 위해 국민을 설득할 수 있는 방법은 국민이 피부로 느낄 수 있는 복지 서비스를 확대하는 방식이다. 국민들이 직접 체감할 수 있는 복지로는 현금급여형보다 사회 서비스 방식이 더 바람직하다. 보육, 아동, 교육, 고용 등에 대한 보편적 사회 서비스 제공이 새로운 복지제도의 흐름이다.

사회 서비스는 저출산 · 고령화, 고용 불안, 가족관계 변화 등의 새로운 사회적 위험에 대응하여 확대 발전되었다. 전통적 복지정책은 빈곤과 질병과 같은 구 사회적 위험에 대응한 소득 보장과 질병 치료 중심이었다. 그러나 사회 서비스 정책은 노인, 아동, 장애인 등에 대한 돌봄, 보육, 간병, 재활 등의 서비스를 제공하는 것이다. 사회 서비스 정책은 사회투자정책에 기반을 두고 있다. 사회 투자란 인적 자본과 사회적 자본에 대한 투자를 통해 사회적 배제를 감소시키고 사회 참여와 통합을 증진시킴으로써 경제 성장과 사회적 발전을 추구하는 행위를 의미한다.

사회투자론이 국내에 본격적으로 소개된 것은 최근이다. 사회 투자정책은 전통적 복지정책과 달리 취약계층 일부에 한정되는 잔여적 복지에 그치지 않고 서민 중산층 모두를 포괄하는 보편적 서비스를 제공하는 특징을 갖는다. 전통적 복지정책과 사회투자정책 간에는 문제 인식, 주요 정책, 주요 대상, 거버넌스 등이 다르다.

〈표 7-19〉 전통적 복지정책과 사회투자정책

	전통적 복지정책	사회투자 정책
문제 인식	전통적 사회위기 (빈곤과 질병)	새로운 사회위기 (양극화, 근로빈곤, 저출산 · 고령화)
주요 정책	소득 보장, 의료보호	인적 자산 및 사회기반 투자
주요 대상	빈곤선과 기초생보수급자 (3%,150만 명)	일반서민 전체(평균소득 이하 60%)
재정의 우선순위	경제 개발(물리적 기반 투자)	사회 개발(사회적 기반 투자)
거버넌스	집권, 표준, 중앙정부 공급자 중심	분권, 다양, 시장, 지방정부 소비자 중심, 납세자 책임
기본 특성	잔여적 복지(시혜와 권리)	보편적 사회 서비스(욕구와 보완)
	배제, 분리, 수요관리	통합, 계층유동성, 최적 투자

자료: 이재원(2011: 35).

우리나라의 사회 서비스 정책이 본격화된 것은 2007년 3월 사회서비스관리센터를 발족하고 돌봄서비스를 중심으로 한 전자바우처제도를 본격적으로 실시하면서부터다. 이후 현재까지 노인 돌보미 및 장애인 활동 보조사업, 지역사회 서비스 투자사업, 산모신생아 도우미사업, 가사간병 도우미사업에 이어 출산전 진료비 지원과 장애아동 재활치료 서비스사업 등이 운영되고 있다. 2009년 7월에는 기존의 어린이 돌봄 서비스를 보육 바우처를 통해 제공하는 방식으로 전환했다. 전자바우처 제도와 별도로 노동부에서는 사회적 일자리 사업의 일환으로 사회적 기업의 육성을 추진했다. 2006년 말 「사회적기업육성법」을 제정하고, 2007년부터는 인증 사회적 기업이 등장하기 시작했다. 그러나 우리나라의 사회 서비스 영역은 아직 취약한 편이다.

선진국의 경우 현금급여 지출은 정체하거나 감소 추세인 반면에, 사회 서비스 부문은 대부분 성장 추세에 있다. 2007년 GDP 대비 사회 서비스 지출(보건의료 포함) 비중을 보면 스웨덴 13.5%, 프랑스 10.4%, 일본 8.1%, 미국 7.9%, OECD 평균 7.9%이며, 한국은 4.9%다.

한국의 사회 서비스 비중은 아직 낮은 수준이지만 2000년 이후 지속적으로 확대되고 있다. 2000년 2.4%→2007년 4.9%→2009년 5.8%로 증가했다. 사회 서비스 부문은 노무현 정부의 사회 투자 정책 추진으로 급속히 확대되는 양상을 보여주었다.

2011년 현재 보건복지부(국비 지출) 주요 분야별 예산 비중을 살펴보면, 공적연금 약 10조 9,000억 원(32.5%), 기초생활보장 약 7조 5,100억 원(22.4%), 부문별 사회 서비스 약 7조 3,400억 원(21.8%), 국민건강관리 약 7조 2,700억 원(21.7%) 순이다. 사회 서비스 예산을 부문별로 나누어 살펴보면, 크게 노인 약 3조 7,300억 원, 보육 및 저출산 약 2조 5,600억 원, 아동·장애인 약 1조 500억 원이다. 그런데 사회 서비스 부문별 예산에는 현금성 급여 부분이 포함되어 있다. 대표적인 급여가 노인 부문의 기초노령연금, 보육·저출산 부문의 시설 미이용 아동수당, 아동·장애인 부문의 장애연금, 장애수당 등이다. 이러한 현금성 급여가 약 3조 3,800억 원에 달하기 때문에, 전체 7조 3,400억 원 중 약 54%에 해당되는 3조 9,600억 원만이 사회 서비스성 급여라고 할 수 있다(김은정, 2012).

사회 서비스는 이용자에게 복지 서비스를 확대하고, 종사자에게 일자리를 창출하며, 일·가정 양립 지원으로 여성의 경제활동 참가율 제고에 기여한다. 2006년~2011년까지 보건·사회복지업 취업자가 68만 명에서 131만 명으로 두 배 증가했으며, 총 취업자 증가분의 57.6%를 차지했다. 사회 서비스 분야 종사자가 크게 증가한 것은 고용 없는 성장 추세 속에 일자리 창출을 주도한 것으로 볼 수 있다.

2012년에는 사회보장기본법을 개정(2013. 1.27 시행)하여 복지, 보건의료, 교육, 고용, 주거, 문화, 환경을 포괄하는 영역에서 국민의 삶의 질 향상을 지원하는 제도로서 사회 서비스 개념을 법제화했다. 소득 보장 중심의 사회보장 기본틀을 소득 보장과 사회 서비스의 균형적 연계로 변화시켜 사회 서비스에 대한 국가적 보장 의무를 강화한 것이다. 이러한 흐름을 볼 때 보편적 서비스로서의 사회 서비스 부문은 지속적으로 확대되어야 할 것이다.

개정된 사회보장기본법은 바람직한 사회보장제도를 평생 사회 안전망으로 규정하고 이는 곧 맞춤형 사회보장이라고 명시하고 있다. 평생 사회 안전망이란 기본 욕구와 특수 욕구를 동시에 고려하여 소득 보장과 서비스 보장을 행하는 맞춤형 사회보장을 말한다. 개정된 사회보장기본법의 내용 중 사회 서비스의 성격과 관련된 주요 내용을 정리하면 다음과 같다.

첫째, 사회보장을 사회보험·공공부조·사회 서비스의 세 가지 제도 유형으로 구성되는 것으로 규정하고 그 기능으로 소득 보장과 서비스 보장을 규정하고 있다.

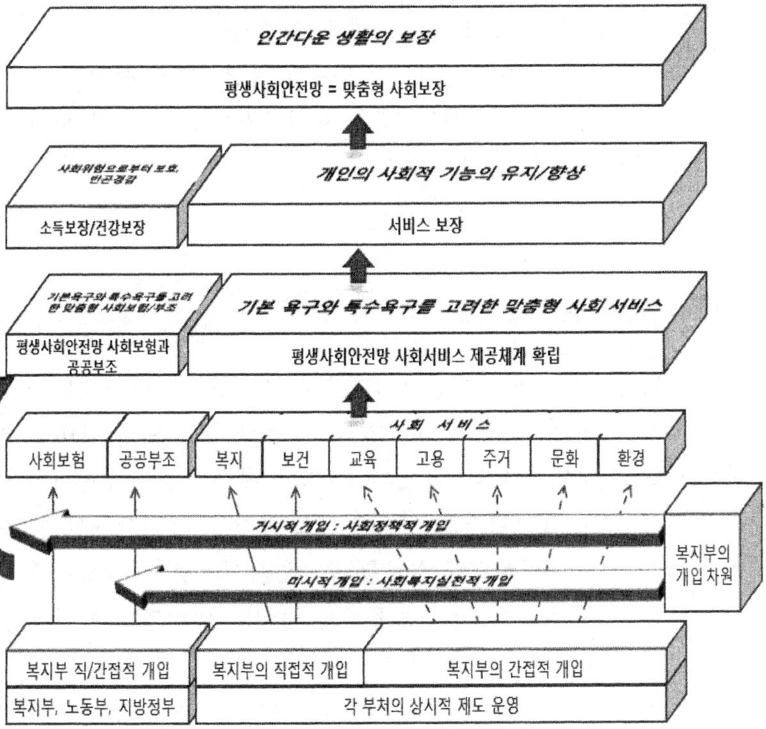

[그림 7-3] 개정된 사회보장기본법의 기본 구조

자료: 남찬섭(2012).

둘째, 종전의 사회복지 서비스를 사회 서비스로 대체하는 개념상의 변화가 있다. 사회 서비스를 도움이 필요한 모든 국민에게 복지, 보건의료, 교육, 고용, 주거, 문화, 환경 등의 분야에서 인간다운 생활을 보장하고 상담, 재활, 돌봄, 정보의 제공, 관련 시설의 이용, 역량 개발, 사회참여 지원 등을 통해 국민의 삶의 질이 향상되도록 지원하는 제도라고 규정하고 있다. 사회 서비스를 모든 국민의 보편적 욕구에 대한 대응 서비스로 봄으로써 보편적 복지의 틀을 갖춘 셈이다.

셋째, 국가와 지방자치단체가 모든 국민의 인간다운 생활을 유지·증진하는 책임을 지도록 규정하고 있다. 국가와 지방자치단체는 사회보장에 관한 책임과 역할을 합리적으로 분담하고, 필요한 재원을 조달하며, 중장기 사회보장 재정 추계를 실시하게 하고 있다.

사회 서비스 영역이 확대되어 7개 부처가 관련되면서 사회 서비스 정책의 거버넌스 문제가 대두하고 있다. 보건복지부의 역할 및 사회 서비스 거버넌스의 재구축이 필요하다.

밑빠진 독, 예산 낭비는 막아야 한다

예산은 세금을 잘 걷고 적절하게 배분하는 일도 중요하지만 그에 못지않게 예산 낭비를 없애는 일 또한 매우 중요하다. 예산 낭비를 줄인다면 상당한 재원을 확보할 수 있다. 그러나 예산편성 단계에서는 공무원들이 결코 낭비 예산이라고 생각지 않고 편성할 것이기 때문에 예산 낭비를 방지하여 직접적으로 확보할 수 있는 재원을 계산하기는 어렵다. 하지만 예산편성과 집행의 효율성을 높이고 낭비를 억제한다면 결과적으로 추가적 재원이 마련될 수 있다.

예산 낭비는 편성 단계에서의 배분적 비효율성과 집행 단계에서의 기술적 비효율성으로 이뤄진다. 선심성 정치공약으로 불요불급한 사업을 시행하는 것은 배분적 비효율성의 예다. 기술적 비효율성의 예로는 비싼 가격으로 물품을 구매하거나 건설 후 무용지물이 된 환경기반시설 등을 들 수 있다. 경제성, 효율성, 효과성을 확보하지 못한 재정사업들은 예산 낭비 사업들이다. 우리는 예산 낭비 사례를 너무 많이 목격한다. 이용률이 낮은 지방공항 건설 투자, 통행량 과다 예측으로 인한 민자 유치 도로에 대한 국고 지원, 잦은 설계 변경으로 인한 불필요한 지출 등 낭비 사례는 너무 많다.

이러한 예산 낭비의 원인을 규명해 보면 크게 공무원 개인, 정치·정책 과정, 그리고 제도적 결함으로 분류할 수 있다. 공무원 개인에 귀책되는 낭비 요인으로는 능력 부족, 직무 유기, 유착 비리 등을 들 수 있다. 정치·정책 과정에서의 낭비 요인으로는 잦은 정책 변경, 중복 투자, 선심성 정치적 결정 등을 들 수 있다. 제도적 결함으로는 규정의 미비 등으로 낭비되는 경우다. 이러한 예산 낭비의 원인들은 상호 배타적인 것이 아니라 동시에 발생하기도 한다. 예를 들어 담당 공무원이 능력이 부족한 상태에서 뇌물을 받아 이미 다른 부처에서 시행하고 있는 사업을 중복적으로 투자하는 경우다.

나는 우리나라에서 처음으로 납세자운동을 시작했다. 1998년 경실련 예산감시위원장을 맡아 예산감시운동을 시작한 후 1999년부터 '함께하는 시민행동'에서 납세자 운동을 계속했다. 납세자 운동을 통해 재정민주주의를 실현하고 납세자 주권 의식을 확산하기 위해 전국의 시민단

〈표 7-20〉 예산 낭비의 주요 내용과 원인

구분		주요 내용과 원인	예시
공무원 개인	능력 부족	담당자의 전문성 부족	외국과 협상 능력 결여
	직무 유기	탁상행정과 도덕적 해이	현장 확인 없이 재정 지원
	유착 비리	부정부패	개인적 이익 추구(뇌물 등)
정치·정책 과정	정책 변경	준비 부족, 일관성 상실	타당성 심사 부실
	중복 투자	유관 기간의 협조 부재	각종 S/W 개발사업
	정치 과정	충분한 검토 없이 선심성 투자	분산 투자, 나눠먹기
제도적 결함		시스템/규정의 미비	연도말 불용액 과다 집행

자료: 윤영진(1999).

체를 대상으로 조직화 및 교육을 실시했다. 제도개혁에도 노력하여 주민소송제, 복식부기・발생주의회계제도, 주민참여예산제도의 도입이라는 결실을 얻기도 했다. 이제 납세자운동이 예산감시운동에서 예산참여운동으로 발전하는 모습을 보게 된다.

2000년 '함께하는 시민행동'에서 활동할 때 나는 예산 낭비 사업에 수여하는 불명예상인 '밑빠진 독상'을 만들었다. 2000년 8월부터 매월 예산 낭비라고 판단되는 사업에 '밑빠진 독상'을 수여했다. 이 상을 만들게 된 계기는 미국 예산의 파수꾼으로 불리는 윌리엄 프록시마이어(William Proxmire) 전 상원의원이 매월 수여한 '황금양털상(Golden Fleece Award)'에서 힌트를 얻은 것이다.

프록시마이어는 1975년 개인적으로 이 상을 만들고 어처구니없거나 낭비가 심한 정부기관과 사업을 매달 선정하여 상을 수여했다. 이 상은 국가 예산의 효율적 집행에 대한 일반의 관심을 고조시킴으로써 예산 낭비를 막는 데 크게 기여했다는 평을 받았다. 이 상의 수여는 1988년까지 계속되었다. 그동안 수십억 달러를 들이고서도 실제로 사용되지 못한 국방부의 무기개발계획, 또는 "사람은 왜 사랑에 빠지나", "테니스 경기에서 지면 왜 화를 내는가" 따위의 주제를 붙들고 수만 달러씩 연구비를 쓴 정부의 연구소들이 이 상을 받았다. 프록시마이어는 "상을 받은 기관 중 3분의 2가 사업계획을 축소하거나 중단함으로써 엄청난 예산 절감의 효과가 있었다"고 말한 바 있다.

'밑빠진 독상'은 2000년 8월부터 시작하여 2004년 8월까지 총 30회에 걸쳐 발표한 바 있다. 처음엔 이 상을 발표하기만 했으나 설치 미술가 한 분이 옆구리를 별 모양으로 깬 진짜 독을 보내준 바람에 이후 실제로 밑빠진 독을 대상 기관에 가지고 가서 수여했다. 물론 해당 기관은 기를 쓰고 받지 않으려는 해프닝이 벌어지긴 했지만. 이후 '밑빠진 독상'은 중고교 교과서에 시민운동의 대표적인 사례로 소개되기도 했다.

'밑빠진 독상'의 첫 수상은 하남시 국제환경박람회였다. 이 사업은 40여 일의 행사를 위해 총사업비 235억 원 중 186억 원의 세금이 투자되었는데 이는 하남시 예산의 10%를 넘는 큰 규모다. 대회 기간 이전부터 중앙정부에서 사업의 타당성이 부족하다는 이유로 만류했고 민자 유치를 성공하지 못했는데도 불구하고 무리하게 사업이 강행되었다. 결국 이 사업은 '밑빠진 독상'을 받게 됨으로써 재개최가 무산되었으며, 당시 시장은 국회에 증인으로 출석하고, 시장 사퇴 후 보궐선거에서 낙선했다. 그리고 시민 260명이 우리나라 최초로 주민소송을 제기했다. 시민들이 사업 적자분에 대한 부적정한 정부보조금 156억 원 환수 소송을 제기한 것이다. 당시에는 주민소송제도가 도입되기 전이다. 비록 주민소송에서 패소하긴 했지만 주민소송제가 무엇인가에 대한 이해를 높일 수 있었고 이후 주민소송제 도입에 크게 기여했다.

'밑빠진 독상'의 사례를 보면 역시 토건 관련 사업들이 큰 비중을 차지한다. 사업당 예상 낭비 금액도 많을 뿐만 아니라 초기 구상 단계에서는 나름의 타당성 명분의 포장이 되었던 사업들이다. 조금만 더 신중하게 분석했다면 해당 사업의 낭비를 줄일 수 있었을 것이다. 토건사업의 낭비는 금액이 크다는 점에서 문제의 심각성이 크다. 한국조세연구원(2009) 보고서에서 대형 토목공사들이 주축을 이루는 SOC 분야 재정 투입의 효율성이 OECD 국가들 중 가장 낮았다는 연구 결과를 상기하게 된다.

예산 낭비 비율이 얼마나 될까에 대해 전직 기획예산처 장관을 역임했던 분은 15% 정도로 예측한 바 있다. 독일의 시민단체인 독일 납세자연맹도 독일 예산의 낭비 비율을 15% 정도로 예측한다. 낭비 비율을 정확하게 계산해내는 것은 쉬운 일이 아니지만 실무적 감각으로 그 정도 예측하는 것이다. 나는 최소한 우리나라 예산의 10% 정도가 낭비되고 있다고 판단한다. 10%라면 2012년도 재정 규모(예산과 기금)가 325조 원이기 때문에 30조 원이 넘는 돈이다. 추가적 복지재원 마련에 크게 기여할 수 있는 돈이다. 이 엄청난 예산 낭비를 좌시하고 있어야 할까? 예산 낭비는 예산을 '주인 없는 돈', '눈먼 돈'이라고 생각하는 의식에서 비롯된다. 세금의 주인으로서 납세자의 권리 의식이 더욱 요구되는 시점이다.

참고 문헌

국내 문헌

강병구(2012). 2012년 세법개정안 평가. 참여연대 복지재정 확충을 위한 2012년 세법개정 토론회.

강성진(2010). 『중산층의 추이, 이탈 원인과 대책』. 한국보건사회연구원, 경제 · 인문사회연구회 협동연구 총서 10-25-05.

강성진 외(2009). 『성장, 빈곤, 불평등과 사회지출의 상호관계 분석』. 한국보건사회연구원.

고경환 외(2003). 『한국의 사회복지 지출 추계: 1990-2001』. 보건복지부 · 한국보건사회연구원 정책보고서.

국회예산정책처(2012). 『2012~2060년 장기 재정전망 및 분석』. 2012. 6.

길리건, 제임스(2012). 『왜 어떤 정치인은 다른 정치인보다 해로운가』. 이희재 옮김. 서울: 교양인. Gilligan, James(2011). *Why Some Politicians Are More Dangerous Than Others*. Polity Press Ltd.

김대철(2009). 『저출산 · 고령사회 대책의 재정분석』. 국회예산정책처 저출산 · 고령사회 대응 연구, 제4호.

김민영 · 정광호 · 금현섭(2011). 경제위기와 자살률 간 탐색적 연구: 15개 시도 성별 · 연령별 자살률을 중심으로. 『정책분석평가학회보』, 21(3).

김승래 · 김우철(2007). 『우리나라 조세제도의 효율비용 추정: 주요 세목간 비교를 중심으로』. 연구보고서 07-13. 한국조세연구원.

김승래 · 류덕현(2010). 『감세의 경제적 효과와 재정 운용』. 한국조세연구원.

김연명(2011). 대한민국은 과연 복지국가일까. 김연명 외. 『대한민국 복지: 7가지 거짓과 진실』. 서울: 두리미디어.

김용기 외(2010). 한국 중산층의 변화와 경제사회적 결과. 삼성경제연구소 Issue Paper.

김윤상 · 조성찬 · 남기업 외(2012). 『토지정의, 대한민국을 살린다』. 서울: 평사리.

김은정(2007). 공공부조의 재정 현황과 쟁점. 윤영진 외. 『복지재정과 시민참여』. 서울: 나남.

______(2012). 전환기 사회서비스 정책 동향과 과제 한국사회복지학회 2012년 추계학술대회 발표 논문.
김재진(2012). The Mirrlees Review: Reforming the Tax System for the 21st Century. 『재정포럼』, 191. 5월.
김준(2011). 비정규직 600만 명 시대의 입법 및 정책과제. 국회입법조사처 이슈와 논점.
김태성 · 성경륭(2010). 『복지국가론』. 경기도: 나남.
남기업(2010). 진보와 보수의 재정전략 평가와 제3의 대안. 『토지+자유비평』, 2010-7호.
남준우(2007). 외환위기 이후 중산층의 규모 및 소득 변화의 추이. 『노동정책연구』, 7(4). 한국노동연구원.
남찬섭(2012). 사회보장 공급체계 개편방안. 제3회 사회서비스 발전포럼 발제문.
노무현(2009). 『진보의 미래: 다음 세대를 위한 민주주의 교과서』. 서울: 동녘.
노영훈(2012). 부유세와 소득 및 자산 관련 조세개혁 방향. 『재정분석』. 한국조세연구원.
레이어드, 리처드(2011). 『행복의 함정』. 정은아 옮김. 서울: 북하이브. Layard, Richard(2011). *Happiness: Lessons from a New Science.*
롱맨, 필립(2009). 『텅 빈 요람: 저출산이 불러올 전 지구적 재앙과 해법』. 백영미 옮김. 서울: 민음사. Longman, Phillip. *The empty cradle: how falling birth rates threaten world prosperity.*
리그니, 대니얼(2011). 『나쁜 사회: 평등이라는 거짓말』. 박슬라 옮김. 서울: 21세기북스. Rigney, Daniel(2010). *The Matthew Effect: How Advantage Begets Further Advantage.* Columbia University Press.
미겔, 마인하르트(2011). 『성장의 광기: 왜 경제가 성장할수록 삶은 피폐해지는가』. 이미옥 옮김. 서울: 뜨인돌. Miegel, Meinhard(2010). *Exit: Wohlstand ohne Wachstum.* Berlin: Ullstein Buchverage GmbH.
민승규 · 김용기 · 이갑수 · 김근영 · 손민중 · 양준호 · 최희갑 · 최홍 · 심창섭(2006). 소득양극화의 현상과 원인. 삼성경제연구소.
민승규 · 이갑수 · 김근영 · 손민중(2006). 소득 양극화의 현상과 원인, 『CEO Infomation』 547. 삼성경제연구소.
바텔스, 래리 M(2012). 『불평등 민주주의: 자유에 가려진 진실』. 위선주 옮김. 서울: 21세기북스. Bartels, Larry M.(2008). *Unequal Democracy: the Political Economy of the New Gilded Age.* Russel Sage Foundation.
박기현(2011). 체감 실업률 현황과 쟁점. 국회입법조사처 이슈와 논점.
박노자(2009). 『왼쪽으로, 더 왼쪽으로』. 서울: 한겨레출판.
박유진 · 김명희 · 권순만 · 신영전(2009). 공공사회지출이 자살률에 미치는 영향: OECD 국가를 중심으로. 『예방의학회지』, 42(2).

박준(2012). 고용 양극화로 본 미국 중산층. 삼성경제연구소, SERI 경제 포커스, 제369호.
박형수 · 류덕현.(2009). 『정부지출의 효율성 측정에 관한 연구』. 한국조세연구원.
백계문(2011). 『성공한 개혁가 룰라』. 서울: 한울.
보크, 데릭(2011). 『행복국가를 정치하라』. 추홍희 옮김. 서울: 지안출판사. Bok, Derek(2010). *The Politics of Happiness*. Princeton University Press.
선대인(2011). 『세금 혁명: 새로운 세상을 만드는 최선의 돈』. 서울: 더팩트.
성명재(2011). 『우리나라 소득분배 구조 변천 및 관련 조세 · 재정정책 효과 분석』. 한국조세연구원.
성명재 · 박형수 편(2008). 『한국의 조세 · 재정정책: 새 정부의 조세 · 재정 개혁 방향』. 한국조세연구원.
신광영(2011). 복지는 좌파의 정책일까?. 김연명 외. 『대한민국 복지: 7가지 거짓과 진실』. 서울: 두리미디어.
신필균(2011). 『복지국가 스웨덴: 국민의 집으로 가는 길』. 서울: 후마니타스.
쓰지 신이치(2011). 『행복의 경제학』. 장석진 옮김. 파주: 서해문집.
안재흥(2006). 2006년 스웨덴 총선 결과의 해석: 스웨덴 모델의 특성과 '신정치'의 아이러니. 미래전략연구원 특별기고, 2006. 10. 19.
안종범(2009). 『감세의 경제적 효과와 귀착: 법인세를 중심으로』. 한국경제연구원.
알페로비츠, 가 & 데일리, 루(2011). 『독식 비판』. 원용찬 옮김. 서울: 민음사. Alperovitz, Gar & Daly, Lew(2008). *Unjust Deserts: How the Rich Are Taking Our Common Inheritance*. The New Press.
액커만, 브루스 · 알스톳, 앤 · 빠레이스, 필리페 반(2010). 『분배의 재구성: 기본소득과 사회적 지분 급여』. 너른복지연구모임 옮김. 서울: 나눔의집.
오건호(2010a). 경기 살아나도 정부 재정은 엉망인 이유: 한물간 '부자 감세', 이제 '복지증세'다. www.pressina.com(11/09)
______(2010b). 『대한민국 금고를 열다』. 레디앙.
옥동석(2009). 정부부채의 추정: 개념, 쟁점 및 향후 과제. 『규제연구』, 18(1).
원종현(2011). 월가(Wall Street) 시위의 배경과 시사점. 『국회입법조사처 이슈와 논점』, 제309호.
윌킨슨, 리처드(2008). 『평등해야 건강하다: 불평등은 어떻게 사회를 병들게 하는가』. 김홍수영 옮김. 서울: 후마니타스. Wilkinson, Richard(2005). *The Impact of Inequality: How to Make Sick Societies Healthier*.
윤석명 외(2010). 『저출산 · 고령화에 따른 사회보험제도 개편 방안』. 한국보건사회연구원.
윤영진(2012). 재정 건전성 지표로서의 국가채무 개념의 쟁점과 대안모형. 『한국행정논집』, 24(2).
윤영진 외(2007). 『복지재정과 시민참여』. 서울: 나남.

윤영진 · 강병구 · 김은경 · 윤종훈 · 최병호(2006). 『한국형 복지모델 구축을 위한 조세 · 재정정책 방향』. 대통령자문 정책기획위원회 용역보고서.
윤자영(2012). 성장 중심 경제 패러다임에 대한 비판과 돌봄노동. 계명대학교 여성학연구소 강연.
윤종훈(2011). 이명박 정부 재정정책의 문제점과 대안.
윤홍식(2011). 복지국가의 조세체계와 함의: 보편적 복지국가 친화적인 조세구조는 있는 것일까?. 사회디자인연구소 공평사회포럼 발제문.
이내찬(2012). OECD 국가의 삶의 질의 구조에 관한 연구. 『보건사회연구』, 32(2). 한국보건사회연구원.
이인실 · 김성태 · 안종범 · 이상돈(2002). 『우리나라 법인세제 개편 방안』. 한국경제연구원.
이재원(2011). 신사회위기와 사회기반 투자 접근. 윤영진 외. 『사회서비스정책론』. 서울: 나눔의 집.
이재원 외(2005). 『고령화 및 미래사회 대응을 위한 재원 확보 및 효율적 운용 방안』. 고령화 및 미래사회위원회 연구보고서.
이정우(2011). 『불평등의 경제학』. 서울: 후마니타스.
이종수 · 윤영진 외(2012). 『새행정학』. 서울: 대영문화사.
이준협(2012). 인구보너스 2.0 시대를 준비할 때다: 인구 5,000만 시대와 인구보너스 소멸. 현대경제연구원 경제주평. 12-22.
이찬영 외(2011). 『인구 고령화의 경제적 파장: 성장잠재력, 생산성, 세대 간 일자리 대체를 중심으로』. 삼성경제연구소 연구보고서.
이택광(2011). 정의 없는 사회는 왜 정의를 욕망하는가?. 이택광 외(2011). 『무엇이 정의인가?: 한국 사회, 정의란 무엇인가에 답하다』. 서울: 마티.
이택광 외(2011). 『무엇이 정의인가?: 한국 사회, 정의란 무엇인가에 답하다』. 서울: 마티.
장근호(2009). 『주요국의 조세제도: 미국편(Ⅰ)』. 조세연구원.
장상환(2012). 불평등 심화의 대가. 경향신문 오피니언 '경제와 세상'. 2012. 9. 5.
장인성(2010). 고령화가 생산성 및 경제 성장에 미치는 영향. 경제현안분석 제60호. 국회예산정책처.
장정일(2011). '정의란 무엇인가'에 반대한다. 이택광 외(2011). 『무엇이 정의인가?: 한국 사회, 정의란 무엇인가에 답하다』. 서울: 마티.
전병목 · 이은경(2010). 『사회보험 재정전망과 정책과제』. 한국조세연구원.
전영준(2003). CGE모형을 이용한 법인세의 성장 및 분배효과 분석. 『경제분석』, 9(2).
존슨, 스펜서(2006). 『행복』. 안진환 옮김. 서울: 비즈니스북스. Johnson Spencer (2005). *One Minute for Yourself: A Simple Strategy for a Better Life*. New York: William Morrow and Company.

최준욱 · 류덕현 · 박형수(2005). 『재정지출의 분야별 재원배분에 관한 연구』. 한국조세연구원.
코틀리코프, 로렌스 & 번스, 스코트(2004). 『다가올 세대의 거대한 폭풍』. 김정혜 옮김. 서울: 한언. 원서 Kotlikoff, Laurence & Burns, Scott(2004). *The Coming Generational Storm*. Massachusetts Institute of Technology.
크루그먼, 폴(2009). 『미래를 말하다』. 서울: 현대경제연구원.
파텔, 라즈(2011). 『경제학의 배신: 시장은 아무것도 주지 않는다』. 제현주 역. 서울: 북돋움. Patel, Raj(2009). *The Value of Nothing: How to Reshape Market Society and Redefine Democracy*. Curtis Brown Group Limited.
해밀턴, 클라이브(2011). 『성장숭배: 우리는 왜 경제 성장의 노예가 되었는가』. 김홍식 옮김. 서울: 바오출판사. Hamilton, Clive(2003). *Growth Fetish*. Pluto Press.
허재준 외(2011). 『고용친화적 복지전략 연구』. 한국노동연구원 연구보고서.
현대경제연구원(2011a). 하우스 푸어의 구조적 특성: 수도권 아파트 가진 30-40대 중산층에 많다. 경제주평, 11-19.
______(2011b). 은퇴빈곤층의 추정과 5대 특성: 은퇴 준비 안 된 가구 100만 이상. 경제주평, 11-29.
______(2012). 소득과 삶의 질 격차 확대되고 있다: 삶의 질 지수(HQLI) 추이와 시사점. 경제주평, 12-05.
호이징거, 요한(2011). 『호모 루덴스: 놀이하는 인간』. 이종인 옮김. 고양시: 연암서가. Huizinga, Johan(1938). *Homo Ludens: A Study of the Play Element in Culture*.
황수경(2011). 『설문구조에 따른 실업 측정치의 비교』. KDI 연구보고서.

국외 문헌

Argyle, Michael(1998). Sources of Satisfaction. In Ian Christie & Lindsay Nash(eds.). *The Good Life*. Demos Collection 14, London.
Boarini, Romana, Margherita Comola, Conal Smith, Robert Manchin, & Femke De Keulenaer(2012). What Makes for a Better Life? The Determinants of Subjective Well-Being in OECD Countries: Evidence from the Gallup World Poll. *OECD Statistical Directorate Working Paper*, No.47.
Easterlin, Richard A. (1974). Does Economic Growth Improve the Human Lot?. In Paul A. David & Melvin W. Reder, eds., *Nations and Households in Economic Growth: Essays in Honor of Moses Abramovitz*. New York: Academic Press, Inc.

Fleche, Sarah, Conal Smith & Piritta Sorsa(2011). Exploring Determinants of Subjective Wellbeing in OECD Countries: Evidence from the World Value Survey. *OECD Economics Department Working Papers*, No.921. OECD. http://dx.doi.org/10.1787/5kg0k6zlcm5k-en.

Frey, Bruno & Alois Stutzer(2002). *Happiness and Economics*. Princeton Univ. Press, Princeton and Oxford.

Gilbert, Daniel(2012). The Science Behind the Smile. *Harvard Business Review*, Jan.-Feb.

Hoeller, Peter, Isabelle Joumard, Mauro Pisu & Debbie Bloch(2012). Less Income Inequality and More Growth: Are They Compatible? PART 1. Mapping Income Inequality Across the *OECD. OECD ECONOMICS DEPARTMENT WORKING PAPER*, No. 924.

Hopkins, S.(2006). Economic Stability and Health Status: Evidence from East Asia before and after the 1990s Economic Crisis. *Health Policy*, 75(3).

Iversen, Torben & Anne Wren(1998). Equality, Employment, and Budgetary Restraint: The Trilemma of the Service Economy. *World Politics*, 50(4): 507-546.

Joumard, Isabelle, Mauro Pisu & Debbie Bloch(2012). Less Income Inequality and More Growth: Are They Compatible?. Part 3. Income Redistribution via Taxes and Transfers across OECD Countries. OECD *Economic Department Working Paper*, No.926.

Noh, Y. H.(2009). Does unemployment increase suicide rates? The OECD panel evidence. *Journal of Economic Psychology*, 30(4).

Reiman, Jeffrey(2001). *The Rich Get Richer and the Poor Get Prison*. Boston: Allyn and Bacon.

Schick, Allen(1980). Budgetary Adaptations to Resource Scarcity. In *Fiscal Stress and Public Policy*, edited by Charles H. Levine & Irene S. Rubin.

저자 소개

윤영진(尹榮鎭)

[약력]

서울대학교 경제학과(경제학사)
서울대학교 행정대학원(행정학 석사)
서울대학교 대학원(행정학 박사)
미국 American University 풀브라이트 객원교수
한국지방재정학회 회장
한국사회서비스학회 회장
대구광역시 재정계획심의위원회 위원
대통령자문 정책기획위원회 위원
디지털 예산회계기획단 자문위원장
기획예산처 재정정책자문위원회 위원
기획재정부 공공기관운영위원회 위원
함께하는 시민행동 공동대표
좋은예산센터 이사장(현)
국회예산정책처 자문위원회 위원(현)
국무총리실 세종시지원위원회 위원(현)
계명대학교 교수(현)

[주요 저서]

『사회서비스정책론』(공저, 나눔의 집, 2011)
『새재무행정학』(대영문화사, 2010)

『새행정학』(공저, 대영문화사, 2010)
『사회복지서비스 재정지원방식』(공저, 청목출판사, 2009)
『행정개혁실천론』(공저, 법문사, 2008)
『복지재정과 시민참여』(공저, 나남, 2007)

복지국가 재정전략

펴낸날 / 제1판 제1쇄 2012년 11월 15일
지은이 / 윤영진
펴낸이 / 임춘환
펴낸곳 / 도서출판 대영문화사
주소 / 서울 용산구 청파동 1가 178-2 ㊝ 140-869
등록 / 1975년 12월 26일 제3-16호
전화 / (02)716-3883, (02)714-3062
FAX / (02)703-3839
홈페이지 / http://www.dymbook.co.kr

© 윤영진, 2012
ISBN 978-89-7644-420-2

〔값 18,000원〕

* 잘못된 책은 바꾸어 드립니다.
* 이 책의 내용은 저작권법의 보호를 받습니다.